金毓黻等 編

文溯閣四庫全書提要

二 史部

中華書局

本册目録

欽定四庫全書提要卷二十七

史部一

正史類一

史記

臣等謹案史記一百三十卷雖班固譏其尙黄老傳游俠貨殖爲悖於道鄭樵以爲上下數千年蹐踳於七八書中博雅猶有所未足而紀傳表書之體百世莫能易焉第其詞旨古奥又年月地理間多疎舛晉徐廣有音義三十卷宋裴駰作集解合八十卷唐司馬貞有索隱三十卷張守節有正義三十卷向來雖多合刻絶少校勘我皇上以明南北監板漸就漫漶釐正付梓卷附考證一如十三經之例而史記爲諸史冠冕校讐精審皆非以前官私諸刻所得比也

乾隆四十七年四月恭校上

史記集解

臣等謹案史記集解一百三十卷宋裴駰撰駰字龍駒河東聞喜人官至中郎外兵曹參軍事迹附見宋書裴松之傳駰以徐廣音義粗有發明殊恨省略乃采九經諸史並漢書音義及衆書之目別撰此書其所引證多先儒舊說張守節正義嘗備述所引書目次然如國語多引虞翻注孟子多引劉熙注韓詩多引薛君注而守節未著於目知當日援據浩博守節不能遍數也原本八十卷隋唐志著錄並同此本爲毛氏汲古閣所刊析爲一百三十卷原第遂不可考然注文猶仍舊本自明代監本以索隱正義附入其後又妄加删削譌舛遂多如五帝本紀昔高陽氏有才子八人句下高辛氏有才子八人句下均脱名見左傳四字秦始皇本紀輕車重馬東就食句下脱徐廣曰一無此重字八字項羽本紀其九月會稽守句下脱徐廣曰爾時未言太守九字武帝紀祀上帝明堂句下脱徐廣曰常五年一修耳今適二年故但祀明堂十八字然其效可覩矣句下脱又數本皆無可字七字河渠書岸善崩句下脱如淳曰河水岸六字

司馬相如傳彷徨乎海外句下此引郭璞云靑丘山名上有田亦有國出九尾
狐在海外太史公自序易大傳句下此引張晏曰謂易繫辭監本均誤作正義
至於字句異同前後互見如夏本紀九江入賜大龜句下孔安國曰出於九江
水中監本作山中孝文本紀昌至渭橋句下引蘇林曰在長安北三里監本多
渭橋二字祁侯賀爲將軍句下引徐廣曰姓繒監本多一賀字當有玉英見句
下引瑞應圖云玉英五帝並修則見監本作五常案此似以監本爲是屬國悍
爲將屯將軍句下引徐廣曰姓徐監本多一悍字孝景本紀封故御史大夫周
苛孫平爲繩侯句下引徐廣曰一作應監本多一平字武帝紀自太主句下引
徐廣曰武帝姑也監本多太主二字龜策列傳蝟辱於鵲句下引郭璞曰蝟憎
其意心惡之也監本作而心惡之凡此之類當由古注簡質後人以意爲增益
已失其舊至坊本流傳脫誤尤甚如夏本紀灃水所同句下引孔安國曰灃水
所同同於渭也坊本缺一同字項羽本紀乃封項伯爲射陽侯句下脫徐廣曰

項伯名纏字伯九字是又出監本下矣惟貨殖傳蘖麴鹽豉千瓵句下監本引孫叔敖云瓵瓦器受斗六升合爲瓵音貽當是孫叔然之訛此本亦復相同是校讐亦不免有疎然終勝元豐合併之本也乾隆四十七年八月恭校上

史記索隱

臣等謹案史記索隱三十卷唐司馬貞撰貞河内人開元中官朝散大夫弘文館學士初受史記於崇文館學士張嘉會病褚少孫補司馬遷書多傷踳駁又裴駰集解舊有音義年遠散佚諸家音義延篤音隱鄒誕生柳顧言等書亦失傳而劉伯莊許子儒等又多疎漏乃因裴駰集解撰爲此書首注駰序一篇載其全文其注司馬遷書則如陸德明經典釋文之例惟標所注之字蓋經傳別行之古法凡二十八卷末二卷爲述贊百三十篇及補史記條例欲降秦本紀項羽本紀爲系家而呂后孝惠各爲本紀補曹許邾吳芮吳濞淮南系家而降陳涉於列傳蕭何曹參張良周勃五宗三王各爲一傳而附國僑羊舌肸於管

晏附尹喜莊周於老子附韓非於商鞅附魯仲連於田單附宋玉於屈原附鄒陽枚乘於賈生又謂司馬相如汲鄭傳不宜在西南夷後大宛傳不合在游俠酷吏之間欲更其次第其言皆有條理至謂司馬遷述贊不安而別爲之則未喻言外之旨終以三皇本紀自爲之註亦未合闕疑傳信之意也此書本於史記之外別行及明代刊刻監本合裴駰張守節及此書散入句下恣意删削如高祖本紀母媪母溫之辨有關考證者乃以其有異舊說除去不載又如燕世家啟攻益事貞註曰經傳無聞未知其由雖失於考據竹書（案今本竹書不載此事此據晉書束晳傳所引）亦當存其原文乃以爲冗句亦删汰之此類不一漏略殊甚然至今沿爲定本與成矩所刊朱子周易本義人人明知其非而積重不可復返矣此本爲北宋祕省大字刊本毛晉得而重刻者錄而存之猶可以見司馬氏之舊而正明人之疎舛焉乾隆四十七年五月恭校上

史記正義

臣等謹案史記正義一百三十卷唐張守節撰守節始末未詳據此書所題則其官爲諸王侍讀率府長史也是書據自序三十卷晁公武陳振孫二家所錄則作二十卷蓋其標字列註亦如索隱後人散入句下已非其舊至明代監本採附集解索隱之後更多所删節失其本旨如守節所長在于地理故自序曰郡國城邑委曲詳明而監本于周本紀子帶立爲王句下脱左傳云周與鄭人蘇忿生十二邑溫其一也十七字秦本紀反秦于淮南句下脱楚淮北之地盡入于秦九字項羽本紀項王自立爲西楚霸王句下脱孟康云舊名江陵爲南楚吳爲東楚彭城爲西楚十九字呂后本紀呂平爲扶柳侯句下脱漢扶柳縣也有澤七字孝景本紀遂西圍梁句下脱梁孝王都睢陽今宋州九字立楚元王子平陸侯句下脱應劭云平陸西河縣八字孝武本紀見五時句下脱或曰在雍州雍縣南孟康云時者神靈上帝也十八字晉世家是爲晉侯句下脱其城南半入州城中削爲坊城牆北半見在十七字趙世家吾國東有河薄洛之

水句下脱案安平縣屬定州也八字餓死沙邱宫句下脱括地志云趙武靈王墓在蔚州靈邱縣東三十里應説是也二十三字韓世家得封于韓原句下脱古今地名云韓武子食采于韓原故城也十六字淮陰侯列傳家在伊盧句下脱韋昭及括地志皆説之也十字貨殖列傳殷人都河西句下脱盤庚都殷墟地屬河西也十字周人都河南句下脱周自平王以後都洛陽九字自序厄困鄱句下脱漢末陳蕃子逸爲魯相改音皮田褒魯記曰靈帝末汝南陳子游爲魯相陳蕃子也國人爲諱而改焉三十九字又如秦本紀樗里疾相韓句下此本作福昌縣東十四里監本脱十四里三字貨殖傳夫燕亦勃碣之間句下此本作碣石渤海在西北監本脱北字又守節徵引故實頗爲賅博故自序曰古典幽微竊探其美而監本夏本紀皐陶作士句下脱士若大理卿也六字于是夔行樂句下脱若今太常卿也六字周本紀作䌛命句下脱應劭云太僕周穆王所置蓋大御衆僕之長中大夫也二十一字以應爲太后養地句下脱太后

秦昭之母宣太后羋氏十一字秦始皇本紀爲我遺鎬池君句下脱張晏云武

王居鎬鎬池君則武王也伐商故神云始皇荒淫若紂矣今武王可伐矣三十

二字敘論孝明皇帝句下脱班固典引云後漢明帝永平十七年詔問班固太

史遷贊語中寧有非耶班固上表陳秦過失及賈誼言奏之四十二字項羽本

紀會稽守句下脱守音狩景帝中二年七月更郡守爲太守十六字孝景本紀

伐馳道樹殖蘭池句下脱案馳道天子道秦始皇作之丈而樹十四字孝武本

紀是時上求神君句下脱漢武帝故事云起柏梁臺以處神君長陵女子也先

是嫁爲人妻生一男數歲死女子悼痛之歲中亦死而靈宛若祠之遂聞言宛

若爲主民人多往請福說家人小事有驗平原君亦事之至後子孫尊貴及上

即位太后延于宮中祭之聞其言不見其人至是神君求出爲營柏梁臺舍之

初霍去病微時自禱神君及見其形自修飾欲與去病交接去病不肯謂神君

曰吾以神君精潔故齋戒祈福今欲婬此非也自絕不復往神君慚之乃去也

一百七十字見安期生句下脱列仙傳云安期生瑯琊阜鄉亭人也賣藥海邊秦始皇請語三夜賜金數千萬出于阜鄉亭皆置去留書以赤玉舄一量爲報曰後千歲求我于蓬萊山下五十九字李少君病死句下脱漢書起居注云李少君將去武帝夢與共登嵩高山半道有使乘龍時從雲中云太一請少君帝謂左右將舍我去矣數月而少君病死又發棺看唯衣冠在也六十一字史寬舒受其方句下脱姓史名寬舒五字禮書疏房牀第句下脱疏謂窻也四字律書其于十二支爲丑句下脱徐廣曰此中闕不說大呂及丑也案此下闕文或一本云丑者紐也言陽氣在上未降萬物厄紐未敢出也四十一字天官書氏爲天根句下脱星經云氐四星爲露寢聽朝所居其占明大則臣下奉度合誠圖云氐爲宿宫也三十一字其内五星五帝坐句下脱羣下從謀也五字楚世家伐申過鄧句下脱服虔云鄧曼姓也七字趙世家事有所止句下脱爲人君止于仁爲人臣止于敬爲人子止于孝爲人父止于慈與國人交止于信三十

一字封廉頗爲信平君句下脱言篤信而平和也七字韓世家公何不爲韓求
質于楚句下脱質子蟣蝨四字又脱公叔嬰知秦楚不以蟣蝨爲事必以韓合
于秦楚王聽入質子于韓二十六字又脱次下云知秦楚不以蟣蝨爲事重明
脱不字十七字田叔列傳相常從入苑中句下脱堵牆也三字田蚡列傳其春
武安侯病句下脱然夫子作春秋依夏正九字衞將軍列傳平陽人也句下脱
漢書云其父鄭季河東平陽人以縣吏給事平陽侯之家也二十三字至守節
于六書五音至爲詳審故書首有論字例論音例二條而監本于周本紀懼太
子釗之不任句下脱釗音招又古堯反任而針反十一字秦始皇本紀彗星復
見句下脱復扶富反見行見反八字以發縣卒句下脱卒子忽反下同五字佐弋
竭句下脱弋音翊三字二十人皆梟首句下脱梟古堯反懸首于木上曰梟十
一字體解軻以徇句下脱紅賣反三字東收遼東而王之句下脱王于放反四
字故歸其質子句下脱質音致三字衣服旄旌節旗句下脱旄音精旌音毛旗

音其九字祗誦功德句下脫祗音脂三字赭其山句下脫赭音者三字僕射周

靑臣句下脫音夜二字上樂以刑殺爲威句下脫五孝反三字二世紀以安邊

竟句下脫音境二字敘論爲君討賊句下脫于僞反三字項羽本紀將秦軍爲

前行句下脫胡郞反三字高祖本紀時時冠之正義音館句下脫下同二字孝

景紀天下㕛安句下脫㕛音魚廢反五字龍頷拔墮句下脫徒果反三字攀龍

胡顧號句下脫戶高反下同五字爲且用事泰山句下脫爲于僞反將爲封禪

也九字鄭世家段出奔鄢句下脫音偃二字田叔列傳喜游諸公句下脫喜許

記反諸公謂丈人行也十一字其他一兩字之出入殆千有餘條尤不可毛舉

茍非震澤王氏刊本具存無由知監本之妄删也

讀史記十表

臣等謹案讀史記十表十卷　國朝汪越撰徐克范補越字師退康熙己酉舉

人克范字堯民皆南陵人是書有後記一篇記越初作此書成以書抵克范曰

有讀史記十表一帙徧求友人商推殊無一人按定子長原表通首訖尾印證鄙說之是非者不解何故仰惟細加推勘示明紕繆以便改訂有補義則亦書於篇將來授梓云云蓋古來增減前人舊本多在其人之身後惟此書則同時商推而補之故考校頗爲精密於讀史者尚屬有裨考史家之難在於表志而表文經緯相牽或連或斷可以考證而不可以誦讀學者往往不觀劉知幾考正史例至爲詳悉而史通已有廢表之論則其他可知越等獨排比舊文鉤稽微義雖其間一筆一削務以春秋書法求之未免或失之鑿而訂譌砭漏所得爲多其存疑諸條亦頗足正史記之牴牾異乎矇捧一書纖毫必爲回護者於史學之中可謂人略我詳矣乾隆四十七年十一月恭校上

史記疑問

臣等謹案史記疑問三卷　國朝邵泰衢撰史記采衆說以成書徵引浩博不免牴牾班固嘗議其宗旨之乖劉知幾頗摘其體例之謬至其敘述之罅漏先

儒雖往往疑之而未有專著一書抉其疏舛者泰衢獨旁引異同而一一斷之以理如謂高祖紀解縱罪人坦然同沛之非情實留侯世家諸將偶語沙中之不可信李陵傳兵矢既盡尙殺匈奴萬餘人之言爲誇誕據功臣表漢九年呂澤已死而駁留侯世家所紀漢十一年不應又有呂澤大抵皆參互審勘得其閒隙故所論多精確不移足祛讀史之惑不但如吳縝之糾新唐書祇求諸字句閒也是書本與所作檀弓疑問合爲一編今以檀弓疑問入經部而是書析入史部俾各從其類焉乾隆四十七年四月恭校上

前漢書

臣等謹案前漢書一百卷後漢尙書郎扶風班固撰唐祕書監京兆顏師古注唐書列傳師古字籀疑其名籀而以字行也固書本繼史記而作而斷代爲書則自固始初其父徐令彪以司馬氏史記太初以後闕而不錄故作後傳數十篇固以所續未詳乃採輯前記如劉向劉歆揚雄之所述以成是書而八表並

天文志未竟而卒和帝詔其妹昭就東觀藏書踵成之文贍事詳昔儒悉研精焉故爲之音義訓注者應劭服虔如淳以下二十餘家師古因其叔游秦之決疑更集衆說爲注地理音釋精覈無比號爲班史忠臣然歷年既久不無脫誤今以諸書互證附列於後宋人讀漢書或至三十七校今刻本庶無遺憾焉乾隆四十七年四月恭校上

班馬異同

臣等謹案班馬異同三十五卷舊本或題宋倪思撰或題劉辰翁撰楊士奇跋曰班馬異同三十五卷相傳作於須溪觀其評泊批點臻極精妙信非須溪不能而文獻通考載爲倪思所撰豈作於倪而評泊出於須溪耶其語亦兩持不決案通考之載是書實據直齋書錄解題使果出辰翁則陳振孫時何得先爲著錄是固可不辨而明矣是編大旨以班固漢書多因史記之舊而增損其文乃考其字句異同以參觀得失其例以史記本文大書凡史記無而漢書所加

者則以細字書之史記有而漢書所删者則以墨筆勒字旁或漢書移其先後者則注曰漢書上連某文下連某文或漢書移入别篇者則注曰漢書見某傳二書互勘長短較然於史學頗爲有功昔歐陽棐編集古録跋尾以眞跡與集本並存使讀者尋删改之意以見前人之用心思撰是書蓋即此意特棐所列者一人之異同思所列者兩人之異同遂爲創例耳其中如戮力作勠力沈船作湛船由是作繇是無狀作亡狀鈇質作斧質數却作數卻之類特今古異文半菽作芋菽蛟龍作交龍之類特傳寫訛舛至於秦軍作秦卒人言作人謂三兩人作兩三人之類尤無關文義皆非有意竄改思一一贅列似未免稍傷繁瑣然既以異同名書則隻字單詞皆不容略失之過密終勝於失之過疏也至英布陳涉諸傳軼而未録明許相卿作史漢方駕始補入之則誠千慮之一失矣思字正甫湖州歸安人乾道二年進士歷官寶文閣學士謚文節事跡具宋史本傳云乾隆四十七年四月恭校上

後漢書

臣等謹案後漢書一百二十卷宋范蔚宗撰漢自中興以後劉珍等有東觀漢記其後謝承有後漢書薛瑩司馬彪劉義慶華嶠謝沈袁山松各有述作蔚宗删取其要加以藻飾體大思精纖美班氏後來作者莫能企及隋唐志作九十七卷自宋以來皆九十卷未嘗有志劉昭取司馬彪續漢書八志以補之凡三十卷館閣書目乃合爲百二十卷至今仍之其實非蔚宗一手所撰也唐高宗時令章懷太子賢與劉訥言等同爲注釋與書並行然地理間有疎謬不如師古之注班書遠矣今刻本參考附注悉正其誤云乾隆四十七年二月恭校上

補後漢書年表

臣等謹案補後漢書年表十卷宋熊方撰方字廣居豐城人靖康鄉舉貢上庠南渡初官澧州參軍高宗內禪大書堯舜二字表進詔付祕閣除本府帥幕初范蔚宗作東漢書僅畢紀傳以十志付謝儼搜撰蔚宗敗後儼悉蠟以覆車遂

無傳本宋乾興初孫奭判國子監始建議以劉昭所注司馬彪志附入而其表仍闕方因復作此以補范劉之未備凡同姓王侯表二卷異姓諸侯表六卷百官表二卷其所證據一本范氏舊文義例則仿之前書而稍爲通變如王子外戚恩澤諸侯表皆不復分晰惟各書其狀於始封之下而以功以親自可瞭如指掌又百官雖因西漢而廢置不一方取劉昭之志自太傅至河南尹凡二十有三等以繫於年而除拜薨免之實悉見其貫穿鉤考極爲精詳綱目條章亦俱燦然有法惟中間端緒繁密故踳駁之處未能盡善者亦間有之如海昏侯會邑安衆侯松其肇封固自西漢而前書皆云今見爲侯則明章以後尚嗣封弗絶自應在東京列侯之數雖史文闕略不能得其傳世之詳亦當標其國號名屬而注云後闕始合史法方乃因其世系無徵遂以見前書王子侯表一語附識篇末而於表内竟黜其名審如是則城陽恭王祉亦已見前書王子侯表何以此書又得載入乎此其爲例之不純者也又如伏完乃伏湛七世孫襲封

不其侯見於湛傳及皇后紀者甚明惟袁宏漢紀有建安元年封董承伏完十三人爲列侯之文范史誤採入本紀中方不加考辨於伏湛下既書侯完嗣爵而孝獻時諸侯表内又别出一列侯伏完殊爲複外又皇后紀稱完爲屯騎校尉建安十四年卒子典嗣是曹操弑伏后時完已先卒故史但稱操殺后兄弟宗族而不及完方乃誤以完爲曹操所誅除而國於侯典一代竟不列入又如漢壽亭侯之但稱壽亭侯沿習舊訛未能糾正此其考核之偶疎者也又漢制以太傅至將軍爲五府自大將軍車騎將軍度遼將軍以外其餘雜將軍號隨時建置見於紀傳者尚多乃於百官表内槩不之及頗傷闕漏此其採摭之未備者也凡此數端皆爲所短要其經緯周密敘次井然使讀者舉目可詳閲文便覩深有裨於史學與劉昭補志相輔而行固足爲范書之羽翼焉乾隆四十七年五月恭校上

兩漢刋誤補遺

臣等謹案兩漢刊誤補遺十卷宋吳仁傑撰仁傑字斗南一字南英別號蠹隱居士崑山人其稱河南者舉郡望也淳熙中登進士官國子學是書舊刻久佚此本乃朱彝尊之子昆田鈔自山東李開先家因傳於世據其標題當爲劉攽兩漢書刊誤而作而書中乃兼補正劉敞劉奉世之說考趙希弁讀書附志載西漢刊誤一卷東漢刊誤一卷稱劉攽撰文獻通考載東漢刊誤一卷引讀書志之文亦稱劉攽撰又載三劉漢書標注六卷引讀書志之文稱劉敞劉攽劉奉世同撰又引陳振孫書錄解題稱別本題公非先生刊誤其實一書徐度郤掃編引攽所校陳勝田横傳二條稱其兄敞及兄子奉世皆精於漢書每讀隨所得釋之後成一編號三劉漢書以是數說推之蓋攽於前後漢書初各爲刊誤一卷趙希弁所記是也後以攽所校漢書與敞父子所校合爲一編徐度所記是也然當時乃以攽書合於敞父子書非以敞父子書合於攽書故不改敞父子漢書標注之名而東漢一卷無所附麗仍爲別行則馬端臨所記是也至

別本乃以殘書爲主而斂奉世說附入之故仍題刋誤之名則陳振孫所記是也厥後遂以東漢刋誤併附以行而兩漢刋誤名焉仁傑之兼補三劉蓋據後來之本而其名則未及改也乾隆四十七年四月恭校上

三國志

臣等謹案三國志晉陳壽撰魏紀五卷列傳二十五卷蜀列傳十五卷吳列傳二十卷凡六十五卷壽以晉得國於魏故不以統與蜀其識遜於習鑿齒然其書簡質或謂勝於蔚宗裴松之注向來與劉孝標世說注並重爲其引證多出本書之外足補未備故也然詼詭細瑣去小說家不遠伏誦　御製詩有云無識注之者復値裴松之萬古定論足破羣言矣盧宗道有音義徐爰王濤有序評皆不傳呂南公銳意裁定至名其齋爲衮斧陳亮亦有意是正序論尚見集中書皆未就今刻本校讐多取之何焯尤爲詳善云乾隆四十七年四月恭校上

三國志辨誤

臣等謹案三國志辨誤三卷不著撰人名氏原本於是字皆缺筆疑或宋之遺民爲端宗諱然無顯證莫之詳也其書皆辨陳壽三國志及裴松之注之誤凡魏志二十一條蜀志七條吳志十四條三國志簡質有法古稱良史而如孫權之攻合肥魏吳二志後先不同當時已爲孫盛所評議洎行世既久傳鈔脫誤尤所不免是書於踳駁之處分條臚列其閒爲字之訛異者如三少帝紀定陵侯繁當作毓少府襃當作袤之類文之倒置者如正元二年八月戊辰不當在辛未後之類正文與注淆亂者如王肅傳評末附劉寔語本裴注所引而混入之類原本之缺佚者如吳志徐詳不當附胡綜傳之類皆確有依據又如杜夔傳左願當作左騏一條引文選李善注云騏與顧同音而今本善注中無此文亦可以參考同異至步騭傳一條稱呂岱譌程普如夏侯惇傳中以關雲長爲呂布云云今按傳載建安二十四年太祖軍擊破呂布軍於摩陂是時呂布已

亡核之蜀志及通鑑正曹操與雲長相拒之事所言蓋即指此然當別有刊正自爲一條不容僅附識一語疑書中已有所脱佚非其舊矣又書中所辨大抵以前後文互爲校勘而參以後漢書晉書未能遠引博徵以相參證殆裴注已極詳核故不能度越其外歟要其抉摘精審固亦劉氏刊誤吳氏糾謬之流亞也乾隆四十七年九月恭校上

三國志補注

臣等謹案三國志補注六卷 國朝杭世駿撰世駿字大宗號董浦仁和人乾隆丙辰 召試博學鴻詞授翰林院編修是書補裴松之三國志注之遺凡魏志四卷蜀志吳志各一卷松之注捃摭繁富考訂精詳世無異議世駿則掇拾殘賸欲以博洽勝之故細大不捐瑕瑜互見如某人宅在某鄉某人墓在某里其體全類圖經虞荔之鼎録陶弘景之刀劍録皆按年編入而鍾繇等傳書評書品動輒連篇其例又如雜記至於神怪妖異如嵇康見鬼論諸葛亮祭風之

類稗官小說累牘不休尤誕謾不足爲據他如魏文帝巾角彈棊裴注已載陳琳檄而又引宋書廢帝紀書名有異而事迹不殊亦何取乎屋上之屋至於崔琰捉刀劉孝標世說注中已辨裴啓語林之誤乃棄置劉語而別引史通之文張飛豹月烏本出葉廷珪海錄碎事乃明標葉書又冠以彙苑之目大抵愛博嗜奇故蔓引卮詞多妨體要又異苑王粲識礜石事佚其荊州劉表數言諸葛亮梁甫吟不載出藝文類聚輾轉稗販疎漏亦多然如魏文帝紀之王淩謝亭侯一條明帝紀之孔晏又一條陳泰年三十六一條臧洪傳之徐衆一條崔琰傳之陳煒一條華歆傳之東海郡人一條嚴包交通一條蔣濟傳之弊勉一條張遼傳之大呼是名一條楚王彪傳之徙封白馬一條蜀志先主傳之譙周爲從事一條後主傳之不置史官一條諸葛亮傳之躬耕南陽一條鄧芝傳之神亭一條吳志黃蓋傳之黃子廉一條賀齊傳之徐盛失矛一事皆參校異同頗爲精核餘如黃初五經課試之法王昶考課五事之目司馬芝復錢之議王肅

祕書監之表王象繆襲之撰皇覽引正義辨鄭康成解稽古同天之訛引後漢書注證宗賊之義引風俗通證周生爲複姓引困學紀聞證況長寧爲蜀人並足以資考證故書雖蕪雜而亦未可竟廢焉

諸史然疑附

臣等謹案諸史然疑一卷　國朝杭世駿撰此編乃其讀史箚記之語皆糾摘史家之疎漏凡後漢書十四條三國志六條晉書三條宋書三條魏書八條北史六條陳書三條世駿有三國志補注所糾正者甚夥而此皆不載蓋後人偶鈔其遺稿非完帙也其中引史通一條云習鑿齒以劉爲僞國者蓋定邪正之途明順逆之理爾而檀道鸞稱其當桓氏執政故撰此書欲以絕彼瞻烏防兹逐鹿審若所言則鑿齒似未嘗尊蜀者案此條見史通探賾篇核其上下文義蓋傳寫史通者誤於以劉二字之上脫一不字耳其稱謂篇中自註有曰習氏漢晉春秋以蜀爲正統其敘事皆謂蜀先主爲昭烈帝本書之内證佐甚明近

時浦起龍刻史通以此句文義違背改劉爲魏猶無大害世駿竟據誤本遽發創論則失之不考矣牛繼馬後一條責晉書不當襲舊史全因史通之説不免勦襲至於三老五更一條據楊賜伏恭周澤三傳補杜佑通典之缺則蔓延於本書之外於後漢書絶不相關亦爲自亂其例然大致訂譌考異所得爲多雖偶然記錄未及成編不足以言賅備要於史學不爲無補也乾隆四十七年五月恭校上

晉書

臣等謹案晉書一百三十卷唐太宗命房喬等撰晉書自陸機干寶王隱虞預謝靈運何法盛臧榮緒蕭子顯等各有撰述貞觀中以前後十有八家未能盡善故命喬等再加編次太史令李淳風深明星歷所修天文律歷五行三志最可觀採至紀傳序論遠棄史漢之簡質近宗徐庾之華藻劉知幾之論韙矣高希嶠有晉書注何超有晉書音義間附本書今本以諸書參訂成編附錄于後

誠足補前人未備云乾隆四十七年五月恭校上

宋書

臣等謹案宋書一百卷梁沈約撰約爲是書本於何承天山謙之蘇寶生所撰旁采徐爰之說晁公武謂其志兼載魏晉失於限斷葉適則謂其可補兩漢三國之闕說各有取今借以參考諸史雖失之煩雜而歷代故實藉以尚存後裴子野更刪爲宋略三十卷雖曰有功亦傷蕪穢劉知幾之論正非過毀耳乾隆四十七年三月恭校上

南齊書

臣等謹案南齊書五十九卷梁蕭子顯撰子顯齊豫章王嶷之孫以著述自命先是江淹有十志沈約又有紀子顯自表別修宋治平中常詔曾鞏校定同梁陳二書上之晁公武謂其天文但紀災祥州郡不列戶口鞏謂其喜自馳騁更欲破析其文益下然子顯弱冠即留心撰著其文之刻雕藻繢時代爲之未足

多責也乾隆四十七年四月恭校上

梁書

臣等謹案梁書五十六卷唐姚思廉撰貞觀三年詔同魏徵成之筆削次第皆出思廉徵惟著總論而已梁武帝時沈約周興嗣鮑行卿謝吳相承撰錄遭亂淪沒何之元劉璠合撰梁典而紀傳未備思廉父察爲梁史官有志修述迄於陳亡其業不就思廉此書雖與談遷彪固不可同日語然聞見紀錄本於家庭又兼採諸家綜括會通故其書實錄爲多猶勝於衆手之所爲也乾隆四十七年四月恭校上

陳書

臣等謹案陳書三十六卷唐姚思廉撰亦繼父察而作陳史初有顧野王傅縡陸瓊諸家頗傷繁雜察就删改蠶有條貫隋文帝見察甚重之嘗索陳時事迹察每篇續奏竟未卒業至唐因詔思廉續成之晁公武曾鞏皆謂世罕傳本往

往脱誤嘉祐中詔求中外諸本校定傳之然疑者皆不敢損益各疏于篇末而已靖康以後蜀本鞏所校録亦不可盡考今刻本蓋參取他書以補之云乾隆四十七年四月恭校上

魏書

臣等謹案魏書一百十四卷齊天保中魏收所撰其書是非失實時人疾之號爲穢史見於本傳及晁公武陳振孫所論者詳矣隋開皇中命魏澹等别修唐貞觀中陳叔達作五代史皆不傳而收書獨行後又與李延壽北史相亂卷第多舛中興書目謂闕太宗紀以澹書補之闕天文志以張太素書補之二書既亡而此紀志獨存未知何據今刻本以南北史通鑑諸書校其可知者各附於卷後而不可考者仍闕之云乾隆四十七年四月恭校上

北齊書

臣等謹案北齊書五十卷唐李百藥撰百樂父德林與王邵並世仕鄴中多識

故事邵乃憑祖孝正陸元規陽休之等記注造編年書號曰齊志而德林復創爲紀傳書二十卷至隋開皇中奉詔續撰爲三十八篇上之祕府唐貞觀初分修諸史因詔百藥仍其舊錄雜取他書續成之猶姚思廉之於梁陳也後吳兢有齊史十卷張太素有北齊書二十卷今皆佚即李書自宋以來亦多亡闕矣乾隆四十七年四月恭校上

周書

臣等謹案後周書五十卷唐令狐德棻等撰唐修梁陳齊周隋五史本自德棻發之德棻與岑文本崔仁師專成周書議者謂其書本於牛宏宏之爲史尤務清言德棻因之多非實錄宋仁宗時出太清樓本合史館祕閣本又募取夏竦李巽家本下館閣是正其文字即今所傳本是也乾隆四十七年四月恭校上

隋書

臣等謹案隋書八十五卷唐魏徵等撰其時顏師古孔穎達分任紀傳于志寧

李淳風之屬分任諸志南續蕭沈北繼魏收網羅遺佚會通五代鄭樵謂其勝于馬班不無過當然當時本號爲五代史志可以單行亦未得以其失于限斷譏之吳兢嘗別撰隋史二十卷舊唐書又病其疎略論者謂若以隋書紀傳列南北史中則兩無遺憾亦可見史家兼美之難也乾隆四十七年二月恭校上

欽定四庫全書提要卷二十八

史部二

正史類二

南史

臣等謹案南史八十卷唐李延壽撰起宋永初元年盡陳禎明三年歷四代總百七十年敘事貫穿延壽承父之業於宋及見徐爰裴子野本於齊見沈約吳兢本於梁見何之元劉璠本於陳見顧野王傅縡陸瓊本始末修撰台十六載其所採輯往往出本書之外而敘事更為簡勁司馬光謂其可繼陳氏三國志信不誣也惟書志未備差為缺憾而刪煩補缺厥功偉矣乾隆四十七年三月恭校上

北史

臣等謹案北史一百卷唐李延壽撰延壽父大師多識舊事嘗以宋齊梁陳魏

周隋天下參隔其史詳內而略外又訾美失實欲擬吳越春秋編年刊究南北未就而卒延壽既預論撰貞觀間又屢入史局所見益廣乃成南北史崇文總目云唐高宗善其書自爲之序後不傳北史始魏登國元年盡隋義寧二年取魏澹王劭李德林柳虬牛宏諸本參合鉤考唐書本傳稱其删略穢辭過本書遠甚非溢美矣乾隆四十七年三月恭校上

舊唐書

臣等謹案舊唐書二百卷晉劉昫撰昫涿州歸義人在後唐時歷官刑部尚書同中書門下平章事尋罷爲右僕射晉開運中復拜司空同中書門下平章事事蹟詳五代史雜傳中是書因韋述舊史增損而成林駉晁公武皆譏其失蓋其書不出一人之手繁略不均或一事兩見一文兩載一人兩傳複沓冗亂不可枚舉又順宗以前其事較詳宣宗以後其事多略亦無義例且是非失實甚至以韓愈文爲大紕繆是以宋嘉祐中命重修之然敍事條暢亦有勝於新書

者楊愼顧炎武皆謂不可偏廢是也向少傳本學者罕見今與新唐書並刋列正史參互考之可以見二書之得失矣乾隆四十七年三月恭校上

唐書

臣等謹案唐書二百二十五卷宋歐陽修宋祁等撰舊唐書成於五代文氣卑陋之時紀次無法慶歷中詔王堯臣張方平等刋修久而未就至和初乃命修爲紀志祁爲列傳范鎭王疇宋敏求呂夏卿劉羲叟同編修嘉祐五年上之凡廢傳六十一增傳三百三十一志三表四故曾公亮進書表曰其事則增於前其文則省於舊而劉敞行第賞誥詞盛稱其裁成大體綱羅遺佚宏富精美校讐有功論者不謂之溢美第其中牴牾失實如晁公武所譏亦間有之陳振孫謂其不出一手未爲全美蓋非無見至吳縝糾謬之作則由於其父不預史局吹索過甚恐非持平之論洪适楊萬里皆譏縝以不識大體良是而年月名稱考校精覈亦有不可廢者今刻本間參取之後附釋音二十五卷宋書學博士

董衡撰進蓋倣劉伯莊史記音義而作於是書亦不無小補云乾隆四十七年四月恭校上

新唐書糾謬

臣等謹案新唐書糾謬二十卷宋吳縝撰縝字廷珍成都人嘗以朝散郎知蜀州後歷典數郡皆有惠政其著此書專以駁正新唐書之訛誤凡二十門四百餘事初名糾謬後改爲辯證而紹興間長樂吳元美刋於湖州仍題爲糾謬故至今沿其舊名王明清揮麈錄稱歐陽修重修唐書時縝嘗因范鎮請預官屬之末修以其年少輕佻拒之縝鞅鞅而去及新書成乃指摘瑕疵爲此書晁公武嘗引張九齡爲相事謂其誤有詆訶今觀其書實不免有意掊擊如第二十門字書非是一條至歷指偏傍點畫之訛以譏切修等大都近於吹毛索瘢然歐宋之作新書歐主褒貶宋主文章而於故事考證頗疎牴牾踳駁本自不少縝自序中所舉八失原亦深中其病不可謂無裨史學也今世所行刋本第二

十卷柳宗元傳至蘇定方傳凡六條皆全脫而錯入第六卷郭潛曜姓不同以下四條之文重複舛誤已非完書獨兩淮所進本尙屬南宋舊槧其柳宗元傳六條原文具在謹據以訂正焉乾隆四十七年四月恭校上

舊五代史

臣等謹案舊五代史一百五十卷併目錄二卷宋司空同中書門下平章事薛居正等撰考晁公武讀書志云開寶中詔修梁唐晉漢周書盧多遜扈蒙張澹李昉劉兼李穆李九齡同修宰相薛居正等監修玉海引中興書目云開寶六年四月戊申詔修五代史七年閏十月甲子書成凡百五十卷目錄二卷爲紀六十一志十二傳七十七多據累朝實錄及范質五代通錄爲稿本其後歐陽修別錄五代史記七十五卷藏於家歿後官爲刊印學者始不專習薛史然二書猶並行於世至金章宗泰和七年詔學官止用歐陽史於是薛史遂微元明以來罕有援引其書者傳本亦漸就湮沒惟明內府有之見於文淵閣書目故

永樂大典多載其文然割裂淆亂已非居正等篇第之舊恭逢　聖朝右文稽古網羅放佚零縑斷簡皆次第編摩臣等謹就永樂大典各韻中所引薛史甄錄條繫排纂先後檢其篇第尚得十之八九又考宋人書之徵引薛史者每條采錄以補其闕遂得依原書卷數勒成一編晦而復彰散而復聚殆實有神物呵護以待時而出者遭逢之幸洵非偶然也歐陽修文章遠出居正等上其筆削體例亦特謹嚴自宋時論二史者即互有所主司馬光作通鑑胡三省作通鑑注皆專據薛史而不取歐史沈括洪邁王應麟輩爲一代博洽之士其所著述於薛歐二史亦多兼採而未嘗有所軒輊蓋修所作皆刊削舊史之文意主斷制不肯以紀載叢碎自貶其體故其詞極工而於情事或不能詳備至居正等奉詔撰述本在宋初秉筆之臣尚多逮事五代見聞較近紀傳皆首尾完具可以徵信故異同所在較核事迹往往以此書爲證雖其文體卑弱不免敘次煩冗之病而遺聞瑣事反藉以獲傳實足爲考古者參稽之助又歐史止述司

天職方二考而諸志俱闕凡禮樂職官之制度選舉刑法之沿革上承唐典下開宋制者一概無徵亦不及薛史諸志爲有裨於文獻蓋二書繁簡各有體裁學識兼資難於偏廢昔修與宋祁所撰新唐書事增文省足以括劉昫舊書而昫書仰荷皇上表章令仍得列於正史況是書文雖不及歐陽而事迹較備又何可使隱沒不彰哉謹考次舊文釐爲梁書二十四卷唐書五十卷晉書二十四卷漢書十一卷周書二十二卷世襲列傳二卷僭僞列傳三卷外國列傳二卷志十二卷共一百五十卷別爲目錄二卷而蒐羅排纂之意則著於凡例具列如左乾隆四十九年十月恭校上

五代史

臣等謹案五代史七十四卷宋歐陽修撰李燾稱其最得春秋之法雖司馬子長無以復加晁公武稱其以繼劉向班固人不以爲過然疎略紕繆亦所不免司馬光通鑑所列五代事蹟與史多所異同薛居正舊史雖失之繁猥或猶可

參考他若尹洙之五代春秋王禹偁之五代史闕文皆足備拾遺不無小補今

刻本兼採諸家證訂譌缺實爲完本云乾隆四十七年五月恭校上

五代史記纂誤

臣等謹案五代史記纂誤宋吴縝撰縝嘗作新唐書糾謬以正宋祁歐陽修等

踳駁牴牾之失已别著録此則專取修所撰五代史記摘其舛纇輯爲一書晁

公武讀書志陳振孫書録解題俱作五卷尤袤遂初堂書目不著卷數宋史藝

文志則作三卷南渡後曾與新唐書糾謬合刻於吴興附唐五代二史之末今

糾謬尚有明代槧本流傳而纂誤獨久佚不見惟永樂大典各帙中頗載其文

採綴裒集猶能得其次序據晁公武志稱所列二百餘事今檢驗僅一百十二

事約存原書十之五六然梗概亦略具矣歐陽修五代史文章法度足亞史漢

而考證則往往疎舛如司馬光通鑑考異所辨晉王三矢付莊宗等事洪邁容

齋三筆所摘失載朱梁輕賦等事皆爲訛漏之甚者至徐無黨注不知參核事

蹟寥寥數語尤屬簡陋無當縝爲抉其闕誤一一臚考而折衷之雖其間如周太祖紀甲辰之當作甲申今歐史不誤乃縝所見刊本偶譌而亦執以攻修之短頗不免於吹毛求疵然其校勘實爲精審凡修輕改舊文首尾失檢之處無不疏通剖析切中癥結故宋代頗推重之章如愚山堂考索亦具列紀傳不同各條以明此書之不可以不作至如所稱唐明宗紀趙鳳罷條徐無黨注中忘其日三字檢今本無之又晉出帝紀射鴈於繁臺句今本亦無鴈字足見後來行世之本其文視昔已復多所脫遺此類尤足以存古本之舊五代向惟歐史孤行學者每病其太簡今薛居正舊史既已薈稡成編而是書亦得掇拾叢殘復顯於世於以參稽互訂固讀史者所宜取資也謹依宋史目次釐爲三卷其間有與薛史同異者並略加附識於下以備考證焉乾隆四十一年七月恭校上

宋史

臣等謹案宋史四百九十六卷元托克托等修其實多出歐陽原功之手卷帙之多倍於前史論者皆以爲潦草牽率其文過繁而事猶漏略朱彝尊直謂非金匱石室所宜儲故有志删定者指不勝屈王昂有宋史補王洙有宋元史質柯維騏有宋史新編意在剔除繁蕪而昴洙尤略厥後湯顯祖王維儉劉同升並有事編削維儉宋史記副墨僅存湯劉則屬稿未就歷年愈遠文獻難徵雖曰修明徒知刋落此正史所以終不可廢也乾隆十四七年四月恭校上

遼史

臣等謹案遼史一百五十卷元托克托等奉勅撰至正三年四月詔儒臣分撰遼史四年三月書成爲本紀三十卷志三十一卷列傳四十五卷考遼制書禁甚嚴凡國人著述惟聽刋行於境內有傳於鄰境者罪至死見沈括夢溪筆談僧行均龍龕手鑑條下蓋國之虛實不以示敵用意至深然以此不流播於天下迨五京兵燹之後遂至舊章散失澌滅無遺觀袁桷修三史議蘇天爵三史質疑知遼代載籍可

備修史之資者寥寥無幾故當時所據惟耶律儼陳大任二家之書見聞既隘
又蒇功於一載之內無暇旁搜潦草成編實多疎略其間左支右詘痕跡灼然
如每年遊幸既具見於本紀矣復爲遊幸表一卷部族之分合既詳述於營衛
志矣復爲部族表一卷屬國之貢使亦具見於本紀矣復爲屬國表一卷義宗
之奔唐章肅之爭國既屢見於紀志表矣復累書於列傳文學僅六人而分爲
兩卷伶官宦官本無可紀載而强綴三人此其重複瑣碎在史臣非不自知特
以無米之炊足窮巧婦故不得已而縷割分隷以求卷帙之盈勢使之然不足
怪也然遼典雖不足徵宋籍非無可考東都事略載遼太宗建國號大遼聖宗
即位改大遼爲大契丹國道宗咸雍二年復改國號大遼考重熙十六年釋迦
佛舍利鐵塔記石刻今尚在古爾板蘇巴爾漢其文稱維大契丹國興中府重
熙十五年丙戌歲十一月丁丑朔云云與王偁所記合而此書不載是其於國
號之更改尚未詳也文獻通考稱遼道宗改元壽昌洪遵泉志引李季興東北

諸蕃樞要云契丹主天祚年號壽昌又引北遼通書云天祚即位壽昌七年改爲乾統而此書作壽隆殊不思聖宗諱隆緒道宗爲聖宗之孫何至紀元而犯祖諱考今興中故城即古爾板蘇巴爾漢譯言三塔也故土人亦稱三座塔云東南七十里柏山有安德州靈巖寺碑稱壽昌初元歲次乙亥又有玉石觀音像唱和詩碑稱壽昌五年九月又易州有興國寺太子誕聖邑碑稱壽昌四年七月均與洪遵所引合又老學菴筆記載聖宗改號重熙後避天祚嫌名追稱重熙曰重和考興中故城鐵塔記旁有天慶二年釋迦定光二佛舍利塔記稱重和十五年鑄鐵塔與陸游所記亦合而此書均不載是其於改元之典章多舛漏也潛研堂金石文跋尾又稱據太子誕聖邑碑諸人結銜知遼制有知軍州事通判軍事知縣事之名而百官志亦不載是其於制度有遺闕也至厲鶚遼史拾遺所摭尤不可更僕數此則考證未詳不得委之文獻無徵矣然其書以實錄爲憑無所粉飾如宋史載太平興國七年戰於豐州據此書則云保裔被擒而降後爲昭順軍節度

使寀其事勢遼史較可徵信此三史所由並行而不可偏廢歟乾隆四十九年

十一月恭校上

遼史拾遺

臣等謹案遼史拾遺二十四卷 國朝厲鶚撰鶚字太鴻錢塘人康熙庚子舉

人是書拾遼史之遺有注有補均摘錄舊文爲綱而參考他書條列於下凡有

異同悉分析考證綴以按語國語解先後次第與目錄有不合者亦悉爲釐正

又補輯遼境四至及風俗物產諸條於後其中如劉守光自爲節度使唐書及

五代史列傳載之最詳乃獨取資治通鑑一條李嗣源之救幽州不引契丹國

志亦僅引通鑑王都破唐兵五代史與諸史互有同異而不知考辨金克中京

大金國志敘次最悉乃獨取松漠紀聞數言保大以後遼事載於宋史紀傳者

最多皆略而不取似此之類皆頗有所遺又蘭亭石刻之類蔓延鋪敘與史事

毫無所關亦未免嗜博愛奇傷於泛濫然元修三史莫繁冗於宋莫疏略於遼

又遼時書禁最嚴不得傳布於境外故一朝圖籍漸滅無徵鶚採摭羣書至三百餘種均以旁見側出之文參考而求其端緒年月事迹一一鉤稽其補唐中和諸人之傳及禮志之補幡勝樂志之補聒帳輿服志之補金冠窄袍食貨志之補賦税名目皆採輯散佚足備考證鶚樊榭詩集中自稱所注遼史比於裴松之三國史注殆亦不誣也至於卷末國語解對音舛誤名義多乖由作史者昧於翻譯故因仍故牘致失其眞鶚雖釐正其次第而索倫舊語既非所知故舊史駁文未能考定今三史國語悉蒙 欽定一洗前代之訛足以昭示萬古鶚所附贅存而不論可矣乾隆四十七年九月恭校上

金史

臣等謹案金史一百三十四卷元托克托等奉勅撰凡紀十九卷表四卷列傳七十三卷金人肇基東海奄有中原制度典章彬彬爲盛徵文考獻具有所資且元人於此書經營已久與宋遼二史取辦倉卒者不同故其首尾完密條例

整齊約而不疎贍而不蕪在三史之中獨爲最善如載世紀於卷首而列景宣帝睿宗顯宗於世紀補則酌取魏書之例歷志則采趙知微之大明歷而兼考渾象之存亡禮志則掇韓企先等之大金集禮而兼及雜儀之品節河渠志之詳於二十五埽百官志之首敘建國諸官咸本本元元具有條理食貨志則因物力之微而歎其初法之不慎選舉志則因令史之正班而推言仕進之末弊交聘表則數宋人三失而惜其不知守險不能自強皆切中事機意存殷鑒卓然有良史之風惟列傳中頗多疎舛如楊朴佐太祖開基見於遼史而不爲立傳晉王宗翰之上書乞免見北盟會編瀋王宗弼之遺令處分見建炎以來繫年要錄皆有關國政而本傳不書皆乖體例至昌本之南走施宜生之泄謀字文虛中之謗訕傳聞異辭皆未能核定亦由於祇據實錄未暇旁考諸書然宋史載兩國兵事多採撫宋人所記不免浮詞如釆石之戰其時海陵士卒聞大定改元離心自潰虞允文攘以爲功殊非事實此書所載獨得其眞泰和以後

諸臣傳尤能悉其情事蓋好問等得諸目睹與傳聞異辭者殊也乾隆四十九年十一月恭校上

元史

臣等謹案元史二百十卷明宋濂等奉勅撰洪武二年得元十三朝實錄命修元史以濂及王禕爲總裁二月開局天寧寺八月書成而順帝一朝史猶未備乃命儒士歐陽佑等往北平採其遺事明年二月重開史局閱六月書成爲紀四十七卷志五十三卷表六卷列傳一百十四卷書始頒行紛紛然已多竊議迨後來遞相考證紕漏彌彰顧炎武日知錄摘其趙孟頫諸傳備書上世贈官仍誌銘之文不知芟削河渠志言耿參政祭祀志言田司徒引案牘之言失於剪裁朱彝尊曝書亭集又謂其急於成書故前後複出因舉其一人兩傳者條其篇目爲倉猝失檢之病然元史之舛駁不在於蔵事之速而在於始事之驟以後世論之元人載籍之存者說部文集尚不下一二百種以訂史傳時見牴

牾不能不詒考訂之未密其在當日則重開史局距元亡二三年耳後世所謂古書皆當日時人之書也其時有未著者有著而未成者有成而未出者勢不能裒合衆說參定異同考徐一夔始豐稿有重開史局時與王禕書云近代論史者莫過於日歷日歷者史之根柢也至起居注之設亦專以甲子起例蓋紀事之法無踰此元則不然不置日歷不置起居注獨中書置時政科遣一文學掾掌之以事付史館及易一朝則國史院據所付修實錄而已其於史事固甚疎略幸而天歷間虞集倣六典法纂經世大典一代典章文物粗備是以前局之史既有十三朝實錄又有經世大典可以參稽釐而成書若順帝二十六年之事既無實錄可據又無參稽之書惟憑採訪以足成之竊恐事未必覈言未必馴首尾未必貫穿也云云則是書之疎漏未經屬草以前一夔已預知之非盡濂等之過矣惟是事蹟雖難以遽詳其體例則不難自定其訛脱則不難自校也今觀是書三公宰相分爲兩表禮樂合一志又分祭祀輿服爲兩志列傳

則先及釋老次以方技皆不合前史遺規而删除藝文一志收入列傳之中遂使無傳之人所著皆不可考尤爲乖迕又帝紀則定宗以後憲宗以前闕載者三年未必實錄之中竟無一事其爲漏落顯然至於姚燧傳中述其論文之語殆不可曉證以元文類則引其送暢純甫序而互易其問答之辭殊爲顛倒此不得委諸無書可檢矣是則濂等之過無以解於後人之議者耳解縉集有與吏部侍郎董倫書稱元史舛誤承命改修云云其事在太祖末年豈非太祖亦覺其未善故有是命歟若夫歷志載許衡郭守敬之歷經李謙之歷議而幷及庚午元歷之未嘗頒用者以證其異同地理志附載潘昂霄河源考而取朱思本所譯梵字圖書分註於下河渠志則北水兼及於盧溝河御河南水兼及於鹽官海塘龍山河道並詳其繕濬之宜未嘗不可爲考古之證讀者參以諸書而節取其所長可也乾隆五十四年五月恭校上

欽定遼金元三史國語解

臣等謹案遼金元三史國語解四十六卷乾隆四十七年奉　勅撰考譯語對音自古已然公羊傳所稱地物從中國邑人名從主人是也譯語兼釋其名義亦自古已然左傳所稱楚人謂乳穀謂虎於菟穀梁傳所稱吳謂善伊謂稻緩號從中國名從主人是也間有音同字異者如天竺之爲捐篤身毒印度烏桓之爲烏丸正如中國文字偶然假借如歐陽漢碑作歐羊包胥戰國策作勃蘇耳初非以字之美惡分別愛憎也自魏書改柔然爲蠕蠕比諸蠕動已屬不經唐書謂回紇改稱回鶻取輕健如鶻之意更爲附會至宋人武備不修鄰敵交侮力不能報乃區區修隙於文字之間又不通譯語竟以中國之言求外邦之義如趙元昊自稱兀卒轉爲吾祖遂謂吾祖爲我翁蕭鷓巴本屬蕃名乃以與曾淳甫作對以鷓巴鶉脯爲惡謔積習相沿不一而足元托克托等修宋遼金三史多襲舊文不加刊正考其編輯成書已當元末是時如台哈布哈號爲文士今所傳納新案納新原本誤作廼賢今改正金臺集首有所題篆字亦自署曰泰不華居然

訛異蓋舊俗已漓併色目諸人亦不甚通其國語宜諸史之訛謬百出矣迨及
明初宋濂等纂修元史以八月告成事迹挂漏尚難殫數前代譯語更非所諳
三史所附國語解顚舛支離如出一轍固其宜也我　皇上聖明天縱邁古涵
今洞悉諸國之文灼見舊編之誤　特命館臣詳加釐定併一一　親加指示
務得其眞以索倫語正遼史凡十卷首君名附以后妃皇子公主次宮衞附以
軍名次部族附以屬國次地理次職官次人名次名物共七門以滿洲語正金
史凡十二卷首君名附以后妃皇子次部族次地理次職官附以軍名次姓氏
次人名附以名物共六門以蒙古語正元史凡二十四卷首帝名附以后妃皇
子公主次宮衞附以軍名次部族附以國名次地理次職官次人名次名物共
七門各一一著其名義詳其字音字音爲漢文所無者則兩合三合以取之分
析徵茫窮極要窅即不諳繙譯之人繹訓釋之明悟語聲之轉亦覺釐然有當
於心而恍然於舊史之誤也蓋自　欽定三合切音清文鑑出而　國語之精

輿明至此書出而前史之異同得失亦明不但宋明二史可據此以刊其訛即四庫之書凡人名地名官名物名涉於三朝者均得援以改正使音訓皆得其眞聖朝考文之典洵超軼乎萬禩矣乾隆五十四年二月恭校上

明史

臣等謹案明史三百三十六卷國朝保和殿大學士張廷玉等奉敕撰乾隆四年七月二十五日書成表進凡本紀二十四卷志七十五卷表一十三卷列傳二百二十卷目録四卷其進表有曰仰惟聖祖仁皇帝搜圖書於金石羅耆俊於山林創事編摩寬其歲月蓋康熙十八年始詔修明史並召試彭孫遹等五十人入館纂修以紀載浩繁異同歧出遞相考證未遽定也又曰我世宗憲皇帝重申公愼之旨載詳討論之功臣等於時奉敕充總裁官率同纂修諸臣開館排輯十有五年之內幾經同事遷流三百餘卷之書以次隨時告竣蓋雍正二年詔諸臣續蕆其事至是乃成書也又曰籤帙雖多

牴牾互見惟舊臣王鴻緒之史稿經名人三十載之用心進在彤幃頒來祕閣首尾略具事實頗詳爰即成編用爲初稿蓋康熙中戶部侍郎王鴻緒撰明史稿三百十卷惟帝紀未成餘皆排比貙就較諸家爲詳贍故因其本而增損成帙也其間諸志一從舊例而稍變其例者二歷志增以圖以歷生於數數生算算法之句股面線今密於古非圖則分刌不明藝文志惟載明人著述而前史著錄者不載其例始於宋孝王關中風俗傳劉知幾史通又反覆申明於義爲允唐以來弗能用今用之也表從舊例者四曰諸王曰功臣曰外戚曰宰輔創新例者一曰七卿蓋明廢左右丞相分其政於六部而都察院糾核百司爲任亦重故合而七也列傳從舊例者十三創新例者三曰閹黨曰流賊曰土司蓋貂璫之禍雖漢唐以下皆有而士大夫趨勢附羶則惟明人爲最夥其流毒天下亦至酷別爲一傳所以著亂亡之源不但示斧鉞之誅也闖獻二寇至於亡明勦撫之失足爲炯鑒非他小醜之比亦非割據羣雄之比故別列之至於

土司古所謂羈縻州也不内不外釁隙易萌大抵多建置於元而滋蔓於明控馭之道與牧民殊與禦敵國又殊故自爲一類焉若夫甲申以後仍續載福王之號乙酉以後仍兼載唐王桂王諸臣則　頒行以後宣示　綸綍　特命改增聖人大公至正之心上洞三光下昭萬禩尤自有史籍以來所未嘗聞見者矣乾隆四十七年十月恭校上

欽定四庫全書提要卷二十八

欽定四庫全書提要卷二十九

史部三

編年類

竹書紀年

臣等謹案竹書紀年二卷舊本稱爲汲冢古書考晉書束晳傳晉咸和七年汲縣人發魏襄王冢得古書七十五卷中有竹書紀年十三篇今世所行題沈約注亦與隋志相符顧炎武考證之學最爲精核所作日知錄中往往引以爲據然反覆推勘似非汲冢原書其中如平王東遷以後惟載晉事三家分晉以後惟載魏事是魏承晉史之明驗然晉靈公桃園之事董狐所書明見左傳孔子稱趙盾爲法受惡足知未改史文今本所載仍以趙穿弒獄則非晉史之舊也束晳傳稱竹書載夏年多殷益干啟位啟殺之今本皆無此文又杜預注左傳攜王奸命句引服虔說以爲伯服疏併引束晳說以爲伯盤今本乃有余臣之

說使竹書原有此文不應二人皆未睹則非束晳杜預所見本也郭璞注穆天
子傳引紀年七條以今本核之相同者三條璞稱紀年而今在注中者三條璞
時不應先有注且三條併爲一條文亦不屬其穆天子見西王母西王母止之
曰有鳥𪂳人一條今本無之則非郭璞所見本也隋書經籍志曰紀年皆用夏
正建寅之月爲歲首今本自入春秋以後時月並與經同全從周正則非隋時
所見本也水經注引竹書七十六條皆以晉國紀年如春秋之爲魯史而此本
晉國之年皆附周下又所引出公六年荀瑶城宅陽梁惠王元年鄴師邯鄲師
次於平陽魏襄王六年秦取我焦及齊師伐趙東鄙圍中牟諸條今本皆無之
其他年月亦多舛異則非酈道元所見本也史通引竹書文王殺季歷今本作
文丁又引竹書鄭桓公厲王之子今本錫王子多父命居洛在宣王二十二年
王子多父爲鄭公在幽王二年皆不云厲王子則非劉知幾所見本也文選注
引竹書五條今惟有太甲殺伊尹一條則非李善所見本也開元占經引竹書

四條今本皆無則非瞿曇悉達所見本也史記索隱引竹書晉出公二十三年奔楚乃立昭公之孫是爲敬公今本作出公薨又引秦與衞戰雁門惠王後元十一年會齊於平阿十三年會齊於甄齊桓公君母齊宣王后宋剔成肝廢君自立褚里疾圍蒲七條今本皆無則非司馬貞所見本也穀梁傳疏引竹書紀年周昭王膠舟之事以駁呂氏春秋今本但曰王陟無膠舟事則非楊士勛所見本也元豐九域志引竹書陰司馬敗燕公子翌於武垣一條今本亦無則非王存所見本也路史引竹書周武王年五十四辨武王年非九十三今本乃作九十三又注引竹書夏后不降六十九年證世紀五十九年之異今本乃亦作五十九路史又引梁惠成八年雨骨于赤鞞註又引夏桀末年社坼裂今本並無則非羅泌羅苹所見本也戰國策註引竹書魏救中山塞集胥口今本無之則非鮑彪所見本也廣川書跋引竹書秦穆公十一年取靈邱今本無之則非董逌所見本也雖其他說與竹書往往相合然㣽征稱辰弗集於房說命稱舊

學於甘盤均出梅賾古文尚書在西晉之後不應先見竹書豈亦明人鈔合諸書以爲之如十六國春秋類歟沈約注外又有小字夾行之注不知誰作中殷小庚一條稱約案史記作太庚則亦當爲約說考元和郡縣志魏武定七年始置海州隋煬帝時始置衞縣而注舜在鳴條一條稱今海州夏啟十一年放武觀一條稱今頓丘衞縣則非約語矣又所注惟五帝三王最詳他皆寥寥而五帝三王皆鈔宋書符瑞志語約不應既著於史又不易一字移而爲此本之注然則此注亦依托耳自明以來流傳已久姑錄之以備一說其僞則終不可掩也乾隆四十七年十月恭校上

竹書統箋

臣等謹案竹書統箋十二卷　國朝徐文靖撰文靖即著山河兩戒考者是編作于孫之騄考定竹書以後亦因沈約註爲之引證推闡首仿司馬貞補史記例作伏羲神農紀年題曰前編而自爲之註多據毛漸僞三墳殊失考正又爲

雜述述竹書源流皆不入卷數其箋則仿諸經註疏之例發明于各條之下蓋文靖誤以紀年爲原書又謬以其註眞出沈約故以箋自名如鄭康成之尊毛萇也然其引證諸書皆著出典較孫之騄爲切實而考正地理訂正世系亦較之騄爲詳晰如坊本誤于外丙元年後係以小庚五年小甲十七年雍己十二年太戊三十五年乃繼以二年陟蓋舊本顛倒一頁重刻者因而仍之陳仁錫作四書考遂據以駁雜異同文靖以殿本紀排比知其脫誤亦較之騄爲密也

乾隆四十七年十一月恭校上

前漢紀

臣等謹案前漢紀三十卷漢潁川荀悅撰後漢書荀淑傳曰孫悅字仲豫獻帝時官祕書監帝以班固漢書文繁難省乃令悅依左氏傳體爲漢紀三十卷文約事詳唐劉知幾史通六家篇以悅書爲左傳家之首其二體篇又稱其歷代寶之有踰本傳班荀二體角力爭先其推之甚至故唐人試士以悅紀與史漢

爲一科宋李燾跋曰悅爲此紀固不出班書亦時有删潤而諫大夫王仁侍中王閎諫疏班書皆無之又稱司馬光編集資治通鑑書太上皇事及五鳳郊泰時之月皆舍班而從荀蓋以悅修紀時固書猶未舛訛而君蘭君簡端瑞興譽寬竟皆兩存之是宋人亦甚重其書也其中所附諸論亦皆純正他若壺關三老茂漢書無姓悅書云姓令狐朱雲請尙方劍漢書作斬馬悅書乃作斷馬證以唐詩知漢書字誤資考證者亦不一而足顧炎武作日知錄始排詆之亦好高之過矣是書考李燾跋自天聖中已無善本此本爲明黄姬水所刊亦多舛訛近時蔣國祥校本間有釐正不無襲謬今詳加參考具錄如左乾隆四十七年五月恭校上

後漢紀

臣等謹案後漢紀三十卷晉袁宏撰宏字彦伯陽夏人太元初官至東陽太守事迹具晉書文苑傳是書前有宏自序稱嘗讀後漢書煩穢雜亂聊以暇日撰

集爲後漢紀其所綴會漢紀謝承書司馬彪書華嶠書謝忱書漢山陽公記漢靈獻起居注漢名臣奏旁及諸部耆舊先賢傳凡數百卷前史闕略多不次序錯繆同異誰使正之經營八年疲而不能定頗有傳者始見張璠所撰書其言漢末之事差詳故復探而益之云云蓋大致以漢紀爲準也案隋志載璠書三十卷今已散佚惟三國志注及後漢書注間引數條今取與此書互勘璠記所有此書往往不載其載者亦多所點竄互有詳略而核其文義皆此書爲長其體例雖仿荀悅書而悅書因班固舊文翦裁聯絡此書則抉擇去取自出鑒裁抑又難于悅矣劉知幾史通正史篇稱世言漢中興作史者惟袁范二家以配蔚宗要非溢美也乾隆四十七年五月恭校上

元經

臣等謹案元經十卷舊本題隋王通撰唐薛收續幷作傳宋阮逸註其書始晉太熙元年終隋開皇九年凡九卷稱爲通之原書末一卷自隋開皇十年迄唐

武德元年稱收所續晁公武讀書志曰案崇文無其目疑阮逸依托爲之陳振孫書錄解題曰河汾王氏諸書自中説以外皆唐藝文志所無其傳出阮逸或云皆逸僞作也唐神堯諱淵其祖景皇諱虎故晉書戴淵石虎皆以字行薛收唐人於傳稱戴若思石季龍宜也元經作於隋世亦書若思何哉今考是書晉成帝咸和八年書張公庭爲鎮西大將軍康帝建元元年書石虎侵張駿公庭即駿之字猶可曰書名書字例本互通至於康寧三年書神虎門爲神獸門則顯襲晉書更無所置辨矣且於周大定元年直書楊堅輔政通生隋世雖妄以聖人自居亦何敢於悖亂如是哉陳師道後山談叢何薳春渚紀聞邵博聞見後錄並稱逸作是書嘗以稿本示蘇洵薳與博語未可知師道則篤行君子斷無妄語所記諒不誣矣逸字天隱建陽人天聖五年進士官至尙書屯田員外郎宋史胡瑗傳景祐初更定雅樂與鎮東軍節度推官阮逸同校鐘律者即其人也其書本無可取因自宋以來流傳已久姑錄存之而參考諸説附糾其依

托如右乾隆四十七年五月恭校上

唐創業起居注

臣等謹案唐創業起居注三卷唐温大雅撰大雅字彦龍幷州祁人官禮部尚書封黎國公事蹟具新舊唐書本傳其書唐宋志作三卷通考作五卷今此本三卷與唐宋志合史稱高祖兵興引大雅爲記室參軍主文檄則此書記三百五十七日之事所得於見聞者當獨爲眞確今與高祖本紀參較若劉仁恭爲突厥所敗煬帝驛繫高祖此書稱高祖謂秦王曰今遭羑里之厄爾昆季須會盟津之師是興師由高祖而本紀則謂舉事由秦王又此書載隋少帝以夏四月詔曰今遵故事遜於舊邸而本紀則繫之五月戊午凡此之類皆疑此書爲得實未可與尋常稗史一槩而論也乾隆四十七年九月恭校上

資治通鑑

臣等謹案資治通鑑二百九十四卷宋司馬光撰胡三省音注光撰通鑑以元

豐七年十二月戊辰書成與目錄考異同奏上之其著述大旨具見光進書原表及馬端臨經籍考中當時劉安世所作音義十卷世已無傳南渡後有蜀史炤釋文又有僞托司馬釋文及廣都費氏注又有謝琎郭仲威直音及閩本直音羣書並行而乖謬威甚三省本其父遺志因彙集衆説覃思以爲之注元袁桷清容集載先友淵源錄稱三省天台人寶祐進士賈相館之釋通鑑三十年兵難稿三失乙酉歲留袁氏家塾日手鈔定注己丑寇作以書藏窖中得免頗見是書顛末惟桷稱定注而今本題作音注疑出三省所自改也通鑑文繁義博貫串最難三省所釋于象緯推測地形建置制度沿革諸大端極爲賅備讀通鑑者奉爲圭臬眞不啻左傳之有杜當陽矣又袁桷稱定注今在京尚未付梓而黄溥簡籍遺聞謂刋于臨海洪武初取藏南京國學則元末始鐫諸板今世所通行乃天啟中陳仁錫重刋本也乾隆四十七年五月恭校上

臣等謹案資治通鑑考異三十卷宋司馬光撰光編集通鑑時有一事用三四出處纂成者因參考異同别爲此書以正其謬誤而歸之于一蓋前代紀事之書傳聞異詞稗官固喜造虚言本史亦不皆實錄光所採書自正史外相傳凡二百二十二家如司馬康所述有司馬彪荀悦袁宏崔鴻蕭方等李延壽及太清記唐歷之類洪邁所摘有河洛記魏鄭公諫錄李司空論事張中丞傳涼公平蔡錄鄴侯家傳兩朝獻替記後史補金鑾密記彭門紀亂平剡錄廣陵妖亂志之類其他百家譜錄正集别集墓誌碑碣行狀别傳無不旁搜博引抉摘幽隱擇可信者而從之有舊史所不詳者亦皆參互考證而明其所以闕疑之故既著其文于通鑑又本棄取之意辨論而折衷之使讀者曉然于紀載之得失是非而不復有所岐惑千古史法之精密實未有過于是者其後李燾續長編李心傳繫年要錄尚知其義故所紀特爲審核至陳桱薛應旂輩欲追續光書而不能綱羅極備僅據本史編排尋條失枝貽譏弇陋則亦考異之法不明有

以致之矣其中或有過信小說爲後人所議及如唐關播平章事拜罷專引舊唐書而不及新唐書紀傳年表以證其誤亦不免小小滲漏然卷帙太繁所謂牴牾不敢保者光固已自言之要不足爲其累也考異原與通鑑並行胡三省作音註始以散入各文之下古今通鑑本俱附入書内而亦頗有漏略此乃明初所刊單本猶光原書卷第故錄之以存其舊云

通鑑釋例

臣等謹案通鑑釋例一卷宋司馬光撰皆其修通鑑時所定凡例後附與范祖禹論修書帖二通有光曾孫尙書吏部員外郎伋跋語稱遺稿散亂所藏僅存脫略已甚伋輒掇取分類爲三十六例末題丙戌仲秋乃孝宗乾道二年胡三省通鑑釋文辨誤序謂光沒後通鑑之學其家無傳後因金使問司馬光子孫朝廷始訪其後之在江南者得從曾孫伋使奉公祀凡言書出於司馬公者必鋟梓行之蓋伋之始末如此其編此書時嘗有浙東提舉常平茶鹽司板本惟

伋跋稱三十六例而今本止分十二類蓋并各類中細目計之也伋又稱文全字闕者伋亦從而闕之而今本並無所闕則已非原刻之舊胡三省又云溫公與范夢得修書二帖得於三衢學宮與劉道原十一帖則得於高文虎氏伋取以編於前例之後今本止有與夢得二帖而道原十一帖無之殆後人以通鑑問疑別有專本而削去不載歟其書雖出於南渡後恐不無以意損益未必盡光本旨而相傳已久今故與問疑並著於錄以備參考焉乾隆四十七年五月恭校上

資治通鑑目錄

臣等謹案資治通鑑目錄三十卷宋司馬光撰光修通鑑既成復作此書與考異同奏上之即進書表所謂略舉事目以備檢閱者也其法年經國緯具列歲陽歲名于上而各標通鑑卷數于下又以劉羲叟長歷氣朔閏月及列史所載七政之變著于上復撮書中精要之語散于其間若指掌列眉粲然有別蓋通

鑑一書于古今天地人物之故無所不該而其文稍繁當時惟王益柔能讀一過他人未盡一紙已欠伸思睡光恐學者苦其浩瀚因由博返約著之斯編使易于尋省又以太史公始創立年表以著治亂興衰之跡俾用人行政之節目一覽瞭如體裁最善故復依其例以爲銓次蓋通鑑爲紀志傳之總會此書即如史之有表乃本書綱領足以相輔而行至如五星淩犯之類見于各史天文志者通鑑例不備書而目錄中亦必具列上方以昭奉若天道之義尤所謂能見其大者矣乾隆四十七年五月恭校上

通鑑地理通釋

臣等謹案通鑑地理通釋十四卷宋王應麟撰應麟字伯厚慶元府人淳祐元年進士寶祐中復中博學宏辭科官至禮部尚書兼給事中事蹟具宋史儒林傳所著詩考詩地理考困學紀聞諸書均已別著於錄是書以通鑑所載地名異同沿革最爲糾紛而險要阨塞所在其措置得失亦足爲有國者成敗之鑒

因各爲條列釐訂成編首歷代州域次歷代都邑次十道山川次歷代形勢而終以唐河湟十一州石晉燕雲十六州書本十四卷宋史本傳作十六卷疑傳刻之譌也其中徵引浩博考核明確而敘列朝分據戰攻尤一一得其要領於史學最爲有功原書無序後人以書後應麟自跋移冠於前所云上章執徐橘壯之月乃元世祖至元十六年庚辰之八月是時宋亡已三年蓋用陶潛但書甲子之義書内稱梓愼爲梓謹亦猶爲宋諱云乾隆四十七年五月恭校上

資治通鑑釋文辨誤

臣等謹案資治通鑑釋文辨誤十二卷宋胡三省撰通鑑釋文本南宋時蜀人史炤所作馮時行爲之序淺陋特甚時又有海陵所刊釋文稱司馬康本又蜀廣都費氏進修堂板行通鑑亦以注附之世號龍爪通鑑皆視史炤本差略而實相蹈襲三省既自爲通鑑音注復以司馬康釋文本出僞托而史炤所作訛謬相傳恐其疑誤後學因作此書以刋正之每條皆先舉史炤之誤而海陵本

龍爪本與之同者則分注其下其已見于辨誤者音注中即不復著其說而如唐德宗紀韓旻出駱驛一條音注云史炤謂駱谷關之驛余案韓旻若過駱谷之驛則已過奉天而西南矣炤說非也此類隨文考正者亦不盡見于辨誤蓋二者本相輔而行故各有詳略以便互爲考證其援據精核多足爲讀史者啟發之助雖以炤之不學無識固有顯然乖剌而毋庸繁稱博引以折之者然如所云音訓之學因文見義各有攸當不可滯于一隅又云晉宋齊梁陳之疆理不可以釋唐之疆理其言實足爲千古著書準則固不獨爲史炤一人而設也

乾隆四十七年十月恭校上

通鑑胡注舉正

臣等謹案通鑑胡注舉正一卷　國朝陳景雲撰景雲字少章常熟人寄籍爲吳江縣學生是書舉正胡三省通鑑音注之誤凡六十三條而所正地理居多頗爲精核然如周赧王五十七年大梁夷門監者注以夷門爲大梁北門不知

史記信陵君傳本作東門又隋煬帝大業元年奇章公牛宏注但引隋書新唐書作其章縣不知舊唐書本作奇章謂以縣東八里奇章山得名又漢明帝永平十四年隧鄉名見漢書地理志泰山郡虵邱縣條下唐高祖武德三年溱州見隋書煬帝紀大業元年及地理志汝南郡條下後晉高祖天福四年康化軍見陸游南唐書烈祖本紀而注皆云無考凡斯之類尙未悉舉考書後附載王峻所作景雲墓誌稱作通鑑胡注舉正十卷而卷末其子黃中跋亦稱書本十卷屋漏鼠齧之餘僅存什一然則是編乃殘缺之稿其多所挂漏宜矣要此所存諸條亦未始不足資考據也乾隆四十七年九月恭校上

稽古錄

臣等謹案稽古錄二十卷宋司馬光撰光旣撰資治通鑑又有舉要歷有目錄有歷年圖有百官表歷年圖仍依通鑑起于三晉終于顯德百官表止著宋代是書則上溯伏羲下訖有宋靡不備載而爲書不過二十卷蓋以各書卷帙繁

重叉歷年圖刻于他人或有所增損亂其卷帙故芟除繁亂約爲此編而諸論則仍歷年圖譜之舊陳振孫書録解題曰越本彙聚諸論于一卷潭本則分係于各代之後此刻次第蓋依潭本較越本易于循覽朱子甚重其書嘗曰可備講筵續六經讀之雖推之未免少過然觀其諸論于歷代興衰治亂之故反覆開陳靡不洞中得失其言誠不悖于六經通鑑文繁猝不易究是編言簡而義該洵讀史者之圭臬也南渡以後龔頤正嘗續其書今永樂大典所載尚有全本然頤正人品遜光遠甚持論未允是非頗乖于公議陳振孫不取其書誠非無見蓋視光所作不可同日語矣乾隆四十七年八月恭校上

資治通鑑外紀

臣等謹案資治通鑑外紀十卷目録五卷宋劉恕撰恕字道原其先京兆萬年人祖受爲臨川令葬于高安因家焉宋史本傳稱其舉進士入高等不著何年考司馬光作此書序稱恕卒于元豐元年九月年四十七則當生于明道元年

又稱其登第時年十八則皇祐元年進士也初授鉅鹿主簿遷知和川翁源二縣會司馬光受詔修資治通鑑奏以恕同司編纂轉著作郎熙寧四年以忤王安石乞終養改祕書丞仍令就家續成前書遂終于家此書乃其臨沒所成也蓋修資治通鑑時恕欲與司馬光採宋一祖四宗實錄國史爲後紀而摭周威烈王以前事迹爲前紀會遭憂遘疾右肢痺廢知遠方不可得國書後紀必不能就乃口授其子義仲以成此書改名曰外紀凡包羲以來紀一卷夏紀商紀共一卷周紀八卷又目錄五卷年經事緯上列朔閏天象下列外紀之卷數悉與司馬光資治通鑑目錄例同外紀于上古之事可信者大書其異同舛互以及荒遠茫昧者或分注或細書具有別裁目錄于共和以後據史記年表編年共和以前皆謂之疑年不標歲陽歲陰之名併不縷列其數亦特爲審慎云乾隆四十七年十一月恭校上

皇上大紀

臣等謹案皇王大紀八十卷宋胡宏撰宏字仁仲號五峯崇安人安國之季子也幼事楊時侯仲良而卒傳其父之學紹興中嘗上書數千言忤秦檜意以廕補承務郎久不調檜死始召用辭疾不赴是書成於紹興辛酉紹定閒嘗宣取入祕閣所述上起盤古下迄周末前二卷皆纚存名號事迹帝堯以後始用皇極經世編年博採經傳而附以論斷陳振孫書錄解題譏其誤取莊子寓言及敍邃古之初無徵不信然古帝王名號可考統系斯存典籍相傳豈得遽爲芟削至其採摭浩繁雖不免小有出入較之羅泌路史則切實多矣故陳亮極重是書而朱子亦取之未可以一眚掩也朱彝尊曝書亭集有是書跋稱近時鄒平馬驌撰繹史體例頗相似疑其未見是書正可並存不廢今考驌書多引路史而不及皇王大紀一字彝尊以爲未見理或有之至於此書體用編年繹史則每事標題而雜引古書之文排比倫次略如袁樞紀事本末法體例截然不同不知彝尊何以謂其相似殆偶未詳檢驌書歟乾隆四十七年三月恭校上

中興小紀

臣等謹案中興小紀四十卷宋熊克撰克字子復建陽人孝宗時官至起居郎兼直學士院出知台州事跡具宋史文苑傳是編排次南渡以後事蹟首建炎丁未迄紹興壬午年經月緯勒成一書宋制凡累朝國史先修日歷其曰小紀蓋以別於官書也陳振孫書錄解題稱克之爲書往往疎略多牴牾不稱良史岳珂桯史亦摘其記金海陵南侵事以薰風殿之議與武德殿之議併書於紹興二十八年誤合爲一蓋以當時之人記當時之事耳目既有難周是非尚未論定自不及李心傳書纂輯於記載詳備之餘然其上援朝典下參私記綴輯聯貫具有倫理其於心傳之書亦不失先河之導䊸始難工固未可一例論也宋史藝文志載克所著尚有九朝通略一百六十八卷今永樂大典僅存十有一卷首尾零落已無端委僅此書尚爲完本惟原書篇第爲編纂者所合併舊目已不可尋今約略年月依宋史所載原數仍勒爲四十卷乾隆四十六年十

二月恭校上

續資治通鑑長編

臣等謹案續資治通鑑長編五百二十卷宋李燾撰燾有說文解字五音韻譜已著錄燾博極羣書尤究心掌故以當時學士大夫各信所傳不考諸實錄正史家自爲說因踵司馬光通鑑之例採一祖八宗事蹟薈萃討論作爲此書以光修通鑑時先成長編燾謙不敢言續通鑑故但謂之續資治通鑑長編文獻通考載其進書狀四篇一在隆興元年知榮州時先以建隆迄開寶年事一十七卷上進一在乾道四年爲禮部郎時以整齊建隆元年至治平四年閏三月五朝事迹共一百八卷上進一在淳熙元年知瀘州時以治平後至靖康凡二百八十卷上進一在淳熙元年知遂寧府時重別寫呈并舉要目錄計一千六十三卷六百八十七册上進故周密癸辛雜識稱韓彥古盜寫其書至盈二廚然文獻通考所載僅長編一百六十八卷舉要六十八卷與進狀多寡迥殊考

陳振孫書錄解題稱其卷數雖如此而册數至逾三百蓋逐卷又分子卷或至十餘云云則所稱一千六十三卷者乃統子卷而計之故其數較夥矣又據燾進狀其書實止于欽宗而王明清玉照新志稱紹興元年胡彦修疏在長編一百五十九卷注後則似乎兼及高宗或以事相連屬著其歸宿附於注末如左傳後經終事之例歟癸辛雜識又稱燾爲長編以木廚十枚每廚抽替匣二十枚每替以甲子誌之凡本年之事有所聞必歸此匣分日月先後次第之井然有條云云則其用力之專且久可概見矣其書卷帙最夥當時艱於傳寫書坊所刻本及蜀中舊本已有詳略之不同又神哲徽欽四朝之書乾道中祇降祕書省依通鑑紙樣繕寫一部未經鏤板流播日稀自元以來世鮮傳本　本朝康熙初崑山徐乾學始獲其本於泰興季氏凡一百七十五卷當具疏進之於朝副帙流傳無不珍爲祕乘然所載僅至英宗治平而止神宗以後仍屬闕如今檢永樂大典宋字韻中備錄斯編以與徐氏本相較其前五朝雖大概相

合而分注考異往往加詳至熙寧迄元符三十餘年事迹徐氏所闕而朱彝尊以爲失傳者今皆粲然具存首尾完善實從來海内所未有惟徽欽二紀原本不載又佚去熙寧紹聖間七年之事頗爲可惜然自哲宗以上年經月緯遂已詳備無遺以數百年來名儒碩學所欲見而不得者一旦頓還舊規視現行本增多幾四五倍斯亦藝林之鉅觀矣昔明成化中詔商輅等續修通鑑綱目時永樂大典庋藏内府外廷無自而窺竟不知燾之舊文全載卷内乃百方别購迄不能得論者以爲遺憾今恭逢我　皇上稽古右文編摩四庫乃得重見於世豈非顯晦有時待　聖世而發其光哉燾原目無存其所分千餘卷之次第已不可考謹參互校正量其文之繁簡别加釐析定著爲五百二十卷燾作此書經四十載乃成自實録正史官府文書以逮家録野紀無不遞相稽審質驗異同雖採摭浩博或不免處實並存疑信互見未必一一皆衷於至當不但太宗斧聲燭影之事于湘山野録考據未明遂爲千古之疑竇即如景祐二年三

月賜鎮東軍節推毛洵家帛米一事核以余靖所撰墓銘殊不相符爲曾敏行獨醒雜志所糾者亦往往有之然燾進狀自稱寧失之繁毋失之略蓋廣蒐博錄以待後之作者其淹貫詳贍固讀史者考證之林也乾隆四十二年十二月恭校上

綱目續麟

臣等謹案綱目續麟二十卷校正凡例一卷附錄一卷彙覽三卷明張自勳撰自勳字卓菴江西南昌人是編爲發明朱子綱目而作成於崇禎癸未首爲校正凡例一卷列朱子凡例與劉友益書法凡例而各著所疑次爲附錄一卷備列朱子論綱目手書十二篇及李方子綱目後序王柏書綱目大全後徐昭文綱目考證序證綱目一書非惟分註非朱子手定即正綱亦多出趙師淵之手朱子均未及詳定併證劉友益誤以晚年未定之本爲中年已定之本者爲未及詳核强辨誣眞皆不入卷數其續麟二十卷則按原書次第摘列綱目及考

異書法發明互證之文而一一辨正其是非彙覽三卷則列增删正綱者三千六百四十餘字增删分註者四百四十餘字蓋彙覽爲改正之本而續麟則發明改正之所以然分註之文彙覽僅改其年號君名謚號之類而其他所當改者其文太繁則散見于續麟蓋二書詳略互見相輔爲用者也其參互比較每能推其致誤之所以然其説皆鑿鑿有徵非故與朱子爲難者比以及凡例稱曹丕劉裕書姓而綱目書宋主裕乃無劉字又凡例稱官者封爵皆加官者字如鄭衆之屬而綱目書鄭衆封鄛鄉侯乃無官者字謂綱目傳寫刊刻不免訛脱不必以鈔胥刻工之失執爲筆削之旨尤爲洞悉事理之言視徒博尊朱子之名而牽合迂謬反晦本旨者相去遠矣乾隆四十七年四月恭校上

綱目分註拾遺

臣等謹案綱目分註拾遺四卷　國朝芮長恤撰長恤字蒿子原名城溧陽人

初朱子因司馬光通鑑作綱目以分註浩繁屬其事於天台趙師淵師淵訥齋

集中載其往來書牘甚詳即朱子集中亦載與師淵論綱目書蓋分註屬之師淵猶通鑑之佐以劉范在朱子原不諱言因流傳刋板未題師淵之名後人遂誤以爲分註亦出朱子間有舛漏皆委曲强爲之詞長恤考究本原知不出朱子之手故凡分註之删削通鑑以至失其本事者悉列原文某句某字之下有某句某字於前而推求事理爲之考辨於下蓋糾師淵非糾朱子也昔元汪克寬力崇正學篤信新安而作考異一編訂訛正舛至今與綱目並刋蓋是非者天下之公苟一間未達於聖人不能無誤而大儒之心廓然無我亦必不以偶然疎漏生回護之私是即眞出朱子亦决不禁後儒之考訂况門人代擬之本哉且其說皆引據舊文原書具在亦非逞臆私談憑虚肆辨如姚江末流所爲者是亦可爲綱目之功臣矣乾隆四十七年九月恭校上

綱目訂誤

臣等謹案綱目訂誤四卷　國朝陳景雲撰是書皆糾通鑑綱目之誤蓋朱子

之作綱目綱則手定大凡目則屬之門人天台趙師淵未及一一親勘故刪潤舊史間或失眞況卷帙浩繁傳寫刊刻屢更衆手尚書不免錯簡春秋每有闕文亦未必一字一句悉符當日之舊其中疎舛勢不能無後儒不究其由既以門人之所編執爲手稿又以鈔胥梓匠之所誤信爲親書遂輾轉支離曲爲回護殊非朱子之本心景雲是書悉引據前史原文互相考證其中毛舉細故雖未免稍涉吹求然如漢蕭望之誤書下獄漢中王即位條下誤載司馬光論雍闓之叛誤四郡爲三郡鍾會過王戎誤書其祖官曹志免官誤作除名拓跋賀傉誤爲鬱律之子石虎擒劉岳誤以爲殺王導論劉胤語誤脱布在江州四字乞伏步頽之叛誤在苻堅敗後孫恩走郁州誤作陷廣陵皆指摘精確足正傳訛附糾汪克寬考異誤讀高密王恢陳濟正誤誤解太興殿後廳胡寅讀史管見誤指宇文考伯譏王軌及誤論安史劉友益書法誤論剷高侃名諸條亦皆允當可謂綱目之功臣矣乾隆四十七年九月恭校上

大事記

臣等謹案大事記十三卷通釋三卷解題十二卷宋呂祖謙撰祖謙有古周易已著錄是書取司馬遷年表所書編年系月以紀春秋後事復采輯諸書以廣之始周敬王三十九年迄漢武帝征和三年書法皆祖太史公所録不盡用策書凡例朱子語錄所謂伯恭子約宗太史公之學以爲非漢儒所及者此亦一證也其書作於淳熙七年每以一日排比一年之事本欲起春秋後迄於五代會疾作而罷故所成僅此然亦足見其大凡矣講學之家惟祖謙博通史傳不專言性命宋史以此黜之降置儒林傳中然所學終有根柢此書亦具有體例即如每條之下各註從某書修云云一一具載出典固非臆爲筆削者可及也通釋三卷如說經家之有綱領皆録經典中要義格言解題十二卷則如經之有傳略其本末而附以己見凡史漢同異及通鑑得失皆縷析而詳辨之又於名物象數旁見側出者並推闡貫通夾註句下朱子語錄每譏祖謙所學之雜

獨謂此書爲精密又謂解題煞有工夫只一句要包括一段意思觀書中周愼靚王二年載魏襄王問孟子事取蘇轍古史論以明之後朱子作孟子集註即引用其說蓋亦心服其淹通知非趙師淵輩所能望其項背也所附通釋文獻通考作一卷此本乃宋嘉定壬申吳郡學舍所刻實分三卷通考蓋傳寫之誤云乾隆四十五年六月恭校上

建炎以來繫年要錄

臣等謹案建炎以來繫年要錄二百卷宋工部侍郎井研李心傳撰心傳精於史學通知故實詳見宋史儒林傳中是書乃纂述高宗朝三十六年事蹟仿通鑑之例編年繫月與李燾長編相續寧宗時嘗被旨取進永樂大典別載賈似道跋稱寶祐初曾刻之揚州而元代修宋遼金三史時廣購逸書其目具見袁桷蘇天爵二集並無此書之名是當時流傳已絶故修史諸臣均未之見至明初始得其遺本錄之而文淵閣書目祇有一部二十册藏諸內府其他諸家書

日亦並未有儲及之者蓋其失傳久矣誠已軼僅存之善本也宋自南渡後史學盛行紀述之書最稱該備迄今存者固多而踳駮亦復不少獨心傳是編以國史日歷爲主而參之以稗官野記家乘誌狀案牘奏報百司題名無不臚採異同以待後來論定故文雖繁而不病其冗且其於一切是非得失之迹皆據實詮敘絕無軒輊緣飾於其間尤爲史家所僅見即如宋人議論多右張浚心傳獨能直書不諱並朱子行狀而亦不敢盡從未嘗以蜀人稍爲掩覆宋史本傳謂其重川蜀而薄東南之士實有不盡然者綜而論之其書雖取法李燾而精審較勝至視熊克陳均趙甡之諸家相去殆懸絕矣原本所載秦熺張匯諸論是非錯謬疑爲後人攙入又於本註外載有留正中興聖政草呂中大事記何俌龜鑑諸書當亦修永樂大典時所附入者今既無別本可證姑依文錄存間加駁正有與宋史互異者亦各爲辨證附注下方其書中所載金人地等名音譯均多舛誤謹依欽定金史國語解之例詳加訂正別爲考證附載篇末

用以訂訛傳信仍依原書釐爲二百卷至此書命名文獻通考作繫年要記宋史本傳作高宗要錄互有不同今據心傳朝野雜記自跋及王應麟玉海定爲繫年要錄編次如左乾隆四十七年十一月恭校上

九朝編年備要

臣等謹案九朝編年備要三十卷宋陳均撰均字平甫號雲巖莆田人是書取當時日歷實錄及李燾續通鑑長編刪繁撮要勒成一編兼採司馬光徐度趙汝愚等十數家之書博考互訂始太祖至欽宗凡九朝事實欲其篇帙省約便于尋閱故非安危所係則略而不書義例簡當頗得史法端平初有言其書于朝者敕下福州宣取賜均官迪功郎均辭不受馬端臨文獻通考中載均著有編年舉要三十卷備要三十卷是書前有紹定二年眞德秀林岊鄭性之三序及均自序德秀序稱皇朝編年舉要與備要合若干卷則當時二書固合爲一部不知何時分而爲二今則舉要亡而獨存備要矣林岊謂取司馬氏之綱而

時有修飾取李氏之目而頗加節文然其大要則宗朱子綱目之法特據事直書不加褒貶耳觀均自序可以見矣通考載均又有中興舉要十四卷備要十四卷今亦並佚云乾隆四十七年三月恭校上

續宋編年資治通鑑

臣等謹案續宋編年資治通鑑十五卷宋劉時舉撰書首有時舉署銜稱通直郎戶部架閣國史實錄院檢討兼編修官而其生平行履不槩見惟宋季三朝政要載史嵩之父喪去位詔以右丞相起復時舉爲京學生與王元野黃道等九十四人上疏力爭其言甚爲切至蓋亦能以鯁直自見者也是書所記始高宗建炎元年迄寧宗嘉定十七年當成于理宗之世而書末附論一條稱理宗撐拄五十年而後亡不可謂非幸云云其言乃出于宋亡以後似非時舉原文案舊本目錄後有書坊識語一則稱是編繫年有考據載事有本末增入諸儒集議三復校正一新刊行云云則書中所附議論皆元時刊書者所增入矣其

中紀載務以簡約爲主或節目未具於事蹟閒有脱遺然比事屬辭亦頗有條理宋代野史至多若此書之端委秩然殊足以資核證固非後來王宗沐薛應旂諸家所可及也乾隆四十七年十月恭校上

西漢年紀

臣等謹案西漢年紀三十卷宋王益之撰益之字行甫金華人官大理司直所著有漢官總錄職原等書見馬端臨經籍考蓋能熟于兩漢掌故者今他書散佚惟此本以載入永樂大典獨存考益之自序稱年紀三十卷考異十卷鑒論若干卷各自爲書今此本不載鑒論而考異散附年紀各條之下與序不合殆後人離析其文如胡三省之於通鑑考異歟又序稱自高祖迄王莽之誅而此本終於平帝居攝以後闕焉且其文或首尾不完中閒已有脱佚蓋編入永樂大典之時已殘闕矣司馬光通鑑所載漢事皆本班馬二書及荀紀爲據其餘鮮所採掇益之獨旁取楚漢春秋說苑新書廣徵博引排比成書視通鑑較爲

詳密至所作考異於一切年月舛誤紀載異同名地錯出之處無不參稽互覈

折衷一是多出二劉刊誤吴仁傑補遺之外尤通鑑考異所未及其考證亦可

謂精審矣今依𥂕之自序目次釐爲三十卷其考異亦即從舊本仍附各條之

下以便檢核不復拘自序之文别爲編次焉乾隆四十六年十二月恭校上

靖康要録

臣等謹案靖康要録十二卷不著撰人名氏陳振孫書録解題曰靖康要録五

卷不知作者記欽宗在儲時及靖康一年之事按日編次凡政事制度及詔誥

之類皆詳載焉其與金國和戰諸事編載尤詳云云是振孫之時已莫知出誰

手矣今觀其書記事具有月日載文具有首尾決非草野之士不覩國史日歷

者所能作考書録解題又載欽宗實録四十卷乾道元年修撰洪邁等進此必

實録既成之後好事者撮其大綱以成此編故以要録名也宋人雜史傳于今

日者如熊克中興小紀李心傳建炎以來繫年要録之類大抵于南宋爲詳其

詳于北宋者惟李燾續資治通鑑長編而已然世所行長編率多佚闕今以永樂大典所載補之亦僅及哲宗而止徽宗之事遂以無徵徐夢莘三朝北盟會編起政和迄建炎雖較他書爲詳悉而所錄事迹章疏惟以有涉金人者爲主餘則略焉此書雖敘事少略載文太繁而一時朝政具有端委多有史所不詳者即以補李燾長編亦無不可也乾隆四十七年五月恭校上

兩朝綱目備要

臣等謹案兩朝綱目備要十六卷不著撰人名氏所紀自宋光宗紹熙元年迄寧宗嘉定十七年事蹟諸家書目皆不著錄考元吴師道禮部集有答陳衆仲問吹劍錄云續宋編年於吴曦誅數月後載李好義遇毒死又有題牟成父所作鄧平仲小傳及濟邸事略後云吴曦之誅實楊巨源結李好義之功爲安丙輩娼忌掩没近有續陳均宋編年者頗載巨源事雖能書安丙殺其參議官楊巨源而復以擅殺孫忠鋭之罪歸之大抵當時歸功於丙故其事不白云云核

其所引與此書所載相合疑此書在元時嘗稱爲續宋編年然師道亦未嘗明言撰自何人也觀其載嘉定十四年六月乙亥與莒補秉義郎其目云即理宗皇帝考宋代之制舊名亦諱此乃直斥不避似乎元人然其書內宋而外元又敍元代得國緣始多敵國傳聞之詞或宋末山林之士不諳體例者所作歟陳均編年備要因通鑑長編而删節之此書則本兩朝實錄參以李心傳所論中如稱趙鼎爲趙丞相安丙爲安觀文錢象祖爲錢參政李壁爲李參政史彌遠爲史丞相多仍當時案牘之文未盡刊正紀金元啟釁之事追敍金源創業譜牒秩官具載顛末似單行之書非增續舊史之體然敍次簡明議論亦多平允如蜀中之減重額湖北之行會子范祖禹之補謚何致之罷制科胥足補宋史所未備其紀年互異者宋史韓侂胄傳載薛叔似宣諭京湖程松吳曦同赴四川鄧友龍宣諭兩淮徐邦憲能知處州皆在開禧四年考開禧實無四年此書載於二年丙寅爲得其實其姓氏之互異者如宋史趙彥逾傳有中郎將范任

此書作范仲任趙汝愚傳有宣贊舍人傅昌朝此書作昌期步帥閻仲夜此書作王仲先本紀副都統翟朝宗得寶璽此書作興宗俱足以互證異同惟於史彌遠廢立濟王事略而不書或時代尚近衆論不同其事未經論定故闕所疑歟然彌遠之營家廟求起復一一大書於簡知非曲筆隱諱也其書世罕傳本惟見於永樂大典者尚首尾完具謹校正繕錄以備參稽原書卷目已不可考今按年編次釐爲十有六卷其中間有敘述失次端委相淆者　睿鑒指示曠若發蒙謹仰遵　聖訓詳爲核正各加案語以明之俾首尾秩然不惟久湮陳笈得以表章且數百年未補罅漏一經　御覽義例益明尤爲是書之幸矣乾隆四十五年十月恭校上

宋季三朝政要

臣等謹案宋季三朝政要六卷不著撰人名氏卷首題詞因理宗國史爲元載入北都無復可考故纂集理度二朝及幼主本末附以廣益二王事其體亦編

年之流蓄宋之遺老所爲也然理宗以後國史修宋史者實見之故本紀所載反詳於是書又是書得於傳聞不無舛誤其最甚者謂寶慶元年趙葵趙范全子才建守河據關之議遣楊誼張迪據洛陽與北軍戰潰歸案寶慶元年葵范名位猶微其後五年范始爲安撫副使葵始爲淮東提刑討李全時子才乃爲參議官至端平元年滅金子才乃爲關陜制置使知河南府西京留守有洛陽潰敗之事上距寶慶元年九年矣所紀非實也其餘敘次亦乏體要然宋末逸事頗詳多有史所不載者存之亦可備參考其以理宗度宗瀛國公稱爲三朝而廣益二王則從附錄體例頗公卷末論宋之亡謂君無失德歸咎權相持論亦頗正而忽推演命數兼陳因果轉置人事爲固然殊乖勸戒之旨殆欲附徐鉉作李煜墓誌之義而失之者歟乾隆四十七年四月恭校上

宋史全文

臣等謹案宋史全文三十六卷不著撰人名氏原本題曰續通鑑長編而以李

燾進長編表冠之於前是直以爲燾之長編矣案燾成書在孝宗時所録止及
北宋此本實載南宋一代之事其非出燾手明甚檢勘此書每卷標題皆有宋
史全文四字而永樂大典宋字韻内亦多載宋史全文與長編截然二書又此
本首卷前有坊間原題稱本堂得宋鑑善本乃名公所編前宋已盛行再付諸
梓云云蓋本元人所編而坊賈刊行時假燾名以欺世耳惟考永樂大典所收
之書皆載入文淵閣書目乃宋鑑多至六部獨不見宋史全文之名或亦楊士
奇等編輯時因標題而致誤歟其書自建隆以迄咸淳用編年之體以次排纂
其靖康以前亦本於燾之長編而頗加删節高孝二代則取諸留正之中興聖
政草今以永樂大典所載聖政草參校其文大同小異留正等所附案語亦援
引甚多至光寧以後則别無藍本可據爲編書者所自綴輯故永樂大典於光
寧二宗下亦全收此書之文勘對並合亦足以資考證也惟原本第三十六卷
内度宗少帝及益王廣王事蹟俱有録無書永樂大典亦未採今姑仍其闕焉

乾隆四十七年九月恭校上

臣等謹案資治通鑑前編十八卷舉要三卷宋金履祥撰履祥有尚書表注已著錄案柳貫作履祥行狀曰司馬文正作資治通鑑繫年著代祕書丞劉恕作外紀以記前事顧其志不本於經而信百家之說不足傳信乃用邵氏皇極經世書胡氏皇王大紀之例損益折衷一以尚書爲主下及詩禮春秋旁採舊史諸子表年繫事復加訓釋斷自唐堯以下接於資治通鑑勒爲一書既成以授門人許謙曰二帝三王之盛其嬍言懿行後王所當法戰國申韓之術其苛法亂政亦後王所當戒自周威烈王二十三年以後司馬公既已論次而春秋以前無編年之書是編固不可少之著也云云蓋履祥撰述之意在於引經據典以矯劉恕外紀之好奇惟履祥師事王柏柏勇於改經履祥亦好持新說如釋桑土既蠶引後所謂桑間爲證釋封十有二山濬川謂營州當云其山碣石其

資治通鑑

川遼水以篤公劉七月二篇爲豳公當時之詩非周公所追述又以七月爲豳詩篤公劉即爲豳雅皆不免於臆斷以春秋書尹氏卒爲即與隱公同歸於魯之鄭大夫尹氏尤爲附會至於引周書記異於周昭王二十二年書釋氏生則其徵引羣籍去取失當亦未必遽在恕書上也然援據頗博其審定羣說亦多與經訓相發明在講學諸家中猶可謂究心史籍不爲游談者矣履祥自撰後序謂既編年表例須表題故别爲舉要三卷凡所引經傳子史之文皆作大書惟訓釋及案語則以小字夾註附綴於後蓋避朱子綱目之體而稍變通鑑之式後來浙江重刻之本列舉要爲綱以經傳子史之文爲目而訓釋仍錯出其間已非其舊又通鑑綱目刊本或以此書爲冠題曰通鑑綱目前編亦後來所改名今仍從原本與綱目别著於錄以存眞焉乾隆四十七年十月恭校上

通鑑續編

臣等謹案通鑑續編二十四卷元陳桱撰桱字子經奉化人流寓長洲官至翰

林學士桱祖著宋時以祕書少監知台州嘗作書名歷代紀統其父泌爲校官又續有撰述世傳史學桱以司馬氏通鑑朱子綱目並終於五代其周威烈王以上雖有金履祥前編而亦斷自陶唐因著此書首述盤古至高辛氏以補金氏所未備爲第一卷次撫契丹在唐及五代時事以志其得國之故爲第二卷其二十二卷皆宋事始自太祖終於二王以繼通鑑之後故以續編爲名然大書分註全仿綱目之例當名之曰續綱目仍襲通鑑之名非其實也沈周客座新聞載桱著此書時書宋太祖云匡胤自立而還未輟筆忽迅雷擊其案桱端坐不慑曰霆雖擊吾手終不爲之改易也云云此雖小說附會之談亦足見桱以褒貶自任後人乃造作此說也今觀其義例於宋自太平興國四年平北漢後始爲大書繫統鄭瑗井觀瑣言稱其本晦翁語錄持論已偏至於金承麟稱末帝立僅一日未成爲君乃爲之紀年西遼自德宗以下諸主但傳年號並無事蹟可紀亦一一詳爲分註亦不免循名失實明史何喬新傳載喬新年十一

時侍父京邸修撰周旋過之喬新方讀通鑑續編旋問書法何如對曰呂文煥降元不書叛張世傑溺海不書死節曹彬包拯之卒不書其官而紀羲軒多採怪妄似未有當云云亦未始不中其失也乾隆四十七年五月恭校上

大事記續編

臣等謹案大事記續編七十七卷明王禕撰禕字子充義烏人少遊柳貫黃溍之門明初徵爲中書省掾修元史成拜翰林待制使雲南抗節死贈翰林學士追謚忠文事跡具明史本傳此書乃續呂祖謙大事記而作體例悉遵祖謙之舊惟解題不別爲一書即附于各條之下俞恂稱其書自征和迄宋德祐二年凡一千三百六十五年而今所傳本實自漢武帝征和四年至周恭帝顯德六年而止不知恂何據而云然或禕本有此志而未及卒業歟考何喬新集嘗稱禕此書予奪襃貶與綱目大不合如綱目以昭烈紹漢統章武紀年直接建安此書乃用無統之例以漢與魏吳並從分註不從朱子而取陳壽裴松之之說

又綱目斥武后之號紀中宗之年每歲書帝所在用春秋公在乾侯例而此書乃以武后紀年又李克用父子唐亡稱天祐年號以討賊爲辭名義甚正故綱目紀年先晉後梁本春秋存紀存陳之義此書乃先梁後晉幾于獎篡皆好奇之過所言實切中其失然其間考訂同異如載漢武帝仙人妖妄之言淳方成禍水之說以爲出于漢武故事飛燕外傳而譏通鑑輕信之失紀光武帝省并十三國而以地志正本紀之誤此類亦頗有所見又宋庠紀年通譜劉羲叟長歷今皆不傳而此書間引及之亦可以備考證至前賢議論薈萃尤多體例雖乖而蒐採尚博瑕瑜不掩讀者節取其長焉可矣其書鈔本舊藏蜀王府中成化間始刊行于世云乾隆四十七年四月恭校上

元史續編

臣等謹案元史續編十六卷明胡粹中撰粹中名由以字行山陰人通毛詩春秋三傳永樂中官楚府長史此書大旨以明初所修元史詳於世祖以前攻戰

之事而略於成宗以下治平之迹順帝時事亦多闕漏因作此以綜其要起世祖至元十三年終順帝至正二十八年仿朱子綱目體例大書分注而於是非得失之故則各爲之評以論列之黃虞稷千頃堂書目載有此書十六卷又別出元史評而不著卷數疑評語又嘗析出別行也其中書法尚頗沿襲舊説未能悉當於正理如文宗之初知存泰定太子天順紀年而於明宗元年轉削而不紀仍書文宗所改之天歷二年進退未免無據又英宗南坡之變書及其丞相云云蓋欲仿春秋書法而忘其當爲內辭亦劉知幾所謂貌同心異者其他議論亦間涉迂闊而可取者多商輅等修續綱目於元事全取爲藍本並間採評語載入可知當時甚重其書觀明太祖起兵稱王以後爲續綱目者即分注順帝紀年斥其國號而粹中獨大書至正至二十八年八月而止內外之辭未嘗少紊以視成化史官其識爲卓然不可及矣乾隆四十七年九月恭校上

臣等謹案　御批歷代通鑑輯覽一百十六卷附明唐桂二王本末三卷乾隆三十二年奉　勅撰是書排輯歷朝事跡起自黃帝訖於明代編年紀載綱目相從目所不該者則別爲分注於其下而音切訓詁典故事實有關考證者亦詳列焉蓋　內府舊藏明正德中李東陽等所撰通鑑纂要一書　皇上幾暇披尋以其褒貶失宜紀載蕪漏不足以備　乙覽因　命重加編訂發凡起例咸禀　睿裁每一卷成即繕稿進　御　指示書法悉準麟經又　親灑丹毫詳加評斷　微言大義燦若日星凡　特筆昭垂皆天理人情之極則不獨詞臣載筆不能窺見　高深即涑水紫陽亦莫能鑽仰於萬一所謂原始要終推見至隱者文成數萬其指數千不可一一縷陳而尤於系統年表著　筆削之大旨　予奪進退悉準至公故大業冠號則義等於存陳至正書年則旨同於在鄆知景炎祥興之不成爲宋而後遯荒棄國者始不能以濫竊虛名知泰定天順之相繼爲君而後乘釁奪宗者不得以冒干大統凡向來懷鉛握槧聚訟

而不決者一經　燭照無不得所折衷用以斥彼偏私著爲明訓仰見　聖人之心體如鑑空衡平　聖人之制作如天施地設惟循自然之理而千古定案遂無復能低昂高下於其間誠　聖訓所謂此非一時之書而萬世之書也至明季北都淪覆大命已傾福王竊號江東僅及一載　皇上如天聖度謂猶有疆域可憑　特命分注其年從建炎南渡之例又唐桂二王跡同昰昺雖黜其僞號猶　軫念其遺臣亦　詔別考始終附綴書後俾不致湮沒無傳大哉王言量同天地尤非臣等所能仰贊一辭矣乾隆四十九年十一月恭校上

御定通鑑綱目三編

臣等謹案　御定通鑑綱目三編四十卷乾隆四十年奉　勑撰初大學士張廷玉等奉　勑採明一代事迹撰通鑑綱目三編以續朱子及商輅之書然廷玉等惟以筆削褒貶求書法之謹嚴於事迹多所挂漏又邊外諸部於人名地名多沿襲舊文無所考正尤不免於舛譌夫朱子刱例之初原以綱仿春秋目

倣左傳春秋大義數十炳若日星然不詳核左傳之事迹於聖人予奪之旨尙終不可明況史籍編年僅標梗概於大書而不具始末於細注其是非得失又何自而知即聖諭所指福藩田土一條其他條之疎略可以例推至譯語惟取對音原無意義而宋人好妄生穿鑿乖謬不經如趙元昊自稱兀卒即烏珠之轉音而宋人訛爲吾祖遂以爲元昊見侮又如蕭鷓巴亦非漢名而宋人以對曾純甫借鶉脯之音以爲惡謔沿及明代此習未除如聖諭所指朶顔青海諸人名書圖爲兔之類亦往往而有鄙倍荒唐尤不可不亟爲釐正是編仰稟睿裁於大書體例皆遵欽定通鑑輯覽而細注則詳核史傳補遺糾謬使端委秩然復各附發明以闡衮鉞之義各增質實以資考證之功而譯語之誕妄者亦皆遵欽定遼金元國語解一一改正以傳信訂訛較張廷玉等初編之本實倍爲精密聖人制事以至善爲期義有未安不以已成之局而憚於改作此亦可以仰窺萬一矣乾隆四十九年十月恭校上

皇清開國方略

臣等謹案　皇清開國方略三十二卷乾隆三十八年奉　勅撰洪惟我　國
家　世德緜延篤承　眷顧白山天作朱果靈彰十有五王聿開周祚肇基所
自遐哉源遠而流長矣迨我　太祖高皇帝以軒轅之敦敏當榆罔之衰微丕
建　鴻圖受　天明命　帝出乎震萬物知春所以提挈天樞經綸草昧遇屯
而濟險保大而定功者　謨烈昭垂實書契以來所未有洎我　太宗文皇帝
纘承　前緒益擴皈章日月高衢煥乎繼照成湯秉鉞十一征罔弗奏功周武
臨河八百國莫不來會　聲靈遐播制作更新　文德　武功繩　先啟　後
麟麟炳炳亦史册之所未聞然事閱　五朝時逾十紀舊臣之所誦說故老之
所歌吟口耳相傳或不能著於竹帛而　實錄　寶訓尊藏金匱自史官載筆
以外亦非外廷所得而窺是以纂次　締造規模勒成　帝典冠以　發祥世
紀一篇猶商頌之陳元鳥周雅之頌公劉雖時代緜邈年月不能盡詳而事既

有徵理宜傳信所以明啟祐之自來也其餘並編年紀月列目提綱自　太祖
高皇帝癸未年五月起兵討尼堪外蘭克圖倫城始至天命十一年秋七月
訓誡羣臣編爲八卷自　太宗文皇帝御極始至順治元年　世祖章皇帝入
關定鼎以前編爲二十四卷蓋　神功　聖德史不勝書惟恭述　勳業之最
顯著政事之最重大　謨猷之最宏遠者已累牘連篇積爲三十二卷矣唐虞
之治具於典謨文武之政布在方策臣等繕校之餘循環跪讀　創業之艱難
貽謨之遠大尚可一一仰窺也豈非萬世所宜聰聽者哉乾隆五十四年四
月恭校上

資治通鑑後編

臣等謹案資治通鑑後編一百八十四卷　國朝徐乾學撰乾學有讀禮通考
已著錄是書以明人續通鑑者陳桱王宗沐諸本大都年月參差事蹟脫落薛
應旂所輯雖稍見詳備而如改宋史周義成軍爲周義以胡瑗爲朱子門人疎

謬殊甚皆不足繼司馬光之後乃與鄞縣萬斯同太原閻若璩德清胡渭等排比正史參考諸書作爲是編草創甫畢欲進于朝未果而沒其書起宋太祖建隆元年迄元順帝至正二十七年凡事蹟之詳略先後有應參訂者皆依司馬光例作考異以折衷之其諸家議論足資闡發者並採系各條之下間附己意亦依光書之例標臣乾學曰以別之其時永樂大典尙庋藏祕府故熊克李心傳諸書皆未得窺所輯北宋事迹大都以李燾殘帙爲稿本援據不能賅博其宋自嘉定以後元自至順以前尤爲簡略至宋末昰昺二王皆誤沿舊史系年紀號尤于斷限有乖又意求博贍頗少翦裁如西夏姻戚之盛備敍世系慶元僞學之禁詳載謝表元末事迹多採輟耕錄鐵崖樂府敍書藝則稱其日寫三萬字紀隱居則述其懷抱幾時開無關勸懲徒傷煩冗又載元順帝初生之事過信庚申外史尤涉鑿空然其裒輯審勘用力頗深故訂誤補遺時有前人所未及年經月緯犂然可觀雖不能遽成定本而以視陳王薛三書則過之遠矣

乾隆四十七年八月恭校上

欽定四庫全書提要卷二十九

欽定四庫全書提要卷三十

史部四

紀事本末類

通鑑紀事本末

臣等謹案通鑑紀事本末四十二卷宋袁樞撰樞字機仲建安人孝宗初試禮部詞賦第一歷官至工部侍郎以右文殿修撰知江陵府尋提舉太平興國宮事蹟具宋史本傳案唐劉知幾作史通敘述史例首列六家總歸二體自漢以來不過紀傳編年兩法乘除互用然紀傳之法或一事而複見數篇賓主莫辨編年之法或一事而相越數卷首尾難稽樞乃自出新意因司馬光資治通鑑區別門目以類排纂每事各詳起訖自爲標題每篇各編年月自爲首尾始於三家之分晉終於周世宗之征淮南包括數千年事迹經緯明晰節目詳具前後始末一覽了然遂於史家二體之外別爲一體實前古之所未有也王應麟

玉海稱淳熙三年十一月參政龔茂良言樞所編紀事有益見聞詔嚴州摹印十部仍先以繕本上之宋史樞本傳又稱孝宗讀而嘉歎以賜東宮及分賜江上諸帥曰治道盡在是矣朱子亦稱其書部居門目始終離合之間皆曲有微意於以錯綜溫公之書乃國語之流蓋樞所綴集雖不出通鑑原文而去取翦裁其義例極爲精密非通鑑總類諸書割裂擠摭者可比其後如陳邦瞻谷應泰等遞有沿仿而大旨之簡當則皆出是書下焉乾隆四十七年八月恭校上

春秋左氏傳事類始末

臣等謹案春秋左氏傳事類始末五卷宋章沖撰沖字茂深章惇之孫也淳熙中嘗知台州其妻乃葉夢得女夢得深於春秋故沖亦頗究心於左傳取諸國事蹟排比年月各以類從使節目相承首尾完具前有沖自序及謝諤序考沖與袁樞俱當孝宗之時樞排纂資治通鑑創紀事本末之例使端緒分明易於循覽遂於紀傳編年之外別增一體沖作是書亦同斯例其爲孰因孰剏年月

先後已不可稽要其裁翦舊文俾歸條貫於學者各爲有裨均謂之善變古例可也惟通鑑本屬史家樞不過理其端緒春秋一書經文則比事屬辭義多互發傳文則或先經以始事或後經以終義或依經以辨理或錯經以合異絲牽繩貫脈絡潛通沖但以事類裒集遂變經義爲史裁於筆削之文渺不相涉舊列經部未見其然今與樞書同隸史部中庶稱其實焉乾隆四十六年十月恭校上

三朝北盟會編

臣等謹案三朝北盟會編二百五十卷宋徐夢莘撰夢莘字商老臨江人紹興二十四年進士爲南安軍教授改知湘陰縣官至知賓州以議鹽法不合罷歸事蹟具宋史儒林傳夢莘嗜學博聞生平多所著述史稱其恬於榮進每念生靖康之亂思究其顛末乃綱羅舊聞薈稡同異爲三朝北盟會編自政和七年海上之盟迄紹興三十一年上下四十五年凡敕制誥詔國書書疏奏議記序

碑志登載靡遺帝聞而嘉之擢直祕省云云今其書鈔本尚存凡分上中下三

帙上爲政宣二十五卷中爲靖康七十五卷下爲炎興一百五十卷其起訖年

月與史所言合所引書一百二種雜考私書八十四種金國諸錄十卷共一百

九十六種而文集之類尚不數焉史所言者殊未盡也凡宋金通和用兵之事

悉爲詮次本末年經月緯按日臚載其徵引皆全錄原文無所去取亦無所論

斷蓋是非並見同異互存以備史家之採擇故以會編爲名然自汴都喪敗及

南渡立國之始其治亂得失循文考證比事推求已皆可具見其所以然非徒

飣餖瑣碎已也雖其時說部糅雜所記金人事迹往往傳聞失實不盡可憑又

當日臣僚劄奏亦多夸張無據之詞夢莘槪錄全文均未能持擇要其博贍淹

通南宋諸野史中自李心傳繫年要錄以外未有能過之者固不以繁蕪病矣

考夢莘成此書後又以前載不盡者五家續編次于中下二帙以補其闕靖康

炎興各爲二十五卷名曰北盟集補今此本無之殆當時二本各行故久而亡

佚歟乾隆四十七年五月恭校上

蜀鑑

臣等謹案蜀鑑十卷原本不著撰人名氏前有方孝孺序稱宋端平中紹武李文子嘗仕於蜀蒐採史傳自秦取南鄭至宋平孟昶上下千二百年事之繫乎蜀者爲書十卷云云世遂題爲文子作考亭淵源錄亦載李文子字公謹光澤人（案光澤即紹武之屬縣今尚仍古名）李方子之弟紹興四年進士官至知太安軍綿閬州潼川府著蜀鑑十卷然考端平三年文子所作序中稱燕居深念紬繹前聞因俾資中郭允蹈緝爲一編云云則此書爲資州郭允蹈所撰文子特總其事耳世即以爲文子作亦猶大易粹言本曾穜命方聞一作而直齋書錄解題遂誤以爲穜作也其書每事各標總題如袁樞通鑑紀事本末之例每條有綱有目有論如朱子通鑑綱目之例其兼以考證附目末則較綱目爲詳贍焉宋自南渡後以荊襄爲前障以興元漢中爲後戶天下形勢恒在楚蜀故允蹈是書所述皆

戰守勝敗之迹於軍事之得失地形之險易恒三致意而於古人用兵故道必詳其今在某處其經營壁畫用意頗深他如辨荆門之浮橋引水經注以證荆州記之誤陳倉之馬鳴閣引蜀志以證寰宇記之誤斜谷之遮要引輿元記以補裴松之注之缺諸葛亮之築樂城引通鑑以辨華陽國志寰宇記之異同於地理亦頗精核云乾隆四十七年五月恭校上

炎徼紀聞

臣等謹案炎徼紀聞四卷明田汝成撰汝成有西湖志餘別著録是編皆記南中土司苗民凡十四篇首紀王守仁征岑猛事次紀岑璋助擒岑猛事次紀趙楷李寰事次紀黄竑請立東宫事次紀征大藤峽事次紀奢香事次紀安貴榮事次紀田琛事次紀楊輝事次紀阿溪事次紀阿向事次紀雲南諸夷次紀猛密猛養次雜紀諸蠻夷每篇各系以論所載較史爲詳又多汝成身歷地述所見聞亦較他書爲確前有汝成自序稱自涉炎徼所聞諸事皆起於撫綏缺狀

賞罰無章切中明代之弊其論田州之事歸咎於王守仁之姑息論黄竑之事歸咎於于謙之隱忍亦持平之議不蹈門戶之見者也乾隆四十七年四月恭校上

宋史紀事本末

臣等謹案宋史紀事本末二十八卷明陳邦瞻撰邦瞻字德遠高安人萬歷戊戌進士官至兵部侍郎事蹟具明史本傳初禮部侍郎臨朐馮琦欲仿通鑑紀事本末例論次宋事分類相比以續袁樞之書未就而沒御史南昌劉曰梧得其遺稿因屬邦瞻增訂成編大抵本於琦者十之三出於邦瞻者十之七自太祖代周迄文謝之死凡分一百九目於一代興廢治亂之迹梗概略具袁樞義例最爲賅博其鎔鑄貫串亦極精密邦瞻能確守不變故詮敘頗有條理諸史之中宋史最爲蕪穢不似資治通鑑本有脈絡可尋此書部列區分使一一就緒其書雖亞於樞其尋繹之功乃視樞爲倍矣惟是書中紀事既兼及遼金兩

朝當時南北分疆不能統一自當稱宋遼金三史紀事方於體例無乖乃專用宋史標名殊涉偏見至元史紀事本末邦瞻已別有成書此内如蒙古諸帝之立蒙古立國之制諸篇皆事紀元初事實即應析歸元紀之中使其首尾相接乃以臨安未破一槩列在宋編尤失於限斷此外因仍宋史之舊舛訛疏漏未及訂正者亦所不免然於記載冗雜之内實有披榛得路之功讀通鑑者不可無袁樞之書讀宋史者不可無此一編也乾隆四十七年十月恭校上

元史紀事本末

臣等謹案元史紀事本末四卷明陳邦瞻撰凡列目二十有七其律令之定一條下注一補字則歸安臧懋修所增也明修元史僅八月而成書潦草殊甚後商輅等撰續綱目不能旁徵博采于元事亦多不詳此書採掇不出二書之外故未能及宋史紀事之賅博又于元明間事皆以爲應入明國史於徐達破大都順帝駐應昌諸事皆略而不書夫元初草創之迹邦瞻既列于宋編又以燕

京不守元帝北狩爲當入明史是一代興廢之大綱皆沒而不著揆以史例未
見其然至至正二十六年韓林兒之死乃廖永忠沈之瓜步洪武中寧王權作
通鑑博論已明著其事不過以太祖嘗奉其年號嫌于項羽義帝之事歸其獄
于永忠耳邦瞻更諱之書卒尤爲曲筆庫庫特穆爾自順帝北遷之後尚爲元
盡力屢用兵以圖興復故太祖稱王保保眞男子以爲勝常遇春後秦王樉妃
即納其女邦瞻乃以爲不知所終亦不免于失實特是元代推步之法科舉學
校之制以及漕運河渠諸大政措置極詳邦瞻于此數端紀載頗爲明晰其他
治亂之迹亦尚能撮舉大槩攬其指要固未嘗不可以資考鏡也乾隆四十七
年八月恭校上

平定朔漠方略

臣等謹案　聖祖仁皇帝親征朔漠方略四十八卷總裁大學士臣溫達等恭
纂康熙四十七年七月書成　御製序文以深著不得已而用兵之意蓋噶爾

丹凶頑爽誓寖爲邊患因于康熙三十五年二月　親統六師往征之賊衆駭
遁噶爾丹僅以身免大軍凱旋是年九月再　幸塞北諭噶爾丹以束身歸罪
並納其所屬之歸降者迨明年二月復　統大軍親征噶爾丹旋伏冥誅餘衆
悉降于是廓清沙漠輯定邊陲爲萬古無前之偉績書中所紀則始于康熙十
六年六月厄魯特噶爾丹奉表入貢及　賜敕諭令與喀爾喀修好以爲緣起
訖于三十七年十月策妄阿拉布坦獻噶爾丹之尸而止其間簡練將卒經畫
糧餉翦除黨惡曲赦脅從以及設奇制勝之方師行緩急之度凡禀之　睿算
者咸據事直書語無增飾首載　御製紀略一篇後載告成太學及勒銘察罕
七羅拖諾昭木多狼居胥山諸碑文恭誦之餘仰見　大聖人不恃崇高不懷
燕逸櫛風沐雨與士卒同甘苦用能于浹歲之中建非常之業竹册昭垂非獨
比隆訓誓矣乾隆四十七年十一月恭校上

臣等謹案　平定金川方略二十六卷後恭載　御製詩文一卷臣下紀功藝文五卷大學士臣來保等恭纂金川本四川徼外土司爲氐羌之種　國朝康熙中其土舍色勒奔初者向化投誠恪遵調遣雍正中　頒給印信號紙逮其子莎羅奔承襲漸肆桀驁虐其族類四川督臣等請加懲創以聞　國威我皇上猶以蠻夷自相殘殺不足勞我師旅惟　勑守臣固護邊防而莎羅奔恃　恩罔忌不知悛改乃　命將聲討於乾隆十三年冬　特簡大學士傅恒爲經略厚集兵力以往至則誅其偵諜先聲所奪賊渠喪魄窮蹙乞降經略猶刻日誓衆期於掃穴而賊情彌益乞憐仰荷　皇上如天好生之度予以肆赦許其納降振旅而旋計始事以迄凱旋不及二年雖古格苗之盛績無以加茲其間決機籌策悉禀　睿謨是編所載　詔諭之指授章奏之　批答隨在可見　神武不殺宥過矜愚之　德意雖小醜反覆卒勞　王師再舉自取殲夷而恭誦是編具足以仰識　仁慈作萬方之懷畏云乾隆四十七年十一月

恭校上

平定準噶爾方略

臣等謹案平定準噶爾方略一百七十一卷乾隆三十五年大學士臣傅恒等編纂表進分前編正編續編各爲卷次蓋準噶爾部落本出有元阿魯台之部其後譯譌爲厄魯特自國初天聰間即遣使朝貢順治中錫以封爵迨噶爾丹自立漸肆桀驁侵我屬國聖祖仁皇帝親討平之詳載於親征平定朔漠方略至其後嗣復梗化納叛同惡世濟雍正中嘗命討之諸酋悔罪待命逮我皇上德威遐播許其通貢通市恩至渥也自達瓦齊竊位自失其道舉部離心面内歸誠者踵至爰溯自康熙三十九年訖於乾隆十八年之事緝爲前編凡五十四卷繼是都爾伯特台吉策凌策凌烏巴什輝特台吉阿睦爾撒納等先後内屬皇上聖武内斷決策命將分路致討未浹月而直抵伊犂大漠以北傳檄底定縛獻達瓦齊於闕下方將衆建渠長分

領其部無何阿睦爾撒納背　恩作孽復勞師旅追勦賊渠函骨遐方大定而
逆回大小和卓木旋肆反噬爰即伊犂凱旋之師移討之於是葉爾羌喀什噶
爾諸城以次撫定而拔達山汗素爾坦沙遂擊殺二酋獻馘軍門大武告成邊
陲永靖爰紀乾隆十八年十一月以後迄於二十五年三月戊申之事爲正編
凡八十五卷是月庚戌以後至三十年十一月凡善後經久設官置屯定賦鑄
錢諸政及極邊新附諸部事宜爲續編凡三十二卷統觀是編於　列聖垂謨
經遠暨我　皇上始而撫綏駕馭繼而　決幾制勝以及奏凱後持盈保泰爲
遐方籌久安之　盛心實政一一臚載西師顛末具見於　御製詩篇及　告
成勒銘諸碑文昭如日月是編所載按次條系　彌爲詳悉云乾隆四十七年
四月恭校上

欽定平定兩金川方略

臣等謹案　欽定平定兩金川方略一百三十七卷乾隆四十六年大學士阿

桂等恭撰　奏進凡　御製序文紀略一卷　天章八卷冠於前臣工詩文八卷附於末所紀平定兩金川事自乾隆二十年六月癸亥起至乾隆四十四年十一月壬午止金川自郎卡歸命之後　威棱所讋已不敢復逞凶鋒而狠更生貙野心不改其子索諾木與其頭人丹巴沃雜爾煽惑小金川酋僧格桑鯨吞九姓無故稱戈諭之不從彌滋狂悖蓋十稔之將盈故兩階之弗格也且夫貪殘無厭谿壑難盈密邇維州將生窺伺與其後來貽患待之於邊疆不如先發制人殲之於巢穴是以力排浮議　天斷獨行再舉六師重申九伐雖逆酋恃其地險暫肆披猖而振我雷硠終歸魚爛僧格桑專車之骨先獻旌門既而轉鬬千盤剷平三窟索諾木力窮勢蹙亦泥首而就俘焉蓋自三古以來中國之兵力未有能至其地者惟我　皇上睿算精詳　天聲震疊始開闢化外之草昧是以語其道里視河源萬里爲近考其疆界視天山兩道爲狹計其生齒不能敵三十六國之一而頌　聖武者乃覺與乙亥西征擴地二萬餘里後先

同軌豈非以涉歷之遠至伊犂而極山川之險至兩金川而極均爲克千古之所不能克哉恭讀是編具詳決機制勝之始末益知戊辰之役爲　天心仁愛不欲窮兵非力有所不能至也乾隆五十四年四月恭校上

平定三逆方略

臣等謹案　平定三逆方略六十卷康熙二十一年奉　詔修纂恭紀　平定逆藩吳三桂耿精忠尚之信事敬考　實錄以大學士勒德洪明珠李霨王熙黄機吳正治爲總裁官內閣學士阿蘭泰達岱張玉書翰林院掌院學士牛鈕爲副總裁官其承纂銜名則原書未載莫能詳也仰惟我　聖祖仁皇帝神武天授統壹寰宇是時平西王吳三桂封藩雲貴平南王尚可喜封藩廣東靖南王耿精忠封藩福建恃　恩驕恣日形跋扈康熙十二年因其自乞移藩　詔允所請逆謀既伐是年十一月三桂舉兵反直窺湖廣乃　遣將馳赴荊州進據常德以遏賊勢復　簡八旗勁旅　命將總統隨機勦禦其明年三月耿精

忠亦據福建反而尚可喜子之信廹其父從賊可喜憤死之信遂遙爲煽附閩粤郡縣並時騷動於是分　遣諸將　指授方略勦撫並施以次戡定三桂旋伏冥誅逆孫世璠尙踞滇中拒命而耿精忠歸正自請入　朝旋訊得其通賊反覆狀磔於市尙之信雖嘗歸正而心懷兩端鞫實賜死廣東平逮二十年十月大兵攻圍雲南省城世璠惶懼自殺其屬悉以衆降乃戮世璠首獻馘京師雲南平用兵甫八年三逆悉已掃蕩集勳之速　耆定之隆亘古未覯也是編告成年月　實錄亦未載惟恭載康熙二十五年十一月　上諭閣臣曰爾等所進平定三逆方略四册朕已覽畢其中舛錯頗多如王輔臣由雲南援勦總兵官授爲陝西提督今謂由鄖西總兵官陞任至論贊中援宋太祖杯酒釋兵權事吳三桂非宋功臣可比乃唐藩鎮之流耳爾等其酌改之仰見是書纂輯悉經　聖訓裁定詳愼成編是以紀事精審措詞簡括於以彰　盛烈而昭萬世洵足媲徽謨典矣當時未奉刊布僅有寫本尊藏　大內今蒙　皇上宣示

特命繕錄編入史庫臣等校錄之餘既欣睹　聖祖仁皇帝實兼守成創業之隆亦彌仰我　皇上覲揚　光烈之盛云乾隆四十八年三月恭校上

欽定勦捕臨清逆匪紀略

臣等謹案勦捕臨清逆匪紀略十六卷乾隆三十九年　欽定刊布洪惟我國家乂安中外民不知兵百數十年我　皇上愛養黎元有加無已　普免正供頻施蠲緩凡在食毛踐土之倫咸切食德飲和之感詎有山東壽張縣民王倫者沿明季邪教之餘波煽誘愚民擾害城邑盤踞臨清舊城實為覆載所不容一經　命旅勦捕甫六日而兇渠焚斃黨逆駢誅凡小民曾被虐害者悉予撫卹安養蓋　聖祖之奮武除暴正以布惠安良其間自始事以迄訖功不越三旬而　午夜披章籌兵給餉無一不稟于　睿算是篇所載　諭誥之文批答之旨具足以仰見我　皇上仁至義盡　神武不殺必嚴于首惡而曲貸于脅從凡有血氣其悔濯感沐更當何如也卷末恭載　御製臨清歎臨

淸歌二篇于　時巡經行之次彌　廑軫恤之仁益有以知逆匪之自即誅鋤

應時殲埽所負于　雨露之恩者實非事理所有矣乾隆四十七年五月恭校

上

欽定石峯堡紀略

臣等謹案　欽定石峯堡紀略二十卷乾隆五十年奉　勅撰初乾隆辛丑歲

甘肅回民蘇四十三等怙其頑梗剏立新教煽衆滋事自嬰顯戮旋正刑章其

一切　戡定鴻謨已具載於蘭州紀略乃成羣妖鳥已傾巢簇之巢而潛地遺

蝻未盡畀炎之種逆回田五等復敢萌滋芽枿盜弄潢池屬疆吏措置失宜致

得鋌而走險仰蒙我　皇上神鈐遠燭先事預籌　特詔重臣星馳督辦復

命發京營勁旅會同協勦軍行神速震讋先聲壁壘一新士氣百倍賊徒偸生

竄穴途窮飛走遂繫兇渠未及浹旬蕩平立奏伏讀　御製遲速論以先幾立

應迅即蕆功統歸於一念之敬仰見　聖謨昭示洞澈精微　彝訓所垂實爲

上下古今不可易之至論若乃逆氛既掃　軫念茅檐　賜復蠲租盈寧胥慶以及增兵額而益修武備開學校而倍廣　敎思善後規模無一不上煩　睿慮萬年經久之畫備載典策法守咸賫更不獨隴右河西被　醲膏而霑　凱澤矣乾隆五十四年十月恭校上

欽定平定臺灣紀略

臣等謹案　欽定平定臺灣紀略七十卷乾隆五十三年奉　勑撰臺灣孤懸海外自古不入版圖然實閩粤兩省之屏障明代爲紅毛所據故外無防禦倭患蔓延後鄭芝龍得之亦負嵎猖獗誠重地也　聖祖仁皇帝七德昭宣剷平鯨窟　命靖海侯施琅等俘鄭克塽而郡縣其地設官置戍屹爲海上金城徒以山箐叢深百產豐溢廣東及漳州泉州之民爭趨其地雖繁富日增而姦宄亦因以竄迹故自朱一桂以後針蜻斧螳偶或竊發然旋亦撲滅惟林爽文莊大田等逆惡鴟張凶徒蟻附致稽藁街之誅仰賴　神謨指揮駕馭乃渠首就

檻炎海永清蓋始由官吏之貪黷司封疆者未察繼由將帥之觀望議攻守者
多岐致賊得招聚逋逃葺營巢穴而其所以蕩平者則仰藉　皇上坐照幾先
於鮫室鯨波視如指掌事事皆預爲策及早設周防又　睿鑒精詳物無匿狀
中明賞罰百度肅淸弛者改而奮怯者改而勇並凜凜　天威近猶咫尺而重
臣宿將乃得以致力其間生縛猰貐以申　國憲　威棱所憺併內臺生番亘
古未通中國者亦先驅效命助翦元凶稽首　闕廷虔修職貢中外臣民跽讀
御製紀事語二篇咸以手加額謂軒轅之戮蚩尤猶親在行間武丁之克鬼
方非路經海外今　皇上運籌九天之上而　坐照萬里之外亘古聖帝明王
更無倫比至江漢常武諸什僅在近地者更無足道矣奏凱之後廷臣敬輯
諭旨　批答奏章分析月日編排始末勒成是編以垂示萬古臣等回環跽
讀仰見　聖神文武經緯萬端雖地止一隅而險阻重深委曲　籌畫實與伊
部回部金川三大事　功烈相等載筆之下彌覺歌頌之難罄也乾隆五十四

年四月恭校上

欽定蘭州紀略

臣等謹案　欽定蘭州紀略二十一卷乾隆四十六年奉　勅撰考回人散處中國介在西北邊者尤獷悍然其教法則無異劉智天方典禮擇要解即彼相沿之規制也其祖國稱默德那其種類則居天山之南北後準噶爾據有山北乃悉避處於山南今自哈密吐魯番以外西暨和闐葉爾羌皆所居也迨我皇上星弧遙指月窟咸歸諸回部並隸版圖爲我臣僕中國回人亦時時貿遷服賈來往其間姦黠之徒遂詭稱傳法於祖國別立新教與舊教搆爭守臣狃於晏安不早爲防微杜漸互相讐殺乃馴至嘯聚稱戈辛丑四月循化廳逆回蘇四十三等突陷河州復擁衆犯蘭州會援師既集斷其歸路而羽林勍卒益部蕃兵亦皆奉　詔遄征剋期並赴逆回飛走路絕乃退據城南十里龍尾山扼險死守然釜魚暫活穉蝨終殲塡塹焚巢百道俱進蹙之於華林寺或俘或

餓無一人倖漏網焉蓋是役也平日釀釁之漸在大吏之積薪厝火故猝發而
不及防臨時制勝之方在　聖主之省括張機故一舉而無不克是編所錄始
末釐然至於規畫兵制愼固邊防一切敷陳　批答亦皆備書併足見長駕遠
馭之謀杜漸防微之略所以貽萬世之安者　睿慮尤深且遠也乾隆五十四
年四月恭校上

綏寇紀略

臣等謹案綏寇紀略十二卷　國朝吳偉業撰偉業字駿公號梅村太倉人明
崇禎辛未進士第三人及第入　國朝官至國子監祭酒是編專紀崇禎時流
寇迄于明亡分爲十二篇曰澠池渡曰車箱困曰眞寧恨曰朱陽潰曰黑水擒
曰穀城變曰開縣敗曰汴渠墊曰通城擊曰鹽亭誅曰九江哀曰虞淵沈每篇
後加以論斷其虞淵沈一篇皆記明末災異與篇名不相應考朱彝尊曝書亭
集有此書跋云梅村以順治壬辰舍館嘉興之萬壽宮輯綏寇紀略久之其鄉

人發雕是編僅十二卷而止虞淵沈中下二卷末付棗木傳刻明史開局求天下野史盡上史館於是先生足本出予鈔入百六叢書歸田之後爲友人借失云云意者明末降闖勸進諸臣子孫尚存故當時諱而不出歟此本爲康熙甲寅鄒式金所刻在未開史局之前故亦無虞淵沈中下二卷而彝尊所輯百六叢書爲人借失者雖稱後十八年從吳興書賈購得今亦不可復見此二卷遂佚之矣彝尊又稱其書以三字標題仿蘇鶚杜陽雜編何光遠鑑戒錄之例考文章全以三字標題始于繆襲魏鐃歌詞鶚光遠遂沿以著書偉業敘述時事乃用此例頗不免小說纖仄之體其回護楊嗣昌左良玉亦涉恩怨之私未爲公論然記事尚頗近實彝尊所謂聞之於朝雖不及見者之確切而終勝草野傳聞可資國史之采輯亦公論也乾隆四十七年四月恭校上

滇考

臣等謹案滇考二卷　國朝馮甦撰甦字再來臨海人順治戊戌進士官至刑

部侍郎是書乃康熙元年甦爲永昌府推官時作凡一切山川人物物產皆刪不載惟自莊蹻通滇至明末　國初撮其沿革之舊迹治亂之大端仿紀事本末之體標題記述爲三十七篇每事皆首尾完具端緒分明在輿記之中又爲別體非採綴瑣聞條理不相統貫者比其中建文遜迹一篇雖不免沿致身錄之說至其征麓川三宣六慰鎮守太監議開金沙江諸篇皆視史傳爲詳且著書之時距今僅百餘年所言形勢往往足以資考證愈於標題名勝徒供登臨吟詠者多矣乾隆四十七年五月恭校上

明史紀事本末

臣等謹案明史紀事本末八十卷　國朝谷應泰撰應泰字賡虞豐潤人順治丁亥進士官至浙江提學僉事其書仿袁樞通鑑紀事本末之例纂次明代典章事蹟分目八十各詳著其端委於時明史尚未刊定無所折衷故紀靖難時事雖信從亡致身諸錄以惠帝遜國爲實于滇黔游跡載之極詳又不知懿安

皇后死節而稱其青衣蒙頭步入成國公第俱不免沿野史傳聞之誤然其排比纂次詳略得中首尾秩然於一代事實極爲淹貫每篇後各附論斷皆仿晉書之體以駢偶行文而遣詞抑揚隸事親切尤爲曲折詳盡考邵廷采思復堂集明遺民傳稱山陰張岱嘗輯明一代遺事爲石匱藏書應泰作紀事本末以五百金購請岱慨然予之又稱明季稗史雖多體裁未備罕見全書惟談遷編年張岱列傳兩家具有本末應泰並採之以成紀事據此則應泰是編取材頗備集衆長以成完本其用力亦可謂勤矣乾隆四十七年四月恭校上

繹史

臣等謹案繹史一百六十卷康熙中知縣臣馬驌撰驌鄒平進士熟於三代掌故當時呼之爲馬三代見王士禎池北偶談此書凡五門曰太古曰三代曰春秋曰戰國後復附以天官書諸篇曰外錄以準史家表志蒐羅既博考論亦精昔宋劉恕作通鑑外紀羅泌作路史宋金履祥作通鑑前編俱見稱於世驌於

諸家之長殆能兼之今其書板入　禁中與　武英殿刊布諸書並行儒臣稽古之榮尤爲罕覯云乾隆四十七年二月恭校上

左傳紀事本末

臣等謹案左傳紀事本末五十三卷　國朝高士奇撰士奇字澹人錢塘人居平湖以諸生授詹事府主簿改翰林侍讀歷官詹事歸里則家拜禮部侍郎卒謚文恪此書仿袁樞通鑑紀事本末之例排纂左傳所載列國事蹟分門件繫以便觀覽其例有曰補逸則雜採諸子史傳與左氏相表裏者曰考異則與左氏異詞可備參訂者曰辨誤則糾其傳聞失實蹐駁不倫者曰考證則取有依據可爲典要者又時附以己見謂之發明凡周四卷魯十一卷齊七卷晉十一卷宋三卷衞四卷鄭四卷楚四卷吳三卷秦二卷列國一卷目各如其卷之數自宋以來學者以左傳敘事隔涉年月不得其統往往爲之詮次類編其見於史志者有楊均葉清臣宋敏修黃穎周武仲句龍傳桂績呂祖謙陳持章沖徐

得之孫調楊泰之毛友徐安道孫范等諸家今其書多亡佚不傳中如呂祖謙之左傳類編雖尚散見永樂大典中而簡略失次且多脫闕未爲善本惟章沖左氏事類始末全書尚存其體亦頗與士奇所撰相近蓋士奇未見沖書故復爲之然沖書以十二公爲紀此則以國爲紀義例略殊又沖書門目太傷繁碎且於左氏原文頗多裁損至有裂句摘字聯合而成者士奇則大事必書而略於其細眉目朗晰尋文易知雖其詳備不及沖書而部居州次端緒可尋於讀盲史者亦未嘗無所助也乾隆四十七年三月恭校上

平臺紀略

臣等謹案平臺紀略一卷附東征集六卷　國朝藍鼎元撰鼎元字玉霖號鹿洲漳浦人由貢生官至廣州府知府是編紀康熙壬寅平定臺灣逆寇朱一貴始末始於是年四月迄於雍正元年四月凡二年之事前有自序稱有市靖臺實錄者惜其未經身歷目覩得之傳聞其地其人其時其事多謬誤舛錯乃詳

述其實爲此編蓋鼎元之兄廷珍時爲南澳總兵官與福建水師提督施世驃合兵進討七日而恢復臺灣旋擒一貴俄世驃卒於軍其後餘孽數起廷珍悉勦撫平之事後經理亦多出廷珍之議鼎元在廷珍軍中一一親見故記載最悉其敘述功罪亦無避忌頗稱直筆所論半線一路地險兵寡難於鎮壓後分立彰化一縣竟從其說至今資控制之力亦可謂有用之書非紙上談兵者矣東征集六卷皆進討時公牘書檄雖廷珍署名而其文則皆鼎元作舊本別行今附載是書之後俾事之原委相證益明焉乾隆四十七年十月恭校上

欽定四庫全書提要卷三十一

史部五

別史類

逸周書

臣等謹案逸周書十卷舊本題曰汲冢周書考隋經籍志唐藝文志俱稱此書以晉太康二年得於魏安釐王冢中則汲冢之說其來已久然晉書武帝紀及荀勗束晳傳載汲郡人所得竹書七十五篇具有篇名無所謂周書杜預春秋集解後序載汲冢諸書亦不列周書之目是周書不出汲冢也故漢書藝文志先有周書七十一篇今本比班固所紀惟少一篇陳振孫書錄解題凡七十篇敘一篇在其末京口刊本始以序散入諸篇則篇數仍七十有一與漢志合許慎作說文馬融注論語鄭康成注周禮儀禮並引周書皆在汲冢前知爲漢代相傳之舊李善文選注所引皆稱逸周書知唐初舊本尚不題汲冢其相沿稱

爲汲冢者殆以梁任昉得竹簡漆書不能辨識以示劉顯識爲孔子删書之餘其時南史未出流傳不審遂誤合汲冢竹簡爲一事而修隋志者誤采之耶文獻通考所引李燾跋及劉克莊後村詩話皆以爲漢時本有此書其後稍隱賴汲冢竹簡出乃得復顯是又心知其非而巧爲調停之説惟舊本載嘉定十五年丁黼跋反覆考正確以爲不出汲冢斯定論矣近代所行之本皆闕程寤秦陰九政九開劉法文開保開八繁箕子耆德月令十一篇餘亦文多佚脱觀李燾所跋已有脱爛難讀之語則宋本已然矣乾隆四十七年五月恭校上

東觀漢記

臣等謹案東觀漢記二十四卷隋書經籍志稱長水校尉劉珍等撰今考之范書珍未嘗爲長水校尉且此書創始在明帝時不可題珍等居首案范書班固傳云明帝始詔班固與睢陽令陳宗長陵令尹敏司隸從事孟異共成世祖本紀幷撰功臣平林新市公孫述事作列傳載記二十八篇此漢記之初創也劉

知幾史通古今正史篇云安帝詔史官謁者僕射劉珍及諫議大夫李尤雜作紀表名臣節士儒林外戚諸傳起建武訖永初范書劉珍傳亦稱鄧太后詔珍與劉騊駼作建武以來名臣傳此漢記之初續也史通又云劉珍等卒復命侍中伏無忌與諫議大夫黄景作諸王王子功臣恩澤侯表與單于西羌傳地理志元嘉元年復令大中大夫邊韶大軍營司馬崔寔議郎朱穆曹壽雜作孝穆崇二皇及順烈皇后傳又增外戚傳入安思等后儒林傳入崔篆諸人寔壽又與議郎延篤雜作百官表順帝功臣孫程郭願及鄭衆蔡倫等傳凡百十有四篇號曰漢記范書伏湛傳亦云元嘉中桓帝詔伏無忌與黄景崔寔等共撰漢記延篤傳亦稱篤與朱穆邊韶共著作東觀此漢記之再續也蓋至是而史體粗備乃肇有漢記之名史通又云熹平中光祿大夫馬日磾議郎蔡邕楊彪著作東觀接續紀傳之可成者而邕别作朝會車服二志後坐事徙朔方上書求還續成十志董卓作亂舊文散逸及在許都楊彪頗存注紀案范書蔡邕傳邕

在東觀與盧植韓說等撰補後漢記所作靈紀及十志又補諸列傳四十二篇因李傕之亂多不存盧植傳亦稱熹平中植與邕說並在東觀續漢記又劉昭補注司馬書引袁山松書云劉洪與蔡邕共述律歷紀又引謝承書云胡廣博綜舊儀蔡邕因以爲志又引謝沈書云蔡邕引中興以來所修者爲祭祀志范書李賢注稱邕上書云臣科條諸志所欲删定者一所當接續者四前志所無欲著者五此漢記之三續也其稱東觀者范書安帝紀李賢注引雒陽宮殿名云南宮有東觀竇章傳云永初中學者稱東觀爲老氏藏室道家蓬萊山蓋東漢之初著述在蘭臺至章和以後圖籍盛於東觀修史者皆在是焉故以名書隋志稱書凡一百四十三卷而新舊唐書志則云一百二十六卷又錄一卷蓋唐時已有闕佚隋志又稱是書起光武訖靈帝今考列傳之文間記及獻帝時事蓋楊彪所補也晉時以此書與史記漢書爲三史人多習之故六朝及初唐人隸事釋書類多徵引自唐章懷太子李賢集諸儒注范書盛行於代此書遂

微北宋時尚有殘本四十三卷趙希弁讀書附志邵博聞見後錄並稱其書乃高麗所獻蓋已罕得南宋中興書目則止存鄧禹吳漢賈復耿弇寇恂馮異祭遵景丹蓋延九傳共八卷維時有蜀本流傳而錯誤不可讀上蔡任淵始以祕閣本讎校羅願爲序行之刻板於江夏郡又陳振孫書錄解題稱其所見本卷第凡十二而闕第七第八二卷卷數雖似稍多而核其列傳之數亦止九篇則固無異於書目所載也自元以來此書久佚永樂大典於鄧吳賈耿諸韻內並無漢記一語則所謂九篇者明初即已不存矣　本朝姚之駰撰後漢書補逸曾蒐集遺文析爲八卷然所採祇據劉昭續漢書十志補注范書李賢注虞世南北堂書鈔歐陽詢藝文類聚徐堅初學記五書又往往掇拾不盡挂漏殊多今謹據姚本舊文以永樂大典各韻所載參考諸書補其闕逸所增者幾十之六其書久無刊本傳寫多訛姚本隨文鈔錄謬戾百出且漢記目錄雖佚而紀表志傳載記諸體例史通及各書所載梗概尚一一可尋姚本不加考證隨意

碎頗不合史法晁公武讀書志摘其記太平御覽與總類爲兩書之誤疑其非鞏所作今考鞏本傳不載此集曾肇作鞏行狀及韓維撰鞏神道碑臚述所著書甚備亦無此集據玉海元豐四年七月鞏充史館修撰十一月鞏上太祖總論不稱上意遂罷修五朝史鞏在史館首尾僅五月不容遽撰此本以進其出於依托殆無疑義然自北宋之末已行於世李燾作續通鑑長編如李至拜罷等事間取其說則當時固存而不廢至元修宋史袁桷作搜訪遺書條例亦列及此書以爲可資援證蓋雖不出於鞏要爲宋人之舊笈故今亦過而存之備一說焉乾隆四十七年九月恭校上

古史

臣等謹案古史六十卷宋蘇轍撰轍字子由號潁濱眉山人事蹟具宋史轍以司馬遷史記多不得聖人之意因遷之舊上自伏羲神農下訖秦始皇爲本紀七世家十六列傳三十七自謂追録聖賢之遺意以明示來世至于得失成敗

之際亦備論其故今考其書如史記載堯妻舜之後瞽瞍尙欲殺舜古史本尙書謂妻舜在瞽瞍允若之後史記載伊尹以負鼎說湯而古史去之史記不載禱雨桑林及武丁學于甘盤遯于荒野事而古史增之宋世家史記贊宋襄公泓之戰爲禮讓而古史貶之趙世家史記載造父御穆王見西王母事而古史刪之辨管子之書爲戰國諸子之所附益于晏子傳增入晏子處崔杼之變知陳氏之篡與諷諫數事于宰我則辨其無從叛之事于子貢則辨其無亂齊之事其識可謂卓矣又據左氏傳爲柳下惠曹子臧吳季札范文子叔向子產等傳以補遷史所未及附虞卿于魯連去曹沫于刺客其去取之間頗爲不苟雖文章遜司馬遷而紀載務實襃貶務審與遷書參互考校于史學亦不爲無裨焉乾隆四十七年四月恭校上

通志

臣等謹案通志二百卷宋鄭樵撰自太古迄隋仿遷固爲紀傳而改表爲譜志

爲略其所自矜許者則二十略也氏族六書七音等略詳明精到誠非諸儒所有天文地理器服則失之太簡而禮及職官選舉刑罰食貨五略天寶以前盡襲通典舊文天寶以後不復續纘如馬端臨所譏亦復不免第端臨止見二十略而未見全書元時始有定本刊行卷帙浩博流布爲難明時閩板又止刊二十略雖云錄要終嫌遺缺今 內府刊本卷帙既完校讐復密信爲盡善云乾隆四十七年五月恭校上

東都事略

臣等謹案東都事略一百三十卷宋王偁撰偁字秀平眉州人父賞紹興中爲實錄修撰偁承其家學旁搜九朝事蹟采輯成編洪邁修四朝國史奏進其書以承議郎知龍州授直祕閣其書爲本紀十二世家五列傳一百五附錄八敍事約而該議論亦皆持平如康保裔不列於忠義張方平王拱辰不諱其瑕疵皆具史識熙寧之啟釁元符之紹述尤三致意焉朱勔傳後附載僧祖秀艮岳

記雖非史法亦足資考證而南宋諸人乃多不滿其書殆亦一時愛憎之見明人議修宋史始力爲表章近時汪琬復謂元修宋史實據此書爲稿本以今考之惟文藝傳爲宋史所取資故所載北宋爲多南宋文人寥寥無幾其餘事迹異同如符彥卿二女爲周室后而宋史闕其一劉美本姓龔冒附於外戚事略直書其事宋史采其家傳轉爲之諱趙普先閲章奏田錫極論其非而宋史誤以爲羣臣章奏先白錫楊守一以涓人補右班殿直遷翰林副使而宋史誤作學士新法初行坐倉糴米吳甲等言其不便宋史誤以爲司馬光之言至地名謚法宋史多有舛謬是元人修史時絶未嘗考證此書琬之言未得其實也其中如張繼賢以雍熙三年忤旨出外而誤作自請行邊以副使王履絶命辭誤屬之李若水又不載王履於忠義傳雖不免間有牴牾然宋人私史卓然可傳者唯偁與李燾李心傳之書鼎足而三固宜爲考宋史者所寶貴矣乾隆四十七年四月恭校上

路史

臣等謹案路史四十七卷宋羅泌撰泌字長源廬陵人是書成於乾道庚寅前紀九卷述古初三皇至陰康無懷之事後紀十四卷述太昊至夏履癸之事國名紀八卷述上古至三代諸國姓氏地理下逮兩漢之末發揮六卷餘論十卷皆辨難考證之文其國名紀第八卷載封建後論一篇究言一篇必正翁子一篇（案必正乃泌友人之名其姓今不可考謹仍原本書之）國姓衍慶紀原一篇蓋以類相附惟歸愚子大衍數一篇大衍說一篇四象說一篇與封建渺無所涉考發揮第一卷之首有論太極一篇明易彖象一篇易之名一篇與大衍等三篇爲類疑本發揮之文校刊者以卷帙相連誤竄入國名紀也泌自序謂皇甫謐之世紀譙周之史考張愔之系譜馬總之通歷諸葛耽之帝錄姚恭年之歷帝紀小司馬之補史劉恕之通鑑外紀其學淺狹不足取信蘇轍古史第發明索隱之舊未爲全書因著是編餘論之首釋名書之義引爾雅訓路爲大所謂路史蓋曰大史也句下

註文題其子萃所撰核其詞義與泌書詳略相補似出一手殆自著而嫁名於子歟皇古之事本爲茫昧泌多採緯書頗不足據至於太平經洞神經丹壺記之類皆道家依托之言乃俱奉爲典要殊不免龐雜之譏發揮餘論皆深斥佛教而說易數篇乃義取道家其青陽遺姝一條論大惑有九以貪仙爲材者之惑訣佛爲不材之惑尤爲偏駁然引據浩博文采瑰麗劉勰文心雕龍正緯篇曰羲農軒皥之源山瀆鍾律之要白魚赤烏之符黃金紫玉之瑞事豐奇偉詞富膏腴無益於經典而有助於文章是以後來詞人採摭英華泌之是書殆於此類至其國名紀發揮餘論考證辨難語皆精核亦多袪惑持正之論固未可盡以好異斥矣乾隆四十七年八月恭校上

欽定重訂契丹國志

臣等謹案契丹國志二十七卷宋葉隆禮撰隆禮號漁林嘉興人淳祐七年進士由建康府通判歷官祕書丞隆禮于孝宗時奉詔撰次遼君臣事蹟爲此書

淳熙七年奏進之凡帝紀十二卷列傳七卷晉降表宋遼誓書議書一卷南北朝及諸國饋貢禮物數一卷雜載地理及典章制度二卷行程錄及諸雜記四卷隆禮生南渡後距遼亡已久北方書籍江左亦罕有流傳未嘗見遼時國史僅取宋人所修史傳原文分條採摘排比成編故于首尾不能完具大抵穆宗以前紀傳則本之司馬光資治通鑑穆宗以後紀傳及諸雜紀則本之李燾長編等書其胡嶠陷北記則本之歐史附錄諸番記及達實伊都等傳則本之洪皓松漠紀聞皆全襲其詞無所更改間有節錄亦多删削失當元蘇天爵三史質疑雖嘗議其說皆得于傳聞失實甚多而識見所限于其紕繆之大端尚未能窺及一二昨者以著錄史部繕本進　御仰蒙　皇上親加披覽高懸　軒鏡洞燭瑕疵凡其中踳駁舛戾之處無不一一呈露如隆禮身爲宋臣而分注宋代紀年殊乖系統之正且其行文措語于內外之詞亦多違錯不合甚者論楊承勳以兵劫父出降一事意存偏袒右逆子而亂大經尤屬誕妄之甚並荷

特頒訓諭詳晰　宣示令臣等重加釐正改纂成編仰見我　皇上扶植綱常敦崇名教　離照所被物無遁形所謂平若權衡嚴于斧鉞彼懷私曲筆之徒不能復置一喙洵足以超軼前古垂示方來臣等謹奉　綸言詳悉刊定參考辨證去譌存是咸折衷至當仰禀　睿裁摧厥指歸具諸凡例使後之讀是編者共知大義所在昭如星日非區區俗儒瞽說所得妄有軒輊于其間而大聖人大公至正之盛心與崇正斥邪之微旨所以垂訓萬世者實至深且切矣乾隆四十八年三月恭校上

欽定重訂大金國志

臣等謹案　欽定重訂大金國志四十一卷舊本題宋宇文懋昭撰前有端平元年進書表一通自署淮西歸正人改授承事郎工部架閣而不詳其里貫表中有儌生淮浦少讀父書等語亦不知其父何人也書中取金太祖至哀宗一百十七年事迹裒集彙次凡紀二十六卷開國功臣傳一卷文學翰苑傳二卷

雜錄三卷雜載制度七卷許亢宗奉使行程錄一卷似是雜採諸書排比而成所稱義宗即哀宗金史謂息州行省所上謚而此則云金遺臣所上與史頗不合又懋昭既降宋即當以宋爲內詞乃書中分注宋年又直書康王出質及列北遷宗族於獻俘殊爲失體故錢曾讀書敏求記嘗稱爲無禮於君之甚者然其可疑之處尙不止此詳悉檢勘紕漏甚多如進書表題端平元年正月十五日考金亡即在是月十日相距僅五日豈遽能成書進獻又紀錄蔡州破事如是之詳於情理頗不可信又端平正當理宗時而此書大書宋寧宗太子不得立立其侄爲理宗於濟邸廢立略無忌諱又生而稱謚舛謬顯然又懋昭以金人歸宋乃於兩國俱直斥其號而獨稱元兵爲大軍又稱元爲大朝轉似出自元人之辭尤不可解又開國功臣傳僅寥寥數語而文學翰苑傳多至三十二人驗其文皆全錄元好問中州集小傳而略加刪削考好問撰此書時在金亡之後原序甚明懋昭更不應預襲其文凡此皆疑竇之極大者其他如愛王作

亂等事亦多輕信僞書冗雜失次恐已經後人竄亂非復懋昭原本故牴牾若此今恭依聖明指示改定契丹國志義例逐一訂定俾合於史法焉乾隆四十九年十一月恭校上

古今紀要

臣等謹案古今紀要十九卷宋黄震撰震有日鈔别著録是書上自三皇下迄哲宗元符每載一帝之事則以一帝之臣附之其僭竊割據亦隨時附見採摭正史提挈要領詞簡約而事博該殆亦岳珂讀史備忘之類所敍北宋諸臣事跡較歷代稍詳而無忠佞標題蓋不敢論定之意也北宋代周頗類於曹氏之代漢故靖康以前名儒輩出拘於時忌無一人敢黜魏進蜀者雖司馬光作通鑑亦不得不仍陳壽之説及南宋偏安與蜀相類朱子綱目始改舊文震傳朱子之學發明尤盡其謂論昭烈者每以族屬疏遠爲疑使昭烈果非漢子孫曹操蓋世奸豪豈不能聲其罪而誅其僞今反去之千百年下而創疑其譜牒耶

其論可謂簡而盡矣乾隆四十七年十月恭校上

續後漢書

臣等謹案續後漢書四十八卷宋蕭常撰常廬陵人鄉貢進士初常父壽朋病陳壽三國志帝魏黜蜀欲爲更定未及成書而卒常因述父志爲此書以昭烈帝爲正統作帝紀二卷年表二卷列傳十八卷以吳魏爲載記凡二十卷又別爲音義四卷義例一卷於蜀志增傳四十二廢傳四移魏志傳入漢十吳志廢傳二十魏志廢傳八十九多援裴注以入傳其增亦皆取材於注間有注所未及者建安以前事則據范書建安以後則不能復有所益蓋其大旨在書法不在事實也然其義例精審頗得史法如魏吳諸臣本附見二國載記之後而中有一節可名如孟宗陳表等則別入孝友傳杜德張悌等則別入忠義傳管寧吳范等則別入隱逸方技傳體實本之晉書又曹操封魏公加九錫等事陳志皆稱天子命公而此乃書操自爲云云則本之范蔚宗後漢書本紀其他筆削

亦類多謹嚴惟陳志先主傳稱封涿縣陸城亭侯而常於昭烈紀但云封陸城侯陳志建安十四年魏延爲都督而常則云拔魏延爲鎮遠將軍裴注既無此語不知常何所本然常之所長不在考證殆偶然筆誤非別有典據也常成此書時嘗以表自進於朝所列但有本紀表傳載記而無音義至周必大序始併音義言之或成書之後又續輯補入歟乾隆四十七年十一月恭校上

續後漢書

臣等謹案續後漢書九十卷元郝經撰經字伯常陵川人官至翰林侍讀學士贈昭文館大學士榮祿大夫追封冀國公謚文忠事迹具元史本傳經以中統元年使宋爲賈似道所拘留居儀眞者十六年於使館著書七種之一也大旨以朱子綱目雖以蜀漢爲正統而三國志尚沿舊文故特著此書以正陳壽帝魏之謬即原書改編而以裴註之異同通鑑之去取參校刊定原本九十卷中間各分子卷實一百三十卷升昭烈爲本紀黜魏吳爲列傳其諸臣則以漢魏

吳別之又別爲儒學文藝行人義士高士死國死虐技術狂士叛臣篡臣取漢平吳列女四夷諸傳復以壽書無志作八録以補其闕各冠以序而終以議贊别有義例以申明大旨持論頗爲不苟而亦不能無所出入如士燮太史慈皆委質吳廷而入之漢臣李密初仕漢終仕晉晉書以陳情一表列之孝友而入之高士則於名實爲乖又黄憲卒於漢安之世葛洪顯於晉元之朝而皆入此書則時代並爽其他漢晉諸臣以行事間涉三國而收入列傳者不一而足又八録之中往往雜採史記前後漢書晉書之文紀載冗沓亦皆失於限斷揆諸義例均屬未安然經敦尚氣節學有本原故所論説多有裨於世教且經以行人被執困苦艱辛不肯少屈其志故於氣節之士低徊往復致意尤深讀其書者可以想見其爲人又非蕭常謝陛諸家徒推衍紫陽緒論者比也是書與經所撰陵川集皆延祐戊午官爲刊行然明以來絶少傳本惟永樂大典所載尚多核以原目惟年表一卷刑法録一卷全佚不傳其全篇完好者猶十之六七

其序文議贊存者亦十之八九今各據原目編輯校正所分子卷悉仍其舊間有殘缺其文皆已具於陳志均不復採補以省繁複叉經所見乃陳志舊本其中字句與今本往往異同謹各加案語標明以資考證書中原注乃書狀官河陽荀宗道所作經集載壽正甫詩有新書總付徐無黨半臂誰添宋子京句正甫即宗道之字元史所謂經留宋久書佐皆通於學荀宗道後至國子祭酒者是也宗道序中有繾綣患難十有三年之語考經以庚申使宋則是序當作於壬申歲而書中不書至元九年蓋時南北隔絶尚不知中統之改爲至元也其註於去取義例頗有發明而列傳中或有全篇無注者殆修永樂大典之時傳寫佚脱歟乾隆四十六年十月恭校上

春秋別典

臣等謹案春秋別典十五卷明薛虞畿撰前有虞畿自序不著年月稱嘗閱往牒見春秋君臣往迹不下千事散見百家皆三氏所未錄間或徵掇其端而未

究其緒存其半而不採其全因不自度略仿左傳分十二公以統其世稽三傳人名以繫其事凡十五卷末又有其弟虞賓跋稱先仲氏輯春秋別典未脱稾而不幸下世不無掛甲漏乙年代倒置之病故特廣閲博蒐參互考訂世懸者更類殊者析删其繁複者什一苴其闕略者什三云云則此書乃虞畿兄弟二人相續成之也舊無刊板此本爲朱彝尊家所藏有康熙辛巳十月彝尊題字惜其鈔撮具有苦心惟各條之末不疏明出何書明人之習大都若是所譏誠中其病然網羅繁富頗足以廣見聞録而存之亦博洽之一助也虞畿序自署曰粤瀛彝尊跋稱其字里通志不載莫得其詳今考虞賓跋中稱仲氏列章縫治博士家言蓋廣東諸生虞畿序又稱書目凡例列在左方今卷首有凡例七條而無書目則傳寫者佚之矣乾隆四十七年四月恭校上

御定歷代紀事年表

臣等謹案歷代紀事年表一百卷聖祖仁皇帝命内閣學士臣王之樞編纂

之樞奉　命于康熙四十六年至五十一年告竣表進先是以布衣臣龔士炯所進之書爲稾本而　詔工部侍郎臣周清原修輯之未卒業而清源物故乃
命之樞即其家設局修纂而以清源子嘉楨協修焉起自帝堯元載甲辰訖于元順帝至正二十八年戊申凡三千七百二十五年之事仿史記年月表通鑑目錄之體年經事緯芟繁就簡其上方一層爲天位以紀正統之君其非正統者如楚漢之際及呂氏新莽南北朝五代之季並降置次格而虛其上方四夷外國則列于下格秩然不紊其中如王侯封爵之襲降其人之始末得失亦多詳載而每代世系各爲圖附見焉其視史遷十表則年代悠遠視通鑑目錄則事蹟精詳卷前有進表凡例而以三元甲子紀年圖爲首眞讀史者提要之書也其編纂義例詳具于凡例十則中茲不悉載云乾隆四十七年十一月恭
校上

欽定續通志

臣等謹案　欽定續通志六百四十卷乾隆三十二年奉　勑纂其紀傳自唐始諸略自五代始因鄭樵舊目參考同異斟酌損益之有鄭志所無而增補者有鄭志所有而删併者各於本門小序詳述端委竊惟作史之要貴於體例精嚴褒貶至當爲天下後世立綱常名教之準我　皇上御批通鑑輯覽出以獨斷衡以大公爲前代史論所未有　御製全韻詩舉歷代帝王得失烱鑒據事直書誠皆千古定評足爲萬世法戒謹於各卷内備載　御批兼以　全韻詩註意依次節敍若夫尊師重道教化之原　皇上於明史命立衍聖公傳所以表章聖裔也今則於通志立孔氏後裔傳事君致身倫紀之大　皇上於　國史别編貳臣所以樹臣道之大防爲古今之通義今則於通志依例立貳臣傳其奸臣叛臣逆臣名本唐書義昭鈇鉞並爲增輯以正彝倫此皆鄭志所無而增補者鄭志有年譜有異姓世家有游俠刺客滑稽貨殖諸傳或併或删不妨從闕至其氏族以下二十略樵雖殫見洽聞蒐羅未盡蓋綜核名物博採爲難

我　朝稽古右文圖書大備近復廣蒐海內藏書編羅四庫取資既富考據易精茲所續纂如藝文則以著錄存目分編於各書之下圖譜則以記有記無統列八門皆本四庫全書以資討索他如周秦鐘鼎漢唐銘刻散布海宇方域限之樵之闕略亦時地爲之也我　朝鴻圖式廓車書大同雖在流沙萬里之外如漢裴岑唐姜行本紀功之碑並在巴里坤爲自來好古者所未得見今官吏往來皆得手摩其文又況直省之採求者哉茲所續金石略補唐以前者十之三今有者十之五記無者十之二洵乎鄭樵所不能望見者也昆蟲草木羽翼注疏不可以朝代限今考之全書統爲採綴即食貨刑法災祥諸略於唐事未備者亦採新舊唐書增之並以補鄭志之闕焉凡茲義類悉本　睿裁較之樵書實更精覈自本紀后妃傳而外爲略二十爲傳二十有二都六百四十卷乾隆五十年十月恭校上

補歷代史表

臣等謹案補歷代史表五十三卷　國朝萬斯同撰斯同有廟制圖考已著錄是編以十七史自後漢書以下惟新唐書有表餘皆闕如故各爲補撰宗史記前漢書之例作諸王世表外戚侯表外戚諸王世表異姓諸王世表將相大臣及九卿年表宗新唐書之例作方鎮年表諸鎮年表其宦者侯表大事年表則斯同自創之例也其書自正史本紀志傳以外參考唐六典通典通志通鑑册府元龜諸書及各家雜史次第彙載使列朝掌故端緒釐然於史學殊爲有助考自宋以前惟後漢書有熊方所補年表他如鄭樵通志年譜僅記一朝大事及正閏始末其於諸王諸將相公卿大臣興廢拜罷之由率略而不書近人作十六國年表亦多舛漏其網羅繁富類聚區分均不及斯同此書之賅備惟晉書既補功臣世表則歷代皆所當補十六國如成趙燕秦既有將相大臣年表則十國如南唐南漢北漢閩蜀不當獨闕又魏將相大臣中不載上大將軍五代諸王世表獨闕後漢注謂後漢子弟未嘗封王然考承訓追封魏王承勳追

封陳王與後周郯杞越吳諸王事同一例何以獨削而不登是皆其偶有脫略者然核其大體則精密者居多亦所謂過一而功十者矣乾隆四十七年十一月恭校上

後漢書補逸

臣等謹案後漢書補逸二十一卷　國朝姚之駰撰之駰字魯斯錢塘人康熙己丑進士官至監察御史是編蒐輯後漢書之不傳於今者八家凡班固等東觀漢記八卷謝承後漢書四卷薛瑩後漢書張璠後漢記華嶠後漢書謝沈後漢書袁山松後漢書各一卷司馬彪續漢書四卷捃拾細瑣用力頗勤惟不著所出之書使讀者無從考證是其所短至司馬彪書雖佚而唐李賢嘗取其十志以補范書之遺今後漢書內劉昭所註即彪之書而之駰不究源流謂之范志乃別采他書之引司馬志者錄之字句相同曾莫之悟其謬實爲最甚然洪邁博極羣書而所作容齋隨筆亦以司馬志爲范志則其誤有所承也至東觀

漢記通考稱存者十卷明初其書尚在故永樂大典所載較之騆所收爲多今已別加裒輯刊行　祕府珍藏非草茅之士所能睹亦未可以疎漏咎之矣乾隆四十七年四月恭校上

春秋戰國異辭

臣等謹案春秋戰國異辭五十五卷通表二卷　國朝陳厚耀撰厚耀字泗源泰州人康熙丙戌進士官蘇州府教授以通算術入直　內廷改授檢討官至右諭德是編採羣書所載與春秋三傳國語戰國策異同者分國編次以備考證又取史記十二諸侯表六國年表合而聯之爲通表二卷其諧談瑣記神仙藝術無關體要難以年次者別爲摭遺一卷以附于後其年表排比詳明頗有條理異辭以切實可據者爲正文而百家小說悠謬荒唐之論皆降一格附于下亦頗有體例雖其間眞贋雜糅如莊列之寓言亢倉子之僞書皆見采錄未免稍失裁斷而采摭浩繁用力可稱勤至又所引諸書多著某篇某卷蓋仿程

大昌演繁露王應麟韓詩考之例令觀者易于檢核亦無明人杜撰炫博之弊蓄馬驌繹史用袁樞紀事本末體厚耀是書則用齊履謙諸國統記體而驌書兼采三傳國語國策厚耀則皆摭于五書之外尤爲其難者正可資參證也厚耀又有春秋長歷家語廣輯二書皆與是編相表裏而自言平生精力用於是書者爲多云乾隆四十七年四月恭校上

尙史

臣等謹案尙史一百七卷　國朝李鍇撰鍇字鐵君鑲白旗漢軍卷首自署曰襄平考襄平爲漢遼東郡治今爲　盛京遼陽州地蓋其祖籍也康熙中鄒平馬驌作繹史採摭百家雜說上起鴻荒下迄秦代仿袁樞紀事本末之體各立標題以類編次凡所徵引悉錄原文雖若不相屬而實有端緒鍇是編以驌書爲藁本而離析其文爲之翦裁連絡改爲紀傳之體作世系圖一卷本紀六卷世家十五卷列傳五十八卷繫六卷表六卷志十四卷末附序傳一卷仍於每

段下各註所出書名其遺文瑣事不入正文者則以類附註於句下蓋體例準
諸史記而排纂之法則仿路史而小變之自序謂始事于雍正庚戌卒業於乾
隆乙丑閲十六載而後就其用力頗勤考古來漁獵百家勒爲一史實始於司
馬遷今觀史記諸篇其出遷自撰者率經緯分明疎密得當操縱變化惟意所
如而其雜採諸書以成文者非唯事迹異同時相牴牾亦往往點竄補綴不能
隱斧鑿之痕知鎔鑄衆説之難也此書一用舊文翦裁排比使事迹聯屬語意
貫通體如詩家之集句於歷代史家特爲創格較鎔鑄衆説爲尤難雖運掉或
不自如組織或不盡密亦可云有條不紊矣至於晉逸民傳中列杜蕢狠瞫鉏
麑提彌明靈輒逆臣傳中列趙穿而不列趙盾亂臣傳中列郤芮瑕吕飴甥孌
臣傳中列頭須魯列女傳中列施氏婦予奪多所未允又諸國公子皆别立傳
而魯宋蔡曹莒邾六國則雜列諸臣中叛臣傳中如巫狐庸叛楚入吴吴楚兩
見公山不狃叛魯入吴吴魯兩見已爲重出而屈巫見於楚不見於晉苗賁皇

見於晉不見於楚又復自亂其例如斯之類不一而足亦未能一一精核固不必爲之曲諱焉乾隆五十四年正月恭校上

欽定四庫全書提要卷三十一

欽定四庫全書提要卷三十二

史部六

雜史類

國語

臣等謹案國語二十一卷吳韋昭註昭字弘嗣雲陽人官至中書僕射三國志作韋曜裴松之註謂爲司馬昭諱也國語出自何人說者不一然終以漢人所說爲近古所記之事與左傳俱迄智伯之亡時代亦復相合中有與左傳不符者猶新序說苑同出劉向而時復牴牾蓋古人著書各據所見之舊文疑以異疑不似後人輕改也漢志作二十一篇其諸家所註隋志虞翻唐固本皆二十一卷王肅本二十二卷賈逵本二十卷互有增減蓋偶然分併非有異同惟昭所註本隋志作二十二卷唐志作二十卷而此本首尾完具實二十一卷諸家所傳南北宋版無不相同知隋志誤一字唐志脫一字也前有昭自序稱兼采

鄭衆賈逵虞翻唐固之註今考所引鄭說虞說寥寥數條惟賈唐二家援據駁正爲多序又稱凡所發正三百七事今考註文之中昭自立義者周語凡服數一條國子一條虢文公一條常棣一條鄭武莊一條仲任一條叔妘一條鄭伯南也一條藉隧一條瀆姓一條楚子入陳一條晉成公一條共工一條大錢一條無射一條魯語朝聘一條刻桷一條命祀一條郊禘一條祖文宗武一條官寮一條齊語凡二十一鄉一條士鄉十五一條良人一條使海于有蔽一條八百乘一條反胙一條大路龍旂一條晉語凡伯氏一條不懼不得一條聚居存情一條貞之無報一條轅田一條二十五宗一條少典一條十月一條嬴氏一條覲狀一條三德一條上軍一條蒲城伯一條三軍一條錞于一條呂錡佐上軍一條新軍一條韓無忌一條女樂一條張老一條鄭語凡十數一條億事一條秦景襄一條楚語聲子一條懿戒一條武丁作書一條屏攝一條吳語官帥一條錞于一條自剄一條王總百執事一條兄弟之國一條來告一條向檐一

條越語乘車一條宰嚭一條德虐一條解骨一條重祿一條不過六十七事合以所正譌字衍文錯簡亦不足三百七事之數其傳寫有誤以六十爲三百歟崇文總目作三百十事又七字轉譌也錢曾讀書敏求記謂周語昔我先世后稷句天聖本先下有王字左右免胄而下句天聖本下下有拜字今本皆脫去然所引註曰云云與此本絕不相同又不知何說也此本爲衍聖公孔傳鐸所刊如魯語公父文伯飲酒一章註中此堵父詞四字當在將使鼈長句下而誤入遂出二字下小小舛譌亦所不免然較諸坊本則頗爲精善自鄭衆解詁以下諸書並亡國語注存于今者惟昭爲最古黃震日鈔嘗稱其簡潔而先儒舊訓亦往往散見其中如朱子註論語無所取材毛奇齡詆其訓材爲裁不見經傳改從鄭康成桴材之說而不知鄭語計億事材兆物句昭注曰計算也材裁也已有此訓然則奇齡失之眉睫間矣此亦見其多資考證也乾隆四十七年四月恭校上

國語補音

臣等謹案國語補音三卷乃唐人舊本而宋宋庠爲之補葺者也庠事迹具宋史本傳自漢以來註國語者凡賈逵王肅虞翻唐固韋昭孔晁六家然皆無音宋時相傳有音一卷不著名氏庠以其中鄀州字推之知出唐人然簡略殊甚因採經典釋文及説文集韻等書補成此編觀目錄前列二十一篇之名詳註諸本標題之異同後列補音三卷夾註其下曰庠自撰附於末知其初本附韋昭註後後人以昭註世多傳本遂鈔出別行明人刋本又散附各句之下間多脫誤蓋非其舊此本從宋刻錄出猶不失庠之體例其書存唐人舊音於前舊音所遺及但用直音而闕反切者隨字增入皆以補註二字別之其音正文者大書其字夾註其音其音韋昭註者亦大書其字而冠以註字以別於正文較陸德明經典釋文以朱墨分別經註輾轉傳寫遂至混合爲一者頗便省覽自記稱舊本參差不一最後得其同年宋緘本大體爲詳因取公私書十五六本

與緘本參互校正以定是編其考證最爲詳核惜其前二十一卷流傳甚尠僅存此鈔本補音也乾隆四十七年四月恭校上

戰國策

臣等謹案戰國策三十三卷舊本題漢高誘註今考其書實宋姚宏校本也文獻通考引崇文總目曰戰國策篇卷亡闕第二至十第三十一至三十三闕又有後漢高誘註本二十卷今闕第一第五第十一至二十止存八卷曾鞏校定序曰此書有高誘註者二十一篇或曰三十二篇崇文總目存者八篇今存者十篇此爲毛晉汲古閣影宋鈔本雖三十三卷皆題曰高誘註而有誘註者僅二卷至四卷六卷至十卷與崇文總目八篇數合又最末三十二三十三兩卷合前八卷與曾鞏序十篇數合而其餘二十三卷則但有考異而無註其有註者多冠以續字其偶遺續字者如趙策一郄疵註雒陽註皆引唐林寶元和姓纂趙策二甌越註引魏孔衍春秋後語魏策三芒卯註引淮南子註衍與寶在

誘後而淮南子註即誘所自作其非誘註可無庸置辨葢鞏校書之時官本所
少之十二篇誘書適有其十惟闕第五第三十一誘書所闕則官書悉有之亦
惟闕第五第三十一意必以誘書足官書而又于他家書內摭二卷以補之此
官書誘書合爲一本之由然鞏不言校誘註則所取惟正文也迨姚宏重校之
時乃併所存誘註入之故其自序稱不題校人并題續註者皆余所益知爲先
載誘註故以續爲别且原本凡有誘註復加校正者並于夾行之中又爲夾行
與無註之卷不同知校正之時註已與正文並列矣又原本卷端曾鞏李格非
王覺孫朴序跋皆前列標題各題其字而宏序獨空一行列于末前無標題序
中所言體例又一一與書合爲宏校本無疑其卷卷題高誘名者殆傳寫所增
以僞古書耳書中校正稱曾者鞏本也稱錢者錢藻本也稱劉者劉敞本也稱
集者集賢院本也無姓名者即宏序所謂不題校人爲所加入者也其點勘頗
爲精密元吳師道作戰國策鮑註補正時稱宏本極善而惜其未見則在元時

已罕傳矣近時揚州所刊即從此本錄出而仍題誘名殊爲失考今于原有註之卷題高誘註姚宏校正續註原註已佚之卷則惟題姚宏校正續註而不列誘名仍具爲辨正如右焉乾隆四十七年四月恭校上

戰國策注

臣等謹案戰國策注十卷宋鮑彪撰案黃鶴杜詩補注引彪之說郭知達集註九家杜詩皆稱爲鮑文虎說則其字爲文虎也縉雲人官尚書郎戰國策一書編自劉向注自高誘至宋而誘注殘缺曾鞏始合諸家之本校之而于注文無所增損姚宏始稍補誘注之缺而校正者多訓釋者少彪此注成於紹興丁卯其序中一字不及姚本蓋二人同時宏又因忤秦檜死其書尚未盛行于世故彪未見也彪書雖首載劉向曾鞏二序而其編次先後則自以已意改移非復向鞏之舊是書竄亂古本實自彪始然向序稱中書餘卷錯亂相糅莒又有國別者八案莒字未詳今姑仍原本錄之篇少不足臣向因國別者略以時次之分別不以序者

以相補除重複得三十三篇又稱中書本號或曰國策或曰國事或曰短長或曰事語或曰長書或曰修書云云則向編此書本裒合諸國之記删併重複排比成帙所謂三十三篇者實非其本來次第彪核其事迹年月而移之尚與妄改古書者有間其更定東西二周自以爲考據之特筆元吳師道作補正極議其誤考趙與旹賓退錄曰戰國策舊傳高誘注殘缺疎略殊不足觀姚令威寬補注案補注乃姚寬之兄姚宏所作此作姚寬殊誤謹附訂於此亦未周盡獨縉雲鮑氏校注爲優雖間有小疵多不害大體惟東西二周一節極其舛謬深誤學者反不若二氏之說是則南宋人已先言之矣師道注中所謂補者即補彪注所謂正者亦即正彪注其精核實勝于彪然彪注疏通詮解實亦殫一生之力故其自記稱四易稿後始悟周策之嚴氏陽豎即韓策之嚴遂陽堅而有校書如塵埃風葉之歎雖踵事者益密正不得遽沒剏始之功矣乾隆四十七年十月恭校上

臣等謹案戰國策校注十卷元吳師道撰師道字正傳蘭谿人至治元年進士官至禮部郎中事蹟具元史儒學傳戰國策舊有高誘注宋紹興間縉雲鮑彪病其闕略重爲之注而復爲改定其次第師道又以鮑彪注爲未善又取剡川姚宏之注與彪注參校而雜引諸書考證之其書一仍鮑氏之舊每條之下凡增其所闕者謂之補凡糾其所失者謂之正各以補曰正曰別之復取劉向曾鞏所校三十三篇四百八十六首舊第爲彪所變者別存于首前有師道自序撮舉彪注之大紕謬者凡十九條議論皆極精審古來注是書者固當以師道爲最善其後附載李文叔王覺孫朴諸跋及姚宏姚寬兩序于是書本末源流敘述尤詳宏字令聲一曰伯聲嘗爲删定官忤秦檜死大理獄寬即著西溪叢語嘗注是書今皆不傳惟藉師道是書存其崖略爾乾隆四十七年十月恭校

上

貞觀政要

臣等謹案貞觀政要十卷唐吳兢撰兢汴州浚儀人開元中累官太子左庶子中興書目稱兢此書乃于太宗實錄外采其與羣臣問對之語用備觀戒總四十篇歷代寶傳迄今完善我　皇上親爲製序又屢見　褒詠倍徵是書之可重矣兢表上是書未著年月其序所稱侍中安陽公者乃源乾曜中書令河東公者乃張嘉貞考明皇本紀乾曜爲侍中嘉貞爲中書令皆在開元八年則兢上此書在開元八年後矣元至順四年戈直始爲作註又採唐柳芳晉劉昫宋宋祁孫甫歐陽修曾鞏司馬光孫洙范祖禹馬存朱黼張九成胡寅呂祖謙唐仲友葉適林之奇眞德秀陳惇修尹起莘程奇及呂氏通鑑精義二十二家之說附之名曰集論吳澄郭思貞皆爲之序直字伯敬臨川人澄之門人也乾隆四十七年四月恭校上

渚宮舊事

臣等謹案渚宮舊事一名渚宮故事唐將仕郎守太子校書余知古撰其書上

起鬻熊下迄唐代所載皆荆楚之事故題曰渚宫渚宫名見左氏傳孔穎達疏以爲當郢都之南蓋楚成王所建樂史太平寰宇記則以爲建自襄王未詳何據也書本十卷唐藝文志著於錄此本惟存五卷止于晉代考晁公武郡齋讀書志載渚宫故事十卷則南宋之初尚爲完本至陳振孫書錄解題所言已與今本同則其後五卷當佚于南宋之末元陶宗儀説郛節鈔此書十餘條晉以後乃居其七疑亦從類書引出非曾見原本也又考唐藝文志載知古爲文宗時人陳氏以爲後周人已屬訛誤通考引讀書志之文併脱去余字竟題爲唐知古撰則謬彌甚矣今仍其舊爲五卷其散見於他書者則輯爲補遺一卷附錄于後云乾隆四十七年五月恭校上

東觀奏記

臣等謹案東觀奏記三卷唐右補闕裴庭裕撰庭裕字膺餘聞喜人出東眷房後見新書宰相世系表其書專記宣宗一朝之事前有自序稱上自壽邸即位

二年監修國史丞相晉國公杜讓能奏選碩學之士十五人分修三聖實録以

吏部侍郎柳玭右補闕裴庭裕左拾遺孫泰駕部員外郎李允太常博士鄭光

庭專修宣宗實録自宣宗至今垂四十載中原大亂日歷起居注不存一字謹

采耳目聞覩撰成三卷奏記於晉國公藏之于閣以備討論蓋其在史局時所

上監修稿本也序末不署成書年月考杜讓能以龍紀元年三月兼門下侍郎

十二月爲司徒景福元年守太尉二年貶死昭宗之二年即大順元年此序云

奏記於監國史晉國公則當在大順景福之間其云自宣宗至是垂四十年蓋

由大中以來約計之詞若以宣宗末年計至光化初年始爲四十載則杜讓能

之死已久無從奏記矣書中紀事頗具首尾司馬光作通鑑多採其説而亦不

盡信之蓋以當代之人記所目擊之事容不無愛憎之詞然其敘次詳贍有裨

於史闕者亦不可少也乾隆四十七年八月恭校上

臣等謹案五代史闕文一卷宋王禹偁撰禹偁字元之鉅野人太平興國八年進士官至知黃州事蹟具宋史本傳是書前有自序不著年月考書中周世宗遣使諭王峻一條自注云使即故商州團練使羅守素也嘗與臣言以下事迹是在由左司諫謫商州團練副使以後其結銜稱翰林學士則作于眞宗之初是時薛居正等五代史已成疑作此正補其缺然居正等書凡一百五十卷而序稱臣讀五代史總三百六十卷則似非指居正等所修也晁公武讀書志曰凡十七事此本梁史三事後唐史七事晉史一事漢史二事周史四事與晁氏所記合蓋猶舊本王士禎香祖筆記曰王元之五代史闕文僅一卷而辨證精嚴足正史官之謬如辨司空圖清直大節一段尤萬古公論所繫非眇小也如叙莊宗三矢告廟一段文字淋漓慷慨足爲武皇父子寫生歐陽五代史伶官傳全用之遂成絕調惟以張全義爲亂世賊臣深合春秋之義而歐陽不取于全義傳略無貶詞蓋即舊史以成文耳終當以元之爲定論也云云其推挹頗

深今考五代史于朱全昱張承業王淑妃許王從益周世宗符皇后諸條亦多採此書而新唐書司空圖傳即全據禹偁之說則雖篇帙寥寥當時固以信史視之矣乾隆四十七年五月恭校上

五代史補

臣等謹案五代史補五卷宋陶岳撰岳字介立潯陽人宋初薛居正等五代史成岳嫌其尚多闕略因取諸國竊據累朝創業事迹編次成書以補所未及自序云時皇宋祀汾陰之後歲在壬子蓋眞宗之祥符五年也晁公武讀書志載此書作五代補錄然考岳自序實稱五代史補則公武所記爲誤公武又云共一百七事今是書所載梁二十一事後唐二十事晉二十事漢二十事周二十三事共一百四事較公武所云尚少三事未知爲此書闕佚或公武誤記王明清揮麈錄載毋昭裔貧賤時借文選于交遊間有難色發憤異日若貴當板鏤之遺學者後仕蜀爲宰相遂踐其言刊之印行書籍刱見于此事載陶岳五代

史補云云今本無此條殆傳寫有遺漏矣此書雖小説家言然敘事首尾詳具率得其實故歐陽修新史司馬光通鑑多採用之其間如莊宗獵中牟爲縣令所諫一條云忘其姓名據通鑑則縣令乃何澤又楊行密詐盲一條云首尾僅三年考行密詐盲至殺朱三郎實不及三年之久又王氏據福建一條云王審知卒弟延鈞嗣據薛史通鑑延鈞乃審知之子又梁震裨贊一條云莊宗遣高季興歸行已浹旬莊宗易慮遽以詔命襄州節度劉訓伺便囚之季興行至襄州心動遂棄輜重南走至鳳林關已昏黑於是斬關而去是夜三更向之急遞果至通鑑考異辨莊宗當時並無詔命遣急遞之事岳所據乃傳聞之誤凡此之類雖亦不免疎失然當薛史既出之後能網羅散失裨益缺遺於史學要不爲無助也乾隆四十七年十月恭校上

北狩見聞錄

臣等謹案北狩見聞錄一卷宋曹勛撰勛字功顯陽翟人宣和五年進士南渡

後官至昭信軍節度使事蹟具宋史本傳是編首題保信軍承宣使知閤門事兼客省四方館事臣曹勛編次蓋建炎二年七月初至南京時所上其始於靖康二年二月初七日則以徽宗之入金營惟勛及姜堯臣徐中立丁孚四人得在左右也所記北行之事皆與諸書相出入惟述密賫衣領御書及雙飛蛺蝶金環事則勛身自奉使較他書得自傳聞者節次最詳末附徽宗軼事四條亦當時所並上者紀事大都近實足以證北狩日記竊憤錄諸書之妄且與高宗繼統事蹟尤爲有關雖寥寥數頁實可資史家之考證也乾隆四十七年四月恭校上

松漠紀聞

臣等謹案松漠紀聞二卷宋洪皓撰皓字光弼鄱陽人政和五年進士建炎三年以徽猷閣待制假禮部尚書爲大金通問使既至金金人迫使仕劉豫皓不從流遞冷山復徙燕京凡留金十五年方得歸以忤秦檜貶官安置英州而卒

久之始復徽猷閣學士謚忠宣事蹟具宋史本傳此書乃其所紀金國雜事始於留金時隨筆纂錄及歸懼爲金人搜獲悉付諸火既被讒謫乃復追述之名曰松漠紀聞尋有私史之禁亦祕不傳紹興末其長子适始校刊爲正續二卷乾道中仲子遵又增補所遺十一事明代吳琯嘗刻入古今逸史中與此本字句間有異同而大略相合皓所居冷山去金上京會寧府纔百里又嘗爲陳王延教其子故于金事言之頗詳雖其被囚日久僅據傳述者筆之於書不若目睹之切中間所言金太祖太宗諸子封號及遼林牙達什北走之事皆與史不合又不曉音譯往往訛異失眞然如敘太祖起兵本末則遼史天祚紀頗用其說其熙州龍見一條金史五行志亦全採之蓋以其身在金庭故所紀雖眞贋相參究非鑿空妄說者比也乾隆四十七年四月恭校上

燕翼貽謀錄

臣等謹案燕翼貽謀錄五卷宋王栐撰栐字叔永自署稱晉陽人寓居山陰號

求志老叟其名氏不槪見於他書今考書中有紀紹興庚戌仲父軒山公以知樞密院兼參知政事一條庚戌爲紹興元年核之宋史是年正月甲午王藺知樞密院是梀當爲藺之猶子藺宋史無傳據徐自明宰輔編年錄載藺無爲軍人是書第三卷中所述無爲軍建置特詳可以爲證其稱晉陽者蓋舉祖貫而言書中又有余曩仕山陽語知其嘗官淮北而所居何職則已不可考矣其書大旨以宋至南渡而後典章放失祖宗之良法美政俱廢格不行而變爲一切苟且之治故採成憲之可爲世守者上起建隆下迄嘉祐凡一百六十二條幷詳及其興革得失之由以著爲鑑戒蓋亦魚藻之義自序謂悉考之國史實錄寶訓聖政等書凡稗官小說悉棄不取今觀其臚陳故實如絲聯繩貫本末燦然誠雜史中之最典據者也乾隆四十七年四月恭校上

太平治迹統類

臣等謹案太平治迹統類三十卷宋彭百川撰百川字叔融眉山人是書凡八

十八門皆宋代典故文獻通考載前集四十卷又後集三十三卷載中興以後事此本乃朱彝尊從焦竑家藏本鈔傳但有前集不分卷數又中間訛不勝乙彝尊跋謂焦氏本卷帙次第爲裝釘者所亂傭書人不知勘正別用格紙以致接處文理不屬是也初紹興中江少虞作皇朝事實類苑李攸又作皇朝事實與百川此書皆分門隸事少虞書採摭雖富而俳諧瑣事一一兼載體例頗近小說攸書於典制特詳記事頗略惟此書於朝廷大政及諸臣事迹敘述頗爲賅備多可與史傳相參雖傳寫久訛而規模終具闕其斷爛之處而取其可以考見端委者固與李心傳建炎以來朝野雜記均一代記載之林矣乾隆四十七年九月恭校上

咸淳遺事

臣等謹案咸淳遺事二卷不著撰人名氏宋史藝文志不著錄惟明文淵閣書目載有此書一册核其詞意疑宋之故臣遺老爲之也其書於尊崇錫命諸政

典紀載頗詳並備錄學士院所行制命之詞而朝廷大政乃多闕略不載或兵火之餘收僅存之案牘排比成編歟然其遺聞瑣記多史氏之所未備雖識小之流亦足以資考訂而明鑑戒也考度宗咸淳紀號盡於十年而永樂大典載是書自即位改元迄於八年而止尚缺其後二年不知何時散佚其文字亦多脫誤不盡可讀以宋代遺編頗存舊事外間絕無傳本不可竟使之湮沒謹釐訂其文編爲二卷備史籍之一種焉乾隆四十五年十月恭校上

大金弔伐錄

臣等謹案大金弔伐錄四卷不著撰人名氏其書紀金太祖太宗用兵克宋之事故以弔伐命名蓋薈萃故府之案籍編次成帙者也金宋自海上之盟已通聘問以天輔六年以前舊牘不存故僅於卷首一條略存起事梗概自天輔七年交割燕雲及天會三年四月再舉伐宋五年廢宋立楚所有國書誓詔冊表文狀指揮牒檄之類皆排比年月具錄原文迄康王南渡而止首尾最爲該貫

後復附以降封昏德公重昏侯海濱詔書及所上各表而終於劉豫建國之始末所錄與宋徐夢莘三朝北盟會編詳略互見特此書乃金人所輯不識夢莘何以得之考張端義貴耳集曰道君北狩凡有小小凶吉喪祭節序金主必有賜賚一賜必要一謝表集成一帙刋在榷場中博易四五十年士大夫皆有之余曾見一本云云此書殆亦是類歟然夢莘意存忌諱未免多所刋削獨此書全據舊文不加增損可以互校缺訛補正史之所不逮亦考古者所當參證也永樂大典所載未分篇目不知原本凡幾卷今詳加釐訂析爲四卷著於錄焉

乾隆四十六年十月恭校上

汝南遺事

臣等謹案汝南遺事四卷元王鶚撰鶚字百一東明人金正大元年登進士第一哀宗時爲左右司員外郎金亡降元官至翰林學士承旨事迹具元史本傳是編即從哀宗在蔡州圍城所作故以汝南命名所記始天興二年六月迄三

年正月隨日編載有綱有目共一百七條皆所身親目擊之事故紀載最爲詳確其稱哀宗爲義宗則用息州行省所上謚也金史哀宗本紀及烏庫哩鎬（金史作烏古論鎬今改正）完顏仲德張天綱等傳皆全採用之足徵其言皆實錄矣鶚身事兩朝不能抗西山之節然本傳載其祭哀宗一事猶有惓惓故主之心其作是書於喪亂流離亦但有痛悼而無怨謗較作南燼錄者猶爲末減焉自序云四卷元史本傳作二卷蓋傳刻之譌今仍從自序所言編爲四卷乾隆四十五年十月恭校上

錢塘遺事

臣等謹案錢塘遺事十卷元杭州劉一清撰一清始末今無考其書雖以錢塘爲名而實紀南宋一代事高孝光寧四朝所載頗略理度以後敘錄最詳凡軍國大政以及賢奸進退條分縷析多有正史所不及者蓋宋之遺民目擊其債敗之故追述而成故刺賈似道者居多第九卷全錄嚴光大所紀德祐丙子祈

請使行程第十卷全載南宋科目條格故事而是書終焉揆其寓意似以報國無能間關乞命刺其愧養士之典也孔齊至正直記所列元朝典文可爲史館之用者一淸是書居其一蓋當時已甚重之矣是書前後無序跋惟卷端有題識數行惜高宗不都建康而都於杭士大夫湖山歌舞視天下事於度外卒至納土賣國云云不署名氏殆亦宋之遺民歟乾隆四十七年四月恭校上

平宋錄

臣等謹案平宋錄三卷舊題杭州路司獄燕山平慶安撰一名大元混一平宋實錄又名丙子平宋錄紀至元十三年巴顔下臨安及宋幼主北遷之事與史文無大異同惟元世祖封瀛國公詔巴顔賀表諸篇及追贈河南路統軍鄭江事爲史所未備頗足以資參考此書黄虞稷千頃堂書目以爲劉敏中作今案周明序稱平慶安請于行省奏加巴顔封謚建祠于武學故基武成王廟之東且鋟梓王行實行于世不言新著此書是此書實劉敏中所撰慶安特梓刻以

傳後人以其書首不題敏中姓名未加深考遂舉而歸之慶安耳今改題敏中名從其實焉敏中字端甫章邱人由中書掾歷官至翰林學士承旨卒追封齊國公事迹具元史本傳乾隆四十七年五月恭校上

弇山堂别集

臣等謹案弇山堂别集一百卷明王世貞撰世貞字元美號弇州山人太倉人宣大總督忬之子嘉靖丁未進士歷官南京兵部尚書事跡具明史文苑傳其書專載明代典故凡盛事述五卷異典述十卷奇事述四卷史乘考誤十一卷表三十四卷分六十七目考三十六卷分十六目世貞自序云是書出異日有裨於國史者十不能二二者儒掌故取以考證十不能三賓幕酒筵以資談謔參之十或可得四其用如是而已然其間如史乘考誤及諸侯王百官表親征命將謚法兵制市馬中官諸考皆能辨析精覈有裨考證蓋明代史學廢絶自永樂間改修太祖實錄誣妄尤甚其後累朝所修實錄類皆缺漏蕪疎而民間野

史競出又多憑私心好惡誣妄失倫史愈繁而是非同異之跡愈顛倒而失其實世貞承世家文獻熟悉朝章復能博覽羣書多識於前言往行故其所述俱確有可徵迥非諸家耳食傳訛者比且不敢自居筆削第用說部之體類聚條分而以別集命名深致謙抑之意亦由其晚年境地益進深知作史之難故能斂晦如此與當時略窺紀載便奮然以史筆自居者相去亦不啻霄壤惟是徵事既多不無小誤又所爲各表多不依旁行斜上之體所失正與雷禮相同其盛事奇事諸述頗涉談諧亦非史體然其大端可信此固不足以爲病矣乾隆四十七年九月恭校上

革除逸史

臣等謹案革除逸史二卷明朱睦㮮撰睦㮮有易學識遺已著錄是書以建文帝一朝事蹟編年敘之明史藝文志載睦㮮遜國記二卷不載此名然不容同記一事乃分著兩書卷數又復相合殆即此書之別名也革除一事其初格於

文禁記載罕傳在當日已無根據迨公論大明人人以表章忠義爲事撰述日夥而從亡致身諸錄遂相續而出眞僞相半疑信互爭遂成一聚訟之案糾結靡休符驗黃佐稍有辨正尚未能確斷睦㮚自序獨辨建文帝髠緇遯去及正統間迎入大内之説乃好事者爲之故載建文四年六月事祇以宮中火起帝遜位爲傳疑之詞亦可謂善持兩家之平矣乾隆四十七年十月恭校上

欽定蒙古源流

臣等謹案　欽定蒙古源流八卷乾隆四十二年奉　勅譯進其書本蒙古人所撰末有自敘稱庫圖克徹辰鴻台吉之裔小徹辰薩囊台吉原知一切因取各汗等源流約略敘述並以講解精妙意旨紅册沙爾巴胡土克圖編纂之蓮花漢史雜噶拉斡爾第汗所編之經卷源委古昔蒙古汗源流大黃册等七史合訂自乙丑九宮值年八宮翼火蛇當值之二月十九日角木蛟鬼金羊當值之辰起至六月初一日角木蛟鬼金羊當值之辰告成書中所紀乃額納特珂

克土伯特蒙古汗傳世次序及供養諸大喇嘛闡揚佛教之事而其國中興衰
治亂之跡亦多按年臚載首尾賅備頗與永樂大典所載元朝祕史體例相近
前者我　皇上幾餘覽古以元代奇渥溫得姓所自必史乘傳譌詢之定邊左
副將軍喀爾喀親王成衮扎布因以此書進　御考證本末始知奇渥溫爲卻
特之誤數百年之承訛襲謬得藉以釐訂闡明既已揭其旨於　御批通鑑輯
覽復以是編　宣付館臣譯以漢文潤色排比纂成八卷其第一卷內言風壇
水壇土壇初定各種生靈降世因由及六噶拉卜乘除算量運數而歸於釋迦
牟尼佛教之所自興是爲全書緣起次紀額納特珂克國汗世系首載星哈哈
努汗之曾孫薩爾斡阿爾塔實迪汗之子丹巴多克噶爾成佛事而自烏迪雅
納汗以下崇信佛教諸大汗及七贊達七巴拉四錫納等汗則俱詳著其名號
與藏經內之釋迦譜約略相仿次紀土伯特汗世系始於尼雅特贊博汗在善
布山爲衆所立終於札實德汗大致亦頗與西番嘉喇卜經合其中載特勒德

蘇隆贊娶唐太宗女文成公主持勒丹租克丹汗娶唐中宗弟景德王女金城公主核之唐書太宗貞觀十五年以宗女文成公主妻吐蕃贊普棄宗弄贊中宗景龍初以雍王守禮女爲金城公主妻吐蕃贊普棄隸縮贊其事蹟多屬相符是土伯特即吐蕃國號而唐書所稱棄宗弄贊乃特勒德蘇隆贊之訛其汗世以贊博爲名與唐書所稱贊普亦音相近也其第三卷以後則皆紀蒙古世系謂土伯特色爾持贊博汗之季子布爾特齊諾避難至必塔地方其衆尊爲君長數傳至勃端察爾母曰阿隆郭斡哈屯感異夢而生又九傳至元太祖與元本紀多相合而間有異同其稱元太祖爲索多博克達靑吉斯汗元世祖爲呼必賚徹辰汗元順帝爲托歡特穆爾烏哈噶圖汗自順帝北奔後世傳汗號至林丹庫克圖汗而爲我　朝所克中間傳世次序名號生卒年歲釐然具載詮敍極爲詳悉明代帝系亦附著其略其最踳駁者如以庫色勒汗爲元明宗弟在位二十日史無其事又以明太祖爲朱葛仕元至左省長官讒殺托克托

噶太師遂舉兵迫逐順帝亦爲鑿空失實其他紀年前後亦往往與史乖迕蓋
內地之事作書者僅據傳聞錄之故不能盡歸確核至於塞外立國傳授源流
以逮人地諸名語言音韻皆其所親知灼見自不同歷代史官摭拾影響附會
之詞妄加纂載以致魯魚謬戾不可復憑得此以定正舛訛實爲有裨史學仰
惟我　國家萬方同軌中外嚮風蒙古諸部久爲臣僕乃得以其流傳祕册充
外史之儲藏用以參考舊文盡卻耳食沿譌之陋一統同文之盛洵亙古爲
獨隆矣乾隆五十四年四月恭校上

世祖章皇帝聖訓

臣等謹案　世祖章皇帝聖訓六卷康熙二十六年　聖祖仁皇帝編纂條分類舉凡三十有二門百一十有三則乾隆四年我　皇上製序刊布炳若球圖　大一統之謨基萬年之道宏括于茲矣乾隆四十七年十一月恭校上

聖祖仁皇帝聖訓

臣等謹案　聖祖仁皇帝聖訓六十卷雍正九年　世宗憲皇帝分類纂輯乾隆六年我　皇上製序刊布凡三十二類總一千九百餘條蓋　聖祖仁皇帝臨御六十一年之久　實錄成書積盈千卷爲自古帝王所未有　聖訓卷帙亦視　列聖爲富其于　牖民覺世之道包舉無遺矣乾隆四十七年十一月恭校上

世宗憲皇帝聖訓

臣等謹案　世宗憲皇帝聖訓三十六卷　皇上特命儒臣分類纂輯凡三十

類九百十六條告成于乾隆五年　製序刊布舉十三年中宏綱鉅目　宣爲
謨訓者靡不畢載而我　皇上纘懿　前徽善繼善述之道永隆萬古矣乾隆
四十七年十一月恭校上

世宗憲皇帝上諭八旗
上諭旗務議覆
諭行旗務奏議

臣等謹案雍正九年和碩莊親王臣允祿等奉　勅編纂康熙六十一年十一
月十七日以後所奉　諭旨凡涉各旗政務者案次編載曰　上諭八旗凡十
三卷其備錄　諭旨於前而附載各旗衙門議覆於後者曰　上諭旗務議覆
凡十二卷各旗衙門奏請而得　旨允行者亦詳錄其奏後載　諭旨曰　諭
行旗務奏議十三卷合爲一書兼清漢文刊刻頒行仰惟　世宗憲皇帝勤求
治理　誥誡諄詳而於臣工獻議可採者罔不隨時　施行八旗爲　朝家根

本綱舉目張庶務修明是編所載具足以仰見大經大法　都俞致治之盛云

乾隆四十七年十一月恭校上

世宗憲皇帝上諭內閣

臣等謹案　世宗憲皇帝上諭於雍正七年　俯允廷臣再三之請始　命刊布自　御極之初至是年按時編次和碩莊親王臣允祿等校刊告成於雍正九年其自雍正八年迄十三年則我　皇上即阼以後所續編和碩和親王臣弘晝等遵　旨校刊告成於乾隆六年合爲一書　頒行海內原刻每月別爲起訖而不分卷今恭依原編次第爲一百五十九卷原書未標書名今恭繹諭旨內宣付內閣施行者居多謹書曰　上諭內閣以紀其實且以別於　上諭八旗諸書云乾隆四十七年五月恭校上

硃批諭旨

臣等謹案　世宗憲皇帝硃批諭旨始刊於雍正十年逮乾隆三年告成凡二

百二十三人或人數册或册薈數人並以月日爲次未嘗分卷今擬人爲一卷多者於一卷之中晰爲子卷都三百六十卷前後次第悉依原本未敢稍紊登諸史部與聖訓實錄並昭萬古至夫都俞吁弗之盛覺世牖民之模詳於卷前諭旨及卷後恭載皇上御製後序臣等未敢妄綴一詞云乾隆四十七年五月恭校上

唐大詔令集

臣等謹案唐大詔令集一百三十卷宋宋敏求編敏求字次道趙州平棘人參知政事綬之子進士及第官至史館修撰龍圖閣直學士事蹟具宋史本傳敏求嘗預修唐史又私撰唐武宗以下實錄一百四十八卷於唐代史事最熟此集則本其父綬手輯之本重加訂正爲三十類熙寧三年自爲之序稱繕寫成編會忤權解職顧翰墨無所事第取唐詔令目其集而弆藏之云云蓋其以封還李定詞頭由知制誥罷奉朝請時也其書世無刊本輾轉鈔傳訛誤頗多其

中缺第十四至二十四八十七至九十八凡二十三卷參校諸本皆同其脱佚
蓋已久矣唐有天下三百年號令文章燦然明備敏求父子復爲裒輯編類使
一代高文典册眉列掌示洵足爲考據之資其中不盡可解者如裴度門下侍
郎彰義軍節度使宣慰等使制據舊唐書其文乃令狐楚所草制出後度請改
制内翦其類爲革其志改更張琴瑟爲近輟樞衡改煩我台席爲授以成算憲
宗從之楚亦因此罷内職是當時宣布者即度奏改之辭今此集所載尚仍楚
原文不依改本未詳何故又寶歷元年册尊號赦書據敬宗本紀時李紳貶官
李逢吉等不欲紳量移乃於赦書節文内但言左降官已經量移者量移近處
不言未量移者宜與量移翰林學士上疏論列帝命追赦書添改之今此集所
載祗及赦罪一條而無左降官量移之文疑亦有所逸脱又舊唐書所載詔旨
最多今取以相校其大半已入此集而亦有遺落未載者如紀號則改元天祐
詔除授則尹思貞御史大夫李光弼兵馬副元帥諸制追贈則張説贈太師楊

綰顔眞卿李絳贈司徒郭曖贈太傅鄭朗贈司空田布贈僕射諸詔優禮則杜祐蕭俛致仕諸詔獎勸則勞解琬獎李朝隱褒美令狐彰獎伊西北庭二鎭諸詔謫降則王毛仲韓皐呂渭張又新李續之熊望貶官諸詔誅竄則決殺長孫昕流裴景仙裴茂諸敕皆關朝廷舉措之大者而此集並闕而不登以敏求博洽不應疎於蒐採或即在散佚之中亦未可知究不免於放失不完之憾然唐朝實錄今既無存其詔誥命令之得以考見者實藉有是書亦可稱典故之淵海矣乾隆四十七年十月恭校上

兩漢詔令

臣等謹案兩漢詔令二十三卷內西漢詔令十一卷宋林虙編東漢詔令十二卷宋樓昉編虙字德祖吳郡人嘗中詞學爲開封府掾昉字暘叔鄞縣人官宗正寺主簿先是虙以西漢文類所載詔令闊略乃采括紀傳得西漢詔令四百一章以世次先後各爲一卷大觀三年程俱爲之序南渡後昉又依虙之體編

東漢詔令以續之有嘉定十五年自序是編合爲一書題曰兩漢詔令而各附原序於後其前又載洪咨夔所作兩漢詔令總論一篇案咨夔有兩漢詔令擥鈔見於本傳而此總論内云夔假守龍陽縱觀三史裒其詔制書策令勅之類事著其略每嘗以臆見繫之然則所云擥鈔者必尚有咨夔議論之辭而今書内無之則此特後人取林虙樓昉二書合編而掇咨夔之論冠其前耳其與擥鈔實非一書也兩漢詔令最爲近古虙等採輯詳備亦博雅可觀雖陳振孫謂其平獻兩朝莽操用事如錫莽及廢伏后之類皆當削去是於裁制亦間有未合然其首尾完贍殊便觀覽固有足資參考者焉乾隆四十七年四月恭校上

政府奏議

臣等謹案政府奏議二卷宋范仲淹撰仲淹字希文其先邠州人後徙家江南遂爲吴縣人大中祥符八年進士歷官資政殿學士戶部侍郎知青州卒贈兵部尚書謚文正事蹟具宋史本傳仲淹自慶歷三年拜參知政事五年出爲陜

西四路宣撫使在政府者首尾三載是編皆其時奏箚故以爲名分治體邊事薦舉雜奏四類凡八十五篇皇祐五年韓琦爲河東經略安撫使始序而行之稱輯之者爲寺丞君謂仲淹子純仁也宋史藝文志載仲淹奏議十五卷與此本不同考琦序稱奏議十七卷政府論事二卷所謂十七卷者當即宋志所載特宋志荒謬誤七爲五所謂二卷者當即此本特名曰論事不名曰奏議然陳振孫書錄解題有范文正公奏議二卷則其名奏議久矣史稱方仲淹執政時仁宗鋭意治平數問以當時要務嘗開天章閣手詔諮詢仲淹退而條上十事仁宗悉采用之獨府兵法衆以爲不可而止今集中答詔條陳治道一篇蓋即其事又請以輔臣兼制諸曹其疏亦在集中蓋仲淹以天下爲己任意在裁削倖濫考覈官吏而論者多不以爲然自所陳之十事既行任子之恩薄磨勘之法密僥倖者咸不便相與造作謠謗仲淹因不安其位而去其所施爲亦遂稍沮罷觀於是集其條制規畫猶略可考見史贊所稱宏毅之器足任斯責者

亦庶乎無愧矣乾隆四十七年五月恭校上

包孝肅奏議集

臣等謹案包孝肅奏議集十卷宋包拯撰拯字希仁廬州合肥人天聖五年進士歷官御史中丞知開封府終禮部侍郎樞密副使贈禮部尚書謚孝肅宋史載拯奏議十五卷今此本爲拯門人張田所編自應詔至求退分三十門止有十卷詳見田序或原本十五卷而田併省之其間次序多不可曉如議河北兵馬第二章在第八卷第一章轉在九卷馬氏經籍考嘗言之疑亦後人亂其篇第耳史稱拯爲人不苟合平居無私書故人親黨亦皆絶之故奏議以外絶無他作其攻去張方平宋祁仁宗遂命拯代祁爲三司使歐陽修有蹊田奪牛之奏拯家居避命者久之今集中並未載劾張宋二疏蓋編次時脱佚而馬氏遂謂其子孫不欲示人恐亦臆度之詞耳張田字公載澶淵人嘉祐中嘗知廬州甚著清譽拯奏議中有進張田邊説七篇得旨優奬者即此人也乾隆四十七

年五月恭校上

盡言集

臣等謹案盡言集十三卷宋劉安世撰安世字器之大名人少師事司馬光哲宗初以光薦除祕書省正字又以呂公著薦除右正言遷左諫議大夫紹聖初落職知南安軍又貶新州別駕英州安置徽宗立移衡州尋以濮州團練副使鼎州居住後復直龍圖閣卒事迹具宋史本傳安世有集二十卷又有元城語錄行世此集皆其奏劄不知何人所編前有隆慶辛未石星張應福序皆云得鈔本於西亭王孫家西亭者朱睦㮮也星序稱是集凡三卷而此本實十三卷與序不合然證以永樂大典所載一一相符殆校讐偶疏三字上脫十字也史稱安世忠孝正直似司馬光而剛勁則過之故彈擊權貴盡言不諱當時有殿上虎之稱集中所論諸事史不具載頗足以考見時政惟是伊川程子雖不免好立門戶究屬醇儒而安世論歐陽棐差除不當章凡九上至併斥伊川爲五

鬼蔡確固非正人然謗訕則出羅織而安世申吳處厚之説章凡一十二上務欲置之於死皆不免意見之偏王偁東都事略論安世曰爲君子不能深思遠慮優游浸漬以消小人之勢而痛心疾首務以口舌爭之事激勢變遂成朋黨是亦平允之論矣然於朝廷得失知無不言言無不盡嚴氣正性誦其疏凛凛如生固宜其傳誦至今不可磨滅也乾隆四十七年五月恭校上

讜論集

臣等謹案讜論集五卷宋陳次升撰次升字當時興化仙遊人熙寧二年第進士知安邱縣以薦爲監察御史提點淮南河東刑獄入爲殿中侍御史進左司諫貶南安軍監酒税徽宗立召還爲右諫議大夫復除名編管循州政和中復舊職卒事蹟具宋史本傳次升爲太學生時即斥王安石字説爲秦學坐是屏棄通籍後三居言責建議鯁切爲時所憚其最大者在止呂惠卿之使嶺南劉安世謂其大有功於元祐諸臣至其彈章惇蔡京蔡卞曾布諸疏尤爲明白痛

切聳動耳目雖根株不能盡拔卒爲所中以致垂老投荒而剛直之氣凛然猶可想見本傳載所陳前後凡十餘事皆有關於賢姦消長政治得失之故爲他人所不敢發而謂其他所言曾肇王覿張庭堅賈易李昭玘呂希哲范純禮蘇軾等公議或不謂然今即集中所存諸疏觀之其論王覿也以曾布所善其論曾肇也以布之至親其論呂希哲也亦以韓忠彦之親其論范純禮也以對遼使誤犯御名事各有因與曲加指摘者不同且是是非非雖當代清流亦不肯稍存假借此正其破除成見毫無黨同伐異之私作史者乃以門戶之局爲次升病謬之甚矣是集本次升兄子南安丞安國所編取哲宗顧問之語以名之所錄奏疏凡二百七篇久佚不傳惟永樂大典中頗散見其篇題採掇編次共得八十六篇又於歷代名臣奏議中增補二十篇較諸原本所存僅十之五六然昌言偉論爲史冊所未載者尚可考見其梗概謹考證時事次第先後釐爲五卷而以行實一篇附於卷末庶讀史者得以參證焉乾隆四十六年三月恭

校上

左史諫草

臣等謹案左史諫草一卷宋呂午撰午字伯可歙縣人嘉定四年進士官至起居郎右文殿修撰知漳州事蹟具宋史本傳是編凡奏議六首後附載家傳二篇午兩爲諫官以風節自勵知無不言理宗嘗稱其議論甚明切又謂其論邊事甚好此六疏皆理宗嘉熙二年所上雖篇數無多而宋末時事頗可考見其論宋宰相臺諫之弊尤極詳懇方回所爲午及沆傳亦多與宋史本傳可以相證回稱午文集名竹坡類稿是午本有全集而今佚之茲六疏蓋存於散軼之餘者其他遺文則頗見於新安文獻志諸書中云乾隆四十七年十一月恭校

上

商文毅疏稿

臣等謹案商文毅疏稿一卷明商輅撰輅有續通鑑綱目已别著録是集爲其

子侍講良年所編後有其孫汝賾嘗稱輅素菴文集凡數十卷兩遭回祿悉爲煨燼幸此卷獨存因鋟諸梓云云此本爲天一閣所鈔則刋本又佚矣其得傳者幸也所列奏疏凡三十三篇明史所載景泰時請清理塞上軍田招輯開封鳳陽諸處流民成化時首陳八事及辨林誠之誣請皇太子視紀妃疾弭災八事劾西廠太監汪直諸疏今皆在集中惟劾汪直一疏史載列直十一罪而不言其目此集所載乃止十條或爲傳寫佚脱一條抑或史文誤衍一字歟又邊務一疏凡言二事其一論養軍莫善於屯田若不屯田雖傾府庫之財竭軍民之力不能使邊城充實宜禁勢豪侵佔令邊軍分二班耕種非專言清理官田史但稱覈還之軍未盡其實其一論守邊爲上守關次之若徒守京城最爲下策不宜全調保定等處精鋭官軍備禦京城而以紫荆倒馬諸要隘委之輪撥京兵致望風先潰其言尤深中明代之弊史削而不載亦删除過當是集所載乃其全文尤足以補史闕也乾隆四十七年四月恭校上

王端毅奏議

臣等謹案王端毅奏議十五卷明王恕撰恕有石渠意見别著錄恕吏部奏議九卷弘治四年文選郎孫交編次李東陽序之後兵部尚書王憲取其自大理寺左寺副至南京兵部尚書時奏議六卷刻於蘇州御史程啟元又刻於三原此本則正德辛巳三原知縣王成章合二本而刻之者第一卷爲大理寺及巡撫荆襄河南時所上二卷爲南京刑部戶部及總理河道時所上三卷爲巡撫雲南時所上四卷爲前參贊機務時所上五卷爲巡撫南直時所上六卷爲後參贊機務時所上七卷至十五卷皆吏部所上明史恕本傳稱其歷中外五十餘年剛正清嚴始終一致集中所載如參奏鎮守太監及論中使擾人等疏皆剴切直陳無所回護又如處置地方及撥船事宜諸狀亦籌畫詳盡具有經略其他亦多有關一時朝政可資史傳之參證焉乾隆四十七年四月恭校上

臣等謹案端肅奏議十二卷明馬文升撰文升字負圖鈞州人景泰辛未進士官至兵部尚書謚端肅事蹟具明史本傳文升砥礪廉隅練達政體朝端大議往往待之而決與王恕劉大夏俱負一時重望此集奏議五十五篇乃嘉靖丁未其孫天祐所編次凡史傳所載直言讜論全文皆具載集中其請正北岳祀典於渾源州一疏則本傳不載而見於禮志其爲左都御史時所言振肅風紀十五章史傳不詳其目今亦獨見此書大抵有關家國至計惟文升於成化中巡撫遼東總督漕運著有勞績當時必多所建白乃集中槩不之及而自孝宗召用以後所陳奏者則甄錄無遺蓋當憲宗之時文升雖敭歷中外而屢爲汪直李孜省輩所搆不能盡行其志及其被遇孝宗明良相契得以展布其謨猷故所言盡爲剴切其生平靖獻之志略具是編讀其文可以知其所遭際矣乾隆四十七年五月恭校上

關中奏議

臣等謹案關中奏議十八卷明楊一清撰一清字應寧安寧人成化壬辰進士官至華蓋殿大學士謚文襄事蹟具明史本傳此書皆其生平章疏之文分爲六類卷一卷二曰馬政類卷三曰茶馬類則以副都御史督理陝西馬政時所上卷四卷五卷六曰巡撫類則巡撫陝西時所上卷七卷八卷九曰總制類則總制延綏寧夏甘肅邊務時所上卷十曰後總制類則其病歸復起時所上卷十一至卷十八則嘉靖四年以故相復提督三邊軍務以後所上也以所陳多陝甘邊事故以關中爲名嘉靖初始刋行於南京其間所載不盡皆一清奏稿凡當時部臣覆疏及前後所奉諭旨悉編入之故於時事本末頗爲詳盡一清負經濟材其督學陝西時即詳究邊情利弊其後官陝又最久故所指晝皆中窾要云乾隆四十七年十月恭校上

楊文忠三錄

臣等謹案楊文忠三錄七卷明楊廷和撰廷和字介夫新都人成化戊戌進士

官至華蓋殿大學士文忠其謚也事迹具明史本傳是編名爲三錄實則題奏前錄一卷題奏後錄一卷視草餘錄一卷辭謝錄四卷凡四種題奏前錄正德時所上題奏後錄嘉靖時所上其中有足與史參考者如武宗本紀十三年正月丙午至自宣府命羣臣具綵帳羊酒郊迎御帳受賀此書載上傳諭五府及團營三大營各爲旗帳奉迎廷和不從錢寧及廖鵬張龍屢傳旨要脅廷和終不從駕回竟不用旗帳上意亦無所忤據此則本紀書其始未詳其卒此書乃具其首末又此書載正德十四年正月七日散本官送兵部侍郎馮清奏捷本至內閣欲擬旨奬勵威武大將軍廷和執不可張龍錢寧相繼催取廷和卒擬旨奬勵馮清而不及威武大將軍一字又載慈壽遺散本官傳諭欲改懿旨爲聖旨廷和力爭至再方寢又載壽安后崩世宗堅欲持喪三年且擬頒遺誥廷和力爭乃僅服二十七日於宮中遂止遺誥之命凡此數事本紀及廷和本傳俱不載又若擒戮江彬及議興獻廟曲折始末亦較史爲詳辭謝錄皆辭職謝

恩諸疏其卷帙多于三録而不在三録之數以一人之事非國政也其奏疏有過于樸率之病然告君以達意爲主不以修詞爲工如正德中請慎重郊廟疏請還宮疏嘉靖中請停齋醮疏皆指陳時弊在當日可謂讜言其他亦多切直中理言雖質直而義資啟沃固與春華自炫者異矣乾隆四十七年四月恭校

上

胡端敏奏議

臣等謹案胡端敏奏議十卷明胡世寧撰世寧字永清仁和人弘治癸丑進士官至兵部尚書事迹具明史本傳世寧爲推官時屢折岐藩之勢爲主事時上書極論時政闕失與李承勛魏校余祐善稱南都四君子爲江西副使時上疏劾寧王宸濠爲所搆中危禍幾于不免宸濠敗後復起又屢糾中官趙欽剛聰等風節震一世惟議大禮與張璁桂萼合而他事又無一不與璁萼忤蓋意見偶同非有所依附也是集所録奏議皆與史傳相發明中多辭職乞罷之疏乃

正德末宸濠劉瑾內外交訌嘉靖初萼璁專權相軋世寧牴牾其間動多掣肘遂時時有引退之心蓋孤立危疑不能自安其位不得已而出于斯固非以退鳴高者比也乾隆四十七年三月恭校上

何文簡疏議

臣等謹案何文簡疏議十卷明何孟春撰孟春字子元郴州人弘治癸丑進士授兵部主事累官右副都御史巡撫雲南入爲吏部左侍郎以爭大禮泣諫左遷南京工部左侍郎尋削籍隆慶初贈禮部尚書諡文簡事蹟具明史本傳孟春沒後遺稿散軼萬歷初巡撫湖廣僉都御史汝陽趙賢始搜輯其詩文刻之於永州又別錄其奏議爲一集刊於衡州前二卷爲官兵部時作第三卷爲官河南參政入爲太僕寺卿時作第四卷至八卷爲巡撫雲南時作末二卷爲官侍郎時作孟春少遊李東陽之門學問該博而詩文頗質率不能成家惟生平以氣節自許歷官所至敷奏剴切殊有可觀本傳所載如救言官龐泮等請停

萬歲山工役清寧宫災陳八事出理陝西馬政上釐弊五事諫武宗幸宣化嘉靖初以旱潦相仍條奏八事尤其建白之卓卓者今多在集中大抵懇摯詳明侃侃鑿鑿實於朝政有裨固非徒意氣激發取名一時者所得而比擬矣乾隆四十七年十月恭校上

垂光集

臣等謹案垂光集一卷明周璽撰璽字天章號荆山合肥人弘治丙辰進士官至禮科給事中武宗朝再上疏劾劉瑾奸邪爲瑾所搆斃於廷杖瑾敗後禮科給事中孫禎疏訟其枉詔復官廕其一孫是集載疏及家書其疏上於弘治朝者七上於正德朝者六言皆痛切而劾瑾二疏則尤直氣坌涌聲溢簡外疏後附載家書一通其許國忘家之意已早決於未劾逆璫之前與盡忠錄所載陳東八月二十五日家書詞氣相同洵可稱食其禄不避其難者矣乾隆四十七年十月恭校上

孫毅菴奏議

臣等謹案孫毅菴奏議二卷明孫懋撰懋字德夫號毅菴慈谿人正德辛未進士官至應天府尹事迹具明史本傳懋官給事中時武宗方狎昵小人嬖倖用事言官多所謫降懋獨抗直不回如奏太監于喜史宣張澤諸疏俱能直陳無隱頗著丰采又所奏湖廣之管解綿花絨及嚴考察各條皆足補明史食貨選舉各志所未備又懋是時扈從行在其請急定平宸濠功賞又請還京屢陳邊警直指天變至千餘言亦具見忠讜其劾江彬也史言人皆爲懋危而彬方日侍帝娛樂亦不之見懋以幸免亦可謂彈劾權貴奮不顧身者矣集中諸疏史但摘其大端不能備載今備錄之以與本傳相參考猶可想見其遺直也惟疏中所劾諸人刻本多剷除其姓名蓋其子孫避怨之計今無從一一考補亦姑存其舊焉乾隆四十七年十一月恭校上

玉坡奏議

臣等謹案玉坡奏議五卷明張原撰原字士元三原人正德甲戌進士授吏科給事中以疏論時事謫貴州新添驛丞嘉靖元年召復故官坎坷八年其志不挫益以慷慨直諫自許如正殷通等陞職世襲疏趙雲陞命疏選近習疏請逐太監蕭敬二疏論錦衣衛朱宸等罪狀疏寢楊倫職命疏停國戚張鶴齡等恩典疏停司禮監乞請疏論國戚張延齡等罪狀疏論內宦提督織造疏論張璁桂萼疏皆力折權倖不避禍患言人所不能言今具載集中當其賜環之初趙漢與之同科贈之以詩有碧桃雨露空千樹老竹冰霜見一竿句又有回來龍劍星文在遲暮提攜得共看句今載漢漸齋詩稿中觀於是集原可謂不愧斯言矣乾隆四十七年五月恭校上

南宮奏稿

臣等謹案南宮奏稿五卷明夏言撰言字公謹貴溪人正德丁丑進士授兵科給事中歷官禮部尚書武英殿大學士爲嚴嵩所搆坐與曾銑交關棄市隆慶

初追復原官謚文愍事蹟具明史本傳言初以才器開敏受知世宗而柄用之後志驕氣溢傲愎自專卒以致敗其立身本末殊無可稱特其學問淹博一切儀文度數皆夙所留意又值世宗鋭意講貫之時故其於朝廷制作斟酌損益頗爲合於典要如南北郊分祀更定文廟祀典及大禘禮儀立先蠶壇之類悉言所贊成迨帝擢掌禮部益力舉其職前後奏牘亦多有可採此本爲御史王廷瞻所刊行即其官尚書時所上疏議自郊廟大典以至封爵貢舉無不賅具議論明達洵可謂能折衷於古者録而存之庶不没言之所長且俾讀明史者得與禮志相參考於討論沿革要不爲無助焉乾隆四十七年四月恭校上

訥谿奏疏

臣等謹案訥谿奏疏一卷明周怡撰怡字順之號都峯改號訥谿太平人嘉靖戊戌進士怡初居吏垣以言事忤嚴嵩廷杖下錦衣獄三年世宗感箕仙之言得與楊爵劉魁同出獄未幾以熊浹劾箕仙誣妄激世宗怒復逮入獄又二年

始得釋隆慶初召爲太常寺少卿又上疏忤中官外調山東按察司僉事稍遷司業仍爲太常寺少卿以卒平生觸犯權倖至再至三困踣顛連僅存一息而其志百折不改勁直忠亮卓然爲一代完人是集爲其弟恪所編凡吏科奏疏十一篇太常奏疏二篇雖卷帙無多而生氣凛然猶足以見其梗概也卷末乞休一疏注曰李石麓相公不允上李石麓者大學士李春芳號也蓋怡放廢以後不欲再出而春芳以穆宗新政欲獎用直臣故格之不使上達然怡訖不得大用殆亦如郭公之善善歟乾隆四十七年四月恭校上

譚襄敏奏議

臣等謹案譚襄敏奏議十卷明譚綸撰綸字子理宜黄人嘉靖甲辰進士官至兵部尚書襄敏其謚也事蹟具明史本傳此編乃其歷官疏草分爲三集曰閩稿嘉靖四十二年再起爲右僉都御史廵撫福建時所上也曰蜀稿嘉靖四十四年起爲陜西巡撫會大足民作亂陷七城調任四川以後所上也曰薊遼稿

隆慶元年至四年由兵部右侍郎進左侍郎兼右僉都御史總督薊遼保定軍務時所上也史稱綸沈毅知兵爲台州知府時即與戚繼光立束伍法練兵破倭寇禽斬殆盡官浙江海道副使時又連破之再起爲浙江右參政時破饒平賊林朝曦調福建參政時郡縣多爲倭所陷力戰恢復閩地以平官四川巡撫時滅雲南叛酋鳳繼祖於會理總督兩廣時岑岡賊江月照等望風而降朝廷倚以辦賊遇警輒調居官無淹歲在薊遼與戚繼光協力邊備三衞諸部迄不敢南牧終始兵事垂三十年積首功二萬一千五百計其功名不在王守仁下而儒者顧豔稱守仁則以守仁聚徒講學羽翼者衆也今特錄是集以見其謀畫之大略庶不沒其實焉乾隆四十七年四月恭校上

潘司空奏疏

臣等謹案潘司空奏疏六卷明潘季馴撰季馴字時良烏程人嘉靖庚戌進士官至總督河道工部尚書兼右都御史事迹具明史本傳此集凡巡按廣東奏

疏一卷督撫江西奏疏四卷兵部奏疏二卷季馴巡按廣東在嘉靖三十八年奏疏後有其子大復附記稱原稿幾三寸許散佚不存僅從掖垣覓之故所錄止此其督撫江西在萬歷四年奏疏之前有李遷萬恭二序其爲南京尚書則在萬歷九年舊本列在兵部之前編次誤也季馴雖以治河顯而所至皆有治績集中如查議弓兵工食及損益南京兵政諸疏皆足補明會典所未備又查解兵餉存留糧餉濟邊諸奏亦深切當時弊政足與史志相參考云乾隆四十七年十一月恭校上

兩河經略

臣等謹案兩河經略四卷明潘季馴撰萬歷初河決高家堰淮陽高寶皆爲巨浸季馴建議築隄防疏淤塞論水勢之强弱復黄河之故道條上六事詔如議行書中所載皆其時相度南北兩河奏疏首冠以圖末附書一通不著所上者爲何人書中有奉大司空之教親往閲視之語考是時工部尚書李幼滋始終

主張其事殆即其人歟季馴先後總河務二十七年晚輯河防一覽其大旨在以隄束水以水刷沙卒以此奏功此集所載諸疏並規度形勢利弊分明足以見一時施工之次第與所作河防一覽均爲有裨實用之言不但補史志之疎略備輿圖之考證已也乾隆四十七年十月恭校上

兩垣奏議

臣等謹案兩垣奏議一卷明逯中立撰中立有周易劄記已著録是書凡奏議六篇皆中立爲給事中時所上以歷官吏兵二科故稱兩垣其中論公用舍論修史用人及論會推閣臣三疏本末略具明史本傳蓋中立以是三疏一忤旨停俸一見忌輔臣一被貶外授故史特摘録於本傳其請罷織造論東倭及請停例金三疏雖事不施行然亦皆錚錚不阿無愧封駁之職不得以卷帙之少廢之矣舊附中立所作周易劄記後今既分隸四庫則列於經部爲不倫故析出别著録焉乾隆四十七年九月恭校上

周忠愍奏疏

臣等謹案周忠愍奏疏二卷明周起元撰起元字仲先號綿貞海澄人萬歷辛丑進士官至右僉都御史巡撫江南忤璫被害追贈兵部侍郎謚忠愍再謚忠惠事蹟具明史本傳茲刻曰西臺奏疏共十一首爲一卷乃擢湖廣道御史巡漕時所上曰撫吳奏疏共十九首爲一卷乃巡撫江南時所上其第一卷所載皆起元之傳第四卷爲蘭言錄乃當時名賢題贈詩文第五卷爲崇祀錄皆歷官處建祠呈文及碑記後又錄諸人贈祭詩文及起元遺詩七首蓋出其後裔搜輯傳雕隨時增入無復次第起元建言抗疏有關國計民生初非尋常尙氣節好攻擊者可比其人其言並足垂諸不朽固宜特錄而傳之者今存其奏疏二卷以遺詩七首附之至起元名光史策初不藉傳誌以傳今並從刪汰以省繁複焉乾隆四十七年九月恭校上

張襄壯奏疏

臣等謹案張襄壯奏疏六卷　國朝張勇撰勇字飛熊上元人積軍功官至靖逆侯靖逆將軍提督甘肅軍務加少傅兼太子太師是集爲其子雲翼所編始於順治六年謝實授甘肅總兵官疏終於康熙二十三年甘州遺疏凡百二十篇勇初任甘肅總兵官時即內值肅州回民作亂外值昻漢夷人窺邊日事攻討中間奉調南征旋回甘肅復值王輔臣之亂往來征勦日無寧晷其沒也猶以防禦麥力幹之故力疾出師卒於軍營計始終兵間四十餘年王進寶趙良棟等皆由其偏裨起爲名將自康熙十三年以後箭創病足以肩輿督師者十年屢乞解職皆荷　優詔慰留臥理蓋　兩朝受知之深諸將無逾於勇者今觀集中諸疏大抵皆兵間所作並剴切詳明言無不盡讀之可見　開國之初底定秦隴之方略並可見　列聖知人善任風雲際會極千載一時之盛焉乾隆四十七年十一月恭校上

文襄奏疏

臣等謹案文襄奏疏八卷　國朝靳輔撰輔字紫垣鑲紅旗漢軍官至總督河道兵部尚書文襄其謚也是編皆前後治河奏疏其子治豫彙刊之輔自安徽巡撫擢授河督值河患方棘黃流倒灌高堰潰決黃淮合迸東下正道阻塞輔履任即具疏極言黃河之水裹沙而行全賴各處清水併力助刷始能歸海無滯必當審其全局徹首尾而合治之不可漫爲施工堵東決西終歸無益因條具八事分款入告　聖祖仁皇帝悉俞其請復大發帑金專任委成於是大挑運河及淸口以下至海口河道使水由地中又開白洋淸河以東引水河而黃流始暢開淸口爛泥淺諸引河而淮水始出敵黃築河岸遙隄縷隄修高堰堵翟壩置減水六壩而宣洩咸有所恃至開中河皁河諸役尤其設施之大者蓋其生平要旨總以築隄岸疏下流塞決口有先後而無緩急數語爲治河金針故在事十年具著成績今諸疏並在集中類皆指陳原委言之鑿鑿形勢了然於心而利害了然於口洵能得其要領者其治河以治漕公私悉利良有以也

末附輔官巡撫時奏疏三篇其極論奉差擾驛亦具見風力焉乾隆四十七年三月恭校上

華野疏稿

臣等謹案華野疏稿五卷國朝郭琇撰琇即墨人華野其字也康熙庚戌進士官至湖廣總督此編乃其歷官奏疏起康熙二十七年迄四十一年凡四十四篇疏末多載原奉諭旨蓋琇所恭錄而其後人彙刊以傳也琇初由吳江知縣行取入臺即劾罷大學士明珠尚書王鴻緒等聖祖仁皇帝嘉其能言洊擢左僉都御史進左都御史後緣事鐫秩復起爲湖廣總督在官四年別以紅苗搶掠一事褫職歸蓋當其彈抨得實則拔擢以旌其忠當其貽誤封疆則罷斥以明其罪仰見聖祖仁皇帝行政用人大公獨斷賞罰悉視其自取而無一毫畸輕畸重於其間前者纂輯五朝國史列傳特命於明珠及王鴻緒傳中各載琇劾疏全文毋庸删削復頒示綸音闡明其進退之由俾共知

琇之罷官非由傾軋百爾臣工仰承誥誡已無不曉然共喻臣等謹錄琇此編並恭錄前奉諭旨冠諸卷端庶彝訓昭然永垂成憲益知所警勵焉乾隆四十七年九月恭校上

宋名臣奏議

臣等謹案宋名臣奏議一百五十卷宋趙汝愚編前有淳熙十三年劄子稱嘗備數三館獲窺祕府四庫所藏及累朝史氏所載忠臣良士便宜章奏收拾編綴殆千餘卷文字紛亂疲於檢閱自假守閩郡輒因政事之暇因事爲目以類分次而去其複重與不合者猶餘數百卷釐爲百餘門始自建隆迄於靖康推尋歲月蠹見本末若非芟繁舉要恐勞乙夜之觀欲更於其間擇其至精至要尤切於治道者繕寫十卷一次投進又有淳祐庚戌史季溫序稱其開端於閩郡奏書於錦城是其經歷歲時屢經簡汰乃成是編故其去取頗不苟自稱上可以知時事之得失言路之通塞下可以備有司之故實其大旨以備史氏之

闕遺非夸飾也凡分君道帝系天道百官儒學禮樂賞刑財賦兵制方域邊防總議十二門子目一百十四每篇之末各附注其人所居之官與奏進之年月亦極詳核其奏箚自序及史季溫序皆稱名臣奏議而此本題曰諸臣奏議豈後人以其中有丁謂秦檜諸人而改其名者歟乾隆四十七年三月恭校上

歷代名臣奏議

臣等謹案歷代名臣奏議三百五十卷明永樂十四年楊士奇黃淮等奉勅編自商周迄金元分六十四門名目既繁區分往往失當又如文王周公太公孔子管仲晏嬰鮑叔慶鄭宮之奇師曠麥邱邑人諸言皆一時答問之語悉目之爲奏議則尙書颺言何一不可採入亦殊踳駁失倫然自漢以後搜羅大備凡歷代典制沿革之由政治得失之故實可與通鑑三通互相考證當時書成刊印僅數百本頒諸學宮而藏版禁中世頗稀有天崇間太倉張溥號稱淹洽而自言生長三十年未嘗一見其書最後乃得太原藏本爲删節重刻卷目均依

其舊所不同者此本有愼刑一門張本無之張本有漕運此本無之蓋溥意爲改移至唐宋以後之文盡遭割裂幾於續鳧斷鶴失其本來矣此本爲永樂時頒行原書猶稱完善固亦古今奏議之淵海也乾隆四十七年四月恭校上

名臣經濟錄

臣等謹案名臣經濟錄五十三卷明黃訓編訓歙縣人嘉靖己丑進士官至副都御史是書輯洪武至嘉靖九朝名臣經世之言中闕建文一朝以革除諱之也分十門凡開國一卷保治十卷內閣四卷吏部四卷戶部五卷禮部七卷兵部十三卷刑部三卷工部五卷都察院通政司大理寺共一卷每門各有子目開國保治二門以時代爲序吏禮兵工四部各以所屬四司分四類戶部分圖志田土賦役給賜黃册屯田婚姻糧運祿俸鹽法茶法課程賑恤十三類刑部分律例論奏題奏雜論四類以二部諸司以省分無專掌一事者也內閣無子目百司之總無不該也都察院通政司大理寺亦無子目篇帙寡也明永樂間

敕黃淮等編歷代名臣奏議至元而止雖門目浩繁不無冗雜而二千年訏謨碩畫歷歷可徵是編所載如陶安傳劉基行狀蹇義墓誌李東陽年譜諸篇兼紀言行漢府趙府石亨曹吉祥之變諸篇併錄時事以及謝鐸焉用彼相說之類亦及雜文邱濬大學衍義補之類至節取所著之書不純爲奏議之體故但以經濟錄爲名其實奏議居十之九與淮等所編時代相接頗足以資考鏡今附之奏議類中其間如胡廣碑錄之類間有濫收或亦朱子名臣言行錄取呂惠卿趙汝愚名臣奏議不遺章惇秦檜之意分別觀之可矣乾隆四十七年三月恭校上

御選明臣奏議

臣等謹案御選明臣奏議四十卷乾隆四十六年奉敕編以皇子司選錄尚書房入直諸臣預繕寫每成一卷即恭呈御覽斷以睿裁蓋敷陳之得失足昭法戒而時代既近殷鑒尤明將推溯勝國之所以亡與昭代之

所以興者以垂訓于無窮故重其事也考有明一代惟太祖以大略雄才混一
海內一再傳後風氣漸移朝論所趨大致乃與南宋等故二百餘年之中士大
夫所敷陳者君子置國政而論君心一劄動至千萬言有如策論之體小人舍
公事而爭私黨一事至數十疏全爲訐訟之詞迨其末流彌增詭薄非獨小人
牟利君子亦不過爭名臺諫鬨于朝道學譁于野人知其兵防吏治之日壞不
知其所以壞者由閣臣奄豎爲之奧援人知閣臣奄豎之日訌不知其所以訌
者由門戶朋黨爲之煽搆蓋宋人之弊猶不過議論多而成功少明人之弊則
直以議論亡國而已矣然一代之臣多賢姦並進無人人皆忠之理亦無人人
皆佞之理即一人之身多得失互陳無言言皆是之事亦無言言皆非之事是
以衆芳蕪穢之時必有名臣碩輔挺出于其間羣言淆亂之日必有讜論嘉謨
楮柱于其際所謂披沙揀金在乎謹爲持擇也是編奉承　訓示辨別瑕瑜芟
薙浮文簡存偉議研求史傳以後效驗其前言考證情形以衆論歸于一是譬

諸童謠婦唱一經尼山之删定列在六經一代得失之林即千古政治之鑑也

至於人非而言是不廢蒐羅論正而詞乖但爲删潤聖德之廣一善不遺

聖度之宏大公無我尤非尋常所可測量矣乾隆四十九年十一月恭校上

欽定四庫全書提要卷三十三

欽定四庫全書提要卷三十四

史部八

傳記類一

孔子編年

臣等謹案孔子編年五卷舊本題宋胡舜陟撰考書首有紹興八年舜陟序乃自靜江罷歸之日命其子仔所撰非舜陟自作也舜陟字汝明績溪人大觀三年進士靖康間官侍御史南渡初知廬州有禦寇功更歷數鎮最後爲廣西經略使欲爲秦檜父建祠高登不可因劾登以媚檜會以他事忤檜意亦逮治死于獄仔字元任後流寓吳興嘗輯詩話行于世即所謂苕溪漁隱者是也是書輯錄孔子言行以論語春秋三傳禮記家語史記世家所載按歲編排體例亦如年譜其不曰年譜而曰編年尊聖人也自周秦之間讖緯雜出一切詭異神怪之說率託諸孔子大抵誕謾不足信仔獨依據經傳考尋事實大旨以論語

爲主而附以他書其採掇頗爲審慎惟諸書紀錄聖言不能盡載其歲月仔既限以編年不免時有牽合如左氏襄公二十一年鄭人游鄉校傳仲尼聞是語也云云杜預注謂仲尼于是十歲長而後聞之知孔子爲此言不當在是年也仔乃繫其事於十歲之下殊爲疎舛又禮記儒行篇對魯哀公云云則繫之六十八歲哀公問篇大禮如何云云則又繫之七十二歲不知何所據而云然此類尤失於穿鑿然由宋以後纂集聖蹟者佳書日多亦猥雜日甚仔所論次猶爲近古故錄冠傳記之首以見濫觴所自焉乾隆四十七年八月恭校上

東家雜記

臣等謹案東家雜記二卷至聖四十七代孫宋右朝議大夫知撫州軍州事兼管內勸農使仙源縣開國男孔傳撰傳字世文建炎初同孔端友南渡遂家于衢州是編成于紹興甲辰上卷分九類曰姓譜曰先聖誕辰諱日曰母顏氏曰娶亓官氏曰追封謚號曰歷代崇封曰嗣襲封爵沿改曰改衍聖公曰鄉官下

卷分十二類曰先聖廟曰手植檜曰杏壇曰後殿曰先聖小影曰廟中古碑曰本朝御製碑曰廟外古跡曰齊國公墓曰祖林古跡曰林中古碑其時去古未遠舊跡多存傳又生長仙源事皆目覩故所記特爲簡核前有孔子生年月日考異一篇末題淳祐十一年辛亥秋九月戊午朔去疾謹書後有南渡廟記一篇末題寶祐二年三月甲子汝騰謹記二人宋宗室子故皆不署姓去疾稱舊有尹梅津跋此本無之而别有淳熙元年馮夢得跋蓋三篇皆重刻所續入也去疾考中歷駁諸家之誤而以爲春秋用夏正定孔子生於十月二十一日卒於四月十八日其説殊謬殆由是時理宗崇重道學胡安國傳方盛行故去疾據以爲説歟乾隆四十七年四月恭校上

晏子春秋

臣等謹案晏子春秋八卷舊本題齊晏嬰撰晁公武讀書志嬰相景公此書著其行事及諫諍之言崇文總目謂後人採嬰行事爲之非嬰所撰然則是書所

記乃唐人魏徵諫錄李絳論事集之流特失其編次者之姓名耳題爲嬰者依託也其中如王士禎池北偶談所摘齊景公圉人一事鄙倍荒唐殆同戲劇則妄人又有所竄入非原本矣劉向班固俱列之儒家中惟柳宗元以爲墨子之徒有齊人者爲之其旨多尙兼愛非厚葬久喪者又往往言墨子聞其道而稱之薛季宣浪語集又以爲孔叢子詰墨諸條今皆見晏子書中則嬰之學實出於墨蓋嬰雖略在墨翟前而史角止魯實在惠公之時見呂氏春秋仲春記尙染篇故嬰能先宗其說也其書自史記管晏列傳已稱爲晏子春秋故劉知幾史通稱晏子虞卿呂氏陸賈其書篇第本無年月而亦謂之春秋然漢志惟作晏子隋志乃名春秋蓋二名兼行也漢志隋志皆作八篇至陳氏晁氏書目乃皆作十二卷蓋篇帙已多有更改矣此爲明李氏綿眇閣刻本內篇分諫上諫下問上問下雜上雜下六篇外篇上下二篇與漢志八篇之數相合若世所傳烏程閔氏刻本以一事而內篇外篇複見所記大同小異者悉移而夾註內篇

下殊爲變亂無緒今故仍從此本著錄庶幾猶略近古焉乾隆四十七年五月

恭校上

魏鄭公諫錄

臣等謹案魏鄭公諫錄五卷唐王方慶撰方慶名綝以字行其先自丹陽徙咸陽武后時官至鸞臺侍郎同鳳閣鸞臺平章事終於太子左庶子封石泉縣公謚曰貞事蹟具新唐書本傳此書前題尙書吏部郎中乃仕高宗所爲官而本傳不及之則史文之脫略也傳稱方慶博學練朝章著書二百餘篇此乃所錄魏徵事蹟唐書藝文志以爲魏徵諫事司馬光通鑑書目以爲魏元成故事標題互異惟洪邁容齋隨筆作魏鄭公諫錄與此相合方慶在武后時嘗以言悟主召還廬陵王復建言不斥太子名以示復位之漸皆人所難能蓋亦思以伉直自見者故其於徵諫爭之語摭錄最詳司馬光通鑑所記徵事多以是書爲依據其未經採掇者亦皆確實可信足與正史相參證元至順中翟思忠又嘗

作續錄二卷世罕流傳明蘇州彭年採通鑑唐書補爲一卷今思忠所續已於永樂大典内裒輯刊行年書寥寥數條殊爲贅設故删年所補不復附綴此書之末焉乾隆四十七年五月恭校上

李相國論事集

臣等謹案李相國論事集六卷舊本作李深之文集題唐李絳撰今考其書乃唐史官蔣偕編絳奏議之文與論諫之事雖以集名實魏徵諫錄之類也前有大中五年偕自序稱今中執法夏侯公授余以公平生所論諫凡數十事其所爭皆磊磊有直臣風概讀之令人激起忠義始自内廷終於罷相次成七篇著之東觀目爲李相國論事集其說本明此本標題殆後人傳寫所改偕序稱七篇今佚其一所存惟爲翰林學士時四十六事爲戶部侍郎時四事爲宰相時十五事共六十五條敘事朴拙頗乏文采謝狀賀表之類雜錄其間多與論諫無關又批答賀屏風一條宣示李栻密疏一條盛夏對宰臣一條皆憲宗之事

尤與絳無涉編次蕪雜亦乖體例然遺聞舊事紀錄頗詳多新舊唐書所未載殊足以備考核焉乾隆四十七年三月恭校上

杜工部年譜

臣等謹案杜工部年譜一卷宋趙子櫟撰子櫟字夢授太祖六世孫元祐六年進士紹興中官至敷文閣直學士子櫟與魯訔均紹興間人而撰此譜時似乎未見訔譜故篇中惟辨呂大防謂甫生於先天元年之誤而不及訔宋人自大防魯訔而外又有蔡興宗黃鶴兩家皆以甫卒五十九歲爲大歷庚戌獨子櫟持異議以爲卒於辛亥之冬不知辛亥甫年六十矣且子櫟以五年庚戌晚秋長河送李十二詩爲甫絕筆甫生平著述不輟若以六年冬暴疾卒何至一年之內竟無一詩此又其不確之證也其所援引亦簡略不及魯譜之詳以其舊本而存之以備參考焉乾隆四十七年十一月恭校上

杜工部詩年譜

臣等謹案杜工部詩年譜一卷宋魯訔撰訔字季卿號冷齋鹽官人紹興五年進士仕至太府卿嘗注杜詩行世今存者惟此譜耳篇首有訔編次杜工部詩序王士禎謂甫年譜創始於呂汲公大防訔以甫生於睿宗先天元年壬子卒於大歷五年庚戌蓋承呂譜之舊也姚桐壽樂郊私語云杜少陵集自游龍門至過洞庭詩目次第爲季卿編定一循少陵生年行跡可以見其詩法按甫一詩人耳其生年可勿深論顧諸家考究之誤有不得不辨者舊唐書甫卒於永泰二年永泰在大歷之前甫詩有大歷三年以下諸作則舊書誤矣王觀國辨之是也元稹作甫墓誌云享年五十有九王洙原叔注子美詩序曰大歷二年甫下峽入湖南游衡山寓居耒陽五年夏一夕醉飽卒大歷五年爲庚戌歲上距先天元年壬子適得五十有九年王呂所據當非妄也而王觀國云甫生於先天元年癸丑卒於大歷五年辛亥辛亥乃大歷六年豈觀國未深考耶詩人自記作詩之年月日者往往有之若並記己之年齒則惟白居易爲最詳可以

按詩作譜至甫不過偶一及之如四十明朝是之句是也然亦不能定爲何歲之作譜牒家據進三大禮表云臣生長陛下淳樸之俗行四十載故知當在天寶十載亦未可知第以大曆五數上年則甫決生於壬子無疑趙子櫟作杜詩年譜謂生於癸巳卒於辛亥蓋亦未深考也旹譜頗詳晰雖間有以意附會處而實有不可棄者近時瀋陽張氏吳江朱氏輩注杜詩作年譜大率仿此而推拓之則此譜宜爲鼻祖已乾隆四十七年十月恭校上

紹陶錄

臣等謹案紹陶錄二卷宋王質撰質有詩總聞已著錄質於淳熙中奉祠山居以陶潛陶弘景皆棄官遺世其同時唐汝舟鹿何可繼其風因作此書上卷載栗里華陽二譜而各摘其遺文遺事爲題别爲詞以詠之下卷紀唐鹿事而附以林居詠物之詩其曰山友詞者皆詠山鳥曰水友詞者皆詠水鳥曰山友續詞者皆詠山草曰水友續詞者皆詠水草其曰山水友續詞者則雜詠禽蟲諸

物蓋質以耿直忤時阨於權倖晚歲欲絶人逃世故以鳥獸草木爲友蓋亦發憤之作舊於雪山集外别行　國朝康熙中商邱宋犖嘗摘錄其山友諸詞分爲五卷改題曰林泉結契亦取其有寄懷塵外之致也今觀錄中諸作雖惟意所云往往不甚入格然人品既高神思自别誦其詞者賞之於酸鹹之外可也

乾隆四十七年八月恭校上

金佗稡編

臣等謹案金佗稡編二十八卷續編三十卷宋岳珂撰珂有九經三傳沿革例已著錄是編爲辨其祖岳飛之寃而作珂别業在嘉興金佗坊故以名書稡編成於嘉定戊寅續編成於紹定戊子稡編凡高宗宸翰三卷鄂王行實編年錄六卷鄂王家集十卷籲天辨誣五卷天定錄三卷籲天辨誣者記秦檜等之鍛鍊誣謟每事引當時記載之文如熊克中興小紀王明清揮麈錄之類而珂各繫辨證天定錄者則飛經昭雪之後朝廷復爵褒封謚議諸事也續編凡宋高

宗宸翰撫遺一卷絲綸傳信録十一卷天定別録四卷百氏昭忠録十四卷絲綸傳信録者飛受官制劄及三省文移劄付天定別録者岳雲岳雷岳霖岳甫岳琛等辨誣復官告制劄及給還田宅諸制百氏昭忠録者飛歷陣戰功及歷官政績經綸於國史及宋人劉光祖等所作碑刻行實黃元振等所編事蹟以次彙敘者也其宸翰拾遺中舞劒賦乃唐喬潭之作因高宗御書以賜故亦載焉編首自序稱況當規恢大有爲之秋魚復之圖穀城之略豈無一二可俎豆於斯世檢其所當行稽其所可驗而勿視之芻狗之已陳云云殆開禧敗衄之後端平合擊已前時局又漸主戰故珂云爾也其書歲久散佚元至正二十三年重刻於江浙行省陳基爲之序又有戴洙後序稱舊本佚缺徧求四方得其殘編斷簡參互考訂始見成書故書中脫簡闕文時時而有明嘉靖中刻本並仍其舊今無從考補亦姑仍嘉靖舊刻録之焉乾隆四十七年四月恭校上

象臺首末

臣等謹案象臺首末五卷宋胡知柔編述其父夢昱獲譴始末夢昱字季昭號竹林愚隱吉水人嘉定丁丑進士官大理評事以論濟王事貶死象州寶慶元年追贈員外郎咸淳三年追謚剛簡知柔於寶祐四年編其奏疏遺文後又益以謚議及諸家贈答題跋之作以成此書而彈文亦具載焉其編次頗無法度如第一卷封事及上史彌遠書之下忽攙以李孝先梁成大糾彈夢昱二疏及徐瑄救夢昱書其下又爲夢昱祭弟文一篇其下又以追復省劄之類共爲一卷第二卷告詞行述之下忽攙以夢昱所進劄子四篇其下又贅以趙文等所作夢昱水石圖贊五首共爲一卷第三卷諸人贈詩十八首之下忽攙入夢昱自詠步王盧溪韻詩二首再寄一首其下又載他人詩七首忽又攙入夢昱自詠榕陰圖一首其下又載他人詩十六首共爲一卷第四卷爲諸家哀詞祭文題跋而第五卷省劄謚議反居其後末附像贊六首又與水石圖贊各編而出身印紙題跋亦與封事題跋各編均龐雜無緒又其書作于宋理宗時安得載

及元明人詩文殆必其後人所竄亂非知柔之舊矣徒以夢昱氣節足重故流傳至今而宋史夢昱無傳所載亦不免闕漏今特著之錄以示表章之義焉乾隆四十七年四月恭校上

魏鄭公諫續錄

臣等謹案魏鄭公諫續錄二卷不著撰人名氏案元伊足鼎魏鄭公諫錄序云唐王綝諫錄五卷至順初下邳翟思忠爲常州知事摭其餘爲續錄二篇其書刻於元統中明初已罕流傳故彭年蒐采遺文爲續錄一篇以補其闕此本載永樂大典中綴王綝所作諫錄之後篇數與伊足鼎所說合蓋即翟思忠所續本也王氏所輯諫錄僅據其所見聞未能賅備唐書魏徵本傳所云前後凡二百餘奏無不剴切當帝心者已不盡傳其他片語單詞隨時獻納者更爲史所不盡紀此本雖捃拾衆說與史傳間有異同且有實非諫諍之事而泛濫入之錄中者然大旨明白切要於治道頗爲有補要非他小說傳記比也據伊足鼎

序稱思忠起家爲儒官曾著易傳衍太元蓋亦好學稽古之士然朱彝尊經義考二書悉不著錄蓋不特著作散佚併其名氏翳如矣兹編卒復見於世豈非幸乎乾隆四十七年十月恭校上

忠貞錄

臣等謹案忠貞錄三卷附錄一卷明李維樾林增志同編維樾字蔭昌增志字可任俱吉州安福人是編爲其同里卓敬而作卷一爲遺稿凡詩十九首序二首銘一首而冠以遺稿序卷二卷三爲後人記載題詠詩文而附錄黄養正陳茂烈二傳皆敬鄉人也然養正爲敬門人又死于土木之難其附錄爲宜茂烈與敬别無淵源而又以棄官養母終于鄉里其事截然不類附之忠貞錄中名實舛矣敬非惟死節慷慨震耀千古即燕王來朝之時密請乘其不意徙封之於南昌計亦良善其疏雖無完本然劉球列傳中尚載有其略不錄之于遺稿中亦編次之疎也敬在明初不以詩名而所作落落有氣格惜其所傳不多不

能自爲一集故仍從崔與之集例入之傳記類焉乾隆四十七年五月恭校上

諸葛忠武書

臣等謹案諸葛忠武書明楊時偉編時偉字去奢吳縣人初王士騏撰武侯全書十六卷時偉病其蕪累更撰是書存其連吳南征北伐調御法檢遺事六卷而增年譜傳略紹漢雜述四卷共爲十卷昔陳壽所進諸葛亮集二十四篇其文久佚惟其目尚見亮傳末今世所傳亮集四卷由後人採摭而成文多依託如梁父吟乃緒亮之作見於唐歐陽詢藝文類聚乃因與亮本傳好爲梁父吟事相合又緒亮姓名與諸葛亮字相近遂訛爲亮作又黄陵廟記稱昭烈帝爲劉氏亮之忠藎斷不敢輕蔑其主如是且其中亂石排空濤排岸之語乃剽襲蘇軾大江東詞其僞妄尤不待言時偉此類多所釐正較諸家頗爲精審其排比事迹具有條理可以見亮之始末其書本與陶潛集合編蓋寓言進則當爲亮退則當爲潛意然潛之詩文自爲別集之流亮之事迹自爲傳記之類難以

併爲一書故今錄此書於史部而潛集則仍著錄於集部焉乾隆四十七年四月恭校上

寧海將軍固山貝子功績錄

臣等謹案寧海將軍固山貝子功績錄一卷不著撰人姓名所記乃惠獻貝子富喇塔討逆藩耿精忠由台州進兵之事富喇塔爲追封貝勒篇古之子康熙十三年耿精忠據福建反　聖祖仁皇帝命富喇塔爲寧海將軍同奉命大將軍康親王傑書統兵討之是年至台州破賊于黃瑞山又連破之紫雲山九里寺山十四年敗其衆于黃土嶺賊將曾養性乘夜遁去遂復黃巖縣直取溫州浙東底定其詳具見宗室王公功績表傳及八旗通志中是書蓋即台人所編自十三年四月耿逆初叛至十四年八月賊黨自台州遁還溫州凡所聞見各舉崖略隨條記錄貝子以懿親受寄盡瘁行間勦逆綏良勳猷懋著其間戰功次第自不若　國史所載見於奏報者尤爲明晰賅備而貝子撫恤軍民安輯

士庶以及運籌決勝之實閭閻傳述覩記頗真以與本傳詳略相校亦時有足資參核者焉書前原有紀略一篇別記貝子台溫二郡戰績又撫嵊事實一篇紀嵊縣土寇應賊貝子遣兵討定之事俱不言何人所撰又平閩功績聞見錄一篇爲閩人金泳所作乃記貝子自浙進兵平閩之事其文亦頗詳盡謹各仍其舊附錄于末以備互考惟原本各條下俱綴以七言絶句凡九十六首詞旨淺俚無關考證今並從刊删云乾隆四十七年五月恭校上

朱子年譜

臣等謹案朱子年譜四卷考異四卷附錄二卷　國朝王懋竑撰懋竑字予中寶應人康熙戊戌進士授安慶府教授雍正癸卯　特召入直　内廷改翰林院編修初李方子作朱子年譜三卷其本不傳明洪武甲戌朱子裔孫境別刊一本汪仲魯爲之序已非方子之舊正德丙寅婺源戴銑又刊朱子實紀十二卷惟主於鋪張褒贈以詡講學之榮殊不足道至嘉靖壬子建陽李默重編年

譜五卷自序謂猥冗虛謬不合載者悉以法削之視舊本存者十七然默之學源出姚江陰主朱陸始異終同之說多所竄亂彌失其眞　國朝康熙庚辰有婺源洪氏續本又有建寧朱氏新本及武進鄒氏正譌本或詳或略均未爲精確懋竑於朱子遺書研思最久因取李本洪本互相參考根據語錄文集訂補舛漏勒爲四卷又備列其去取之故倣朱子校正韓集之例爲考異四卷併採掇論學要語爲附錄二卷綴之於末其大旨在辨別爲學節次以攻姚江晚年定論之說故於學問特詳於政事頗略如淳熙九年劾奏知台州唐仲友事後人深有異論乃置之不辯又如編類小學既據文集定爲劉子澄而編類綱目乃不著出於趙師淵楚辭集註本爲趙汝愚放逐而作乃不著其名皆未爲周密然於朱子平生求端致力之方考異審同之辨原原本本條理分明於金谿紫陽之門徑開卷瞭然是於年譜體例雖未盡合以作朱子之學譜則勝諸家所輯多矣乾隆四十七年五月恭校上

古列女傳

臣等謹案古列女傳七卷續列女傳一卷漢劉向撰漢書藝文志儒家類載向所序六十七篇注曰新序說苑世說列女傳頌圖也隋書經籍志雜傳類載列女傳十五卷註曰劉向撰曹大家注其書屢經傳寫至宋代已非復古本故曾鞏稱曹大家所注離其七篇爲十四與頌義凡十五篇而益以陳嬰母及東漢以來凡十六事非向本書然也嘉祐中集賢校理蘇頌始以頌義編次復定其書爲九篇與十五篇者並藏於館閣是鞏校錄時已有二本也錢曾讀書敏求記曰此本始於有虞二妃至趙悼后號古列女傳周郊婦人至東漢梁嫕等以時次之別爲一篇號續列女傳頌義大序列於目錄前小序七篇散見目錄中間頌見各人傳後與此恰相符合定爲古本無疑云云此本即曾家舊物題識印記並存驗其板式紙色確爲宋槧誠希覯之珍笈考顏氏家訓稱列女傳劉向所造其子歆又作頌是訛傳頌爲歆作始於六朝修隋志時去之推僅四五

十年偶襲其謬耳續傳一卷曾鞏以爲班昭作其説無證今前七卷及頌題向名續傳一卷則不署撰人庶幾核其實而闕所疑焉原本每事爲圖而所摹服器間與古制不符疑非蘇頌之舊且亦無關宏旨故不復摹繪云乾隆四十七年十月恭校上

高士傳

臣等謹案高士傳三卷晉皇甫謐撰謐字士安自號元晏先生安定朝那人漢太尉嵩之曾孫嘗舉孝廉不行事迹具晉書本傳案南宋李石續博物志曰劉向傳列仙七十二人皇甫謐傳高士亦七十二人知謐書本數僅七十二人此本所載乃多至九十六人然太平御覽五百六卷至五百九卷全收此書凡七十一人其七十八人與此本相同又東郭先生一人此本無而御覽有合之得七十一人與李石所言之數僅佚其一耳蓋御覽久無善本傳刻偶脱也此外子州支父石戶之農小臣稷商容榮啟期長沮桀溺荷蓧丈人漢陰丈人顔斶十

人皆御覽所引嵇康高士傳之文至閔貢王霸嚴光梁鴻臺佟韓康矯愼法眞
漢濱老父龐公十人則御覽所引後漢書之文惟被衣老聃庚桑楚林類老商
氏莊周六人爲御覽此部所未載當由後人雜取御覽又稍摭他書附益之耳
考讀書志亦作九十六人而書錄解題稱今自被衣至管寧惟八十七人是宋
時已有二本竄亂非其舊矣流傳既久未敢輕爲删削然其非七十二人之舊
則不可以不知也乾隆四十七年四月恭校上

卓異記

臣等謹案卓異記一卷舊本題唐李翺撰唐書藝文志則作陳翺案李翺爲貞
元會昌間人不應紀及昭宗陳翺唐志註曰憲穆時人亦不應紀及昭宗其非
李翺亦非陳翺甚明宋史藝文志作陳翰而註曰一作翺亦不言爲何許人其
序稱開成五年七月十一日乃文宗之末年其次年辛酉乃爲武宗會昌元年
何以書中兩稱武宗則非惟名姓舛訛併此序年月亦後人妄加而書則未及

竄改矣其書皆紀唐代朝廷盛事故曰卓異然中宗昭宗皆已廢而復辟一幽囚於悍母一迫脅於亂臣皆國家不幸之事稱爲卓異可謂無識之尤又讀書志稱所載凡二十七事今檢其標目僅二十六條或佚其一或中宗昭宗誤合兩事爲一事均未可知也乾隆四十七年五月恭校上

春秋臣傳

臣等謹案春秋臣傳三十卷宋王當撰當字子思眉山人好學博覽舉進士不第元祐中蘇軾以賢良方正薦廷對策入四等調龍游縣尉蔡京知成都舉爲學官不就及京爲相遂不仕卒其書所傳凡一百九十一人各以贊附於後陳振孫稱爲議論純正文詞簡古於經義多所發明陳造稱爲多出新見可與經傳參贊然持論亦不免有純駁如謂魯哀公如討陳恒即諸侯可得之類殊非聖人本意也至其編次時世前後證引國語史記等書補左傳闕略則誠爲該備無遺於經傳有補焉宋史藝文志載是書作五十一卷與此本不合然於當

本傳則亦云三十卷蓋志爲誤矣乾隆四十七年五月恭校上

廉吏傳

臣等謹案廉吏傳二卷宋費樞撰樞字伯樞成都人其仕履始末則無考也是書書錄解題作十卷此本祇分上下二卷與舊目不符然斷自列國迄於隋唐凡百十有四人與陳振孫所記人數相合則卷數有所合併文字無所刪薙也大旨以風厲廉隅爲主故但能謹飭簠簋即略其他事節錄一長每傳各系以論斷如華歆褚淵之屬皆極爲揚榷褒貶或偶失謹嚴史稱蓋寬饒性刻深陷害人樞既病其太清介不能容物庫狄士文史亦稱其深文陷害樞又惜其公正受禍持論亦自相矛盾然如載公孫宏並著其忌賢之謀載牛僧孺亦書其朋黨之罪綜核大致其議論去取猶可謂不諛不隱者矣乾隆四十七年五月恭校上

紹興十八年同年小錄

臣等謹案紹興十八年同年小錄一卷宋王佐榜進士題名錄也考宋時廷試放榜唱名後謁先聖先師赴聞喜宴列敍名氏鄉貫三代之類具書之謂之同年小錄高宗南渡後自建炎二年李昌榜至是七設科矣是科凡三百三十人又特奏名四百五十七人其四百五十六人缺錄內僅存一人首載前一年御筆手詔三年一科取進士既爲定制而又必以手詔先之此蓋宋制也次載策問及執事官名又次載進士榜名又次載諸進士字號鄉貫三代後又有附錄記董德以下三十二人之事始末而狀元王佐等三人對策之語亦載其略皆附會和議甚力不知何人所記疑宋元間相續而成非出一人之手也宋代同年小錄今率不傳惟寶祐四年榜以文天祥陸秀夫謝枋得三人爲世所重而是榜以朱子名在五甲第九十講學家亦遞相傳錄明弘治中會稽王鑑之重刊於紫陽書院改名曰朱子同年錄夫進士題名統以狀頭曰某人榜進士國制也標以年號曰某年登科小錄亦國制也欲以朱子傳是書可也以朱子冠

是書而使一代之典章爲一家之譜牒則不可以朱子重是書可也以朱子名是書而削帝王之統系題儒者之尊稱則尤不可鑑之所改蓋徒知標榜門戶而未思其有害於名教今仍以原名著録存其眞焉乾隆四十七年五月恭校上

伊洛淵源録

臣等謹案伊洛淵源録十四卷宋朱子撰記周子以下及程子交游門弟子言行其身列程門而言行無所表見甚若邢恕之反相擠害者亦具録其名氏以備考其後宋史道學儒林諸傳多據此爲之蓋宋人談道學宗派自此書始而宋人分道學門戶亦自此書始厥後聲氣攀援轉相依附其君子各執意見或釀爲水火之爭其小人假借因緣或無所不至葉紹翁四朝聞見録曰程源爲伊川嫡孫無聊殊甚嘗鬻米於臨安新門之草橋後有教之以干當路者著爲道學正統圖自考亭以下勦入當事姓名遂特授初品因除二令又以輪對改

合入官遷寺監丞是直以伊洛爲市矣然朱子著書之意則固以前言往行矜式後人未嘗逆料及此或因是併議此書是又以噎而廢食也乾隆四十七年十月恭校上

宋名臣言行録

臣等謹案宋名臣言行録朱子所輯八朝諸臣事蹟分前後二集凡二十四卷其後續集八卷别集二十六卷又録道學諸人爲外集十七卷則李幼武所補編合之凡七十五卷晁公武讀書附志作七十二卷者誤也朱子自序謂讀近代文集及紀傳之書多有裨於世教於是掇取其要聚爲此書乃編中所録如趙普之陰險王安石之堅僻與韓范諸臣並列不免後人之疑明楊以任謂是書各臚其實亦春秋勸懲之旨非必專以取法又解名臣之義以爲名以藏僞有敗有不敗者皆未免曲爲之説然是書所採其人雖未必盡無可訾而其中足爲士大夫坊表者不可悉數凡修身繕性之方致君理國之具無不備載實

可以昭準則而備法鑑不容以一端之失槪之也劝武字士英廬陵人宋史無

傳以續集序考之則當爲理宗時人矣乾隆四十七年四月恭校上

名臣碑傳琬琰之集

臣等謹案名臣碑傳琬琰之集上二十七卷中五十五卷下二十五卷宋杜大

珪撰大珪眉州人自署稱進士而官履實不可考宋自建隆肇邦迄於炎興南

渡立國幾二百年中間人材輩出事功學術多可稱道既沒之後其一時士大

夫之相知者率作爲誌銘神道碑之類大書深刻以章顯其德見於名人文集

者最多在私家撰述固不無溢美之辭而其間議論之同異遷轉之次序拜罷

之歲月亦多確鑿可據故李燾作續通鑑長編李心傳作繫年要錄往往採用

之大珪生於南宋中葉因博加搜輯分爲上中下三集大約隨得隨編不甚拘

於時代體製要其梗概則上集神道碑中集誌銘行狀下集傳爲多所採皆本

之各家著述而亦間及於國史中如丁謂王欽若呂惠卿章惇曾布等皆世所

稱奸邪小人而並得預於名臣之列其去取殊爲未審然當時若朱子名臣言
行錄趙汝愚名臣奏議亦濫及於丁謂王安石諸人蓋兼收並採義取閎富以
至區別未純雖大賢亦不能免如大珪者更無足責至其於一代事蹟臚敘特
詳可以補史之缺遺而正其舛誤於史學固不爲無助也乾隆四十七年八月
恭校上

錢塘先賢傳贊

臣等謹案錢塘先賢傳贊一卷宋袁韶撰韶字彥純慶元人嘗知臨安府請於
朝建許由以下三十九人之祠而各爲之傳贊事在寶慶丙戌至景定五年甲
子而祠毀至正二年有呂淵者復其祠重鋟傳贊後二年丙戌浙江等處儒學
提舉班惟志敘而行之是編猶元時舊刻所紀録者雖止及一鄉之耆舊其中
郞簡俞絳等十餘人亦俱見於正史然是書爲宋人所撰又在元人修史之前
於事實多所綜覈如東都事略俞絳傳稱陽夏人是書稱富陽人考宋史本傳

謂其先陽夏人祖懿文爲杭州鹽官令葬富陽遂爲富陽人則是書較爲得實又東都事略絳本傳不載嘏判吏部流內銓及太常禮院亦不載嘏吏部官職田及使契丹事此書詳之則正史之所本也又是書錢彥遠傳贊載楊懷敏妄言契丹事乃除入內副都知內侍黎用信以罪竄海島赦歸遽得環衞官許懷德高年未謝事彥遠上疏極論之又言楊景宗郭永祐小人宜廢不用而東都事略彥遠本傳不載又錢藻傳贊載藻改翰林侍讀學士知審官東院卒神宗知其貧特賻錢五十萬贈太中大夫而東都事略藻本傳不載又錢勰傳贊載王安石許用以御史勰辭謝安石知不附己命權鹽鐵判官又載奉使高麗卻島王金銀器事而東都事略勰本傳不載沈遘傳贊載知開封府後遷右諫議大夫丁母憂上賜黃金百兩居喪日一食既葬廬墓側以卒而東都事略遘本傳不載凡此多得之故老流傳頗爲詳贍修正史者因採以入傳故與宋史頗相脗合傳贊亦古雅可誦固非後來地志家夸飾附會之比也乾隆四十七年

五月恭校上

慶元黨禁

臣等謹案慶元黨禁一卷不著撰人名氏宋史藝文志亦不著錄惟見永樂大典中題曰滄州樵叟撰蓋與紹興正論均出一人之手序稱淳熙乙巳則作於宋理宗十八年也考黨禁起於寧宗慶元二年八月弛於嘉泰二年二月是書之作蓋距弛禁時又四十四年矣宋代忠邪雜進黨禍相仍國論喧呶已一見於元祐之籍迨南渡後和議已成外憂暫弭君臣上下熙熙然燕雀處堂諸儒不鑒前車又尋覆轍求名既急持論彌高聲氣交通賢姦混糅浮薄詭激之徒相率攀援醸成門戸遂使小人乘其瑕隙又興黨獄以中之蘭艾同焚國勢馴至於不振春秋責備賢者不能以敗亡之罪獨諉諸韓侂胄也且光寧授受之際趙汝愚等謀及宵人復處之不得其道致激成禍變於謀國尤踈恭讀御題詩章於揖盜開門再三致意垂訓深切實爲千古定評講學之家不能復以

浮詞他說解矣書中所錄僞黨共五十九人如楊萬里嘗以黨禁罷官而顧未入籍其去取之故亦頗難解然其中宋史有傳者不及十之三四其他姓名官籍史所共載者多藉此以考見大略於論古亦爲有裨至若薛叔似晚歲改節依附權姦皇甫斌猥瑣梯榮僨軍辱國侂胄既敗之後又復列名韓黨與張巖許及之諸人並遭貶謫陰陽反覆不可端倪而其姓名亦並見此書中豈非趨附者繁梟鸞並集之一證哉總之儒者明體達用當務潛修致遠通方當求實濟徒傳衛道之名聚徒講學未有不水火交爭流毒及於宗社者東漢不鑒戰國之横議南北部分而東漢亡北宋不鑒東漢之黨錮洛蜀黨分而北宋亡南宋不鑒元祐之敗僞學禁起而南宋亡明不鑒慶元之失東林勢盛而明又亡皆務彼虚名受其實禍決裂潰覆之後執門戶之見者猶從而巧爲之詞非公論也張端義貴耳集曰朝廷大患最怕攻黨伊川見道之明不能免焉淳熙則曰道學慶元則曰僞黨深思由來皆非國家之福斯言諒矣謹恭錄御題冠

此書之端用昭萬年之炯戒併詳著古來黨禍之由俾來者無惑焉乾隆四十五年十月恭校上

宋寶祐四年登科録

臣等謹案宋寶祐四年登科録四卷乃文天祥榜進士題名也首列御試策題一道及詳定編排等官姓名其覆考檢點試卷官爲王應麟故宋史文天祥傳載考官王應麟奏其卷稱古誼若龜鑑忠肝如鐵石敢爲國家得人賀也其一甲第九人爲王應鳳即應麟之弟蓋當時法制猶疎未有迴避之例耳天祥本列第五理宗親擢第一其第二甲第一人爲謝枋得第二十七人爲陸秀夫與天祥並以孤忠勁節撐拄綱常數百年後睹其姓名尚凜然生敬則此録流傳不朽若有神物呵護者豈偶然哉五甲第一百八十九人朱𣓨以下原本脱去二十四人今檢録中四甲二百二十七人趙與溥下注兄與鎮同榜而録無其名又括蒼彙紀有趙時陳塈衡州府志有羅雷春萬姓統譜有趙良金並稱寶

祐四年進士而此錄亦無之則皆在所闕内矣後有天祥對策一道理宗御製賜進士詩及天祥恭謝詩各一首天祥是年登第後即丁父憂歸至己未始授簽書寧海節度判官廳公事故謝表中有自叨異數亦既三年之語此錄並載其表文乃後人所增附者也乾隆四十七年十月恭校上

京口耆舊傳

臣等謹案京口耆舊傳九卷不著撰人名氏明楊士奇文淵閣書目焦竑國史經籍志皆載其名亦不云誰作考書中蘇庠傳末云予家世丹陽先人知其狀爲詳又從其孫嚞借家傳則作者當爲丹陽人庠卒於紹興十七年而作者得交其孫則當爲南宋末年人也其書採京口名賢事迹各爲之傳始於宋初迄於端平嘉熙間其中忠烈如陳東經濟如張慤張縯湯東野劉公彥風節如王存王遂蔣猷劉宰文學如沈括洪興祖書畫如米芾父子雖皆著在史傳而軼聞逸事則較史爲詳至湯東野傳稱明受赦書至東野謀於張浚欲匿赦不宣

而宋史浚本傳稱浚命守臣湯東野祕不宣其説互異證以劉宰漫塘集湯侍郎勤王錄跋乃與此書所載合則足以訂宋史記錄之誤漫塘集稱陳東於欽宗時凡六上書高宗時凡四上書宋史東本傳第云於欽宗時五上書高宗時三上書證以此書乃知宋史有據漫塘集爲傳聞之訛王鞏甲申雜記謂陳亢以熙寧八年生鄜與度證以此書鄜中熙寧九年進士則距生歲止一年度中元豐三年進士則距生歲止四年尤足以糾小説附會之謬如此之類不一而足蓋是書體例全倣正史每爲一傳首尾該貫生卒必詳與諸家雜説隨筆記載不備端末者不同故事實多可依據於史學深爲有裨文淵書目載是書不列卷數經籍志則作四卷今據永樂大典所載裒合成編釐爲九卷考宋史地理志京口凡丹徒丹陽延令金壇四縣神宗熙寧五年改延令爲鎮併入丹陽則所存者僅三縣而此書吳致堯傳其人在宣和之季乃仍稱曰延令人蓋沿襲舊名偶然失改猶漢高帝十一年已改眞定爲東垣而南越王傳猶稱尉佗

爲眞定人史氏駁文不足爲據今仍以三縣分隸庶從其實至於諸書所載互有同異則併附載各條之下以資考證焉乾隆四十六年三月恭校上

昭忠錄

臣等謹案昭忠錄一卷不著撰人姓名所記皆南宋末年忠節事蹟故以昭忠名篇自紹定辛卯元兵克馬嶺堡總管田璲等死節迄於國亡殉義之陸秀夫文天祥謝枋得等凡一百三十人詳其詞義蓋宋遺民入元者之所作也每條先列姓名官爵於前而紀其死難事實於後其文間有詳略而大都確實可據以宋史忠義傳互相校核其爲史所失載者甚多即史傳所有亦往往與此書參錯不合如紹定辛卯西和州殉難之陳寅宋史亦有傳而其同死之守將楊銳則史失載其戰沒事且訛其姓爲王銳又宋史林空齋傳以空齋爲林同之子考此書方知即同之號史又誤以劉仝子爲劉仝祖併失載其被執自縊及其妻殉節等事凡此皆當以是書爲得其實又張世傑在崖山及謝枋得被徵

事蹟所載亦比諸書爲詳疑元時民間所私錄未經上送史館至正間纂修諸臣無由見之故所載尚不免於闕誤耳此本乃舊傳鈔帙文字亦間有訛脱而大略尚可考見謹著之於録庶一代忠臣義士未發之幽潛復得以彰顯於世且俾讀宋史者亦可藉以考見其踈略焉乾隆四十七年四月恭校上

欽定四庫全書提要卷三十五

史部九

傳記類二

敬鄉録

臣等謹案敬鄉録十四卷元吳師道輯師道字正傳婺州蘭溪人至治元年進士仕至禮部郎中以宋婺州守洪遵東陽志所記人物有遺闕因集録其鄉賢自梁迄宋末每人先次其行略而附録其所著詩文亦有止著其目者明正德間金華守趙鶴有金華文統十三卷蓋祖是書爲之然較之是書既多複出復有闕遺如是録載潘良貴矯齋記靜勝齋記答雷公達書君子有三戒說四篇而文統止載矯齋記及答雷公達書二篇刪汰殊無義例則是録實爲博要金華代出名賢師道所録全在元人以前文獻流傳尤可賞惜若宋方符所編宗忠簡遺集師道謂不及見故集中封事諸篇此録不載然此録有贈雞山陳七

四秀才五言一首方符所編轉未之及則亦足補其闕矣又此書編輯諸賢小
傳猶在宋史未成以前故多有異同參互之事若謂梅執禮密與諸將謀奪萬
勝門夜入金營劫二帝歸范瓊以爲無益獨吳革與趙子方結軍民得衆數萬
王時雍徐秉哲聞之懼使瓊泄謀於金師宋史及東都事略本傳俱不載其詳
附見於此書又若宋史載嘉定十四年三月丁亥金師破黄州知州事何大節
棄城遁死己亥金師陷蘄州知州事李誠之死之是録載李誠之死事與宋史
合而於何大節之遁則别引劉克莊答傅諫議伯成書辨大節初護齊安官吏
士民過武昌復自還齊安固守半月城破金師擁入大節死於赤壁磯下則大
節實未嘗遁此事與宋史頗異亦可以資考證元好問中州集爲世所重以其
詳於篇章並核於事實師道此書又豈出好問下歟乾隆四十七年四月恭校
上

臣等謹案唐才子傳八卷元辛文房撰文房字良史西域人其始末不見於史傳惟陸友仁研北雜志稱其能詩與王執謙齊名蘇天爵元文類中載其蘇小小歌一篇耳是書原本凡十卷總三百九十七人下至妓女女道士之類亦皆載入其見於新舊唐書者僅百人餘皆從傳記說部各書采葺其體例因詩繫人故有唐名人非卓有詩名者不録即所載之人亦多詳其逸事及著作之傳否而於功業行誼則祇撮其梗概蓋以論文爲主不以記事爲主也大抵於初盛稍略中晚以後漸詳至李建勳孫魴沈彬江爲廖圖熊皦孟賓于孟貫陳摶之倫均有專傳則併下包五代矣考楊士奇東里集有是書跋是明初尚有完帙故永樂大典目録於傳字韻内載其全書今傳字一韻適佚世間遂無傳本然幸其各韻之内尚雜引其文今隨條摭拾裒輯編次共得二百三十四人又附傳者四十四人共二百七十八人謹依次訂正釐爲八卷按楊士奇跋稱是書凡行事不關大體不足爲勸戒者不録又稱雜以臆說不盡可據今考編中

如許渾傳稱其夢遊崑崙李羣玉傳稱其夢見神女雜采孟棨本事詩范攄雲溪友議荒唐之説無當史裁又如儲光羲汚祿山僞命而稱其養浩然之氣尤乖大義他如謂駱賓王與宋之問唱和靈隱寺中謂中興間氣集爲高適所選謂李商隱曾爲廣州都督謂唐人效杜甫者惟唐彥謙一人乖舛不一而足蓋文房鈔撮繁富或未暇檢詳故謬誤牴牾往往雜見然較計有功唐詩紀事敘述差有條理文章亦秀潤可觀傳後間綴以論掎摭詩家利病亦足以津逮藝林於學詩者考訂之助固不爲無補焉乾隆四十六年四月恭校上

元名臣事略

臣等謹案元名臣事略十五卷元蘇天爵撰天爵字伯修眞定人由國子學生試第一釋褐授從仕郎薊州判官終浙江行省參知政事事跡具元史本傳此書記元代名臣事實始穆呼哩終劉因凡四十七人大抵據諸家文集所載墓碑墓誌行狀家傳爲多其雜書可徵信者亦採掇焉一一注其所出以示有徵

蓋仿朱子名臣言行錄例而始末較詳又兼仿杜大珪名臣碑傳琬琰集例但有所棄取不盡錄全篇耳後蘇霖作有官龜鑑於當代事迹皆採是書元史列傳亦皆與是書相出入衆知其不失爲信史矣乾隆四十七年十月恭校上

浦陽人物記

臣等謹案浦陽人物記二卷明宋濂撰濂字景濂浦江人元末用薦除翰林編修以親老辭明初徵授太子經歷官翰林學士承旨事迹具明史本傳是書凡分五目曰忠義曰孝友曰政事曰文學曰貞節所紀共二十有九人而以進士題名一篇附於後歐陽元爲作序稱其至公甚當不以私意爲矛奪蓋濂本以文章名世故所作皆具有史法其書成於元時後人編輯濂集者止採錄其論贊而全書則仍別行蓋用羅願鄂州小集收新安志諸小序而不收其志例也此本爲明弘治中歷陽王珍所重刻卷末有濂一跋稱始立稿而廉侯景淵遞取刊布故牴牾者多今補定五十餘處視舊行爲小勝末題至正十三年此跋

濂集亦未收蓋晚年改正之本編錄時又偶佚矣乾隆四十七年四月恭校上

古今列女傳

臣等謹案古今列女傳三卷明解縉等奉勅撰先是明太祖孝慈高皇后馬氏每聽女史讀書至列女傳謂宜加討論因請於帝命儒臣考訂未就永樂元年成祖既追上馬后尊謚册寶仁孝皇后徐氏復以此書爲言因命縉及黄淮胡廣胡儼楊榮金幼孜楊士奇王洪蔣驥沈度等同加編輯書成上進帝自爲文存之一卷歷代后妃二卷諸侯大夫妻三卷士庶人妻時徐后自撰高皇后傳頒賜諸王百官又作貞烈事實以闡幽顯微頗留意於風教是編裒錄事蹟起自有虞迄於元明上古多本之劉向書後代則略取各史而以明初人附益之採擇頗爲嚴愼此猶常時内府初刊之本爲項元汴家所藏黄虞稷千頃堂書目稱此書成於永樂元年十二月今考成祖御製序實題九月朔旦則虞稷所記誤也乾隆四十七年四月恭校上

殿閣詞林記

臣等謹案殿閣詞林記二十二卷明廖道南撰道南字鳴吾蒲圻人正德辛巳進士改庶吉士授編修歷侍講學士官詞垣最久因仿唐李肇翰林志宋周必大玉堂雜記而爲是書凡服官詞林以及殿閣宮坊臺省俱分記之其例仕至華蓋武英諸殿者曰殿學文淵東閣者曰閣學兼六館者曰館學詹事者曰宮學屬春坊者曰坊學屬弘文者曰館學典成均者曰廱學陞本院者曰卿學著節義者曰贈學擅書翰者曰藝學終始本院者曰院學大概依各史列傳之例悉載官階恩遇而事實亦附見焉其敍次詳贍多有史傳所未及者足以資考訂之助卷九以下標題皆作國子監祭酒黄佐侍講學士廖道南同編按道南自序稱與泰泉黄佐纂翰林雜記六册明史藝文志亦載黄佐翰林記二十卷蓋道南既成是編又取佐書以足之今佐書别有傳本與此參校其前後次序及文之詳略互有異同疑道南又已有所删掇今故並存之以備考云乾隆

四十七年五月恭校上

嘉靖以來首輔傳

臣等謹案嘉靖以來首輔傳八卷明王世貞撰世貞以史學自任多所著述其弇山堂別集諸書已著於錄是編乃紀世宗穆宗神宗三朝閣臣事蹟案明自太祖罷設丞相分其事權於六部至成祖始命儒臣入直文淵閣參預機務但稱閣臣而不以相名其後閣倖干政閣臣多碌碌充位至嘉靖間始委政内閣而居首者責任尤專遂有首輔之稱凡一時政治得失往往視其人爲輕重故世貞作此一斷自嘉靖爲始以明積漸之所由來前有總序稱閣臣沿革始末已具年表者即指弇山堂別集中之百官表也其所載始楊廷和迄於申時行皆以居首者爲主而間以他人事蹟附之於當時國事是非及諸臣賢不肖進退之故序次詳悉頗得史法世貞與王錫爵同鄉錫爵家嘗妄言其女得道仙去世貞遽爲作傳當時劾錫爵者或并及世貞世貞作此書時遂載入仙女事

以爲誠然茲則可謂誕矣其餘所紀則大抵近實可與正史相參證云乾隆四十七年四月恭校上

明名臣琬琰録

臣等謹案明名臣琬琰録二十四卷續録二十二卷明徐紘撰紘字朝文武進人弘治庚戌進士以刑部郎中出爲廣東按察司僉事分巡嶺東終於雲南按察司副使是書乃仿宋杜大珪輯名臣碑傳琬琰集而作所輯自洪武迄弘治九朝諸臣事蹟前録所載一百十有七人續録所載九十五人凡碑銘誌傳以及地志言行録之類悉具焉其中如李景隆之喪師誤國不得謂之名臣惠安伯張昇在戚里中雖有賢聲而始終未嘗任事亦難與勳臣並列又如陳泰墓誌中稱寇深忌其才名嗾人誣劾而李賢所作深墓志亦在録中乃極稱其持法嚴明雖自附識語調停究不免彼此矛盾然明自成弘以前風會淳厚士大夫之秉筆者類多質直不支無緣飾夸大之詞尚屬可以取信考獻徵文亦足

以資證據固非小說家言掇拾傳聞者比也乾隆四十七年五月恭校上

今獻備遺

臣等謹案今獻備遺四十二卷明項篤壽撰篤壽字子長秀水人是編專採明代名臣事蹟編爲列傳起洪武訖嘉靖計二百四人蓋本袁袠所著而稍增損之明史藝文志亦載有其目其曰備遺者自序謂姑備遺忘蓋謙言之不敢以作史自任也明代文人類多留意掌故其以累朝人物彙輯成書者如雷禮之列卿記楊豫孫之名臣琬琰錄焦竑之國史獻徵錄卷帙最爲浩博而冗雜氾濫不免多所牴牾惟篤壽此書頗爲簡明有法雖其中記載亦未能悉當如劉基飲西湖上見西北雲氣謂是天子氣在金陵我當輔之此術家附會悠謬之談今明史已刊削不取而篤壽乃著之基傳中實不免於輕信又如徐有貞之悍鷙李東陽之模棱張孚敬之偏愎皆未可稱一代完人而篤壽並推重甚至其進退亦爲寡識然敘述詳贍凡其間年月先後事蹟異同皆可以爲博考參

稽之助視他家之猥俗龐雜者義例較爲謹嚴於史學固未嘗無所裨益也乾隆四十七年四月恭校上

百越先賢志

臣等謹案百越先賢志四卷明歐大任撰大任字楨伯廣東順德人嘉靖壬戌以歲貢除江都訓導遷光州學正又遷國子博士官至南京戶部郎中南方之國越爲大自句踐六世孫無疆爲楚所敗諸子散處海上各爲君長其著者嶺南爲南越自東冶至漳泉爲閩越永嘉爲甌越自湘灕而南爲西越牂牁西下邕雍綏建爲駱越統而名之謂之百越大任越人因蒐輯百越先賢斷自東漢得一百二十人各爲之傳所收兼及會稽以句踐舊疆北盡會稽故也秦會稽郡跨有吳地然人物涉於吳者不載以秦之郡境非越之國境故也書中所載如趙曄以著書見收而作越紐錄之袁康吳平名見王充論衡而不載方技收徐登趙炳董奉介象而作參同契之魏伯陽亦上虞人名見葛洪神仙傳而亦

不載蓋大任是書多憑史傳不甚採錄雜書其偶有遺漏在此其體倒謹嚴勝於地志之冗蔓亦即在此至於引用史文刋除不盡如梅福傳中載請封孔子後事稱語見成紀漢書有成帝本紀故可互見其文此書但立福傳則成紀之語虛懸無著亦未免失之因仍然每傳之末必注所據某書其兼採衆說者亦必注又據某書參修一句一字咸有所本尤勝於他家之杜撰均未可以一眚議之黄佐修廣東新志漢以前人物小傳皆採是書蓋亦深知纂述之不苟矣書成於嘉靖甲寅至萬歷壬辰其鄉人游樸始爲鋟板歲久散佚僅存鈔本第二卷中養奮傳後蠹蝕一傳不辨姓名鄧盛傳綦毋俊傳李進傳皆殘缺不完陳某一傳脱佚尤甚僅存姓而佚其名今亦各仍原本從闕疑之義焉乾隆四十七年八月恭校上

元儒考略

臣等謹案元儒考略四卷明馮從吾撰從吾字仲好長安人萬歷己丑進士改

庶吉士又改御史以上疏言事廷杖歷遷左副都御史以爭紅丸梃擊事乞歸起工部尚書以疾辭後竟削奪及奄黨敗詔復官謚恭定事蹟具明史本傳是編乃集元代諸儒事實各爲小傳大抵以元史儒學傳爲主而旁採志乘附益之中有大書特傳者亦有細書附傳者皆據其學術之高下以爲進退體例頗爲叢碎又名姓往往乖舛如歐陽元別號圭齋今乃竟題作歐陽圭既以號作名又删去一字校勘亦未免太踈然宋儒好附門牆於淵源最悉明儒喜爭異同於宗派尤詳語錄學案動輒災棃不啻汗牛充棟惟元儒篤實不甚近名故講學之書傳世者絶少亦無匯合諸家勒爲一帙以著相傳之系者從吾掇拾殘賸補輯此篇以略見一代儒林之梗槩存之亦足資考證物有以少見珍者此之謂與乾隆四十七年四月恭校上

欽定宗室王公功績表傳

臣等謹案欽定宗室王公功績表傳十二卷乾隆四十六年奉敕撰初乾

隆二十九年　命宗人府內閣考核宗室王公功績輯爲表一卷詳列封爵世系傳五卷第一卷第二卷爲親王第三卷爲郡王第四卷爲貝勒貝子鎭國公輔國公第五卷爲王貝勒獲罪褫爵而舊有勳勞者通三十一人又附傳二十一人於乾隆三十年六月告成嗣以所述簡親王喇布順承郡王勒爾錦貝勒洞鄂事迹皆不詳悉又順承郡王傳中生有神力之語亦涉不經乃　詔國史館恭檢　實錄紅本重爲改撰前表後傳體例如舊立傳人數亦如舊而事必具其始末語必求其徵信則視舊詳且核焉考古者同姓分封惟周爲盛然文昭武穆惟魯公伯禽有淮徐之功耳諸史列傳載從龍戰伐雖不乏懿親亦從無多至四十五人並奮起鷹揚銘勳竹帛共襄萬世之　鴻基者蓋我　國家　世德作求克承　天眷貞元會合光嶽氣鍾太元渾灝之精既挺生乎列聖扶輿淸淑之氣遂並萃於宗盟記所謂天降時雨山川出雲乘時佐命非偶然也至我　皇上篤念周親不忘舊績俾效命風雲之會者得以表章併使

席榮珪組之班者知所觀感用以本支百世帶礪萬年所謂　垂訓而示勸者
聖意尤深遠矣參稽詳慎必再易稿而始成書者豈徒然哉乾隆五十四年
十月恭校上

欽定外藩蒙古回部王公功績表傳

臣等謹案外藩蒙古回部王公功績表傳一百二十卷乾隆四十四年奉　勅
撰體例與宗室王公功績表傳同考今蒙古諸部其人率元之部族其地則遼
之故疆自遼初上溯於漢初攻伐之事未嘗絕自元末下迄於明末攻伐之事
亦未嘗絕固由風氣剛勁習於戰鬬恒不肯服屬於人亦由威德不足以攝之
故不爲用而反爲患也我　國家龍興東土七德昭宣叛盟者芟鋤歸命者綏
輯自察哈爾林丹汗恃其頑梗卒就滅亡外天命四年科爾沁首先內附郭爾
多斯杜爾伯忒札賴特隨之天聰元年敖漢柰曼來歸二年巴林札魯特來歸
三年土默特來歸六年阿祿科爾沁歸化城土默特來歸七年四子部落吳喇

忒翁牛特喀喇沁來歸八年蒿齊忒烏朱穆秦克西克騰毛明安來歸九年阿
霸垓蘇尼特鄂爾多斯來歸崇德初阿霸哈納爾亦來歸莫不際會風雲攀龍
附鳳執殳效命拔幟先登雖彭濮盧髳景從周武亦蔑以加於是焉故折衝禦
侮之力名勒乎旂常分茅胙土之榮慶延於孫子迄今檢閱新編披尋舊迹仰
見我　列聖提挈乾綱驅策羣力長駕遠馭之略能使柳城松漠中外一家咸
稽首而効心膂其炳然可傳者章章如是誠爲前史所未聞不但諸王公勳業
爛然爲足炳耀丹青也乾隆五十四年四月恭校上

八旗滿洲氏族通譜

臣等謹案八旗滿洲氏族通譜八十卷乾隆九年　欽定詳載滿洲氏族得姓
之由及其所居之地以著族望有支姓繁衍分地而居者則各以其地冠之如
瓜爾佳氏居蘇完者標曰蘇完瓜爾佳氏居葉赫者標曰葉赫瓜爾佳氏以明
其支派之别滿洲諸臣内有　賜姓者仍附書於本姓而詳誌其　賜姓之由

俾譜系秩然每一姓中有勳勞懿行卓然著聞者冠於一姓之首各系小傳以光世德至蒙古高麗尼堪臺尼堪撫順尼堪之向隸滿洲歷年久遠者並附於後仰惟我朝肇基東土德威所布萬姓雲從而率屬歸誠舉族內附者復爭先恐後是以帷幄之臣熊羆之士炳著旂常自古以來莫能比盛而勳封世爵爰及苗裔爲國世臣是書所載實與國史列傳八旗通志詳略互見足相表裏云乾隆四十七年三月恭校上

欽定勝朝殉節諸臣錄

臣等謹案勝朝殉節諸臣錄十二卷乾隆四十一年奉勅撰明自萬歷以還朝綱日紊中原瓦解景命潛移我國家肇造丕基龍興東土王師順動望若雲霓而當時守土諸臣各爲其主往往殞身碎首喋血危疆逮乎掃蕩妖氛宅中定鼎乾坤再造陬澨咸歸而故老遺臣猶思以螳臂當車致煩齊斧載諸史册一一可稽我皇上幾餘覽古軫惻遺忠念其冒刃攖鋒雖屬

不知天運而疾風勁草百折不移要爲死不忘君無慚臣節用加　贈典以勵
綱常　特命大學士九卿京堂翰詹科道集議於廷俾各以原官　錫之新諡
蓋　聖人之心大公至正視天下之善一也至於崇禎之季銅馬縱橫或百戰
捐生或孤城効死雖將傾之廈一木難支而毅魄英魂自足千古自范景文等
二十餘人已蒙　世祖章皇帝易名　賜祭炳燿丹青外其縶馬埋輪沈淵伏
劍在甲申三月以前者並　命博徵載籍詳錄芳蹤若夫壬午革除傳疑行遯
致身一錄見聞雖有異詞抗節諸臣生死要爲定據亦詳爲　甄錄追慰忠魂
大抵以　欽定明史爲主而參以官修　大清一統志各省通志諸書皆臚列
姓名考證事迹勒爲一編凡立身始末卓然可傳而又取義成仁搘拄名教者
各予專諡共三十三人若平生無大表見而慷慨致命矢死靡他者彙爲通諡
其較著者曰忠烈共一百二十四人曰忠節共一百二十二人其次曰烈愍共
三百七十七人曰節愍共八百八十二人至於微官末秩諸生韋布及山樵市

隱名姓無徵不能一一議謚者並祀於所在忠義祠共二千二百四十九人如楊維垣等失身閹黨一死僅能自贖者則不濫登焉書成　奏進　命以勝朝殉節諸臣錄爲名併　親制宸章弁諸簡首　宣付武英殿刊刻頒行以垂示久遠臣等竊惟自古代嬗之際其致身故國者每多蒙以惡名故鄭樵謂晉史黨晉而不有魏凡忠於魏者目爲叛臣王凌諸葛誕毌邱儉之徒抱屈黃壤齊史黨齊而不有宋凡忠於宋者目爲逆黨袁粲劉秉沈攸之之徒含寃九原可見阿狥偏私率沿其陋其間即有追加褒贈如唐太宗之於堯君素宋太祖之於韓通亦不過偶及一二人而止誠自書契以來未有天地爲心渾融彼我闡明風教培植彝倫不以異代而歧視如我　皇上者臣等恭繹　詔旨仰見權衡予奪袞鉞昭然不獨勁節孤忠咸邀　渥澤而明昭彰癉立千古臣道之防者春秋大義亦炳若日星敬讀是編彌凛然於　皇極之彝訓矣乾隆五十四年四月恭校上

明儒學案

臣等謹案明儒學案六十二卷　國朝黄宗羲撰初周汝登作聖學宗傳孫奇逢又作理學宗傳宗羲以其書未粹且多所缺遺因搜採明一代講學諸人文集語錄辨别宗派輯爲此書自朱陸分門以後至明而朱之傳流爲河東陸之傳流爲姚江其餘或出或入總往來於二派之間宗羲生於姚江欲抑王尊薛則不甘欲抑薛尊王則不敢故於薛之徒陽爲推重而陰致微詞於王之徒外示擊排而中存調護夫二家之學各有得失及其末流之弊議論多而是非起是非起而朋黨立恩讐轇轕毀譽糾紛正嘉以還賢者不免蔓延迄於明季而其禍遂中於國家講學諸儒實不能辭其責宗羲此書猶勝國門戸之餘風非專爲講學設也然於諸儒源流分合之故敘述頗詳猶可考見其得失知當時黨禍所由來是亦千古之炯鑑矣乾隆四十七年三月恭校上

中州人物考

臣等謹案中州人物考八卷　國朝孫奇逢撰奇逢字啓泰一字鍾元容城人前明萬歷庚子舉人入　國朝年八十餘乃卒是編乃其移居河南蘇門山時所作備載中州人物分爲七科一理學二經濟三忠節四清直五方正六武功七隱逸而文士不與焉蓋意在黜華藻勵實行也所錄皆明人惟忠節之末附元蔡子英一人人各爲傳贊多者連數紙少或僅一行云無徵者則不詳不以詳略爲褒貶也後一卷曰補遺曰續補不復以七科標目蓋不欲入之七科中故託詞于補續云爾然猶與七科一例雖布衣亦以公稱最後有名無傳者三十四人則直書其名矣其贊恕于常人而責備于賢者頗爲不苟惟張玉傳贊最爲紕繆考玉以元樞密知院叛而歸明而奇逢以爲善擇主是唐六臣奉璽歸梁皆善擇主也玉後輔佐燕王稱兵犯順歿于鐵鉉濟南之戰而奇逢以爲得死所是李日月助李希烈隕身鋒鏑亦得死所也且蔡子英義不忘元間關出塞卒歸故主奇逢既列之忠節矣而復奬張玉之叛亂不自相矛盾乎至薛

瑄本河津人李夢陽本慶陽人牽合而歸之中州又其末節矣奇逢雖以布衣終而當時實負重望湯斌至北面稱弟子其所論著頗爲世所傳誦非他郡邑傳記無足輕重者比故存其書而具論之俾讀是編者知其瑕瑜不相掩焉乾隆四十七年二月恭校上

東林列傳

臣等謹案東林列傳二十四卷　國朝陳鼎編鼎江陰人明萬歷間無錫顧憲成與高攀龍重修宋楊時東林書院講學其中欲以主持清議爲已任一時聲氣蔓延趨附者幾遍天下互相標榜自立門戸而流品亦遂糅雜而不可問天啟中魏忠賢亂政附閹諸人因東林以起黨獄一時誅斥殆盡籍其名頒示天下至崇禎初既定逆案始大加收錄死者追䘏生者擢用而魏崔餘黨尚在競思翻案議論糾紛小人之反覆其間者又各借東林之名以張其氣燄是非蠭起水火交爭彼此報復迄明亡而後已是編所載一百八十餘人蓋即本於東

林黨人榜及沈潅謚體仁等雷平蠅蚋諸錄以節義炳著者彙載於前餘亦分傳並列臚敘事蹟頗詳其中碩士端人固所不乏而依草附木者實繁有徒其流品混淆非但難語於宋之道學諸儒亦未可擬於漢之黨錮而樹幟分朋干撓時政其患率隱中於國家足知黨論一開貽害必有不可勝言者此書仿襲頤正元祐黨籍傳之例各加紀述於諸人之姓名履貫無不本末粲然俾讀者論世知人得以辨別賢姦而推原其致弊之所以然其亦可爲炯鑒矣乾隆四十七年五月恭校上

儒林宗派

臣等謹案儒林宗派十六卷　國朝萬斯同撰斯同是編紀孔子以下迄于明末諸儒授受之源流各以時代爲次其上無師承後無弟子者則別附著之自伊洛源流錄出宋史遂以道學儒林分爲二傳非惟文章之士記誦之才不得列之于儒即自漢以來傳先聖之遺經者亦幾幾乎不得列于儒儒遂專屬于

心性至明而溯道統者併黄農堯舜一槪引之爲儒儒且上接于帝王尊己淩人互相排軋門戶遂轇轕而不解斯同此書斷自孔子以下統緒既明漢後唐前凡傳經之儒一一具列亦無黨同伐異之見其持論獨爲平允惟其附録一門旁及老莊申韓之流未免矯枉過直又唐啖助之學傳之趙匡陸質宋孫復之學傳于石介皆卓然自立一家宋代説經實濫觴于二子乃列之散儒之中不入宗派亦有所未安至于朱陸二派在元則金吳分承在明則薛王異尙四百年中出此入彼淵流有自脈絡不誣亦未可以朝代不同不爲明其宗系如斯之類雖皆未免少疎然較之學統學案諸書則可謂湔除畛域之見矣世所傳本僅十二卷此本出自歷城周氏較多四卷蓋其末年完備之定本云乾隆四十七年十月恭校上

明儒言行録

臣等謹案明儒言行録十卷續録二卷　國朝沈佳撰佳字昭嗣號復齋仁和

人康熙戊辰進士官安化縣知縣是編仿朱子五朝名臣言行錄之例編次有明一代儒者各徵引諸書述其行事亦間摘其語錄附之所列始於葉儀迄於金鉉凡七十五人附見者七十四人續錄所列始於宋濂迄於黃淳耀凡五十九人附見者九人佺之學出於湯斌然斌參酌於朱陸之間佺則一宗朱子故是編大旨以薛瑄爲明儒之宗於陳獻章則頗致不滿收王守仁於正集而守仁弟子則删汰甚嚴王畿王艮咸不預焉其持論頗爲不苟初黄宗羲作明儒學案採摭最詳顧其學出於姚江雖於河津一派不敢昌言排擊而於王門末流諸人流於猖狂恣肆者亦頗爲回護門戶之見未免尚存佺撰此錄蓋陰以補救其偏鄞縣萬斯大宗羲之弟子也平生篤信師說而爲佺作是錄序雖微以過嚴爲說而不能攻擊其失蓋亦心許之也學者以兩家之書互相參證庶乎有明一代之學派可以得其平允矣正不必論甘而忌辛是丹而非素也乾隆四十七年四月恭校上

史傳三編

臣等謹案史傳三編五十六卷　國朝朱軾撰軾有周易傳義合訂已著錄是編凡名儒傳八卷名臣傳三十五卷又續編五卷循吏傳八卷成於雍正戊申時明史尚未成書故所錄至元而止明以來傳名儒者大抵宗宋而祧漢唐而宋又斷自濂洛以下軾所爲傳上起田何伏生申公諸人不沒其傳經之功中及董仲舒韓愈諸人不沒其明道之力於宋則胡瑗孫復石介劉敞陳襄雖軌轍稍殊亦並見甄錄絕不存門戶之見其以遷就利祿削揚雄馬融以祖尚元虛削王弼何晏以假借經術削匡衡王安石亦特爲平允惟胡寅修怨於生母王柏披猖恣肆至刪改孔子之聖經咸預斯列似爲少濫據王褔時之虛詞爲薛收作贊亦未免失之不考耳名臣傳所列凡一百八十人去取頗爲矜愼續編所列又三十九人其凡例曰續編者何也擇其次焉者也或卷帙編次已定附之於後焉耳然見爲稍亞而乙之與失於偶漏而補之其品第則有間矣混

而無別亦稍疎也循吏傳所列凡一百二十一人雖體例謹嚴而頗未賅備如何易于之類表表在人耳目者多見刋削去取之例亦未明言殆不可解要其標舉典型以示效法所附論斷亦皆醇正固不失爲有裨世敎之書矣乾隆四十七年五月恭校上

閩中理學淵源考

臣等謹案閩中理學淵源考九十二卷　國朝李淸馥撰淸馥字根侯安溪人大學士光地之孫以光地廕授兵部員外郎官至廣平府知府是編本曰閩中師友淵源考故序文凡例尚稱舊名此本題理學淵源考蓋後來所改序稱乾隆己巳而每篇小序所題年月多在己巳之後蓋序作于草創之時成編以後復有所增入也宋儒講學盛于二程其門人游楊呂謝號爲高足而楊氏一派由李侗而及朱子輾轉授受多在閩中故淸馥所述斷自楊時而分別支流下迄明末凡某派傳幾人某人又分爲某派四五百年之中尋端竟委若昭穆譜

牒秩然有序其中家學相承以及友而不師者亦皆並列以明其學所自來其例每人各爲小傳傳之末各注所據之書併以語錄文集有關論學之語摘錄于後考據頗爲詳核其例于敗名隳節貽玷門牆者則削除不載間有純駁互見者則棄短錄長如廖剛傳中删其初附和議一事胡寅傳中但敘不持生母服爲右正言章氏所劾而不詳載其由蓋爲賢者諱古義則然不盡出鄉曲之私也清馥父鍾倫早夭清馥侍其祖光地多聞緒論故作是編一稟家訓尚有典型雖意崇桑梓而無講學家門戶異同之見云乾隆四十七年十一月恭校

上

征南錄

臣等謹案征南錄一卷宋滕甫撰甫初字元發以避高魯王諱改字爲名而字達道東陽人舉進士歷官龍圖閣學士謚章敏事蹟具宋史本傳此本前原有結銜一行題承奉郎守大理評事通判湖州軍州事滕甫蓋其時尙未改名也

其書乃記皇祐四年孫沔平儂智高事其時沔爲安撫狄青爲宣撫使沔與青會兵計議進破智高於歸仁鋪沔留治後事及師還余靖勒銘長沙專美狄青朝廷亦以青爲樞密使賞賚甚厚沔止加秩一等甫以爲南征之事本出沔議其措置先備又能以身下狄青卒攘寇難因述爲此書以頌沔之績蓋沔知杭州時嘗奇甫才授以治劇守邊方略具有知己之分故力爲之表暴如此考宋史載征儂智高事亦於狄青傳爲詳而沔傳頗略然宋史藝文志馬氏經籍考並載有此書知當時皆不以爲誣是亦考史者所宜參證也乾隆四十七年四月恭校上

驂鸞錄

臣等謹案驂鸞錄一卷宋范成大撰成大有吳郡志已著錄此乃乾道壬辰成大自中書舍人出知靜江府時紀途中所見其曰驂鸞者取韓愈詩遠勝登仙去飛鸞不暇驂語也書末有云若其風土之詳則有桂海虞衡志焉考虞衡志

作於自桂林移帥成都時其初至粤時未有也則此書殆亦追加删潤而成者歟中間序次頗古雅其辨元結浯溪中興頌一條排黄庭堅等之刻論尤得詩人忠厚之旨其載仰山孚忠廟有楊氏稱吴時加封司徒竹册尚存文稱寶大元年又稱向得吴江村寺石幢所記亦以寶大紀年因疑錢氏有浙時或曾用楊氏正朔以此二物爲證然考之於史錢楊屢相攻擊互有勝負其勢殊不相下斷無臣事淮南之理而楊氏亦自有武義順義乾貞太和年號其吴越之寶大正當順義四五年亦不應有一國兩元之事成大所見或出自後人僞造也吴任臣作十國春秋紀元表於此事不加辨證當由未檢此書與乾隆四十七年五月恭校上

吴船録

臣等謹案吴船録二卷宋范成大撰成大於淳熙丁酉自四川制置使召還取水程赴臨安因隨日紀所閱歷作爲此書始五月戊辰迄十月己巳於古蹟形

勝言之最悉亦時有所考證如釋繼業記乾德二年太祖遣三百僧往西方求舍利貝多葉書路程爲他說部所未載頗足以廣異聞又載所見蜀中古畫如伏虎觀孫太古畫李冰父子像青城山丈人觀孫太古畫黄帝及三十二仙眞長生觀孫太古畫龍虎及玩丹石寺唐畫羅漢一版皆可補黄休復益州名畫記所未及又杜甫戎州詩重碧拈春酒句印本拈或作酟而成大謂敘州有碑本乃作粘字是亦注杜集者所宜引據也乾隆四十七年五月恭校上

入蜀記

臣等謹案入蜀記四卷宋陸游撰游字務觀號放翁山陰人佃之孫宰之子初以蔭補登仕郎隆興初賜進士出身嘉泰初官至寶謨閣待制游以乾道五年授夔州通判以次年閏六月十八日自山陰啟行十月二十七日抵夔州因述其道路所經以爲是記游本工文故于山川風土敘次頗爲雅潔而于考訂古蹟尤所留意如丹陽皇業寺即史所謂皇基寺避唐玄宗諱而改李白詩所謂

新豐酒者地在丹陽鎭江之間非長安之新豐甘露寺很石多景樓皆非故蹟
眞州迎鑾鎭乃徐溫改名非周世宗時所改梅堯臣題瓜步祠詩誤以魏太武
帝爲曹操廣慧寺祭悟空禪師文石刻保大九年乃南唐元宗非後主庾亮樓
當在武昌不應在江州白居易詩及張舜臣南遷志並相沿而誤歐陽修詩江
上孤峯蔽綠蘿句綠蘿乃溪名非泛指藤蘿宋玉宅在秭歸縣東舊有石刻因
避太守家諱毁之皆足備輿圖之考證他如解杜甫詩長年三老字及攤錢字
解蘇軾詩玉塔臥微瀾句解南唐以七月六日作七夕之由辨李白集中姑熟
十詠歸來乎笑矣乎僧伽歌懷素草書歌諸篇皆宋敏求所竄入亦足廣見聞
其他搜尋金石引據詩文以參證地理者尤不可殫舉非他家行記徒流連風
景記載瑣屑者比也乾隆四十七年五月恭校上

西使記

臣等謹案西使記一卷元劉郁撰郁眞定人是書記常德西使皇弟錫里庫軍

中徃返道途之所見王惲嘗載入玉堂雜記中此其別行之本也元史憲宗紀二年壬子秋遣錫喇征西域蘇丹諸國是歲錫喇薨三年癸丑夏六月命諸王錫里庫及烏蘭哈達帥師征西域法勒噶巴哈台等國八年戊午錫里庫討回回法勒噶平之擒其王遣使來獻捷考世系表睿宗十一子次六曰錫里庫而諸王中別無錫喇郭侃傳侃壬子從錫里庫西征與此記所云壬子歲皇弟錫喇統諸軍奉詔西征凡六年拓境幾萬里者相合然則錫喇即錫里庫因元史爲明代所修故譯音訛舛一以爲錫喇一以爲錫里庫誤分二人而憲宗紀二年書錫喇薨三年重書錫里庫西征遂相承誤載也此記言常德西使在己未正月蓋錫里庫獻捷之明年所記雖但據見聞不能考證古迹然亦時有異聞郭侃傳所載與此略同惟譯語時有訛異耳我　皇上神武奮揚戡定西域崑崙月窟盡入版圖計常德所經今皆在屯田列障之內業已　欽定西域圖志昭示億齡郁所記錄本不足道然據其所述亦足參稽道里考證古今之異同

故仍錄而存之焉乾隆四十七年五月恭校上

保越錄

臣等謹案保越錄一卷不著撰人名氏載元順帝至正十九年明師攻紹興事是時明將爲胡大海禦之者張士誠將呂珍也凡攻三月卒不能下乃還是錄稱士誠兵曰我軍稱珍曰公殆士誠未亡時紹興人所紀其中稱明爲大軍及太祖高皇帝字則疑士誠亡後明人傳鈔所改耳紹興自是以後猶保守八年及至正二十六年始歸於明珍亦至是年湖州之敗乃降於徐達雖初事非主晚節不終而在紹興則不爲無功矣大海攻紹興挫衄及其縱兵淫掠發宋陵墓諸惡蹟明史皆不載所錄張正蒙妻韓氏女池奴馮道二妻抗節事明史亦皆不書尤足補史傳之遺故錄之以備參考焉乾隆四十七年四月恭校上

粤閩巡視紀略

臣等謹案粤閩巡視紀略六卷　國朝杜臻撰康熙二十二年臺灣既平諸逆

殄滅沿海人民皆安堵復業臻時爲工部尚書奉詔與內閣學士石柱往閩粵撫視畫定疆理以十一月啟程至二十三年五月竣事因述其所經理大略爲此書首沿海總圖次粵略二卷次閩略二卷次附紀澎湖臺灣一卷蓋臻巡歷由廣達閩故以爲先後之序臺灣則未經親履其地第據咨訪所得者錄之故附于編末也書中排日記載凡沿海形勢及營伍制度兵數多寡縷列甚詳於諸洋列戍控置事宜俱能得其要領其山水古蹟及前人題詠間爲考證亦可以資博覽蓋據所目見言之與摭拾輿記者迥別頗有合於周爰咨諏之義焉乾隆四十七年十一月恭校上

松亭行紀

臣等謹案松亭行紀二卷　國朝高士奇撰康熙辛酉二月癸酉　聖祖仁皇帝恭奉　太皇太后行幸溫泉四月戊子　駕出喜峯口士奇皆扈從因記其來往所經謂喜峯口爲古松亭關故以名書然松亭關在喜峯口外八十里士

奇合而一之未詳考也所述灤河源流亦不明確至溫泉有朱砂礬石硫黃三種　聖祖御製幾暇格物編中言之甚明士奇日侍　禁闥典文翰之職不應不睹乃仍襲宋唐庚揣測之說殆不可解以其敘次山川風景足資考證而附載詩文亦皆可觀故所著塞北小鈔別存其目而此編則仍錄之焉乾隆四十七年九月恭校上

扈從西巡日錄

臣等謹案扈從西巡日錄一卷　國朝高士奇撰士奇有春秋地名考略已著錄　聖祖仁皇帝巡幸山西　駐蹕五臺山士奇時以侍講供奉　內廷扈從往來因記途中所聞見始於二月十二日甲申迄於三月初七日戊申凡山川古蹟人物風土皆具考源流頗爲詳核而　鑾輿時巡太平盛典亦一一具載伏而讀之猶仰見　聖化恬熙豫游和樂之象亦足以傳示來茲卷末載詩二十四首則皆其途中所作彙附於後者也士奇筆札本工又幸際　聖朝預參

法從因得以筆之簡牘流布至今亦可謂遭逢之至幸而文士至榮矣乾隆四
十七年九月恭校上

欽定四庫全書提要卷三十五

欽定四庫全書提要卷三十六

史部十

史鈔類

兩漢博聞

臣等謹案兩漢博聞十二卷明嘉靖中黃魯曾刊本不著撰人名氏考文獻通考乃宋楊侃所編也侃錢塘人端拱中進士官至集賢院學士晚爲知制誥避眞宗舊諱更名大雅晁公武讀書志云景德中侃讀兩漢書取其名數及前儒釋解編爲此書以資涉獵其書不依篇第不分門類惟摘兩漢書中字句故事列爲標目而節取顏師古及章懷太子李賢注列於其下凡前漢書七卷後漢書五卷宋代文體自歐陽修始變元祐以前皆沿西崑之餘派以典麗爲工故蘇頌劉攽皆摘鈔文選而侃亦鈔兩漢書此編雖於史學無關然較他類書採摭雜說以入文章者究爲雅馴由其取材者古也後漢書中間有引及前漢書

注者必標顏師古字而所引梁劉昭續漢志注乃與章懷注無別體例未免少疎至所列紀傳篇目往往多有訛外者則傳刻之誤耳乾隆四十七年四月恭校上

通鑑總類

臣等謹案通鑑總類二十卷宋沈樞撰樞字持要德淸人紹興間進士官至太子詹事光祿卿諡憲敏是書乃其致仕時所編取司馬光資治通鑑事迹仿册府元龜之例分爲二百七十一門每門各以事標題以時代前後爲次亦間采光議論附之所分門目頗爲繁碎如賞罰門外又立貶責功賞二門外戚門外又立貴戚一門近習門外又立寵倖一門隱逸門外又立高尚一門積善門外又立陰德一門者不一而足又如安重榮奏請踰分不過驕蹇乃以此一條别立僭竊一門則配隸不確東周下迄五代興廢不一乃獨取申徹論燕必亡黃泓論燕必復二條立爲興廢一門則疎漏太甚然通鑑浩博猝難盡覽司馬光

嘗言惟王勝之會讀一過餘人不能數卷即已倦睡則採摭菁華區分事類使考古者易於檢尋其書雖陋亦不妨過而存之也乾隆四十七年四月恭校上

南北史識小錄

臣等謹案南史識小錄八卷北史識小錄八卷　國朝沈名蓀朱昆田同編名蓀字澗芳錢塘人昆田字文盎秀水人彝尊之子也是書倣兩漢博聞之例取南北二史摘其字句之鮮華事迹之新異者摘錄成編不分門目惟以原書次第臚列而各著其篇名亦不加訓釋惟略舉數字標目以原文載于其下著是語之緣起而已文獻通考載陳正敏之言曰李延壽作南北史頗得作史之體故唐書本傳亦謂其刊略穢詞過本書遠甚然好述妖異禨祥謠讖特爲繁猥又引司馬光之言亦謂李延壽書於禨祥詼嘲小事無所不載蓋自沈約宋書以下大抵競標藻釆務摭異聞詞每涉乎儷裁事或取諸小說延壽因仍舊習未盡湔除宜爲論者之所惜然撰以史體固曰稍乖至於賦手取材詩人隸事

則樵蘇涉獵捃拾靡窮此譬如柟瘤爲病而製枕者反貴其文理也名蓀等擷其精華以備選用使遺文瑣事披卷燦然其書雖作自近人其所採錄則皆唐以前事與藝文類聚諸書約略相似存以備考愈於冗雜之類書多矣乾隆四十七年五月恭校上

欽定四庫全書提要卷三十六

欽定四庫全書提要卷三十七

史部十一

載記類

吳越春秋

臣等謹案吳越春秋六卷漢趙曄撰曄山陰人見後漢書儒林傳是書考隋書及唐書經籍志皆云十二卷今存者十卷殆非全書又云楊方撰吳越春秋削繁五卷皇甫遵撰吳越春秋傳十卷此二書今人罕見獨曄書行於世史記註有徐廣所引吳越春秋語而索隱以爲今無此語他如文選註引季札見遺金事吳地記載闔閭時夷亭事及水經注嘗載越事數條類皆援據吳越春秋今曄本咸無其文云云考證頗爲詳悉然不著名姓諸本往往佚之其注舊亦無撰人但注中時有徐天祜字惟此本爲元大德十年丙午所刊後有題識云前文林郎國子監書庫官徐天祜音註知出於天祜無疑惟其後又列紹興路儒

學學錄留堅學正陳旹伯教授梁相正議大夫紹興路總管提調學校官劉克昌四人名不知究出誰手耳瞧所述多曼衍如伍尚占甲子之日時加於已范蠡占戊寅之日時加日出有𦠆蛇青龍之語文種占陰晝六陽晝三有玄武天空天關天梁天一神光諸神名皆非三代卜筮之法其多所附會可知天祐註於事迹異同多有駁正然如季孫使越子期私與吳爲市之類猶未詳辨也乾隆四十七年十月恭校上

越絶書

臣等謹案越絶書十五卷不著撰人名氏書中吳地傳稱句踐徙瑯琊到建武二十八年凡五百六十七年則後漢初人也書末敍外傳記以廋詞隱其姓名其云以去爲姓得衣乃成是袁字也厥名有米覆之以庚是康字也禹來東征死葬其疆是會稽人也又云文屬辭定自於邦賢以口爲姓承之以天是吳字也楚相屈原與之同名是平字也然則此書爲會稽袁康所作同郡吳平所定

也王充論衡按書篇曰東番鄒伯奇臨淮袁太伯袁文術會稽吳君高周長生之輩位雖不至公卿誠能知之囊橐文雅之英雄也觀伯奇之元思太伯之易童句（按童疑作章）文術之箴銘君高之越紐錄長生之洞歷劉子政揚子雲不能過也所謂吳君高殆即平字所謂越紐錄殆即此書歟楊慎丹鉛錄田藝蘅留青日札皆有是說核其文義一一脗合隋唐志皆云子貢作非其實矣其文縱橫曼衍與吳越春秋相類而博麗奧衍則過之中如計倪內經軍氣之類多雜術數家言皆漢人專門之學非後來所能依託也鄭明選秕言引文選七命註載越絕書大翼一艘十丈中翼九丈六尺小翼九丈又引王鏊震澤長語載越絕書風起震方云云謂今本皆無此語疑更有全書惜未之見案崇文總目稱越絕書舊有內記八外傳十七今文闕舛裁二十篇是此書在北宋之初已佚五篇選註所引蓋佚篇之文王鏊所稱亦他書所引佚篇之文以爲此本之外更有全書則明選誤矣別有續越絕書二卷上卷曰內傳本事吳內傳德序記子

游內經外傳越絕後語西施鄭旦外傳下卷曰越外傳雜事外傳變越上外傳
變越下經內雅琴考敘傳後記題曰漢武平撰蜀譙岍註朱彝尊經義考謂爲
錢槊僞撰詭云得之石匣中槊與彝尊友善所言當實今未見傳本其僞妄亦
不待辨以其續此書而作又即託于撰此書之人恐其幸而或傳久且亂眞又
恐其或不能傳而好異者耳聞其說且疑此書之眞有續編故附訂其譌於此
釋來者之惑焉乾隆四十七年十月恭校上

華陽國志

臣等謹案華陽國志十二卷晉常璩撰璩字道將江原人李勢時官至散騎常
侍晉書載勸勢降桓温者即璩蓋亦譙周之流也隋書經籍志霸史類中載璩
撰漢之書十卷華陽國志十二卷漢之書唐志尚著錄今已久佚惟華陽國志
存卷數與隋志舊唐志相合蓋猶舊本新唐志作十三卷疑傳寫誤也其書所
述始於開闢終於永和三年首爲巴志次漢中志次蜀志次南中志次公孫劉

二牧志次劉先主志次劉後主志次大同志大同者紀漢晉平蜀以後之事也
次李特雄壽勢志次先賢士女總讚論次後賢志次序志并三州士女目錄宋
元豐中呂大防嘗刻於成都此本前有嘉泰甲子李𡌴序稱呂刻刓缺觀者莫
曉所謂嘗博訪善本以證其誤而莫之或得因摭兩漢史陳壽蜀書益部耆舊
傳互相參訂以決所疑凡一事而前後失序本末舛遻者則考正之一意而詞
旨重複句讀錯雜者則刋而去之又第九卷末有𡌴附記稱李勢志傳寫脫漏
續成以補其闕則是書又於殘缺之餘李𡌴爲之補綴竄易非盡璩之舊矣𡌴
刻本世亦不傳今所傳者惟影寫本又有何鏜漢魏叢書吳琯古今逸史及明
何宇度所刋三本鏜琯之本多張佳允所補江原常氏士女志一卷而佚去蜀
中士女以下至犍爲士女共二卷蓋𡌴本第十卷分上中下鏜等僅刻其下卷
也又惟後賢志中二十人有讚其餘並闕𡌴本則蜀郡廣漢犍爲漢中梓潼士
女一百九十四人各有讚宇度本亦同蓋明人刻書好以意爲刋削新本既行

舊本漸泯原書既不可覩宇度之本從𡌴本錄出此二卷偶存亦天幸也惟𡌴本以序志置於末而宇度本弁於簡端考𡌴序稱首述巴中南中之風土次列公孫述劉二牧蜀二主之興廢及晉太康之混一以迄於特雄壽勢之僭竊以西漢以來先後賢人梁益寧三州士女總讚序志終焉則序志本在後宇度不明古例誤移之又總讚相續成文𡌴序亦與序志並稱宜別爲一篇而𡌴本亦割冠各傳首殊不可解殆如毛公之移詩序李鼎祚之分序卦傳乎今姑從𡌴本錄之而附著其改竄之非如右其張佳允所續常氏士女十九人亦併從何鏜吳琯二本錄入以補蠹之遺焉乾隆四十七年四月恭校上

鄴中記

臣等謹案鄴中記舊有二本其一本二卷見隋書經籍志稱晉國子助教陸翽撰其一本一卷見陳振孫書錄解題稱不知撰人名氏又稱唐志有鄴都故事二卷肅代時馬溫撰今書多引之是以爲肅代後人作矣今考是書所記有北

齊高歡高洋二事上距東晉之末已一百三四十年又寒食一條引隋杜臺卿玉燭寶典時代尤不相蒙陳氏不以爲翽書似乎可據然唐歐陽詢藝文類聚作於太宗貞觀時徐堅初學記作於玄宗開元時所引翽書皆一一與今本合又鄴都故事唐志雖稱肅代時人而史通書志篇曰遠則漢有三輔典近則隋有東都記南則有宋南徐州記晉宮闕名北則有洛陽伽藍記鄴都故事則鄴都故事在劉知幾之前唐志所言亦不足爲證以理推之殆翽書二卷惟記石虎之事後人稍摭鄴都故事以補之併爲一卷猶之神農本草郡立漢名漢氏黃圖里標唐號輾轉附益漸失本眞而要其實則一書也觀高歡高洋二條與全書不類而與郭茂倩樂府詩集所引鄴都故事文體相同則此二條爲後人摭入翽書明矣不得以小小舛異盡舉而歸之唐以後也原書久佚陶宗儀說郛所載寥寥數頁亦非完本今以散見永樂大典者蒐羅薈稡以諸書互證删除重複共得七十四條排比成編仍爲一卷以石虎諸事爲翽本書其續入諸

條亦唐以前人所紀棄之可惜則殿居卷末別以附錄名焉是書雖篇帙無多而敘述典核頗資考證如王維和賈至早朝大明宮詩朝罷須裁五色詔句李頎鄭櫻桃歌官軍女騎一千匹及百尺金梯倚銀漢句不得此書皆無從而詁也六朝舊籍世遠逾稀斷璧殘璣彌足爲寶佚而復存是亦罕覯之祕笈矣

乾隆四十七年十一月恭校上

十六國春秋

臣等謹案十六國春秋舊本題魏崔鴻撰實則明嘉興屠喬孫項琳之僞本也鴻作十六國春秋一百二卷見魏書本傳隋志唐志皆載之宋初李昉等作太平御覽猶引其文宋藝文志始不著錄南宋諸家書目亦不載是亡於北宋也明何鏜漢魏叢書載鴻書十六篇國各一錄卷帙寥寥與舊史所載不合世疑其僞萬歷後此本乃出莫知其所自來證以藝文類聚諸書一一相同遽行於世論者或疑鴻身仕北朝而仍用晉宋年號今考劉知幾史通探賾篇曰鴻書

之紀綱皆以晉爲主亦猶班書之載吳項必繫漢年陳志之述孫劉皆宗魏世喬孫等正巧附斯義以售其僞所摘者未中其疾惟魏書載鴻子子元奏稱刋著越燕秦夏涼蜀遺載爲之贊序而此本並無贊序史通表歷篇晉氏播遷南據揚越魏宗勃起北雄燕代其間諸僞十有六家不附正朔自相君長崔鴻著表頗有甄明而此本無表是則檢閱偶疎失於彌縫耳然其文皆聯綴古書非由杜撰考十六國之事者固宜以是編爲總匯焉錄而存之仍其標名亦疑傳疑之意云爾乾隆四十七年四月恭校上

別本十六國春秋

臣等謹案别本十六國春秋十六卷舊本亦題魏崔鴻撰載何鏜漢魏叢書中其出在屠喬孫本之前而亦莫詳其所自十六國各爲一錄惟列僭僞之主五十八人其諸臣皆不爲立傳全爲載記之體其非一百二卷之舊已不待言證以晉書載記大致互相出入而不以晉宋紀年與史通所說迥異豈好事者摭

類書之語以晉書載記排比之成此僞本耶然考崇文總目有十六國春秋略二卷不著撰人名氏司馬光通鑑考異所引諸書亦有十六國春秋鈔之名則或屬後人節錄鴻書亦未可定也屠氏所刻百卷之本既爲依託此本亦疑以傳疑未能遽廢姑並存之以備參考焉乾隆四十七年十月恭校上

蠻書

臣等謹案蠻書十卷唐安南從事樊綽撰新唐書藝文志著於錄宋史藝文志則有綽所撰雲南志十卷而不稱蠻書永樂大典又題作雲南史記名目錯異今考司馬光通鑑考異程大昌禹貢圖蔡沈書集傳所引蠻書之文並與是編相同則新唐書志爲可信惟志稱綽爲嶺南西道節度使蔡襲從事而通鑑載襲實官安南經略使與綽所記較合是新書亦失考也綽成此書在懿宗咸通初書中多自稱臣又稱錄六詔始末纂成十卷於安南郡州江口附張守忠進獻蓋當時嘗以奏御者交州境接南詔綽爲幕僚親見蠻事故於六詔種族風

俗山川道里及前後措置始末撰次極詳實輿志中最古之本宋祁作新史南蠻傳司馬光通鑑載南詔事多採用之程大昌等復引所述蘭滄江以證華陽黑水之說蓋宋時甚重其書而自明以來流傳遂絕雖以博雅如楊慎亦稱綽所撰爲有錄無書則其亡軼固已久矣今此本因錄入永樂大典僅存而文字已多斷爛不可讀又世無別本可校謹以諸書參考旁證正其訛誤而姑闕其不可通者各加案語疏於下方釐爲十卷仍依新唐書志題曰蠻書從其朔也

乾隆四十七年五月恭校上

釣磯立談

臣等謹案釣磯立談一卷其書世有兩本此本爲葉林宗從錢曾所藏宋刻鈔出後題臨安府太廟前尹家書籍鋪刊行不著撰人名氏前有自序云叟山東一無聞人也清泰年中隨先校書避地江表始營釣磯於江渚割江之後先校書不祿叟嗣守敝廬不復以進取爲念王師弔伐時移事往將就蕪沒隨意所

商疏之於紙得二百二十許條題之曰釣磯立談云云別一本爲曹寅所刊卷首佚其自序又卷首佚自楊氏奄有江淮一條趙王李德誠一條其餘亦多異同而題曰史虛白撰考馬令南唐書虛白山東人中原多事因韓熙載渡淮以詩酒自娛而不言其所著述觀書中山東有隱君子者一條稱與熙載同時渡淮以說干烈祖擢爲校書郎非其所願遂卒不仕又唐祚中興一條云有隱君子作割江賦以諷又有隱士詩云風雨揭卻屋渾家醉不知云云與虛白傳悉合則隱君子當即虛白序中兩稱先校書則作者當爲虛白之子書中有宋太祖廟號則當成於太宗時曹氏新本竟題虛白撰者誤也至南宋費樞亦嘗撰釣磯立談今尚載陶宗儀說郛中其文與此迥別則又名同而實異者矣其書雜錄南唐事迹附以論斷於李氏率無貶詞猶有不忘故國之意其中徐鉉一條稱鉉方奉詔與湯悅書江南事慮鉉與潘佑不協或誣以他詞則亦雜史中之不失是非者也乾隆四十七年五月恭校上

江南野史

臣等謹案江南野史十卷宋龍袞撰其書皆紀南唐事用紀傳之體而不立紀傳之名第一卷爲先主昪第二卷爲嗣主璟第三卷爲後主煜而附以宜春王從謙及小周后第四卷以下載宋齊邱以下僅三十人陳陶孟賓于諸人有傳而查文徽韓熙載諸人乃悉不載考鄭樵通志略載此書原二十卷此本僅十卷殆佚其半歟敘次冗雜頗乖史體然其中如孫晟林文肇諸傳頗有異同可資考證馬令作南唐書亦多采之流傳既久固亦未可廢焉乾隆四十七年四月恭校上

江南別錄

臣等謹案江南別錄一卷宋陳彭年撰彭年字永年撫州南城人太平興國中進士官至兵部侍郎參知政事謚曰文事蹟具宋史本傳此書所記爲南唐義祖烈祖元宗後主四代事實時湯悅徐鉉等奉詔撰江南錄彭年是編蓋私相

纂述以補所未備故以別錄爲名宋史藝文志晁公武讀書志俱作四卷當以一代爲一卷此本一卷疑後人所合併也其書頗好語怪如徐知誨妻呂氏爲祟陳仁杲神助戰趙希操聞鬼語諸條皆體近稗官又元宗初名景通即位後改名璟既稱臣于周避周諱又改名景而此書乃謂初名景與史不合又烈祖遷吳讓皇于潤州一年而殂又一年始遷其族于泰州而此書併敘于烈祖受禪之初端緒亦未分明然其他可取者多蓋彭年年十三即著皇綱論萬餘言頗爲名輩所賞李後主嘗召入宮中令與其子仲宣遊處故于李氏有國時事見聞最詳又册府元龜亦彭年所預輯其僭僞部中李昪一條稱昪自云永王璘之裔未免附會此書但言唐之宗室亦深得傳疑之義以資治通鑑相參校其爲司馬光所採用者甚夥固異乎傳聞影響之說也乾隆四十七年九月恭

校上

臣等謹案江表志三卷宋鄭文寶撰文寶字仲賢福州人南唐鎮海節度使彥華之子初仕爲校書郎入宋官至兵部員外郎事蹟具東都事略文藝傳中文寶所作江南錄事多遺落因作爲此編上卷紀烈祖事中卷紀元宗事下卷紀後主事不編年月于諸王大臣僅標其名亦無事實紀載甚簡略又獨全錄韓熙載行止狀張佖諫疏各一首去取頗不可解然文寶爲南唐舊臣硯北雜志載其歸宋後嘗披蓑荷笠作漁者以見李煜深加寬譬煜甚忠之蓋惓惓篤于故主之誼故其紀後主亡國亦祇以果于自信越人肆謀爲言與徐鉉墓銘相類其意尚有足取者又如江南江北舊家鄉一詩文寶以爲吳讓皇楊溥所作而馬令南唐書則直以爲後主作然文寶親事後主所聞當得其眞是亦可以訂馬書之誤也晁氏讀書志載文寶有序稱庚戌歲乃大中祥符三年蓋距李氏亡已三十餘年矣乾隆四十七年五月恭校上

江南餘載

臣等謹案江南餘載二卷不著撰人名氏宋史藝文志載之霸史類中亦不云誰作馬端臨文獻通考㦸光南唐書音釋並作江南館載字之訛也陳氏書錄解題載是書原序略曰徐鉉始奉詔爲江南錄其後王舉路振陳彭年楊億皆有書大概六家皆不足以史稱而龍袞爲尤甚熙寧八年得鄭君所述於楚州其事迹有六家所遺或小異者删落是正取百九十五段以類相從云云振孫謂鄭君者莫知何人考鄭文寶有南唐近事二卷作於太平興國二年丁丑又江表志三卷作於大中祥符三年庚戌不在此序所列六家之内則所稱得于楚州者當即文寶之書檢此書所錄雜事亦與文寶江表志所載互相出入然則所謂删落是正者實據江表志爲稿本矣今世所行江表志名爲三卷實止二十四頁蓋殘缺掇拾已非完書此書所謂一百九十五段者今雖不可全見而永樂大典内所引尚夥多有江表志所不載者則江表志雖存而實佚此書雖佚尚有大半之存也宋志載此書二卷書錄解題及諸家書目並同今採輯

其文仍爲二卷以補江表志之闕焉乾隆四十五年十月恭校上

三楚新錄

臣等謹案三楚新錄三卷宋周羽翀撰羽翀里貫未詳自署稱儒林郎試祕書省校書郎前桂州修仁令蓋宋初人也其稱三楚者以長沙馬殷武陵周行逢江陵高季興皆據楚地稱王故論次其興廢本末以一國爲一卷其中與史牴牾不合者甚多如馬殷本爲武安節度使劉建鋒先鋒指揮使佐之奪湖南及建鋒爲陳贍所殺軍中迎殷爲留後亦未嘗爲邵州刺史今羽翀乃稱殷隨渠帥何氏南侵何命爲邵州刺史何氏卒衆軍迎殷爲主其說皆鑿空無據又謂馬希範入覲桑維翰旅遊楚泗求貨不得拂衣而去及希範立維翰已爲宰相奏削去其半仗云云今考希範嗣立在唐明宗長興三年時晉未立國安得有維翰爲宰相之事亦爲誣罔又如王逵爲潘叔嗣所襲與戰敗沒而羽翀以爲敗於南越僅以身免竟死於路與諸書所紀並有異同蓋羽翀未覩國史僅據

故老所傳述纂錄成書故不能盡歸精審然其所聞軼事爲史所不載者亦多可採稗官野記古所不廢固不妨錄存其書備讀五代史者參考焉乾隆四十七年九月恭校上

錦里耆舊傳

臣等謹案錦里耆舊傳四卷一名成都理亂記宋句延慶撰延慶字昌裔自題稱前滎州應靈縣令其書乃紀王氏據蜀時事宋史藝文志文獻通考皆作八卷陳振孫書錄解題稱開寶三年祕書丞劉蔚知滎州得此傳請延慶修之起咸通九載迄乾德乙丑云云案今本止四卷起僖宗中和五年無懿宗咸通間事振孫又稱自平蜀後迄祥符己酉朝廷命令政事因革以至李順等作亂之迹皆略載之張約爲之序延慶在開寶時去祥符尚遠似不能續記至此而不蜀後事及張約序此本亦無之疑振孫所見八卷者乃别一本爲後人所增益而此本四卷或猶延慶之舊也書雖以耆舊傳爲名而不以人系事其體實近

編年所錄兩蜀興廢之迹亦頗簡略惟於詔勅章表書檄之文載之獨詳中間
如前蜀咸康元年唐兵至成都王宗弼劫遷王衍於西宮通鑑在十一月甲辰
而此書作乙巳又宋太祖賜後蜀主孟昶詔一首其文與宋史不同如此類皆
可以備參考又陳振孫稱爲平陽句延慶案書中於後蜀主多所稱美疑出蜀
人之詞考孟昶時有校書郎華陽句中正者後入宋爲屯田郎中延慶或即其
族則當爲華陽人矣乾隆四十七年八月恭校上

五國故事

臣等謹案五國故事二卷不著撰人名氏南漢條下稱劉晟本二名上一字犯
宣祖諱去之則北宋人又南唐條下稱嘗以其事質于江南一朝士則猶在宋
初得見李氏舊臣也中于南漢稱彭城氏于留從效姓稱婁錢塘厲鶚跋以爲
吳越後人入宋所作避武肅王諱然閩王延翰條下稱其妻爲博陵氏則又何
爲而諱崔乎年代緜邈蓋不可考矣其書紀吳楊氏南唐李氏蜀王氏孟氏南

漢劉氏閩王氏之事稱曰五國然以其地而論當爲四國以其人而論當爲六國未審其以楊李併爲一以孟王併爲一也鄭樵通志略列之霸史類中實則小說之體記錄頗爲繁碎如徐知誥斥進黃袍諸事爲史所不載又李煜爲李璟第六子而此云璟之次子與史亦小有異同考古在于博徵亦未可以瑣雜廢也前有萬歷中太常寺少卿余寅題詞譏其四國俱加僞字于蜀獨否今考書中明書僞蜀王建又書孟知祥以長興五年遂僭大號何嘗不著其僞卷首總綱既以前蜀後蜀爲分再加僞字則或曰前僞蜀後僞蜀或曰僞前蜀僞後蜀詞句皆嫌于贅是以省之公羊傳所謂避不成文是也謂不僞蜀殊失其旨至南漢條下稱僞漢先主名巖後名俊又名龑龑之字曰儼本無此字龑欲自大乃以龍天合成其字以其不典故不書之寅援唐史書武后名曌以駁之則其說當矣乾隆四十七年四月恭校上

臣等謹案蜀檮杌一名外史檮杌宋張唐英撰唐英字次功自號黄松子蜀州新津人丞相商英之兄熙寧中官至殿中侍御史其書本前蜀開國記後蜀實錄仿荀悅漢紀體編年排次于王建孟知祥據蜀事迹頗爲詳備歐陽修二蜀世家删削太略得此可補其所遺今世官署戒石所刻爾俸爾祿民膏民脂下民易虐上蒼難欺四語自宋代以黄庭堅書頒行者實摘錄孟昶廣政四年所制官箴中語其文全載于此書凡此之類皆足以資考證唐英嘗撰嘉祐名臣傳及此書今名臣傳已佚惟此書存考樓鑰攻媿集引外史檮杌王建四年書張琳始末有大順初檮實爲黔南節度辟爲判官一條今本無之則亦非完書矣乾隆四十七年五月恭校上

南唐書

臣等謹案南唐書三十卷宋馬令撰令宜興人陳振孫書錄解題載令自序稱其祖太博元康世家金陵多知南唐故事未及撰載令纂先志而成之實崇寧

乙酉云云則令乃北宋末人此本不載令自序蓋偶佚也陸游重修南唐書首載元趙世延序稱馬元康胡恢等迭有所述令復罕見竟以爲令祖元康所作殆當時未睹其本故傳聞致誤歟其書每序贊之首必以嗚呼發端其書法亦頗不苟作惟于詩話小説不能割愛遂不免蕪雜瑣碎自穢其書又建國譜之敘地理僅有軍州而無縣則省不當省世系譜不過出自唐吳王恪于先主書首一句可畢而複述唐代世系遠溯臯陶尤繁所不當繁亦乖史體均不及陸游重修之本然椎輪之始令亦有功故今從新舊唐書之例並收録焉乾隆四十七年四月恭校上

南唐書

臣等謹案南唐書十八卷音釋一卷宋陸游撰游字務觀號放翁山陰人佃之孫宰之子初以蔭補登仕郎隆興初賜進士出身嘉泰初官至寶謨閣待制宋初撰録南唐事者凡六家大抵簡略其後撰南唐書者三家胡恢書久佚惟馬

令書與游書盛傳而游書尤簡核有法元天歷初金陵戚光訪得其書爲之音釋而博士程塾等校刋之趙世延爲序錢曾讀書敏求記稱舊本遵史漢其首行書某紀某傳卷第幾而注南唐書於下今其本不可見世所行者惟毛晉汲古閣本刻附渭南集後者矣南唐元宗于周顯德五年即去帝號稱江南國主胡恢從晉書之例題曰載記不爲無理游乃於烈祖元宗後主皆稱本紀且於烈祖論中引蘇頌之言以史記秦莊襄王項羽本紀爲例深斥胡恢之非然劉知幾史通本紀篇嘗謂姬自后稷至於西伯嬴自伯翳至於莊襄爵乃諸侯而名隸本紀又稱項羽僭盜而死未得成君假使羽竊帝名正可抑同羣盜況其名曰西楚號止霸王諸侯而稱本紀循名責實再三乖謬則司馬遷之失前人已深排之而游乃引以藉口謬矣得非以南渡偏安事勢相近有所左袒於其間乎他如后妃諸王傳置之羣臣之後雜藝方士傳列於忠義之前揆以體例亦爲未允觀其書者取其敘述之簡嚴可也乾隆四十七年四月恭校上

吳越備史

臣等謹案吳越備史四卷舊本題宋武勝軍節度使掌書記范埛巡官林禹撰載錢鏐以下累世事蹟依年紀事可補五代史吳越世家之缺卷首列年號世系圖諸王子弟官爵封謚表十三州考等目今惟存十三州考餘俱闕後附補遺一卷不詳其姓氏前四卷訖太祖戊辰補遺訖太宗丁亥與中興書目所載前十二卷盡開寶元年後增三卷盡雍熙四年者正合特卷帙繁簡不同耳陳振孫謂今書止石晉開運比初本尚缺三卷文獻通考亦引其說則是書在宋季已無完本矣錢曾敏求記云今本爲鏐十七世孫德洪嘉靖間刊本序稱補遺爲其門人馬藎臣所續序次紊亂如衣錦城建金籙醮及迎釋迦等事皆失載今是書咸備無缺則非德洪重刊本也至以補遺爲馬藎臣所續别無證據藎臣曾撰吳越世家疑辨自序謂曾作備史圖表豈既補其闕又續其後耶又考陳振孫書錄解題錢儼之弟儼著吳越遺事有開寶五年序謂備史亦儼所

作託名林范今是書四卷之末有嘉祐元年四代孫錢中孚紹興二年七代孫林渙題跋案子孫錄先世纂輯之書輒以世數冠於名上則以備史爲儼撰似得其實又補遺序云不知作自何人蓋用本傳及家王故事爲之繹其語氣當即中孚等所題則謂藎臣所續者非也乾隆四十七年二月恭校上

安南志略

臣等謹案安南志略十九卷元黎崱撰崱字景高號東山安南國人東晉交州刺史阮敷之後世居愛州幼與黎琫爲子因從其姓九歲試童科仕其國至侍郎遷佐靜海軍節度使陳鍵幕至元中世祖伐安南鍵率崱等出降其國邀擊之鍵歿于軍崱入朝授奉議大夫居于漢陽以鍵志不伸而名泯乃撰此志以致其意所紀安南事實與元史列傳多有異同如李公蘊所奪是黎非丁張懷侯爲國叔張憲侯爲日烜兄子俱非壻遭興道王之難者乃明誠侯而非義國侯皆可證史氏之訛又史于至元二十三年詔書內數安南罪有戕害遺愛語

而不著其事今志載至元十九年授柴椿元帥以兵千人送遺愛就國至永平界安南不納遺愛懼夜先逃歸世子廢遺愛爲庶人更足明史有脫漏其他山川人物敘述亦皆詳贍洵可爲參稽互考之助蓋安南文字通于中國其開科取士制亦略同故所敘述彬彬然具有條理不在高麗史下云乾隆四十七年十月恭校上

十國春秋

臣等謹案十國春秋一百十四卷　國朝吳任臣撰任臣字志伊仁和人康熙己未舉博學鴻詞官翰林院檢討任臣以歐陽修作五代史於霸國仿晉書例爲載記每略而不詳乃採諸霸史雜史以及小說家言並證以正史彙成是書凡吳紀傳十四卷南唐二十卷前蜀十三卷後蜀十卷南漢九卷楚十卷吳越十三卷閩十卷荆南四卷北漢五卷十國紀元世系表各一卷地理志二卷藩鎮表一卷百官表一卷又仿裴松之三國志注例於本文之下自爲之注載別

史之可存者或有虛誣亦爲辨證如田頵擒孫儒年月則從吳錄而不從薛史呂師周奔湖南年月則從通鑑而不從九國志南唐烈祖家世則從劉恕十國紀年及歐史而不從江南野史吳越備史皆確有所見其他類是者甚多五表考訂尤精可稱淹貫特無傳之人僅記名字亦列諸卷之末則史無此例未免作古耳乾隆四十七年五月恭校上

越史略

臣等謹案越史略三卷不著撰人名氏紀安南國事上卷曰國初沿革爲趙佗以下諸王曰歷代守任爲西漢至石晉交州牧守姓名曰吳紀乃五代末吳權及其子昌岌昌文等事蹟曰十二使君乃昌文沒後牙將杜景碩等爭立事蹟曰丁紀則丁部領以下諸王曰黎紀則黎桓以下諸王中卷下卷皆曰阮紀自李公蘊得國後諸王事蹟紀述特詳惟以李爲阮與史不合案黎崱安南志略稱陳氏代立凡李氏宗族及齊民姓李者皆令更爲阮以絕民望則此書當爲

陳氏之臣所作前志又載陳普嘗作越志黎休嘗修越志俱陳太王時人太王者陳日煚之謚則此書或即出普休二人手未可知也安南自漢迄唐並爲州郡五季末爲土豪竊據宋初始自立國此書自唐以前大抵全襲史文自丁部領以下則出其國人之詞與史所載殊有同異蓋史臣但承赴告之辭故如薨卒之類往往較差一年至名號官爵或祇自行國中而不以通於大朝故亦有所錯互其牴牾之處頗可與正史相參證又史稱陳日尊自帝其國尊公藴爲太祖神武皇帝國號大越此書原題大越史略蓋舉國號爲名而所列公藴至昊旵八王皆僭帝號不獨陳日尊一代則尤史所未詳又玉海記交趾天貺寶象神武彰聖嘉慶諸年號此書皆與相合特所列黎阮諸王無不改元者而史家並未悉載則必當時深自諱之故中國不能盡知耳書末又載陳日煚以下紀年一篇但錄所僭謚號改元而不具事蹟其中所稱太王者以史按之當爲陳叔明其稱今王者當爲陳煒而史載日煚至煒十二世此書乃僅得十世未

詳其故又考廉州府志紀康熙十三年海濱得鐘題皇越昌符九年乙丑說者疑爲宋時李乾德以後僭號今此書稱今王昌符元年丁巳當明洪武十二年其九年正值乙丑則爲陳煒僭號無疑是亦足資考證矣安南自宋以後世共職貢乃敢乘前代失馭之際輒竊號國中至著之簡策以妄自誇大實悖謬不足採然吳楚僭王春秋絕之而作傳者亦不沒其實故特依僞史例錄之以著其罪且以補宋元二史外國傳之所未備焉乾隆四十七年四月恭校上

朝鮮史略

臣等謹案朝鮮史略十二卷一名東國史略不著撰人名氏乃明時朝鮮人所紀其國治亂興廢之事始於檀君終於高麗恭讓王王瑤其自新羅朴氏以前稍略而高麗王建以後則皆編年紀載事蹟頗具其稱李成桂李芳遠爲太祖太宗乃其臣子之詞又間附史臣論斷及歷年圖等書蓋鄭麟趾高麗史仿紀傳之體而此則仿編年之體者故其國中兩行之錢曾讀書敏求記以其於王

氏遺臣鄭夢周等欲害李成桂事不沒其實稱爲良史今觀其序事詳略雖不能盡合體要而裒輯遺聞頗爲賅具讀列史外國傳者亦可以資參考焉乾隆四十七年九月恭校上

欽定四庫全書提要卷三十七

欽定四庫全書提要卷三十八

史部十二

時令類

歲時廣記

臣等謹案歲時廣記四卷宋陳元靚撰元靚不知其里貫自署曰廣寒仙裔而劉純作後序稱爲隱君子其始末亦未詳言莫之考也書前又有知無爲軍巢縣事朱鑑序一篇鑑乃朱子之孫即嘗輯詩傳遺說者後仕至湖廣總領元靚與之相識則理宗時人矣其書宋志不著錄惟見于錢曾讀書敏求記稱前列圖說分四時爲四卷今此本乃曹溶學海類編所載卷首並無圖說蓋傳鈔者佚之書中摭月令孝經緯三統歷諸書爲綱而以雜書所記涉于節序者按月分隸凡春令四十六條夏令五十條秋令三十二條冬令三十八條大抵爲啟箚應用而設故于稗官說部多所徵據而爾雅淮南諸書所載足資考據者反

多遺缺未可以稱善本特其于所引故典尚皆備錄全文詳記所出未失前人遺意與後來類書隨意删竄者不同故並錄存之以備參考焉乾隆四十七年十月恭校上

御定月令輯要

臣等謹案月令輯要二十四卷圖說一卷康熙五十四年聖祖仁皇帝御定大學士臣李光地等奉敕纂校昔人以月令起義成書者指不勝屈李巨川采奇一編季有總序月有月令日有雜記而又附以五行生旺調攝占候諸説體例頗可觀采惜其書不傳是編因明臣馮應京戴任月令廣義删蕪補闕别起義例凡所徵引首本經訓次及史傳下逮諸子百家方言地志靡不畢採用以課農時驗物候上可以資欽若而下可以訓作息固非徒覼縷歲華而已也

乾隆四十七年十月恭校上

欽定四庫全書提要卷三十九

史部十三

地理類一

三輔黃圖

臣等謹案三輔黃圖六卷不著撰人名氏晁公武讀書志據所引劉昭續漢志注定爲梁陳間人作程大昌雍錄則謂晉灼所引黃圖多不見於今本而今本漸臺滄池高廟元始祭社稷儀皆明引舊圖知非晉灼之所見又據改槐里爲興平事在至德二載知爲唐肅宗以後人作其說較公武爲有據此本惟高廟一條不引舊圖滄池一條引舊圖而大昌未及其餘三條並同蓋即大昌所見之本偶誤滄池爲高廟也其書皆記長安古蹟間及周代靈臺靈囿諸事然以漢爲主亦間及河間日華宮梁曜華宮諸事而以京師爲主故稱三輔黃圖三輔者顏師古謂長安以東爲京兆長陵以北爲左馮翊渭城以西爲右扶風也

四十七年四月恭校上

謚法

臣等謹案謚法四卷宋蘇洵撰洵字明允眉山人官祕書省校書郎以霸州文安縣主簿修太常因革禮書成而卒事迹具宋史本傳自周公謚法以後歷代言謚者有劉熙來奥沈約賀琛王彦威蘇冕扈蒙之書然皆雜糅附益不爲典要至洵奉詔編定六家謚法乃取周公春秋廣謚及諸家之本删訂考證以成是書凡所取一百六十八謚三百十一條新改者二十三條新補者十七條别有七去八類於舊文所有者刋削甚多其間如堯舜禹湯桀紂乃古帝王之名並非謚號而沿襲前訛概行載入亦不免疎失然較之諸家義例要爲嚴整後鄭樵通志謚略大都因此書而增補之且稱其斷然有所去取善惡有一定之論實前人所不及蓋其斟酌損益審定字義皆確有根據故爲禮家所宗雖其中間收僻字今或不能盡見諸施行而歷代相傳之舊典猶可以備參考焉曾

甘泉在渭北之雲陽秦之甘泉在渭南之鄠縣謂秦甘泉一名雲陽殊誤又孟康郊祀志注漢甘泉一名林光師古謂漢於秦林光宮旁別起甘泉宮謂漢甘泉一名林光亦非則於地理學亦不免偶疎至於秦祈年宮三輔黄圖以爲穆公作此書獨本漢書及水經注之説以爲作於惠公似非無見又若曲臺宮之類兼採雍録以補黄圖之所遺頗可藉以參考末附名釋一篇訓詁亦極典核雖時有疎密要於史學不爲無補矣乾隆四十七年八月恭校上

元和郡縣志

臣等謹案元和郡縣志四十卷唐李吉甫撰吉甫字宏憲趙州贊皇人宰相栖筠之子以廕補左司禦率府倉曹參軍貞元初爲太常博士官至中書侍郎同中書門下平章事卒謚忠懿事迹具唐書本傳是書據宋洪邁跋稱爲元和八年所上然書中更置宥州一條乃在元和九年蓋其事爲吉甫所經畫故書成之後又自續入之也前有吉甫原序稱起京兆府盡隴右道凡四十七鎮成四

十卷每鎮皆圖在篇首冠于敘事之前並目錄兩卷共成四十二卷故名曰元和郡縣圖志後有淳熙二年程大昌跋稱圖已亡獨志存焉故陳振孫書錄解題惟稱元和郡縣志四十卷今此本闕第十九卷二十卷二十三卷二十四卷二十六卷三十六卷其第十八卷則闕其半二十五卷亦闕二頁又非宋本之舊矣篇目斷續頗難尋檢考水經注本四十卷至宋代佚其五卷故水名闕二十有一南宋刊板仍均配爲四十卷使相聯屬今用其例亦重編爲四十卷以便循覽仍注其所闕于卷中以存舊第其書唐志作五十四卷證以吉甫之原序蓋志之誤又案唐六典及新舊唐書地理志貞觀初分天下爲十道一關內道二河南道三河東道四河北道五山南道六隴右道七淮南道八江南道九劍南道十嶺南道此書移隴右道爲第十殆以中葉後陷沒吐蕃故退以爲殿至淮南一道在今本闕卷之中以唐志淮南道所屬諸州考之今本河南道內有所屬之申光二州列蔡州之後江南道內有所屬之蘄黃安三州列鄂沔二

州之後似乎傳寫之錯簡然考唐書方鎮表大歷十四年淮西節度使復治蔡州尋更號申光蔡節度使又永泰元年蘄黃二州隸鄂岳節度升鄂州都團練使爲觀察使增領岳蘄黃三州元和元年升鄂州觀察使爲武昌軍節度使增領安黃二州則申州光州嘗由淮南道割隸河南道蘄州安州黃州亦嘗由淮南道割隸江南道唐志偶失移併非今本錯亂也輿記圖經隋唐志所著錄者率散佚無存其傳于今者惟此書爲最古其體例亦爲最善後來雖遞相損益無能出其範圍今錄以冠地理總志之首著諸家祖述之所自焉乾隆四十七年五月恭校上

太平寰宇記

臣等謹案太平寰宇記一百九十二卷宋樂史撰史字子正子官太常博士直史館事蹟具宋史文苑傳宋太宗時始平閩越幷北漢史因合輿圖所隸考尋始末條分件繫以成此書始於東京迄於四裔然是時幽嬀營檀等十六州晉所

割以賂遼者實未入版圖史乃因賈耽十道志李吉甫元和郡縣志之舊槪列

其名蓋太宗置封樁庫冀復燕雲終身未嘗少置史亦預探其志載之於篇非

無所因而漫錄也史進書序譏賈耽李吉甫爲漏缺故其書採摭繁富惟取賅

博於列朝人物一一並登至於題詠古蹟若張祜金山詩之類亦皆並錄後來

方志必列人物藝文者其體皆本於史蓋地理之書記載至是書而始詳體例

亦至是書而大變然史書雖卷帙浩博而考據特爲精核要不得以末流冗雜

追咎濫觴之源矣原本二百卷諸家藏本並多殘缺惟浙江汪氏進本闕佚較

少今據以著錄文獻通考作太平寰宇志此本標題實作太平寰宇記諸書所

引名亦兩岐今考史進書原序亦作記字則通考爲傳寫之誤不足據也乾隆

四十七年五月恭校上

元豐九域志

臣等謹案元豐九域志十卷宋承議郎知制誥丹陽王存等奉勅撰存字敬仲

丹陽人登進士第調嘉興主簿歷官尚書右丞事蹟具宋史本傳初祥符中李宗諤王曾先後修九域圖至熙寧八年都官員外郎劉師旦以州縣名號多有改易奏乞重修乃命館閣校勘曾肇光祿丞李德芻刪定而以存總其事以舊書名圖而無繪事請改曰志迄元豐三年閏九月書成此本前有存等進書原序稱國朝以來州縣廢置與夫鎮戍城堡之名山澤虞衡之利前書所略則謹志之至於道里廣輪之數昔人罕得其詳今則一州之內首敘州封次及旁郡彼此互舉弗相混淆總二十三路京府四次府十州二百四十二軍三十七監四縣一千二百三十五離爲十卷王應麟稱其文見於曲阜集蓋曾肇之詞也其書始於四京終于省廢州軍及化外羈縻州凡州縣皆依路分隸首具赤畿望緊上中下之名次列地里次列戶口次列土貢每縣下又詳載鄉鎮而名山大川之目亦併見焉其於距京距府旁郡交錯四至八到之數縷析最詳深得古人辨方經野之意敘次亦簡潔有法趙與旹賓退錄尤稱其土貢一門備載

貢物之額數足資考核爲諸志之所不及自序所稱文直事核洵無愧其言矣其書最爲當世所重民間又有別本刊行內多古蹟一門故晁公武讀書後志有新舊九域志之目此爲明毛晉影鈔宋刻乃元豐間經進原本後藏徐乾學傳是樓中字畫清朗訛闕亦少惟佚其第十卷今以蘇州朱煥家鈔本補之仍首尾完具案張淏雲谷雜記稱南渡後閩中刊書不精如睦州宣和中始改嚴州而新刊九域志直改爲嚴州今檢此本內睦州之名尚未竄改則其出於北宋刻本可知矣乾隆四十七年四月恭校上

輿地廣記

臣等謹案輿地廣記三十八卷宋歐陽忞撰晁公武讀書志謂實無其人乃著書者所假託陳振孫書錄解題則以爲其書成於政和中忞歐陽修從孫以行名皆連心字爲據案此書非觸時忌何必隱名疑振孫之說爲是然修廬陵人而此本有忞自序乃自稱廣陵豈廣廬字形相近傳寫致訛歟其書前四卷先

敍歷代疆域提其綱要五卷以後乃列宋郡縣名體例特爲淸析其前代州邑宋不能有如燕雲十六州之類者亦附各道之末名之曰化外州亦足資考證雖其時土宇狹隘不足括輿地之全而端委詳明較易尋覽亦地理家之佳本也乾隆四十七年十一月恭校上

方輿勝覽

臣等謹案方輿勝覽七十卷宋祝穆撰穆字和甫建陽人建寧府志載穆父康國從朱子居崇安穆少名丙與弟癸同受業于朱子宰執程元鳳蔡抗錄所著書以進除迪功郞爲興化軍涵江書院山長是書前有嘉熙己亥呂午序蓋成于理宗時所記分十七路各系所屬府州軍于下而以行在所臨安府爲首蓋中原隔絶久已不入輿圖所述者惟南渡疆域而已書中體例大抵于建置沿革疆域道里田賦戶口關塞險要他志乘所詳者皆在所略惟于名勝古蹟多所臚列而詩賦序記所載獨備蓋爲登臨題詠而設不爲考證而設名爲地理

記實則類書也然採摭頗富雖無裨于掌故而有益于文章摛藻掞華恒所引用故雖非古體而操觚家不廢其書焉乾隆四十七年八月恭校上

明一統志

臣等謹案明一統志九十卷明吏部尚書兼翰林院學士李賢等奉勅撰初成祖嘗採天下郡縣圖經命儒臣纂集爲一書未及成而中輟英宗復辟後乃命賢等重編天順五年四月書成奏進賜名大明一統志御製序文冠其首鋟板頒行考輿志之書出自官撰者自唐元和郡縣志宋元豐域九志外惟元岳璘等所修大元一統志最稱繁博國史經籍志載其目爲一千卷今已散佚無傳雖永樂大典各韻中頗見其文而割裂叢碎又多漏脫不復能排比成帙惟浙江汪氏所獻書内尚存原刋本二卷頗可以考見其體製知明代修是書時其義例一仍元志之舊故書名亦沿用之其時纂修諸臣既不出一手舛錯牴牾疎謬尤甚如以唐臨朐爲漢縣遼無章宗而以爲陵在三河金宣宗葬大梁而

以爲陵在房山以漢濟北王興居爲東漢名宦以箕子所封之朝鮮爲在永平境内俱乖誤不合極爲顧炎武所譏至所摘王安石處州學記地最曠大山長谷荒之語則併句讀而不通此本内多及嘉靖隆慶時所建置蓋後人已有續入亦不盡出天順之舊我國家辨方定位首重輿圖大清一統志近復奉詔重修起例發凡彌臻盡善此書之舛略本無可採特是職方圖籍爲有國之常經歷朝俱有成編不容至明而獨缺故仍錄存之以備一代之掌故焉乾隆四十七年三月恭校上

欽定大清一統志

臣等謹案欽定大清一統志四百二十四卷乾隆二十九年奉敕撰是書初于乾隆八年纂輯成書每省皆先立統部冠以圖表首分野次建置沿革次形勢次職官次戶口次田賦次名宦皆統括一省者也其諸府及直隸州又各立一表所屬諸縣系焉皆首分野次建置沿革次形勢次風俗次城池次學校

次戶口次田賦次山川次古蹟次關隘次津梁次隄堰次陵墓次寺觀次名宦次人物次流寓次列女次仙釋次土產各分二十一門共成三百四十二卷而外藩及朝貢諸國別附錄焉迨至乾隆二十年　天威震疊平定伊犁拓地二萬餘里爲自古輿圖所未紀而府州縣之分併改隸及職官之增減移駐亦多與舊制異同乃　特詔重修定爲此本嗣乾隆二十八年西域愛烏罕霍罕啟齊玉蘇烏爾根齊諸回部滇南整欠景海諸土目咸相繼內附乾隆四十年又討定兩金川開屯列戍益廣幅員因並載入簡編以昭大同之　盛軌蓋版圖廓于前而蒐羅彌博門目仍其舊而體例加詳一展卷而九州之底屬八極之會同皆可得諸指掌間矣昔唐分天下爲十道隴右道本居第六李吉甫元和郡縣志乃退列爲第十以其地已入吐蕃故也宋之疆域最狹歐陽忞輿地廣記于所不能有者別立化外州名已爲巧飾至祝穆方輿勝覽則併淮北亦不及一字矣蓋衰弱之朝土宇日蹙故記載不得不日減　聖明之世版章日擴

故編摩亦不得不日增今志距　詔修舊志之時僅數十載而職方所載已非舊志所能該　威德遐宣響從景附茲其明驗矣虞舜益地之圖僅區九州爲十二又何足與　昭代比隆哉乾隆五十四年正月恭校上

吳郡圖經續記

臣等謹案吳郡圖經續記三卷宋朱長文撰長文字伯原蘇州人官祕書省正字樞密院編修書成于元豐七年上卷分封域城邑戶口坊市物產風俗門名學校州宅南園倉務海道亭館牧守人物十五門中卷分橋梁祠廟宮觀寺院山水六門下卷分治水往迹園第冢墓碑碣事志雜錄七門首有長文自序一篇末有後序四篇一爲元祐元年常安民作一爲元祐七年林虙作一爲元符二年祝安上作一爲紹興四年孫祐作州郡志書五代以前無聞北宋以來未有古于是記者矣長文自序稱古今文章別爲吳門總集書中亦屢言某文見總集今其書已不傳是記蓋亦幸而僅存者也乾隆四十七年九月恭校上

乾道臨安志

臣等謹案乾道臨安志三卷宋右文殿修撰知臨安府周淙撰臨安自南渡後建爲行都淙於乾道五年再任杭帥始創爲此志凡十五卷見於宋史藝文志其後淳祐間施鍔咸淳間潛說友歷事編纂皆有成書今惟潛志尚存鈔帙周施二志世久無傳此本爲杭州孫仰曾家所藏宋槧本卷首但題曰臨安志而中閒稱高宗爲光堯太上皇帝孝宗爲今上紀牧守至淙而止其爲乾道志無疑惜其自第四卷以下俱已缺佚所存者僅什之一二也第一卷紀宮闕官署題作行在所以别於郡志體例最善後潛志實遵用之二卷分沿革星野風俗州境城社戶口廨舍學校科舉軍營坊市界分橋梁物產土貢稅賦倉場館驛等諸子目而以亭臺樓觀閣軒附其後敘錄簡括深有體要三卷紀自三國吳至宋乾道中諸牧守詳略皆極得宜淙字彥廣湖州人其尹京時撈湖浚渠頗著政績故所著述亦具有條理今其書雖殘缺不完而在南宋地志中實爲最

古之本考武林掌故者要必以是書稱首焉乾隆四十七年九月恭校上

淳熙三山志

臣等謹案淳熙三山志四十二卷宋梁克家撰克家字叔子泉州晉江人紹興三十年廷試第一授平江簽判召爲祕書省正字乾道中累官右丞相封儀國公卒謚文靖事蹟具宋史本傳稱其爲文渾厚明白自成一家辭命尤溫雅多行于世今所作已罕流傳惟此書尚有寫本凡分九門一曰地理二曰公廨三曰版籍四曰財賦五曰兵防六曰秩官七曰人物八曰寺觀九曰土俗朱彝尊曝書亭集有是書跋議其附山川于寺觀未免失倫今觀其人物惟收科第土俗時出謠讖亦皆于義未安然其志主于紀錄掌故而不在誇耀鄉賢侈陳名勝固亦核實之道自成志乘之一體未可以常例繩也其所紀十國之事多有史籍所遺者亦足資考證視後來何喬遠閩書之類門目猥雜徒溷耳目者其相去遠矣乾隆四十七年五月恭校上

臣等謹案吴郡志五十卷宋范成大撰成大字至能號石湖居士吴縣人紹興二十四年進士官至參知政事事蹟具宋史本傳是書爲成大末年所作郡人龔頤滕茂周南相與贊成之時有求附于籍不得者會成大没乃騰謗謂不出成大手遂寢不行故至元嘉禾志序謂吴郡志以妄議不得刋也紹定初廣德李壽朋始爲鋟板趙汝談爲之序以周必大所撰成大墓誌定是書實所自爲併謂龔頤等三人者嘗爲成大蒐訪故謗有自來其論乃定壽朋又以是書止紹興三年其後諸大建置如百萬倉嘉定新邑許浦水軍顧逕移屯皆未及載復命校官汪泰亨補之自謂仿褚少孫補史記例然當時不别著爲續志故與本書淆焉其書凡分三十九門徵引浩博而敘述簡核爲地志中之善本刋本久佚此本猶紹定舊槧往往於夾註之中又有夾註考成大以前惟姚宏補註戰國策嘗有此例而不及此書之多亦可云著書之創體矣乾隆四十七年十

月恭校上

新安志

臣等謹案新安志十卷宋羅願撰願有爾雅翼已別著錄先是梁蕭幾有新安山水記王篤又有新安記唐有歙州圖經及宋大中祥符中李宗諤爲新圖經頒之天下於是舊志皆佚洎更方臘之亂併新圖經亦失願嘗雜採諸書創爲稿本而未就淳熙二年趙不悔爲州守乃俾願續成之其書敘述簡括引據亦極典核其先達皆書其官別於史傳較爲有體其物產一門乃願專門之學徵引尤爲該洽其貢物所誌如乾蘋藥臘牙茶細布皆宋志所未載又如汪藻曾爲符寶郎之類多本傳所遺皆足以補史家之缺趙不悔序稱其博物洽聞故論載甚廣而其序事又自得立言之法願自序亦自以爲儒者之書具有微旨不同鈔取記簿皆不愧也乾隆四十七年四月恭校上

剡錄

臣等謹案剡錄十卷宋高似孫撰似孫字續古號疎寮宋詩紀事作餘姚人而是書自序自稱鄞人則厲鶚誤也淳熙十一年進士歷官校書郎守處州陳振孫書錄解題稱似孫爲館職時上韓侂胄生日詩九首每首皆暗用錫字寓九錫之意爲清議所不齒知處州尤貪酷其讀書以奥僻爲博以怪澁爲奇至有甚可笑者就中詩猶可觀周密癸辛雜識亦記其守處州日私挾官妓洪渠事其人品蓋無足道其詩則疎寮小集尚有傳本而文章不少槩見此書乃其所作嵊縣志也嵊爲漢剡縣地故名曰剡錄舊有嘉定甲戌似孫自序及嘉定乙亥嵊縣令史安之序蓋成於甲戌而刊於乙亥故所題先後差一年其書首篇爲紀年次爲城境圖次爲官治志附以令丞簿尉題名次爲社志學志附以進士題名次爲寮驛樓亭放生池版圖兵籍次爲山水志次爲先賢傳次爲古奇迹古阡次爲書次爲文次爲詩次爲畫次爲紙次爲古物次爲物外記次爲草木禽魚徵引極爲該洽唐以前佚事遺文頗賴以存其先賢傳每事必註其所

據之書可以爲地志紀人物之法其山水記仿酈道元水經注例脈絡井然而風景如覿亦可爲地志紀山水之法統核全書皆序述有法簡潔古雅迥在後來武功諸志之上殊不見其怪澁可笑即所作子略亦不甚遠於人情而陳振孫云云殆不可解蓋南宋末年道學一派惟以語錄相傳習江湖一派惟以近體相倡和而似孫所述多魏晉以來詩文事迹與當時風尚相左故駭而走歟

乾隆四十七年十月恭校上

會稽志

臣等謹案會稽志二十卷宋施宿等撰續志八卷宋張淏撰宿字武子湖州人司諫元之之子嘗知餘姚縣遷紹興府通判淏字清源本開封人僑居婺州官至奉議郎所著雲谷雜記已從永樂大典中裒輯刊行其履貫略見金華志而所作續志序乃自稱僑居是邦則又嘗卜居會稽矣宋自南渡以後升越州爲紹興府其牧守每以宰執重臣領之屹然稱爲大藩而圖志未備直龍圖閣沈

作賓爲守始謀纂輯華文閣待制趙不迹寶文閣學士袁說友等相繼編訂而

宿一人實始終其事書成於嘉泰元年陸游爲之序其不稱紹興府志而稱會

稽志者用長安河南成都相臺諸志例也其後二十五年淏以事物沿革今昔

不同因彙次嘉泰後事作爲續編而復於前志内補其遺逸廣其疎略正其譌

誤釐爲八卷書成於寶慶元年淏自爲之序書中不分大類前志共爲細目一

百十有七續志共爲細目五十不漏不支叙次有法如姓氏送迎古第宅古器

物求遺書藏書諸條皆他志所弗詳宿獨能搜采輯比詳贍可觀淏所續亦簡

核不苟洵地志之有體要者明時舊刻已亡正德庚午郡人王綖復訪求舊本

校刊之今板並久佚故藏書家罕見著録蓋亦稀覯之本矣乾隆四十七年五

月恭校上

赤城志

臣等謹案赤城志四十卷宋陳耆卿撰耆卿字壽老號篔窗台州寧海人登嘉

定七年進士官至國子監司業其事蹟不見於宋史惟謝鐸赤城新志稍著其仕履而亦不詳今以所著篔窗集考之則嘉定十一年嘗爲靑田縣主簿嘉定十三年爲慶元府府學教授又趙希弁讀書附志稱耆卿集中沂邸牋表爲多案宋史孝宗孫吳興郡王柄追封沂王其嗣子希瞿寧宗嘗立爲皇子即濟王竑者卿必嘗爲其府記室而希弁略其文也此爲所撰台州總志以所屬臨海黃巖天台仙居海寧五縣條分件繫分十五門其曰赤城者文選孫綽天台山賦稱赤城霞起以建標李善註引支遁天台山銘序曰往天台當由赤城山爲道徑又引孔靈符會稽記曰赤城山名色皆赤狀似雲霞又引天台山圖曰赤城山天台之南門也梁始置赤城郡蓋因山爲名耆卿此志即用梁郡名耳耆卿受學於葉適文章法度具有師承故敘述咸中體裁明謝鐸嘗續其書去之遠甚舊與耆卿書合編今析出別存其目陳振孫書錄解題載此志之前有圖十三此本乃無一圖殆傳寫者難於繪畫久而佚之矣乾隆四十七年五月恭

校上

寶慶四明志

臣等謹案寶慶四明志二十一卷宋羅濬撰濬廬陵人自序署其官曰贛州錄事參軍通考作羅璿蓋傳寫誤也先是乾道中知明州張津始纂輯四明圖經而搜採未備寶慶三年煥章閣學士通議大夫知慶元府兼沿海制置使廬陵胡榘復命校官方萬里因圖經舊本重加增訂如唐刺史韓察之移州城唐及五代郡守姓名多據碑刻史傳補入其事未竟會萬里赴調中輟濬與榘同里適游四明遂屬之編定凡一百五十日而書成前十一卷爲郡志分敘郡敘山敘水敘產敘賦敘兵敘人敘祠敘遺九門各門又分立四十六子目第十二卷以下則爲鄞奉化慈谿定海昌國象山各縣志每縣俱自爲門目不與郡志相混蓋當時明州雖建府號而不置倚郭之縣故州與縣各領疆土如今直隸州之體故與他郡不同也宋史藝文志僅有張津圖經十二卷及四明風俗賦一

卷不載是書惟陳振孫書錄解題載之其卷數與此本相合蓋從宋槧鈔存者志中所列職官科第名姓及他事蹟或下及咸淳距寶慶三四十年蓋後人已有所增益非盡羅濬之舊然但逐條綴附而體例未更故敘述謹嚴不失古法元袁桷延祐四明志亦據爲藍本多採用焉續志十二卷則開慶元年慶元府學教授梅應發添差通判鎮江府劉錫所撰共分子目三十有七其自序稱續志之作所以志大使丞相履齋先生吳公三年治鄞之政績其已作而述者不復志故所述多吳潛在官事實而山水疆域詳於舊志者則概未之及是因一人而別修一郡之志名爲輿圖實則家傳於著作之體殊乖然所載潛吟稿二卷共古今體詩二百九首詩餘二卷共詞一百三十首皆世所未覩雖其詞不必盡工而名臣著作藉以獲存固亦足資援據故今仍與羅濬書並錄存焉乾隆四十七年十一月恭校上

海鹽澉水志

臣等謹案海鹽澉水志八卷宋常棠撰棠字召仲號竹窗海鹽人仕履未詳澉水在海鹽縣東三十六里水經所謂谷水流出爲澉浦者是也唐開元五年張廷珪奏置鎮宋紹定三年監澉浦鎮稅修職郎羅叔韶使棠爲志凡分十五門曰地理曰山曰水曰廨舍曰坊巷曰坊場曰軍寨曰亭堂曰橋梁曰學校曰寺廟曰古蹟曰物產曰碑記曰詩詠而冠以輿圖前有羅叔韶序敍述簡核綱目該備而八卷之書爲頁僅有四十餘明韓邦靖撰朝邑縣志言約事盡世以爲絕特之作今觀是編乃知其源出於此可謂體例精嚴藻不妄抒者矣乾隆四十七年十月恭校上

景定建康志

臣等謹案景定建康志五十卷宋周應合撰應合武寧人自號溪園先生舉淳祐間進士官至實錄院修撰以上章劾賈似道謫饒州通判是書乃其以承直郎差充江南東路安撫司幹辦公事時所作也宋自南渡後建行宮於金陵改

爲建康府高宗嘗駐蹕其地設江南東路安撫司以治之爲沿江重鎮乾道慶元時屢輯地志而記載尚多闕略景定中寶章閣學士江東安撫使知建康府馬光祖始屬應合取舊志重加删定增入慶元以後之事正訛補缺别編成書凡分疆域山川域闕官守儒學文籍武衞田賦風土祠祀等十類援據該洽條理詳明凡所考辨俱見典覈如論丹陽之名本出建業論六朝揚州嘗治建業後始爲廣陵一郡之名論金陵埋金之説爲驅人鑿山之術皆極精確可據洵地志之有體要者也明嘉靖萬歷間是書尚有刊本在南京國子監見黄佐南雍志中然所存板止七百五十九面則亦已闕佚不全其後流傳幾絶朱彝尊曝書亭集有是書跋稱周在浚嘗語以曾覩是書闕本訪之三十年未得後始從曹寅處借歸録之蓋亦罕覯之本矣乾隆四十七年十一月恭校上

嚴州續志

臣等謹案嚴州續志十卷宋鄭瑤撰方仁榮同撰瑤時官嚴州教授仁榮時官

嚴州學錄其始末則均未詳也所紀始於淳熙訖於咸淳標題惟曰新定續志
不著地名蓋刋附紹興舊志之後而舊志今佚也嚴州於宋爲遂安軍度宗嘗
領節度使即位之後升爲建德府故卷首載立太子詔及升府省劄體視他志
稍殊惟物產之外別增瑞產一門但紀景定麥秀兩岐一條鄉飲之外別增鄉
會一門但紀楊王主會一條則皆乖義例耳然敘述簡潔猶與紀中之有古法
者其戶口門中載寧宗楊皇后爲嚴人而鄉會門中亦載主集者爲新安郡王
永寧郡王新安者楊谷永寧者楊石皆后兄楊次山之子也而宋史乃云后會
稽人異代傳聞必不及當時覩見之確此亦可訂史傳之訛矣乾隆四十七年
九月恭校上

咸淳臨安志

臣等謹案咸淳臨安志一百卷宋潛說友撰說友字君高處州人官中奉大夫
權戶部尚書知臨安軍府事封縉雲縣開國男南宋建都杭州自乾道中周淙

作志以後久無續修之本說友因討論典故作爲此志時賈似道方專國政說
友以附和得進後守平江元兵至先遁宋亡又在福州降元受其宣撫使之命
爲李雄所殺其人殊不足道而其書則頗有條理以前十五卷爲行在所錄記
官禁曹司之事自十六卷以下乃爲府志區畫明晰體例井然可爲都城紀載
之法其宋代詔令編於前代之後則用徐陵玉臺新詠置梁武於第七卷例也
他所敍錄亦縷析條分可資考據故明人作西湖志諸書多採用之朱彝尊謂
宋人地志幸存者若宋次道之志長安梁叔子之志三山范致能之志吴郡施
武子之志會稽羅端良之志新安陳壽老之志赤城每患其太簡惟潛氏此志
獨詳然其書流傳既久往往闕佚不全舊無完帙彝尊從海鹽胡氏常熟毛氏
先後得宋槧本八十卷又借鈔十三卷而其七卷終闕無可考補今亦姑仍其
舊焉乾隆四十七年十月恭校上

至元嘉禾志

臣等謹案至元嘉禾志三十二卷元徐碩撰碩里貫未詳始末亦無可考其作此書時則方官嘉興路教授也秀州自宋初未有圖經淳熙中知州事張元成始延聞人伯紀𠔏爲之後岳珂守郡復延郡人關栻續修會珂改調事遂中輟僅存五卷至元中嘉興路經歷單慶屬碩纂輯因踵栻舊本續而成之廣其門爲四十三而卷數增多至二十有七志中兼及松江府華亭縣蓋元時本隸嘉興路明初始析置也其書敘次甚詳每條下間繫以考證尤爲典核而碑碣一門多至十一卷自三國六朝以迄南宋凡石刻之文悉全載無遺如吳征北將軍陸禕碑梁秦駐山碑唐黄州司馬陸元感陳府君環墓銘宗城令顧謙墓誌皆歐趙所未著録吳越静海鎮遏使朱行先碑吳任臣十國春秋實據以立行先傳其他零篇斷什爲耳目所未覩者尚多殊足爲考獻徵文之助惟書中但有人物及進士題名而不立官師一志使前人宦績缺然無傳未免漏略又江海湖泖浦瀫溪潭陂塘河港涇溝堰牐分爲八類使源流支絡開卷井然體例

甚當而樓閣堂館亭宇亦分爲三類强析名目未免失之瑣碎是其所短焉乾隆四十七年四月恭校上

昌國州圖志

臣等謹案昌國州圖志七卷元馮復京郭薦等同撰復京同州人官昌國州判官薦里貫未詳官鄞縣敎諭昌國州即今定海縣宋熙寧六年置昌國縣元至元十五年始升爲州此書成於大德二年七月凡分八門曰敘州曰敘賦曰敘山曰敘水曰敘物產曰敘官曰敘人曰敘祠前有復京序據序中所述始末蓋復京求得舊志屬薦等訂輯而復京爲之審定者也其大旨在於刊削浮詞故其書簡而有要不在康海武功志韓邦靖朝邑志下海書邦靖書爲作者盛推而此書不甚稱於世殆年代稍遠鈔本稀傳歟據原目所載卷首當有環山環海及普陀山三圖圖志之名實由於是此本有錄無書蓋傳寫者佚之矣乾隆四十七年九月恭校上

延祐四明志

臣等謹案延祐四明志二十卷元袁桷撰桷字伯長慶元人宋知樞密院事韶之曾孫少爲麗澤書院山長以薦改翰林國史院檢閲官累遷侍講學士辭歸卒贈江浙行省參知政事追封陳留郡公謚文清事蹟具元史本傳桷文章博贍爲一時臺閣之冠所著清容居士集五十卷尙存已别著録又有易説春秋説諸書見于蘇天爵墓誌銘者則世無傳本久已亡佚此乃所輯明州地志成于延祐七年蓋慶元路總管馬澤屬桷爲之撰次者凡二十卷分爲十二考曰沿革曰風土曰職官曰人物曰山川曰城邑曰河渠曰賦役曰學校曰祠祀曰釋道曰集古義例簡明最爲有體桷先世在宋多以文學知名稱東南故家遺獻桷没後會朝廷修史遣使求郡國軼文故事惟袁氏所傳爲多故其于鄉邦舊典尤極貫串志中考核精審敘述清晰不支不濫頗有良史之風視至元嘉禾至正無錫諸志更爲賅洽可稱惟其自第九至第十一已闕三卷所存僅十

七卷蓋爲傳寫者所脫佚然元時地志鈔帙無多存之亦足以資考究固未可竟以不完廢之也乾隆四十七年五月恭校上

齊乘

臣等謹案齊乘六卷元于欽撰欽字思容益都人歷官兵部侍郎是書專記三齊輿地凡分八類曰沿革曰分野曰山川曰郡邑曰古蹟曰亭館曰風土曰人物敘述簡核而淹貫地志中之有古法者其中閒有舛誤如宋建隆三年改濰州置北海軍以昌邑縣隸之乾德三年復陞濰州又增昌樂隸之均見宋地理志而是書獨遺又壽光爲古紀國亦不詳及其他如以華不注爲靡笄山以勞山與成山爲一顧炎武山東考古錄皆嘗辨之然欽本齊人援據經史考證見聞較他地志之但據輿圖憑空言以論斷者所得究多故向來推爲善本卷首有至元五年蘇天爵序亦亟稱之云乾隆四十七年三月恭校上

至大金陵新志

臣等謹案至大金陵新志十五卷元張鉉撰鉉字用鼎陝西人嘗爲奉元路學古書院山長至正初江南諸道行御史臺諸臣將重刋宋周應合所撰建康志而其書終於景定中嗣後七八十年紀載闕略雖郡人戚光於至順間嘗修有集慶續志而任意改竄多變舊例未爲詳審復議增輯以繼景定志之後因聘鉉主其事凡六閱月而書成首爲圖考次通紀次世表年表次志譜列傳而以摭遺論辨終焉令本路儒學雕本印行至明嘉靖中黄佐修南雍志尚載有此書板一千一百六十四面是今所流傳印本猶出自原刻也其書略依周志凡例而元代故實則本之戚光續志及路州司縣報呈事蹟其間如官屬姓名已入前志者不復具錄而世譜列傳則前志所有者仍摭載無遺體例殊自相矛盾又其凡例中以戚志删去地圖不合古義譏之良是至於世表年表則地志事殊國史原不必仿旁行斜上之法轉使汜濫無稽戚志删除深合體例鉉乃一概訾之亦爲寡識然其學問博雅故薈稡損益本末燦然無後來地志家附

會叢雜之病其古蹟門中所載梁始興忠武王安成康王二碑朱彝尊皆嘗爲之跋不引是書爲證豈其偶未見與乾隆四十七年十一月恭校上

無錫縣志

臣等謹案無錫縣志四卷不著撰人名氏考千頃堂書目有元王仁輔無錫縣志二十八卷與此本卷數不符蓋别一書也考明史地理志洪武二年四月始改無錫州爲縣是志古今郡縣表末雖止于陞無錫縣爲州然標題實稱爲無錫縣已爲明初之制又郡縣表止元貞而學校類中已載至正辛巳鄉舉陸以衛則所紀已逮元末是洪武中書矣第一卷爲邑里第二卷爲山川第三卷爲事物分上下二子卷第四卷爲詞章亦分上中下三子卷中又分小類二十一詞簡而事該亦地志之善本惜首卷原書已佚其撰次本末不可得而考也元史地里志稱成宗元貞三年陞無錫爲州此志乃云二年作志者紀錄時事歲月必確以是推之知元史疎漏多矣是亦書貴舊本之一驗也乾隆四十七年

十一月恭校上

姑蘇志

臣等謹案姑蘇志六十卷明王鏊撰鏊所著震澤紀聞震澤集俱別著錄蘇州自宋范成大明初盧熊二志後纂輯久闕弘治中吳寬嘗與張習都穆有志修述未成而卒遺稿尚存後廣東林世遠爲蘇州守以其事屬鏊鏊乃與郡人杜啟祝允明蔡羽文璧等共相討論發凡舉例咸本於寬而芟繁訂譌多所更益凡八月而書成首列沿革守令科第三表沿革分野以下分爲三十一門而人物門中又分子目十三繁簡得中考核精審爲地志之有體要者陳繼儒見聞錄稱鏊修志時以楊循吉喜謠詠不願與之同局志成遣使送之循吉循吉方櫛不暇抽看但顧簽票云不通不通使者還述其語鏊以問之循吉曰府志修於我朝原當以蘇州名志姑蘇吳王臺名也以此名志可乎鏊始大服然考鏊自序紀其初修志時有欲屬諸楊儀部而楊儀部固辭之語是鏊未嘗擯去循

吉不與共事繼儒所載恐不足信且范成大原書已題吴郡志亦不標宋時州名鰲實沿用其例固未可以此苛責之矣乾隆四十七年五月恭校上

武功縣志

臣等謹案武功縣志三卷明康海撰海字德涵武功人弘治壬戌進士第一人及第授修撰以救李夢陽事坐劉瑾黨削籍事迹具明史文苑傳是志僅七篇曰地理曰建置曰祠祀曰田賦曰官師曰人物曰選舉凡山川城郭古蹟宅墓皆括於地理官署學校津梁市集則歸於建置祠廟寺觀則總以祠祀戶口物產則附於田賦官師志則善惡並著以寓勸懲王士禎謂其文簡事核訓詞爾雅石邦教稱其義昭勸鑒尤嚴而公鄉國之史莫良于此與韓邦靖朝邑縣志一則以謹嚴勝一則以高簡勝如雙鵠並翔各極所止未可以優劣論也志刻于正德己卯萬歷間再經刋行旋復漫滅是本爲乾隆二十六年瑪星阿知縣事得鈔本於孫景烈而重刻者王士禎又稱武功志載璇璣圖而此本無之殆

已爲傳鈔者所佚矣乾隆四十七年二月恭校上

朝邑縣志

臣等謹案朝邑縣志二卷明韓邦靖撰邦靖字汝慶號五泉朝邑人正德戊辰進士官至工部員外郎是書成於正德己卯上卷四篇曰總志曰風俗曰物產曰田賦下卷三篇曰名宦曰人物曰雜記上卷僅八頁下卷僅十七頁古今志乘之簡無有過於是書者而宏綱細目包括略備蓋他志多誇飾風土而此志能提其要故文省而事不漏也然敘次點綴若有餘閒寬然無局促束縛之迹自明以來推爲奇作固不虛矣明代關中輿記惟康海武功縣志與此志最爲有名論者謂武功志體例謹嚴源出漢書此志筆墨疎宕源出史記然後來志乘多以康氏爲宗而此志則莫能繼軌蓋所謂不可無一不容有二者也前有邦靖自序又有康海序末有呂柟後序及朝邑知縣陵川王道跋並文格高潔與志適相配云乾隆四十七年十月恭校上

嶺海輿圖

臣等謹案嶺海輿圖一卷明姚虞撰虞字澤山莆田人嘉靖壬辰進士官至淮安府知府是編乃其官監察御史時巡按廣東所作凡爲圖十有二首爲全省圖次十府十圖終以南夷圖圖各有敘敘之例首述沿革形勢利病次州縣次戸口次田糧課税次官兵馬匹其總圖則首以職官以布政按察二司分統之蓋其時撫按皆爲使臣而未定爲守土官也其南夷諸國列通貢者于前而通市者亦附後爲海防之計不論其奉朔否也大旨略於前代而詳於當代略於山川而詳於扼塞略於職官而詳於兵馬錢糧略於文事而詳於武備於志乘之中別爲體例然較之侈山水誇人物輯詩文者其有用無用則迥殊矣意古者輿圖不過如是後來者踵事增華失其本耳錢曾讀書敏求記亦稱其簡而要云乾隆四十七年十一月恭校上

滇略

臣等謹案滇略十卷明謝肇淛撰肇淛字在杭福建長樂人萬歷壬辰進士由湖州府推官歷任廣西左布政使此其官雲南時所作分爲十門一曰版略志疆域也二曰勝略志山川也三曰產略志物產也四曰俗略志民風也五曰績略志名宦也六曰獻略志鄉賢也七曰事略志故實也八曰文略志藝文也九曰夷略志苗種也十曰雜略志瑣聞也雖大抵因圖經舊文而稍益以新事然肇淛本屬文士記誦亦頗博洽故是書引據有徵敘述有法較諸家地志體例特爲雅潔明代輿記冗雜者幾十之九其能存宋元舊志遺意者玆亦翹楚矣

乾隆四十七年五月恭校上

吳興備志

臣等謹案吳興備志三十二卷明董斯張撰斯張字遐周烏程人國子監生學問贍博著述極多所作廣博物志已別著錄是編專輯湖州故事分爲二十六徵曰帝胄曰宮闈曰封爵曰官師曰人物曰筭褘曰寓公曰藝術曰象緯曰建

置曰巖澤曰田賦曰水利曰選舉曰戰守曰賑恤曰祥孽曰經籍曰遺書曰金石曰書畫曰淸閟曰方物曰瓅曰詭末一卷曰匡籍譌采摭極富於吳興一郡遺聞瑣事徵引略備每門皆全錄古書載其原文有所考正則附著於下後來朱彝尊撰日下舊聞蓋即用其體例也雖其意主博奧不無以泛濫爲嫌然當時著書家影響附會之談及剽竊撏撦之習實能一舉而空之故所摘錄類多典雅確核足資考據之助在地志中爲猶有法度者矣乾隆四十七年四月恭校上

欽定熱河志

臣等謹案欽定熱河志一百二十卷乾隆四十六年奉勑撰熱河即古武列水避暑山莊在焉舊設熱河道領四廳今置承德府領平泉一州灤平豐寧赤峯建昌朝陽五縣此志猶以熱河名者神皋奥區鑾輿歲莅蒐狩朝覲中外就瞻地重體尊不可冠以府縣之目故仍以行殿所在爲名也凡分二

十四門　華蓋時臨　奎文日富敬録弁首曰　天章　省方觀民勵精無逸
編年紀載曰　巡典琛賮鱗集梯航旅來　威德式彰曰徠遠　軒衛隨行
明堂斯建詳陳規制曰　行宮肄武習勞三秋大獮周陆原麓曰圍場地接堯
封界分周索四至八到曰疆域周秦以來或爲荒服或爲甌脱或爲羈縻或爲
僑置或爲郡縣或爲京邑引據史傳辨訂是非兼列八表十二圖曰建置沿革
删星野之談天測斗極之出地曰晷度巨流爲經衆川爲緯曰水區列方隅標
舉形勢曰山涵泳　聖化澤以詩書曰學校喀喇沁翁牛特土默特柰曼敖漢
巴林喀爾喀右翼諸部隸於境内者表其世系曰藩衞紺宇金地或以奉　勅
而建或以効祝而營曰寺廟畫疆分職臂指相維曰文秩羽衞連營以迨察哈
爾四旗曰兵防　國朝官斯地者遷除歲月以次臚載曰職官題名前代官是
地者不可盡詳録其有功可紀者曰宦蹟靈秀挺生垂光史册曰人物山澤膏
沃金粟豐贏曰食貨草木禽魚正名百類曰物産故址流傳遺文有證曰古蹟

前朝舊典曰故事諸部軼聞曰外紀詩歌制作關於風土者曰藝文並考古證今辨疑傳信既精且博蔚爲輿記之大觀案熱河所屬自漢魏以前皆鮮卑烏桓地也慕容氏崛起龍城始置郡縣魏書地形志約略可稽齊周以後大抵與契丹庫莫奚參錯而居前朝諸史務侈幅員每以邊境郡名移置長城之外核諸地理殊不足憑後惟遼金元三朝實奄有其地然無所紀載故輿記靡徵明棄大寧渺如絕域其所敘錄益傳聞失其眞矣我　國家肇造區夏統括寰瀛

太宗文皇帝親擒十四台吉先定其地　聖祖仁皇帝校練七萃初出松亭後喀爾喀汗貢厥上腴益宏文囿刈蘭之界北跨臨潢遂仙苑天開爻閭畢集我　皇上法　天不息率　祖攸行　時邁其邦地同三輔四方大其和會百產益以蕃昌郡邑區分膠庠鼎建民殷俗美炳然與三代同風其盛爲自古所未有故詞臣珥筆敬述斯編亦自古之所未聞豈非地祕其靈天珍其奧自開闢以至今日越千萬載待　聖朝而發其光哉乾隆四十九年十一月恭校上

欽定日下舊聞考

臣等謹案日下舊聞考一百六十卷乾隆三十九年奉　勅撰因朱彝尊日下舊聞原本删繁補缺援古證今一一詳爲考覈定爲此本原書分星土世紀形勝宫室城市郊坰京畿僑治邊障户版風俗物産雜綴十三門其時城西玉泉香山諸處　臺沼尚未經始故列郊坰門中與　今制未協諸廨署入城市門中太學石鼓獨别爲三卷於體例亦屬不倫今增列　苑囿官署二門并前爲十五門而石鼓考三卷則併於官署門國子監條下又原本城市京畿二門五城及各州縣分屬之地今昔不同一一以新定界址爲之移正原本所列古蹟皆引據舊文誇多務博不能實驗其有無不免傳聞譌舛彼此互岐亦皆一一履勘遺蹤訂妄以存眞闕疑以傳信所引藝文或𧗽其所未備或删其所可省務使有關考證不漏不支至於　列聖宸章　皇上御製凡涉於　神京風土者悉案門恭載尤足以昭垂典實藻繪山川古來誌都京者前莫善於三輔黄

圖後莫善於長安志彜尊原本蒐羅詳洽已駕二書之上今仰承　睿鑒爲之
正訛補漏又駕彜尊原本而上之千古輿圖當以此本爲準繩矣乾隆四十九
年十月恭校上

欽定滿洲源流考

臣等謹案　欽定滿洲源流考二十卷乾隆四十三年奉　勑撰洪惟我　國
家朱果發祥肇基東土白山黑水實古肅愼氏之舊封典籍遺文班班可考徒
以年祀綿長道途脩阻傳聞不免失眞又文字互殊聲音屢譯記載亦不能無
誤故歷代考地理者多莫得其源流是編仰稟　聖裁參考史籍證以地形之
方位驗以舊俗之流傳博徵詳校列爲四門一曰部族自肅愼氏以後在漢爲
三韓在魏晉爲挹婁在元魏爲勿吉在隋唐爲靺鞨新羅渤海百濟諸國在金
爲完顏部並一一考訂異同存眞辨妄而索倫費雅喀諸部毘連相附者亦並
載焉二曰疆域凡渤海之上京龍泉府靺鞨之黑水府燕州勃利州遼之上京

黄龍府金之上京會寧府元之肇州並考驗道理辨正方位而一切古蹟附見焉三曰山川凡境内名勝分條臚載如白山之或稱太白山徒太山黑水或稱完水或稱室建河以及松花江即粟末水寧古塔即忽汗水今古異名者皆詳爲辨證其古有而今不可考核者則别爲存疑附於末四曰國俗如左傳所載楛矢貫隼可以見騎射之原松漠紀聞所載軟脂蜜膏可以見飲食之槩而後漢書所載辰韓生兒以石壓頭之類妄誕無稽者則訂證其謬至於渤海以來之文字金源以來之官制亦皆並列其體例每門以國朝爲綱而詳述列朝以溯本始其援據以御製爲據而博採諸書以廣參稽允足訂諸史之訛而傳千古之信非諸家地志影響附會者所能擬也乾隆五十四年四月恭校上

欽定皇輿西域圖志

臣等謹案欽定皇輿西域圖志五十二卷乾隆二十一年奉敕撰乾隆二

十九年創成初稿嗣以版圖日闢規制益詳進呈　御覽之時隨事　訓示復增定爲今本首四卷爲　天章我　皇上平定西域　題詠至多地勢兵機皆包羅融貫惟恭錄統論西師全局者弁冕簡端其因地紀事即物抒懷者則仍分載於各門次圖考三卷自幅員所界以及符節所通共新圖二十有一又附歷代舊圖十有二古今互校益昭　聖朝拓宇之功次列表二卷上起秦漢下訖元明以明國土之分合建置之沿革次晷度二卷次疆域十二卷次山四卷次水五卷次官制二卷次兵防一卷臺站附焉次屯政二卷戶口附焉次貢賦錢法學校各一卷次封爵二卷皆長駕遠馭之　睿略揆文奮武之　鴻模也次風俗音樂各一卷服物二卷土產一卷皆如地志之例惟音樂一門爲創體以其隸在協律備禁侏兜離之數故也次藩屬三卷次雜錄二卷以瑣聞軼事終焉記流沙以外者自史記大宛列傳漢書西域列傳始詳而異域傳聞訛謬亦復不少至法顯玄奘之所記附會佛典更多屬子虛蓋龍沙葱雪道里迢遙

非前代兵力所能至即或偶涉其地而終弗能有故記載者依稀影響無由核
其實也我　皇上遠奮天弧全收月𧿹既使二萬里外咸隸版圖又列戍開屯
畫疆置郡　經綸宏遠足以鞏固於萬年每歲虎節往來雁臣出入耳聞目睹
皆得其眞故　詔輯是編足以補前朝輿記之遺而正歷代史書之誤　聖人
威德之昭宣經綸之久遠事事爲二帝三王所不及茲其左驗矣豈徒與甘英
諸人侈誇珍怪歟乾隆四十九年十一月恭校上

皇清職貢圖

臣等謹案　皇清職貢圖九卷乾隆十六年　詔大學士忠勇公臣傅恒等編
繪以朝鮮等外番諸國爲首其餘番蠻各依省類次方圖事輯會西域二萬餘
里種落歸化乃合伊犂哈薩克布魯特烏什拔達克山安集延諸部凡三百餘
種傳色爲册考古證今分圖系說告成於乾隆二十二年其續圖一卷則自乾
隆二十八年以來愛烏罕霍罕啟齊玉蘇烏爾根齊諸部奉表入貢及土爾扈

特全部歸順雲南邊外整欠景海諸土目抒誠內附後次第增繪者也每種並兼繪男女及官目民人之別於凡性情習俗服食好尚罔不畢載而悉得諸入覲時之體察考詢及我將帥驛使身履其地所目擊口陳者故言之鑿鑿非若前史紀載傳聞附會無可考核者比也我　國家化成中外我　皇上覲揚光烈版圖式廓舉亙古未臣之衆悉歸琛賮而　怙冒之仁　撫馭之略並可於是圖徵之及伏誦　御題長律尤殷殷於　保泰承庥之道於此益見　大聖人履盛思謙篤恭兢業所以隆曩昔而詔方來者非獨大一統之模而已也圖舊藏　內府先未有板本乾隆戊戌始　允廷臣之請刊刻頒行於以闡聖謨而資治鏡實爲輿志之鉅觀史籍之要覽臣等校錄之餘竊不勝遭逢之慶焉乾隆四十七年十月恭校上

欽定盛京通志

臣等謹案　盛京通志一百三十卷乾隆四十四年奉　勅撰分卷進呈俱經

欽定案　盛京舊有通志三十卷卷分三十五門敘述多所舛漏因　命補
正其書定爲此本恭讀　聖製　御製全集詩文有關于　盛京者舊本僅載
十之三今悉補錄又以　御製分　綸音　天章二門各從體製　京城門中
舊本不詳　盛京　興京　東京創建修葺之由　太祖　太宗制勝定都始
末　壇廟門中舊本不載營造制度及重修年月又不載尊藏　册　寶及
堂子歲祭諸儀　宮殿門中舊本亦不載重修年月　御題聯額及尊藏　聖
容　聖訓　實錄　玉牒　戰圖及乾隆四十三年設立諫木事　山陵門中
舊本不載恭　謁及歲祀儀注所述　三陵官制亦多舛誤山川城池兩門中
舊本均不載　太祖　太宗戰蹟人物門中不載　開國宗室王公又諸勳臣
事蹟亦不悉具今併詳考增修其餘星土建置沿革疆域形勝祠祀古蹟陵墓
雜志風俗土產八門並援據經史糾訛補陋關郵戶口田賦職官學校官署選
舉兵防八門舊本所載止於乾隆八年今並按年續載名宦歷代忠節孝義文

學隱逸流寓方技仙釋烈女藝文十門亦參訂删補俾不冗不漏其官名人名地名舊本音譯往往失眞今併一一釐正體裁精密考證詳明溯豐邑之初基述阪泉之鴻績經綸開創垂裕無疆啟佑規模萬年如覩固與直省輿記徒侈山川人物者區以別矣乾隆五十四年正月恭校上

畿輔通志

臣等謹案畿輔通志一百二十卷國朝兵部尚書直隸總督李衛等撰自元以來如析津志諸書所紀祇及於京師明代以畿內之地直隸六部與諸省州縣各統於布政司者體制不侔故諸省皆有通志而直隸獨闕本朝定鼎京師特置直隸巡撫以專統轄康熙十一年大學士衛周祚奏令天下郡縣分輯志書詔允其請於是直隸巡撫于成龍格爾古德等始創爲之屬翰林院侍講郭棻董其事僅數月而書成討論未爲詳確雍正七年世宗憲皇帝命天下重修通志上諸史館以備一統志之採擇督臣唐執玉祇奉明詔乃延原

任辰州府同知田易等設局於蓮花池蒐羅纂集其後劉於義及李衞相繼代領其事至雍正十三年而書成凡分三十一目人物藝文二門又各爲子目訂訛補闕較舊志頗爲完善云乾隆四十七年四月恭校上

江南通志

臣等謹案江南通志二百卷　國朝兵部尚書兩江總督趙弘恩等撰先是康熙二十二年總督于成龍與江蘇巡撫余國柱安徽巡撫徐國相等奉部檄創修通志凡七十六卷雍正七年署兩江總督尹繼善等承　詔重修乃於九年之冬開局江寧屬原任中允黄之雋等司其事因舊志討論潤色刊除踳駁補苴罅漏凡閱五載至乾隆元年書成總督臣弘恩及江蘇撫臣顧琮安徽撫臣趙國麟等具表上之卷首恭錄　上諭及　御製詩文以尊　謨典次輿地次河渠次食貨次學校次武備次職官次選舉次人物次藝文次雜類發凡起例較舊志頗有體裁惟纂輯不出一手徵有牴牾黄之雋唐堂集中嘗稱是書刊

本與原稿多有舛互如灊山在六安州之霍山而仍謂即元時所置之潛山縣黄積程元譚俱東晉時新安守而誤入西晉其他遺漏重複者甚多蓋皆之雋離局以後爲他人所竄改者也司馬光修資治通鑑以史記以下屬劉攽三國以下屬劉恕唐以下屬范祖禹始終不易其知此意歟乾隆四十七年五月恭校上

江西通志

臣等謹案江西通志一百六十二卷　國朝江西巡撫都察院右副都御史謝旻等撰江西省志創於明嘉靖間參政林庭㭿其後久未纂輯舊聞放失至本朝康熙二十二年巡撫安世鼎始續修之康熙五十九年巡撫白潢又增修之名曰西江志其體例條目雖多本諸舊志而廣搜博訪訂舛正譌在地記之中號爲善本雍正七年巡撫謝旻奉　詔纂修省志乃與原任檢討陶成等開局編輯其規模一本之白志而間加折衷文簡事核釐然有序其志人物如宋

之京鏜章鑑一以其身爲宰輔依附權姦一以其位列鈞衡棄主私遁俱削去不載亦頗有合於大義惟元劉秉忠其先世雖瑞州人而自遼及金北遷已久乃援其祖貫引入鄉賢將孔子自稱殷人亦可入中州志乘乎是則圖經之積習湔除未盡者矣乾隆四十七年四月恭校上

浙江通志

臣等謹案浙江通志二百八十卷　國朝文華殿大學士兼吏部尚書兼管浙江總督嵇曾筠等監修浙江自明嘉靖中提學副使薛應旂始輯爲通志七十二卷至　國朝康熙二十一年總督趙士麟巡撫王國安復因薛志增修斟酌損益義例粗備此本於雍正九年辛亥總督李衞開局編纂訖乙卯而告竣曾筠等具表上進司其事者原任侍讀學士沈翼機編修傅王露檢討陸奎勳也總爲五十四門視舊志增目一十有七所引諸書皆備錄原文標著出典其近事未有記載者亦具列其案牘視他志體例特善其有見聞異詞者則附加考

證于下方雖過求賅備或不無繁複叢冗然信而有徵之目差爲不愧矣乾隆四十七年四月恭校上

福建通志

臣等謹案福建通志七十八卷　國朝閩浙總督兵部尚書郝玉麟等監修福建自宋梁克家三山志以後記輿地者不下數十家惟明黄仲昭八閩通志頗稱善本而亦不免闕略又自明立福建布政司分建屬郡以福興泉漳爲下四府延建邵汀爲上四府　國家德威遠屆鯨海波恬臺灣既入版圖而福州所屬之福寧亦升州爲府泉州所屬之永春漳州所屬之龍巖又各析置爲直隸州建置沿革多與昔異以舊志相較每與今制不合且福建三面環海港汊内通島嶼外峙一切設險列戍之要舊志亦多未詳雍正七年承　詔纂輯通志因取舊志之煩蕪未當者删汰冗文別增新事其疆域制度悉以現行者爲斷至乾隆二年書成玉麟等具表上之自星野至藝文爲類三十爲卷七十有八

視舊志增多十四卷如沿海島澳諸圖舊志所不載者皆爲詳繪補入足資考
鏡於體例亦頗有當焉乾隆四十七年五月恭校上

湖廣通志

臣等謹案湖廣通志一百二十卷　國朝總督湖廣等處地方兵部尚書兼都
察院右副都御史邁柱等監修楚中輿記見于前史者如盛宏之荆州記庾仲
雍湘州記漢水記梁元帝荆南地志郭仲彦湘州記湘州副圖記陶岳零陵總
記韋宙零陵錄范致明巴陵古今記吳從政襄沔記類多湮沒不傳即傳者亦
殘缺失次魏裳湖廣通志廖道南楚大紀陳士元楚故略出自近代又往往闕
漏冗雜不足依據是志成于雍正十一年乃邁柱及湖北巡撫德齡湖南巡撫
趙弘恩奉　詔纂輯以湖南湖北合爲一書與江南通志合上江下江爲一者
體例相同大致據康熙甲子舊志爲本而以類附益之其目或增或併總爲三
十一門又附見者十三門人物門内又别爲四子目條分縷晰按籍可稽惟長

沙遠隔洞庭當時開局武昌採訪未周故所載稍略不及湖北之詳備云乾隆四十七年八月恭校上

河南通志

臣等謹案河南通志八十卷　國朝總督河南山東軍務兵部右侍郎王士俊等撰河南之名宋代惟屬洛陽一郡故宋敏求作河南志僅記西都典故而不及他州自明初設河南布政使所屬八府實跨大河以北封疆建置于古稍殊故郡邑雖各有偏記而未有統爲一書者嘉靖中始創爲之亦僅具崖略而已國朝順治十八年復加續修條理麤備黃之雋謂康熙中嘗頒諸天下以爲式其後久未修輯沿革廢置多不相合雍正九年總督田文鏡承　命排纂乃延編修孫灝進士顧棟高等開局蒐討文鏡殁後王士俊代爲總督久之始克成書刊板甫竣而陳許二州升爲府鄭州改隸開封盧氏改隸陜州南召復立縣治皆未及增改今姑仍其原本錄之云乾隆四十七年五月恭校上

山東通志

臣等謹案山東通志三十六卷　國朝巡撫山東都察院右副都御史岳濬等撰初明嘉靖中山東巡按御史方遠宜始屬副使陸釴等創修通志四十卷爲目五十有二附目十　本朝康熙十二年巡撫張鳳儀布政使施天裔因舊本修輯增卷二十爲目三十附目八大抵仍舊者什之八九新添什之一二而已此本乃雍正間岳濬奉　詔重修延檢討杜詔等開局排纂以乾隆元年始告成而後任巡撫法敏爲之表進者也中間體例於舊志多有改革如宦績人物舊志於列國卿大夫縷載無遺此則以經傳所有者概從刊削而斷自漢始又田賦兵防舊志疎略不具運道海疆則併闕如此本悉爲補輯又人物之外舊志別分隱逸孝義儒林文苑諸名目此則悉從删削而以人物一門槩之又如以北蘭陵爲南蘭陵以今之濟陽爲唐宋之濟陽以復舊之新泰爲再設之新泰皆沿訛之尤甚者志中均爲辨明於考證頗爲有裨焉乾隆四十七年九月

恭校上

山西通志

臣等謹案山西通志二百三十卷　國朝巡撫山西都察院右副都御史覺羅石麟等撰山西之有通志始於明成化中督學僉事胡謐其後嘉靖中則副使周斯盛萬歷中則按察使李維楨皆踵事排纂至　本朝康熙壬戌督學道劉梅又因舊本重編凡五易稿而始成所增輯甚多分類共三十有二而訛複者亦頗不少雍正七年石麟奉　詔纂輯乃開局會城與司道等續加增訂旁咨博訪廣其類爲四十凡遺聞故事比舊加詳其發凡起例者則原任庶吉士儲大文也大文本熟於地理之學故所載山川形勢頗得要領其特立經籍一門乃用施宿會稽志袁桷四明志之例亦不失爲典雅云乾隆四十七年四月恭校上

陝西通志

臣等謹案陝西通志一百卷　國朝署理陝西總督吏部尚書劉於義等撰陝西舊通志爲康熙間巡撫賈漢復所修當時皆稱其簡當而閱時既久因革損益頗不相同雍正七年　勅各省大吏纂輯通志陝西督撫以其事屬之糧儲道沈靑崖靑崖因據漢復舊本參以明代馬馮二家之書斟酌增删釐成百卷自星野至拾遺分爲三十二類雍正十二年於義等始表上之陝西省治本漢唐舊都故紀載較多如三輔黃圖長安志皆前人所稱善本至其隸轄支郡若綏葭鳳興之類則又地近邊隅志乘荒略不免沿習傳訛是編訂古證今詳略悉當視他志之捃撦附會者較爲勝之書中間有案語以參考同異亦均典核可取云乾隆四十七年十一月恭校上

甘肅通志

臣等謹案甘肅通志五十卷　國朝巡撫甘肅都察院右副都御史許容等監修甘肅所領八府三州明代皆隸於陝西布政司至　本朝康熙二年始以陝

西右布政司分駐鞏昌轄臨洮等府後又改爲甘肅布政司增置甘涼諸郡設巡撫以莅之於是甘肅遂別爲一省雍正七年各直省奉　勅纂修通志撫臣許容以甘肅與陝西昔合今分宜創立新稿而舊聞缺略案牘無存其衞所新改之州縣向無志乘尤難稽考因詳悉蒐採擇其可據者依條綴集分爲三十六類乾隆元年刊刻竣工文華殿大學士仍管川陝總督查郎阿等具表上之其書雖據舊時全陝志爲藍本而考核訂正增加者什幾六七與舊志頗有不同其制度之係於兩省者如總督學政題名及前代之藩臬糧驛各道俱駐西安兼治全陝不能强分則亦多與陝志合見焉乾隆四十七年四月恭校上

四川通志

臣等謹案四川通志四十七卷　國朝總督四川兵部右侍郎兼都察院右副都御史黄廷桂等監修四川通志在明代凡四修惟藝文出楊慎手最爲雅贍而其他俱未能悉衷體要　國朝康熙十二年總督蔡毓榮巡撫張德地又續

事纂輯以兵燹之後文獻無徵亦多所脱漏是編乃爲雍正七年廷桂爲四川總督時奉　勅重修凡分四十九類舊志之缺者補之略者增之較爲詳備其中沿舊志之誤未及盡汰者如唐韋昭度征陳敬瑄無功而還宋岳雲爲忠州防禦使乃遥授之官俱不應入名宦虞允文爲四川宣撫乃總制全蜀應入統部不當僅入保寧府唐之鮮于仲通依附楊國忠喪師南詔新舊唐書所載甚明乃反以爲忤國忠被貶載入人物此類尚不免地志附會緣飾之習然其甄綜排比較舊志則可據多矣乾隆四十七年八月恭校上

廣東通志

臣等謹案廣東通志六十四卷　國朝總督廣東兵部右侍郎兼都察院右副都御史郝玉麟等撰嶺南爲炎海奥區漢魏以還輿圖可考然如南方草木狀但誌物宜嶺表錄異僅徵雜事而山川阨塞或未之詳明代有戴璟郭棐謝肇淛張邦翼諸家之書大略椎輪又不過麤具崖略本朝康熙二十二年始輯有

通志成書視舊本乃漸具條理此爲雍正七年玉麟等承　命所輯採掇更見賅備其書開局于雍正八年六月竣事于九年五月告成視他省爲獨先中間或沿襲舊文失之冗蔓或體例不一彼此牴牾者皆未能悉加訂正然全書三十五門内新增者四門葺舊者三十一門大都首尾詳明可資考閲至外番一門爲他志所罕見然粤中市舶駢集韓愈所謂東南際天地以萬數者莫不占雲驗海會極朝宗裒而錄之足見　聖朝聲教之遠固亦諸蕃風俗記諸蕃國記之遺意也乾隆四十七年十月恭校上

廣西通志

臣等謹案廣西通志一百二十八卷　國朝巡撫廣西都察院右副都御史金鉷等監修自桂林象郡之名著于史記厥後南方輿志漸有成編其存于今者如唐莫休符之桂林風土記段公路之北户錄宋范成大之桂海虞衡志明魏濬之嶠南瑣記張鳳鳴之桂故桂勝皆敘述典雅掌故可稽惟其間郡縣沿革

前代既損益不一而　本朝版圖式廓建置周詳若泗城鎮安東蘭歸順寧明諸府州皆已改土歸流凡昔所稱羈縻州者無不隸王官而登戶籍與前代半隸蠻徼者形勢迥殊未可執舊文而談新制此書成于雍正十一年亦當時奉詔所纂集其遺聞故事雖頗以諸家遺籍爲憑而于　昭代良規分晰具載指掌釐然尤足爲稽考之助固不比驂鸞錄等僅主模山範水已也乾隆四十七年五月恭校上

雲南通志

臣等謹案雲南通志三十卷　國朝大學士鄂爾泰等撰雲南在漢本屬益州後爲南詔所據至元代始入版籍故地志闕略無可考見若唐樊綽之蠻書所紀皆六詔山川而證之于今相合者十無二三即楊慎之滇程記滇載記諸書類多掇拾成編不免挂一漏萬惟明史藝文志載洪武中初平雲南嘗詔儒臣考定爲志書六十一卷今傳本亦已久佚　本朝康熙三十年雲南大吏始草

創通志稍具規模未爲詳備至鄂爾泰總督雲貴奉　詔纂輯乃屬姚州知州靖道謨因舊志增修凡爲門三十爲卷各如其門之數乾隆元年書成後任總督尹繼善等具表進之其間視舊志增併不一如圖之有說及府州縣題名皆舊志所無悉爲補入大事考使命師命諸目舊志所有而冗複失當者則删去之又課程原附鹽法閘壩堰塘原附城池今俱析爲一門綱領粲然頗可以備稽考云乾隆四十七年十月恭校上

貴州通志

臣等謹案貴州通志四十六卷　國朝大學士鄂爾泰等撰蓋其爲雲貴總督時奉　詔所輯與雲南通志同時纂次司其事者姚州知州靖道謨繼之者則仁懷知縣杜詮也其視各省志成書爲最後至乾隆六年刊刻始竣總督管巡撫事張廣泗奏表上之貴州僻在西南苗蠻雜處明代始建都指揮司後改布政司分立郡縣與各行省並稱而自唐宋以不前過羈縻弗絶尚未能盡闢狉

榛故從來紀載視他省最爲荒略明趙瓚創修貴州新志蓋亦以昔所未有故以新志爲名其後若謝東山郭子章及　本朝衛既齊等遞事增修終以文獻難徵不免缺漏惟田雯之黔書筆力頗稱奇偉而意在修飾文采於事實亦未臚具此書綜諸家作述彙成一編在黔省輿圖差稱詳備矣乾隆四十七年八月恭校上

歷代帝王宅京記

臣等謹案歷代帝王宅京記二十卷　國朝顧炎武撰所錄皆歷代建都之制上起伏羲下訖於元仿雍錄長安志體例備載其城郭宮室都邑寺觀及建置年月事蹟前爲總論二卷後十八卷則各按時代詳載始末徵引賅洽考據亦頗精審蓋地理之學炎武素所擅長也此書寫本不一浙江所採進者僅總序二卷而較之此本則多唐代宗時廣德元年十月吐蕃犯京畿上幸陝州一條元順帝至元二十五年改南京路爲汴京路北京路爲武平路西京路爲大同

路東京路爲遼陽路一條蓋舊無刋板輾轉傳鈔訛缺異同所不能免此爲湖北採進本首尾悉備較爲完足故據其卷第著之於錄焉乾隆四十七年四月恭校上

欽定四庫全書提要卷三十九

欽定四庫全書提要卷四十

史部十四

地理類二

水經注

臣等謹案水經注四十卷後魏酈道元撰道元字善長范陽人官至御史中尉自晉以來注水經者凡二家郭璞注三卷杜佑作通典時猶見之今惟道元所注存崇文總目稱其中已佚五卷故元和郡縣志太平寰宇記所引滹沱水涇水洛水皆不見於今書然今書仍作四十卷疑後人分析以足原數也是書自明以來絶無善本惟朱謀㙔所校盛行于世而舛謬亦復相仍今以永樂大典所引各按水名逐條參校非惟字句之譌層出疊見其中脫簡有自數十字至四百餘字者其道元自序一篇諸本皆佚亦惟永樂大典僅存蓋當時所據猶屬宋槧善本也謹排比原文與近本鉤稽校勘凡補其闕漏者二千一百二十

八字刪其妄增者一千四百四十八字正其臆改者三千七百一十五字神明煥然頓還舊觀三四百年之疑竇一旦曠若發蒙是皆我 皇上稽古右文經籍道盛鄉嬛宛委之祕響然並臻遂使前代遺編幸逢 昌運發其光於蠹簡之中若有神物撝呵以待 聖朝而出者是亦曠世之一遇矣至於經文注語諸本率多混淆今考驗舊文得其端緒凡水道所經之地經則云過注則云逕經則統舉都會注則兼及繁碎地名凡一水之名經則首句標明後不重舉注則文多旁涉必重舉其名以更端凡書內郡縣經則但舉當時之名注則兼考故城之迹皆尋其義例一一釐定各以案語附于下方至塞外羣流江南諸派道元足迹皆所未經故於灤河之正源三藏水之次序白檀要陽之建置俱不免附會乖錯甚至以浙江妄合姚江尤爲傳聞失實自我 皇上命使履視盡得其脈絡曲折之詳 御製熱河考灤源考證諸篇爲之抉摘舛謬條分縷擘足永訂千秋耳食沿訛謹錄冠簡端永昭定論又水經作者唐書題曰桑欽然

班固嘗引欽說與此經文異道元注亦引欽所作地理志不曰水經觀其涪水條中稱廣漢已爲廣魏則決非漢時鐘水條中稱晉寧仍曰魏寧則未及晉代推尋文句大抵三國時人今既得道元原序知並無桑欽之文則據以削去舊題亦庶幾闕疑之義爾乾隆四十七年四月恭校上

水經注集釋訂譌

臣等謹案水經注集釋訂譌四十卷　國朝沈炳巽撰炳巽字繹旃歸安人其書據明嘉靖間黃省曾所刊水經注本而以己意校定之多所釐正又以道元徵引之書極爲博贍傳寫既久訛誤相仍因徧檢史記漢書志表及諸史各志取其文異同者錄於下方以備參考其無他書可校者則闕之間附以諸家考訂之說凡州縣沿革則悉以今名釋焉中間於地理方位往往有不能詳審而漫爲臆度者如漳水注稱絳瀆逕九門城南又東南逕南宮城北炳巽釋云九門城在今稾城縣西北二十里而不知一在滹沱之南一在滹沱之北中隔新

河寧晉東鹿晉州相去甚遠水經沁水過穀遠縣東又南過隋氏縣東此隋氏在潞安府屯留縣西南即北魏之寄氏隋譌作猗而炳巽釋云今屬平陽府則不知漢志有上黨之隋氏非即河東之猗氏他若河水過高唐縣南道元言河水於縣漯水注之此下有地理志曰漯水出東武陽今漯水上承河水於武陽縣東南西北逕武陽新城東云云炳巽以其重見于前删此存彼不知下文水自城東北逕東武陽縣故城南所謂自城者承武陽新城言也使如所删則自城直接高唐不可通矣此類皆爲舛誤然炳巽作此書凡歷九年而成丹鉛硃砬手自點定其初未見朱謀㙔本後求得之而所見大略相同亦可知其用心之勤至雖不能盡出前人範圍而鉤索考證之功實未可沒也乾隆四十七年四月恭校上

水經注釋

臣等謹案水經注釋四十卷刋誤十二卷　國朝趙一清撰一清字誠夫仁和

人酈道元水經注傳寫舛誤其來已久諸家藏本互有校讐而大致不甚相遠歐陽元功王禕諸人但稱經注混淆而已於注文無異詞也近時寧波全祖望始自稱得先世舊聞謂道元注中有注本雙行夾寫今混作大字幾不可辨一清因從其說辨驗文義離析其注中之注以大字細字分別書之使語不相雜而文仍相屬是亦道元之功臣矣唐六典注稱桑欽所引天下之水百三十七江河在焉今本所列僅一百一十六水考崇文總目載水經注三十五卷蓋宋代已佚其五卷今本乃後人離析篇帙以合原數此二十一水蓋即在所佚之中一清證以本注雜採他籍得滏洺滹沱泒滋伊瀍澗洛豐涇汭渠獲洙滁日南弱黑十八水于灤水下分灤餘水又考驗本經知清漳水濁漳水大遼水小遼水皆原分爲二共得二十一水與六典注原數相符其考據訂補亦極精核卷首列所據以校正者凡四十本雖其中不免影附誇多然旁引博徵頗爲淹貫訂疑辨訛是正良多自官校宋本以外外間諸刻固不能不以是爲首矣乾

隆四十七年九月恭校上

吳中水利書

臣等謹案吳中水利書一卷宋單鍔撰鍔字季隱宜興人嘉祐四年進士歐陽修知舉時所取士也得第以後不就官獨留心于吳中水利嘗獨乘小舟往來於蘇州常州湖州之間經三十年凡一溝一瀆無不周覽其源流考究其形勢因以所閱歷著爲此書元祐六年蘇軾知杭州日嘗爲狀進於朝會軾爲李定舒亶所劾逮赴御史臺鞫治其議遂寢明永樂中夏原吉疏吳江水門濬宜興百瀆正統中周忱修築溧陽二壩皆用鍔說嘉靖中歸有光作吳中水利錄則稱治太湖不若治松江鍔欲修五堰開夾苧干瀆以截西來之水使不入太湖不知揚州藪澤天所以瀦東南之水也水爲民之害亦爲民之利今以人力遏之就使太湖乾枯於民豈爲利哉其說特與鍔異歲月綿邈陵谷亦久遷改形勢今古異宜各據所見以爲論要之舊法未可全執亦未可全廢在隨時消息

之耳蘇軾進書狀載東坡集五十九卷中此書即附其後書中有併圖以進之語軾於其上加貼黄云其圖畫得草略未敢進上乞下有司計會單鍔别畫後列九條即其圖目此本删此貼黄惟存别畫二字自爲一行蓋此書久無專刻志書從東坡集中録出此本又從志書中録出故輾轉舛漏如是也至貼黄後五堰水利一篇刻東坡集者誤以標題聯爲正文遂無端緒則宜以此本爲是焉乾隆四十七年九月恭校上

四明它山水利備覽

臣等謹案四明它山水利備覽二卷宋魏峴撰峴鄞縣人官朝奉郎提舉福建路市舶鄞故有它山一水其始大溪與江通流鹹潮衝接耕者弗利唐太和七年邑令王元暐始築堰以捍江潮於是溪流灌注城邑而鄞西七鄉之田皆蒙其利歲久廢壞宋嘉定年間峴言於府請重修且董興作之役因爲是書記之上卷雜志源流規制及修造始末下卷則皆碑記與題詠詩也案新唐書地理

志載明州鄮縣（案鄞縣在唐爲鄮縣）南二里有小江湖溉田八百頃開元中令王元緯置東二十五里有西湖溉田五百頃天寶二年令陸南金開廣之今此編稱它山水入於南門瀦爲日月二湖其日湖即小江湖月湖即西湖謂二湖皆王元緯所浚而不言有天寶之陸南金似有缺略至其以元緯爲元暐以開元中爲太和七年則此編所載諸碑記及唐僧元亮詩證佐顯然俱足以糾唐志之謬不得以與史異文爲疑矣此書在地志之中頗爲近古宋四明郡志嘗採其說然傳本頗稀幾於泯沒明崇禎辛巳郡人陳朝輔始得舊帙梓行版亦散佚首有峴及朝輔二序而末以四明志序附之今寶慶四明志尚有傳本已別著錄毋庸複綴故删去不復錄入云乾隆四十七年五月恭校上

河防通議

臣等謹案河防通議二卷元沙克什撰（案沙克什原本作贍思今改正）沙克什色目人官至祕書少監事迹具元史本傳是書具論治河之法以宋沈立汴本及金都水監本

彙合成編本傳所稱重訂河防通議是也沙克什系出西域邃於經學天文地理鍾律算數無不通曉至元中嘗召議河事蓋於水利亦素所究心故其爲是書分門者六門各有目凡物料功程丁夫輸運以及安椿下絡疊埽修隄之法條列品式粲然咸備足補列代史志之闕昔歐陽元嘗謂司馬遷班固記河渠溝洫僅載治水之道不言其方使後世任斯事者無所考是編所載雖皆前代令格其間地形改易人事遷移未必一一可行於後世而準今酌古矩矱終存固亦講河務者所宜參考而變通矣乾隆四十五年十月恭校上

治河圖略

臣等謹案治河圖略一卷元王喜撰喜爵里無考其書首列六圖末各系一說而附所爲治河方略及歷代決河總論二篇於後其文稱臣謹敍臣謹論云云疑爲經進之本考元史順帝紀及河渠志至正中河決白茅隄大臣訪求治河方略喜書其成於是時歟其大旨取李尋因其自然之說惟以浚新復舊爲主

厥後卒用賈魯之策疏塞並舉挽河東行以復故道與是編持論相合則當時固已採錄其言矣特史文闕略未著其進書本末耳卷中所圖河源頗多訛舛蓋崑崙星宿遠隔窮荒自我 國家底定西陲葱嶺于闐悉歸版籍於是河有重源之蹟始確然得其明徵元人所述憑潘昂霄之所記昂霄所說憑篤什（案篤什舊作都實今改正）之所傳輾轉相沿率由耳食撰元史者且全錄其文於河渠志以爲亙古所未聞喜之踵訛襲謬又何怪乎取其經略之詳而置其考據之疏可也

乾隆四十六年九月恭校上

浙西水利書

臣等謹案浙西水利書三卷明姚文灝撰文灝貴溪人成化甲辰進士官工部主事是書以天下財賦仰給東南應天之蘇松常三府浙之杭嘉湖三府環居太湖之旁尤爲卑下太湖綿亙數百里受諸州山澗之水散注澱山等湖經松江以入海其稍高昂者則受杭禾之水達黃浦以入海淫潦時至輒泛溢爲患

蓋以圍田掩遏水勢無所發洩而塘港湮塞故也因取宋至明初言浙西水利者緝爲一編大義以開江置閘圍岸爲首務而河道及田圍則兼修之其于諸家之言間有筆削棄取如單鍔水利書及任都水水利議答之類例詳其是而略其非而宋郟氏諸議則以其鑿而不錄蓋斟酌形勢頗爲詳審不徒探紙上之談云乾隆四十七年四月恭校上

河防一覽

臣等謹案河防一覽十四卷明潘季馴撰季馴有司空奏議已著錄季馴在嘉靖萬歷間凡四奉治河之命在事二十七年著有成績嘗於萬歷七年工成時彙集前後章奏及諸人贈言纂成一書名塞斷大工錄既而以其猶未賅備復加增削輯爲是編首勅諭圖說一卷次河議辨惑一卷次河防險要一卷次修守事宜一卷次河源河決考一卷次前人文章之關係河務及諸臣奏議凡八十餘篇分爲九卷明代仰東南轉漕以實京師又泗州祖陵逼近淮泗故治水

者必合漕運與陵寢而兼籌之中葉以後潰決時聞議者紛如聚訟季馴獨力主復故道之說塞崔鎮隄歸仁而黃不北築高家堰黃浦八淺而淮不東創爲減水順水壩遙隄縷隄之制而蓄洩有所賴其大旨謂通漕於河則治河即以治漕會河於淮則治淮即以治河合河淮而入於海則治河淮即以治海故生平規畫總以束水攻沙爲第一義後來雖時有變通而言治河者終以是書爲準的云乾隆四十七年十月恭校上

三吳水利錄

臣等謹案三吳水利錄四卷明歸有光撰有光字熙甫崑山人嘉靖乙丑進士官至太僕寺丞事蹟具明史文苑傳是書大旨以治吳中之水宜專力於松江松江既治則太湖之水東下而他水不勞餘力當時隄防廢壞漲沙幾與岸平水旱俱受其病因採集前人水議之尤善者七篇又自作水利論二篇以發明之而以三江圖附於其後蓋松江爲震澤尾閭全湖之水皆從此赴海所謂塞

則六府均其害通則六府同其利者前人已備言之尋其湮塞之由則張弼水議所謂自夏原吉濬范家浜以接黃浦浦勢湍急洩水益徑而江湖平緩易致停淤故黃浦之闊漸倍於舊吴淞狹處僅若溝渠其言最爲有理有光乃概以爲湖田圍占之故未免失於詳究然有光居安亭正在松江之上故所論形勢脈絡最爲明晰其所云宜從其湮塞而治之不可别求他道者亦頗中要領言蘇松水利者是書固未嘗不可備考核也乾隆四十七年四月恭校上

北河紀

臣等謹案北河紀八卷紀餘四卷明謝肇淛撰肇淛有史觿已著録此書乃其以工部郎中視河張秋時作明史藝文志著録卷數與此本同首列河道諸圖次分河程河源河工河防河臣河政河議河靈八紀詳疏北河源委及歷代治河利病搜採頗備條畫亦頗詳明至山川古蹟及古今題詠之屬則别爲四卷附後名曰紀餘蓋河道之書以河爲主與州郡輿圖體例各不侔也　國朝順

治中管河主事閻廷謨益以新制作北河續紀四卷雖形勢變遷小有同異要其大致仍皆以是書爲藍本蓋其發凡起例具有條理故續修者莫能易焉肇淛著作甚夥而明史于文苑傳中獨載此書稱其具載河流原委及歷代治河利病其必有以取之矣乾隆四十七年十月恭校上

敬止集

臣等謹案敬止集四卷明陳應芳撰應芳字元振泰州衛人萬歷乙未進士官至福建布政司參政淮南夙稱澤國而泰州興化尤甚應芳家于泰州因講求水道源委與河工之利害集當時奏疏公移私札言河道者爲一書名曰敬止重桑梓也又各繪爲圖曰泰州上河曰泰州下河曰高興下河曰興化下河曰寶應下河曰鹽城下河附論十三首兼及漕運田賦雖今昔異宜形勢遞變核以水道與所圖已不相符然其書議論詳明以是地之人言是地之利病終逾于臨時相度隨事揣摩因其異同以推求沿革之故于疏濬築防亦未爲無補

矣乾隆四十七年四月恭校上

三吳水考

臣等謹案三吳水考十六卷明張內蘊周大韶同撰內蘊稱吳江生員大韶稱華亭監生其始末則均未詳也初萬歷四年言官論蘇松常鎭諸府水利久湮宜及時修濬乞遣御史一員督其事乃命御史懷安林應訓往應訓相度擘畫越六載蔵功屬內蘊等編輯此書前有萬歷庚辰徐栻序稱爲水利圖說而辛巳劉鳳序壬午皇甫汸序則稱三吳水考蓋書成而改名也汸序稱應訓命諸文學作而栻鳳序皆稱應訓自著亦復不同考書中載應訓奏疏條約皆署銜署姓而不署其名似不出於應訓手殆內蘊等纂輯之而應訓董其成爾其書分十二類凡詔令考一卷水道考三卷水年考一卷水官考一卷水議考三卷水疏考三卷水移考一卷水田考一卷水績考一卷水文考一卷體例稍冗標目亦多杜撰而諸水源流諸法之利弊一一詳賅蓋務切實用不主著書固不

必以文章體例繩之矣乾隆四十七年十一月恭校上

吴中水利全書

臣等謹案吴中水利全書二十八卷明張國維撰國維字九一號玉笥東陽人天啟壬戌進士福王時官至吏部尚書南京破復從魯王於紹興事敗投水死事迹具明史本傳是書先列東南七府水利總圖凡五十二幅次標水源水脈水名等目又輯詔勅章奏下逮論議序記歌謠所記雖止明代事然指陳詳切頗爲有用之言凡例謂崇明靖江二邑浮江海之中地脈不相聯貫自昔不混東南水政之内今案二邑形勢所説不誣足以見其明確明史本傳稱國維爲江南巡撫時建蘇州九里石塘及平望内外塘長洲至和等塘修松江捍海隄濬鎮江及江陰漕渠並有成績遷工部右侍郎兼右僉都御史總督河道時值歲旱漕流涸濬諸水以通漕又稱崇禎十六年八總兵師潰國維時爲兵部尚書坐解職下獄帝念其治河功得釋則國維之於水利實能有所擘畫是書所

記皆其閲歴之言與儒生紙上空談固迥不侔矣乾隆四十七年十一月恭校

上

欽定河源紀略

臣等謹案河源紀略三十五卷乾隆四十七年奉　勅撰是年春以中州有事於河工　特命侍衛阿彌達祭告西寧河神因西溯河源繪圖具　奏言星宿海西南三百餘里有阿勒坦郭勒水色獨黄又西有阿勒坦噶達素齊老流泉百道入阿勒坦郭勒是爲黄河眞源爲自古探索所未及　皇上因考徵實驗參訂舊文　御製河源詩一章詳爲訓釋系以　案語又　御製讀宋史河渠志一篇闡河出昆侖之實以正從來之譌誤復　命兵部侍郎臣紀昀大理寺卿臣陸錫熊等尋繹史傳旁稽衆説綜其向背定其是非輯爲一書首冠以圖凡開方分度悉準　欽定輿圖而以河流所逕及諸水之潛通顯會者各依方隅繪畫以著其詳次列以表以分合伏見四例該水道之脈絡俾旁行斜上經

緯相貫綱目相從以提其要次曰質實恭繹　聖祖仁皇帝聖諭以岡底斯尼瑪伊岡里阿林爲天下山水之祖實古之崑崙案　欽定輿圖自岡底斯至羅布淖爾再伏爲一卷自羅布淖爾伏流一千三百里爲一卷自阿勒坦噶達素齊老重源再發至積石關逕蘭州府北爲一卷兼仿水經及酈道元注之例旁支正餘一一疏通證明次曰證古凡載籍所陳與今所履勘相符者並條列原文各加案語以互相參定次曰辨譌凡舊說之紕繆亦條列原文各爲糾駁以袪惑釋疑次曰紀事凡撻伐所經部族所聚職貢所通及開屯列戍與靈源相値者一一臚載其前代軼聞亦以類附見次曰雜錄凡名山古蹟物產土風介在洪流左右者皆博采遺文以旁資稽核而恭錄　御製詩文弁冕全書用以挈綱領定權衡焉考自古談河源者或以爲在西域或以爲在吐蕃各持一說紛如聚訟莫能得所折衷推索其由大抵所記之眞妄由其地之能至不能至所考之疎密由其時之求詳不求詳山海經稱禹命豎亥步自東極至於西極

紀其億選之數其事不見於經傳見經傳者惟導河積石灼爲禹迹所至而已故禹本紀諸書言河源弗詳儒者亦不以爲信漢通西域張騫僅得其梗概以三十六國不入版圖故也元世祖時嘗遣篤什窮探乃僅至星宿海而止不知有阿勒坦郭勒之黃水又不知有鹽澤之伏流豈非以開國之初倥偬草創不能事事責其實故雖能至其地而考之終未審歟我　國家重熙累洽荒憬咸歸　聖祖仁皇帝平定西藏黃圖括地已奄有昆侖我　皇上七德昭宣　天弧耆定天山兩道拓地二萬餘里西通濛汜悉主悉臣月𩩲以東皆我疆索星軺虎節絡繹往來如在戶闥之內與張騫之轉徙絶域潛行竊睨略得彷彿者其勢迥殊且自　臨御以來無逸永年恒久不已　乾行彌健　睿照無遺所綜核者無一事不得其眞所任使者亦無一人敢飾以僞與篤什之探尋未竟遽頹頏報命者更復迥異是以能沿溯眞源袪除謬說　親加釐定勒爲一帙以昭示無窮臣等載筆之餘仰頌　聖功之無遠弗屆又仰頌　聖鑒之無微

弗周也乾隆四十九年七月恭校上

崑崙河源考

臣等謹案崑崙河源考一卷　國朝萬斯同撰斯同有廟制圖考已著錄是書以元都實言河源崑崙與史記漢書不合水經所載亦有謬誤因歷引禹貢禹本紀爾雅淮南子及各史之文以考證之考張騫言河源出鹽澤司馬遷又言河源出于闐武帝案古圖書名河所出山曰崑崙後來諸書都無異說唐書吐谷渾傳始有李靖望積石山覽觀河源之言而亦未確有所指迨至都實奉命行求稱得之朶甘思西鄙潘昂霄等妄爲附會經傳音譯舛訛遂以鄂端諸爾之潛行復見者指爲河源以朶甘思之伊拉瑪博囉山即古積石山者指爲崑崙元史因而採入地理志中耳食相沿混淆益甚我　國家德威遐播天山兩道盡入版圖月竁以西皆我戶闥案圖考索知河有重源近復遣侍衞往勘眞源　親爲考證　命臣等編輯河源紀略一書　指示精詳河源始確有定論

斯同此書作於康熙之初核以今所目驗亦尙不盡脗合然其時西域未通尙未得其實據而斯同穿穴古書參稽同異即能灼知張騫所說之不誣而極論潘昂霄等之背馳舛亂凡所指陳俱不甚相遠亦可謂工於考證不汨没於舊說者矣乾隆四十七年十一月恭校上

兩河清彙易覽

臣等謹案兩河清彙易覽八卷　國朝薛鳳祚撰鳳祚字儀甫益都人受算術于西洋穆尼閣以天文名家　國初言歷法者推爲獨絶梅文鼎勿菴歷算書記所謂青州之學也而亦究心于地理故詳究兩河利病以著是書卷首列黄河運河兩圖一卷至四卷爲運河修築形勢北自昌平通州南至浙江等處河湖泉水諸目皆詳載之五卷六卷則專記黄河職官夫役道里之數及歷代至本朝治河成績七卷則緝録前明潘季馴河防辨惑　國朝崔維雅芻議或問二書八卷則鳳祚所自著也曰芻論曰修守事宜曰河防緒言曰河防永賴

書中援據今古于河防得失疏證頗明惟海運一篇欲訪元運故道與漕河並行蓋猶祖邱濬之舊說則迂謬而遠于事情遂爲白璧之微瑕無是可矣乾隆四十七年十月恭校上

居濟一得

臣等謹案居濟一得八卷　國朝張伯行撰是編乃伯行爲河道總督時相度形勢錄之以備參考者前七卷條議東省運河壩閘隄岸及修疏築濬蓄洩啟閉之法於諸水利病條分縷析疏證最詳後附河漕類纂一卷則僅撮大概蓋伯行惟督河工故漕政在所略也伯行大旨謂河自宿遷而下河博而流迅法宜縱之宿遷而上河窄而流舒法宜束之徐邳水高而岸平泛濫之患在上宜築隄以制其上河南水平而岸高衝刷之患在下宜捲埽以制其下又有三禁三束四防八因諸條皆得諸閱歷非徒爲紙上之談者迄今六七十載雖屢經修築形勢稍殊而因其所記以考因革損益之源流亦未爲無所裨焉乾隆四

十七年四月恭校上

治河奏績

臣等謹案治河奏績四卷　國朝靳輔撰輔字紫垣鑲紅旗漢軍官至兵部尚書總督河道謚文襄是書卷一爲川澤考諸泉考諸湖考漕運考河決考河道考卷二爲職官考隄河考及修防汛隄埽規河夫額數閘壩修規船料工値皆附焉卷三爲輔所上章疏及部議卷四爲各河疏濬事宜及緩急先後之處其川澤考所載黄河自龍門以下所經之地以至淮徐注海凡分匯各流悉考古證今頗爲詳盡又於注河各水及河所瀦蓄各水亦縷陳最悉其漕運考亦然河道考於近河州縣臨河要地及距河遠近分條序載較志乘加詳至於隄工修築事宜則皆輔所親驗立爲條制者矣輔自康熙十六年至三十一年凡三膺總河之任故疏議獨多别有文襄奏疏一書已著於錄是編所載乃更摘其精要者其專以治上河爲治下河之策雖據一時所見與後來形勢稍殊然所

論修築事宜實爲剴切詳明可資採擇與張伯行居濟一得均近時河道書中足備參考者也乾隆四十七年五月恭校上

直隸河渠志

臣等謹案直隸河渠志一卷　國朝陳儀撰儀字子翽號一吾文安人康熙乙未進士官至翰林院侍講學士充霸州等處營田觀察使是編即其經理營田時所作凡海河衞河白河淀河東淀永定河清河會同河中定河西淀趙北口子牙河千里長隄滹沱河滏陽河寧晉泊大陸澤鳳河牤牛河窩頭河鮑邱河薊河還鄉河塌河淀七里海二十五水皆洪流巨浸也雖敘述頗簡質所載但及當時形勢而不詳古蹟又數十年來屢蒙我　皇上軫念民依經營疏濬悉慶安瀾較儀作書之日水道之通塞分合又已小殊然儀本土人又身預水利之事於一切水性地形知之頗悉故敷陳利病之議多而考證沿革之文少錄而存之亦足以參考梗概也乾隆四十七年五月恭校上

行水金鑑

臣等謹案行水金鑑一百七十五卷　國朝傅澤洪撰澤洪字穉君鑲紅旗漢軍官至江蘇按察使是書成於雍正乙巳乃其爲淮揚道時所作全祖望鮚埼亭稾有鄭元慶墓誌以爲出元慶之手疑其客遊澤洪之幕或預編摹然別無顯證未之詳也敘水道者禹貢以下司馬遷作河渠書班固作溝洫志皆全史之一篇其自爲一書者則𠛬始於水經然標舉源流疏證支派而已未及於疏濬隄防之事也單鍔沙克什王喜所撰始詳言治水之法有明以後著作漸繁亦大抵偏舉一隅專言一水其綜括古今臚陳利病統四瀆分合運道沿革之故彙輯以成一編者則莫若是書之最詳首列諸圖次河水六十卷次淮水漢水江水二十卷次濟水五卷運河水七十卷次兩河總說八卷次官司夫役漕運漕規凡十二卷其例皆摘錄諸書原文而以時代類次俾各條互相證明首尾貫串其有原文所未備者亦間以己意考核附註其下上下數千年間地形

之變遷人事之得失絲牽繩貫始末犂然我　國家敷土翕河百川受職仰蒙

聖祖仁皇帝翠華親莅指授機宜　睿算周詳永昭順軌實足垂法於萬年

澤洪於康熙六十一年以前所奉　諭旨皆恭錄於編以昭　謨訓尤爲疏瀹

之指南談水道者觀此一編宏綱巨目亦足以見其大凡矣乾隆四十七年三

月恭校上

水道提綱

臣等謹案水道提綱二十八卷　國朝齊召南撰召南字次風台州人乾隆丙

辰　召試博學鴻詞授翰林院編修官至禮部侍郎歷代史書各志地理而水

道則自水經以外無專書郭璞所注久佚不傳酈道元所注詳於北而略於南

且距今千載陵谷改移即所述北方諸水亦多非其舊　國初餘姚黃宗羲作

今水經一卷篇幅寥寥麤具梗槩不足以資考證召南官翰林時預修　大清

一統志外藩蒙古諸部是所分校故於西北輿地多能考驗又志館備見天下

地圖乃參以耳目見聞互相鉤校以成是編首以　盛京至京東諸水次爲直沽所匯諸水次爲北運河次爲河及入河諸水次爲淮及入淮諸水次爲江及入江諸水次爲南運河及太湖源流次爲浙江閩江次兩廣諸水次雲南諸水次西藏諸水次西北阿爾泰以南水次黑龍江松花諸江次東北海朝鮮諸水次塞北漠南諸水而終以西域諸水水之源委往往袤延數千里不可限於疆域召南所敍不以郡邑爲分惟以巨川爲綱而所會衆流爲之目故曰提綱大抵源流分合方隅曲折統以今日水道爲主不屑屑附會於古義而沿革同異亦即互見於其間其自序譏古來記地理者志在藝文情侈觀覽或於神怪荒唐遙續山海或於洞天梵宇揄揚仙佛或於游蹤偶及逞異炫奇形容文飾祇以供詞賦之用故所敍錄頗爲詳核與水經注之模山範水其命義固殊矣然非召南生逢　聖代當敷天底屬之時亦不能於數萬里外聞古人之所未聞言之如指諸掌也乾隆四十七年三月恭校上

臣等謹案海塘錄二十六卷　國朝翟均廉撰均廉有周易章句證異已著錄浙江海塘在海寧縣南漢唐以來遞有修築至　國朝軫念民依講求尤備聖祖仁皇帝暨我　皇上均　親臨相度用建萬年保障之基是編綜括形勢統敘源流恭錄　詔諭聖製冠于卷首次爲圖說一卷疆域一卷建築四卷名勝二卷古蹟二卷祠祀二卷奏議五卷藝文八卷雜志一卷徵引各史紀志及玉海乾道咸淳臨安志四朝聞見錄明各朝實錄諸書考訂徵引頗爲該洽他如海寧之隄築于沈讓諸又志乘所未備考浙江通志雖有海塘事宜一門然僅至雍正十一年而止是編詳敘至乾隆二十九年凡　聖謨指示　睿慮周詳以及臣工奏議皆謹爲詮敘尤足以昭示後來其中如建築門敘述宋制而不及引咸淳臨安志所載林大鼐之議明安然之作石隄明實錄載于洪武十年而書中誤作十一年間有脫誤然不足累其全書也乾隆四十七年十月恭

校上

籌海圖編

臣等謹案籌海圖編十三卷明胡宗憲撰宗憲字汝貞號梅林績溪人嘉靖戊戌進士官至兵部尚書督師勦倭寇以言官論劾下獄瘐死萬歷初追復原官謚襄懋事迹具明史本傳是書首載輿地全圖沿海沙山圖次載王官使倭略倭國入貢事略倭國事略次載廣東福建浙江直隸登萊五省沿海郡縣圖倭變圖兵防官考及事宜次載倭患總編年表次載寇蹤分合圖譜次載大捷考次載遇難殉節考次載經略考明史稱趙文華督察浙江軍務宗憲深附之總督張經破倭于王江涇文華盡掩經功歸宗憲經遂得罪又陷撫臣李天寵文華還朝力薦宗憲遂擢顯秩宗憲又因文華結納嚴嵩以爲内援其喜功名而尚權詐誠有如傳贊所云奢黷蒙垢者書中載胡松撰王江涇捷事略專述宗憲之功不及張經與本傳符合是其攘功之實證然其他若載嘉靖三十四年

五月平望之捷陸涇壩之捷十一月淸風嶺之捷三十五年仙居之捷七月乍浦之捷十一月龕山之捷及金塘淮揚寧台溫之捷又紀勦徐海及擒王直始末大端與明史紀傳均相符合則宗憲之保障東南尙不爲無功經略考三卷內凡會哨鄰援招撫城守團結保甲宣諭間諜貢道互市及一切海船兵仗戎器火器無不周密又若唐順之張時徹俞大猷茅坤戚繼光諸條議是書亦靡不具載於明代海防亦云詳備蓋其人雖不醇其才則固一世之雄也乾隆四十七年十一月恭校上

鄭開陽雜著

臣等謹案鄭開陽雜著十一卷明鄭若曾撰若曾字伯魯號開陽崑山人嘉靖初貢生是書舊分籌海圖編江南經略四隩圖論等編本各自爲書　國朝康熙中其五世孫起泓及子定遠又删汰重編合爲一帙定爲萬里海防圖論二卷江防圖考一卷日本圖纂一卷朝鮮圖說一卷安南圖說一卷琉球圖說一

卷海防一覽圖一卷海運全圖一卷黄河圖議一卷蘇松浮糧議一卷其海防一覽圖即萬里海防圖之初稾以詳略互見故兩存之若曾尚有江南經略一書獨缺不載未喻其故或裒輯者偶佚歟若曾少師魏校又師湛若水王守仁與歸有光唐順之亦互相切磋數人中惟守仁順之講經濟之學然守仁用之而效順之雖亦用之不甚效若曾雖不大用而佐胡宗憲幕平倭寇有功蓋順之求之於空言若曾得之於閲歷也此十書者江防海防形勢皆所目擊日本諸考皆諮訪考究得其實據非剽掇史傳以成書與書生紙上之談固有殊焉

乾隆四十七年十一月恭校上

欽定四庫全書提要卷四十

欽定四庫全書提要卷四十一

史部十五

地理類三

南嶽小錄

臣等謹案南嶽小錄一卷唐道士李沖昭撰卷首有自序稱弱年悟道近歲依師泊臨嶽門頻訪靈迹徧閲古碑及衡山圖經湘中記仍致詰於師資長者嶽下耆年或得一事旋貯篋笥撮而直書總成一卷案書中有咸通年號當作於懿宗以後序末所題壬戌歲蓋昭宗之天復二年也舊唐書經籍志新唐書藝文志皆不著錄獨鄭樵藝文略有其書與此本卷數相合惟沖昭作仲昭蓋傳刻之誤書中先列五峯三澗次敘宮觀祠廟壇院之屬而以歷代得道飛昇之迹附之雖黃冠自張其教不無夸誕之詞而唐世名山洞府之書如盧鴻一嵩山記張密廬山雜記令狐見堯玉笥山記杜光庭武夷山記今並無存此獨以

舊本流傳勝境靈迹足資掌故是亦考圖經者所宜徵據矣此本爲明蔡汝楠守衡州時所刻前有小引亦謂載事蹟名物悉與今本不同云乾隆四十七年三月恭校上

廬山記

臣等謹案廬山記三卷附廬山略記一卷宋陳舜俞撰舜俞字令舉烏城人所居曰白牛村因自號白牛居士慶歷六年進士嘉祐四年又中制科第一歷官都官員外郎熙寧中出知山陰縣以不奉行青苗法謫南康監税事迹具宋史本傳舜俞謫官時與致仕劉渙游覽廬山嘗以六十日之力盡南北山水之勝每恨慧遠周景武輩作山記疎略而渙嘗雜錄聞見未暇詮次舜俞因採其說參以記載者舊所傳畫則山行旁鈔夜則發書考訂泓泉塊石具載不遺折衷是非必可傳而後已又作俯仰之圖尋山先後之次以冠之人服其勤自記云余始遊廬山問山中塔廟興廢及水石之名無能爲予言者雖言之往往襲謬

失實因取九江圖經前人雜錄稽之本史或親至其處考驗銘志參訂耆老作廬山記其湮沒蕪沒不可復知者則闕疑焉凡唐以前碑記因其有歲月甲子爵里之詳故并錄之庶或有補史氏云云其目有總敘山篇第一敘北山篇第二敘南山篇第三而無第四五篇圖亦不存勘驗永樂大典所缺亦同然北宋地志傳世者稀此書考據精核尤非後來廬山紀勝諸書所及雖經殘缺猶可寶貴故特錄而存之以備參考也釋惠遠廬山紀略一卷舊載此本之末不知何人所附入今亦併錄存之備參考焉乾隆四十七年九月恭校上

赤松山志

臣等謹案赤松山志卷一宋倪守約撰守約未詳何許人考書中稱眞廟神廟孝廟知爲宋人人物之末稱咸淳年號知作於度宗時矣其書首敘皇初起皇初平兄弟仙迹以著是山之靈異爲全書綱領次丹類洞穴類次山類次水類次宮宇類次人物類次制誥類次碑籍類書末又有正統四年明英宗御製數

行非詩非文似乎聯額與此書篇頁不相屬蓋後人所附入明代刻本喜於竄
亂古書往往如是今删汰不録以存守約之舊焉乾隆四十七年四月恭校上

西湖遊覽志

臣等謹案西湖遊覽志二十四卷志餘二十六卷明田汝成撰汝成有炎徼紀
聞已著録是書雖以遊覽爲名多紀湖山之勝實則關于南宋史事者爲多故
于高宗而後偏安逸豫每一篇之中三致意焉宋乾道間周淙撰臨安志十五
卷咸淳間潛説友又續成一百卷湖山特其中之一目例不當詳吳自牧作夢
粱録周密作武林舊事于歲時風俗特詳而山川古蹟又在所略惟汝成此書
因名勝而附以事蹟洪纖鉅細一一兼該非惟可廣見聞併可以考文獻其體
在地志雜史之間與明人遊記徒以觴詠登臨流連光景者不侔其志餘二十
六卷則摭拾南宋軼聞分門臚載大都杭州之事居多不盡有關于西湖故别
爲一編例同附録蓋有此餘文以消納其冗碎而後本書不病于蕪雜此其義

例之善也惟所徵故實悉不列其書名遂使出典無徵莫能考證其眞僞是則明人之通弊汝成亦未能免俗者矣乾隆四十七年八月恭校上

桂勝　桂故

臣等謹案桂勝四卷桂故八卷明張鳴鳳撰鳴鳳有西遷注已著錄是二書並成於萬歷癸丑桂勝序題七月朔桂故序題五月六日劉繼文序稱前四卷爲桂勝志桂槩也後八卷爲桂故志故實也鳴鳳桂勝自序亦稱外桂故八卷用輔以行桂故自序稱余志桂勝竊迹前事云云則二書相因而作實一書也桂勝以山水標目各引證諸書敘述於前即以歷代詩文附本條下而於石刻題名之類搜採尤詳又隨事附以考證多所訂正董斯張吳興備志朱彝尊日下舊聞即全仿其體例于地志之中最爲典雅桂故分郡國官名先政先獻游寓雜志六門郡國考歷代沿革詳列史志辨今之桂林非古之桂林官名則臚舉歷代之制蓋疆域明則先獻有所斷限職制明則先政有所徵驗乃不至如他

志書人物名宦附會牽合故以冠于首其先政先獻人各爲傳大抵鎔鑄舊文
翦裁蔓語務取其有關是土而不濫涉其生平又多採金石之文不盡取諸史
籍故其詞簡而不支博而有據其游寓雜志亦多據題名碑碣姓名年月歷歷
可稽在明代輿記之中於康海武功志韓邦靖朝邑志外自爲別調可以鼎立
而三他家莫之逮也二書所載皆止於南宋蓋年遠者易湮時近者易濫詳人
所略略人所詳其書乃博贍而有體是又鳴鳳創例之微意歟乾隆四十七年
十月恭校上

御定盤山志

臣等謹案盤山志二十一卷大學士蔣溥等奉　勅撰盤山在薊州城北二十
五里爲漢末田疇隱居之地五峰三盤林巒幽邃單椒秀澤雄甲畿東自　聖
祖仁皇帝四度臨幸　宸章題詠照燦巖阿然舊無山志清溝釋朴智始草創
成編詞旨冗蔓體例尚多未備我　皇上宸遊莅止靈境日開乾隆九年始

命發內帑建　靜寄山莊于山之陽天闢名區全攬勝槪歲春秋有事于　諸陵每駐蹕　行宮　幾餘靜憩智仁樂趣暢洽　宸襟山水效靈益增神秀乾隆十九年二月　上行幸山莊爰　命蔣溥汪由敦董邦達纂修新志溥等承詔屬稿詳加裒輯分圖考名勝寺宇流寓方外藝文物產雜綴八門釐爲十六卷首冠以　巡典　天章五卷至十二月書成奉表恭進焉臣等敬繹　睿製旁考舊聞惟茲山之靚潤深奧足與嶽鎮競秀而其名不大顯于前世以是知天地淸淑之氣扶輿磅礴固必待時而出以奉　大聖人泮奐之娛而　天筆昭回鏤巖耀谷品題甲乙榮幸無涯尤自古所未有敬錄斯編亦以慶茲山之遭也乾隆四十七年五月恭校上

西湖志纂

臣等謹案西湖志纂十二卷　國朝大學士梁詩正禮部尚書沈德潛等同撰初雍正中浙江總督李衛修西湖志延原任編修傅王露總其事而德潛以諸

生爲分修凡成書四十八卷雖敍次詳明而徵引浩繁頗嫌冗蔓至乾隆十六
年恭逢　聖駕南巡　清蹕所臨湖山生色德潛因取舊志復與王露重加纂
錄芟繁就簡別爲十卷而梁詩正亦　奏請重輯西湖志會德潛書稿先成繕
錄進　御蒙　皇上優加錫賚　特製詩篇以弁其首並　勅詩正即以德潛
此稿合成之詩正復偕王露參考釐訂增删爲十二卷於乾隆十八年十二月
奏　進首名勝各圖次西湖水利次孤山南山北山吴山西溪諸勝蹟而終以
藝文雖門目減於舊志而大綱已包括無餘仰荷　宸翰親題榮光下燭尤從
來輿記所未有固非田汝成輩區區記載所得並稱矣乾隆四十七年十一月
恭校上

洛陽伽藍記

臣等謹案洛陽伽藍記五卷後魏楊衒之撰别本楊或作羊魏書無傳莫之詳
也衒之仕魏官撫軍司馬太和十七年魏作都洛陽一時崇信佛法刹廟甲於

天下及永熙之亂城郭邱墟武定五年衒之行役洛陽感念廢興因採拾舊聞追敘古蹟其書以城內及四門之外分敘五篇敘文之後先以東面三門南面三門西面四門北面二門各署其新舊之名以提綱領體例絕爲明晰其文穠麗秀逸煩而不厭可與酈道元水經注肩隨其兼敘爾朱榮變亂之事委曲詳盡與史傳相發明其他古蹟藝文及外國土風道里採摭繁富皆廣異聞趙逸論苻生一條劉知幾史通云秦人不死知苻生之厚誣蜀老猶存知葛亮之多枉蜀老事見魏書毛修之傳秦人事即用此書趙逸一條也其他考據亦皆精審惟以高陽王雍之樓爲即古詩所謂西北有高樓上與浮雲齊者則未免固于說詩爲是書之瑕類矣乾隆四十七年四月恭校上

吳地記

臣等謹案吳地記一卷舊本題唐陸廣微撰書中稱周敬王六年丁亥至今唐乾符三年庚申凡一千八百九十五年則廣微當爲僖宗時人然書中虎曙一

條稱唐諱虎錢氏諱鏐改爲滸墅考五代史吳越世家乾符二年董昌始表錢
鏐爲偏將光啟三年始拜鏐左衛大將軍杭州刺史景福二年始拜鏐爲鎮海
軍節度使潤州刺史乾寧元年加鏐同中書門下平章事二年始封鏐爲彭城
郡王天祐元年始封鏐吳王至朱温篡立始封鏐爲吳越王安得於乾符三年
以董昌一偏將能使人諱其嫌名且乾符三年歲在丙申實非庚申上距周敬
王六年丁亥僅一千三百九十年實非一千八百九十五年所記殊爲舛迕至
錢俶於宋太平興國三年始納土入朝當其有國之時蘇州正其所隸豈敢斥
之曰錢氏尤顯爲宋人之詞則此書爲廣徵原本與否蓋未可定又卷末稱纂
成圖畫以俟後來者添修而此本無圖前列吳長洲嘉興崑山常熟華亭海鹽
七縣而後列吳縣長洲縣事爲多殆原書散佚後人採綴成編故訛缺如是耶
抑吳琯刊古今逸史於古書多所刪節併此志亦非完本也觀其改契丹國志
曰遼志改大金國志曰金志僅各存一卷是其明徵矣以今世所行別無佳刻

故姑仍吳本錄之以存梗概而附訂其牴牾如右乾隆四十七年五月恭校上

長安志

臣等謹案長安志二十卷宋宋敏求撰敏求字次道趙州平棘人參知政事綬之子由進士及第累官史館修撰龍圖閣直學士事蹟具宋史本傳敏求博學好古藏書三萬卷皆略誦習熟於朝廷典故所著書甚多是編以三輔多漢唐遺蹟而唐韋述西京記疎略不備因博采羣籍而成凡城郭官府山水津梁郵驛橋道以至風俗物產宮室寺院纖悉畢具其坊市曲折及唐盛時士大夫第宅所在皆一一能舉其處粲然如指諸掌司馬光嘗以爲考之韋記其詳不啻十倍今韋氏之書久已亡佚而此志精博宏贍舊都遺事藉以獲傳實非他地志所能及洵可稱典核之最者矣敏求尚有河南志與此凡例稍異而並稱贍博今已不存又楊愼謂杜常華清宮詩見長安志詩中曉風字乃作曉星檢今本實無此詩蓋愼喜妄說不足爲據並非此志之有所佚脫也乾隆四十七年

十月恭校上

洛陽名園記

臣等謹案洛陽名園記一卷宋李格非撰格非字文叔濟南人元祐末爲國子博士紹聖初進禮部郎提點京東刑獄以黨籍罷是書記洛中園圃自富弼以下凡十九所格非自跋云天下之治亂候於洛陽之盛衰洛陽之盛衰候於園圃之興廢蓋追思當時賢佐名卿勳業隆盛能享其樂非徒誇臺榭池館之美也書錄解題郡齋讀書志俱載李格非撰惟毛晉津逮祕書題曰華州李廌考邵博聞見後錄第十七卷內全載此書不遺一字實標格非之名同時之人不應有誤知毛晉之誤題審矣王士禎居易錄記是書前有紹興中張琰德和序首曰山東李文叔云云此本亦佚之殆又後人因標題姓名與序不符而刊除其文歟乾隆四十七年四月恭校上

臣等謹案雍錄十卷宋程大昌撰大昌有古周易占法禹貢圖說演繁露北邊備對諸書皆別著錄是編考關中事蹟以三輔黃圖唐六典宋敏求長安志呂大防長安圖記及紹興祕書省圖案書中稱閣圖者即祕書省圖諸書互相考證於宮殿山水都邑皆有圖有說謂三輔黃圖由唐人增續初非親生漢時目覩漢事故隨事立辨不以其名古而不敢置議長安志最爲明悉然亦時有駁復呂大防圖凡唐世邑屋宮苑已自不存特其山川地望悉是親見今故本而言之若與古記不合亦復訂正其參校亦可謂勤矣今考其書如函谷關參都邑之中太子宮序職官之次地圖之後忽列書目數條都邑之前突出山名一處驟然尋之不得端緒體例稍爲叢雜又西京舊地金石至繁乃自獵碣以外罕登紀載亦未免於疎漏然其蒐羅既富辨證亦詳在輿記之中固爲最善之本也明代陝西諸志皆號有法其亦以是數書者在前歟考大昌之時關中已爲金土而隔越江表爲鄰國著書殊爲無謂蓋孝宗銳思恢復有志中原大昌所作北邊備對

一書即隱寓經略西北之意此書猶此志焉耳第五卷中特捴漢唐用兵攻取守備要地一圖其圖説多舉由蜀入秦之迹與李文子蜀鑑所謂由漢中取關陝者大旨相合其微意固可見矣乾隆四十七年十一月恭校上

洞霄圖志

臣等謹案洞霄圖志六卷宋鄧牧撰牧字牧心錢塘人能詩工文宋末與謝翺友善入元後隱居屏迹人稱文行先生洞霄宫在餘杭縣大滌洞天巖壑深秀爲七十二福地之一宋世嘗以前宰執之奉祠者領提舉事政和中唐子霞作眞境錄記其勝後不傳端平間有續錄今亦無考牧於大德己亥入洞霄止超然館住持沈多福爲營白鹿山房居之遂屬牧偕本山道士孟宗寶搜討舊籍作爲此志凡六門曰宫觀曰山水曰洞府曰古蹟附以異事曰人物分列仙高道二子目曰碑記門各一卷前有元教嗣師吴全節及多福二序後有錢塘葉林台州李洧孫二跋牧爲文章本高曠絶俗故所錄皆詳略有法惟不載宋提

舉官姓名頗嫌遺缺迨朱彝尊始作記以補之然其筆力簡峭雅與山志相稱足資研賞不獨取備故實而已牧成此書在大德乙巳至明年丙午春牧已化去而此書第五卷後住持知宫等題名有及丙午六月後事疑爲道流所增入又人物門有牧及葉林二傳前題續編二字亦不知續之者爲何人蓋相傳刊本款式如此惟書稱圖志而今乃有志無圖則當爲傳寫者所缺佚矣乾隆四十七年五月恭校上

長安志圖

臣等謹案長安志圖三卷元李好文撰好文字惟中東明人至治元年進士官至光禄大夫河南行省平章政事致仕給翰林學士承旨一品禄終其身事蹟具元史本傳此書結銜稱陝西行臺御史考本傳稱好文至正元年自國子祭酒改陝西行臺治書侍御史尋遷河東道廉訪使又稱至正四年仍除陝西行臺治書侍御史六年始除侍講學士此書蓋再任陝西時作也自序稱圖舊有

碑刻元豐三年呂大防爲之跋謂之長安故圖蓋即陳振孫所稱長安圖記大防知永興軍時所訂者好文因其舊本芟除訛駁更爲補訂者如漢之三輔及元奉元所屬者附入凡漢唐宮闕陵寢及渠涇沿革制度皆在焉總爲圖二十有二其中渠涇圖說詳備明晰尤有裨於民事非但考古蹟資博聞也本傳載所著有端本堂經訓要義十一卷歷代帝王故事一百六篇又有大寶錄大寶龜鑑二書而不及此圖元史疎漏此亦一端矣此本乃明西安府知府李經所鋟列於宋敏求長安志之首合爲一編然好文是書本不因敏求而作强合爲一世次紊越既乖編錄之體且圖與志兩不相應尤失古人著書之意今仍分爲二書各著於錄千頃堂書目載此編作長安圖記此本題曰長安志圖疑李經與長安志合刊改題此名然今未見好文原刻而千頃堂書目傳寫多訛不盡可據故今仍以長安志圖著錄而附載其異同於此備考核焉乾隆四十七年十一月恭校上

汴京遺蹟志

臣等謹案汴京遺蹟志二十四卷明李濂輯濂字川父祥符人舉正德八年鄉試第一明年成進士官至山西按察司僉事少負俊才嘗作理情賦李夢陽大爲嗟賞罷官益肆力于學遂以古文名于時所著嵩渚集采藻甚富而繩削未嚴頗有才多之患已別存其目是書則以歷代都會皆有專志獨汴無之又宋孟元老東京夢華錄蕪穢猥瑣無足觀遂摭拾舊聞編次成帙義例整齊殊有體要徵引典核亦俱見根據在輿地書中足稱善本雖其精博辨晰究不及長安志雍錄諸書而自朱梁以迄于宋金數百年間建置沿革之由興廢存亡之迹皆爲之彙考臚編略存端緒亦復粲然如指諸掌宋敏求東京記今已不傳得此書而大梁遺事乃略備矣乾隆四十七年八月恭校上

武林梵志

臣等謹案武林梵志十二卷明吳之鯨撰之鯨字伯裔錢塘人與吳大山稱江

臯二俊萬歷中舉於鄉數上春官不第謁選得浮梁知縣卒於官是編以杭州
梵刹盛於南宋至明而殘廢者多恐遺蹟漸湮乃博考乘牒分城内城外南山
北山及諸屬縣凡得寺院四百二十六所俱詳誌創置始末及其山川形勝後
爲天朝寵錫宰官護持古德機緣歷代勳績四門分紀名流勝蹟高僧支派各
編小傳序錄井然頗有條理其中採輯宋元人詩文如仙林崇先二寺記見曹
勛松隱集智果寺記見徐一夔始興集而志俱失載不免稍有脱漏又如宋張
敦禮捨鐘者非杭之法雲寺而以名同誤入又撰法相寺碑記者前作范楷後
作沈楷亦爲參錯失檢然搜剔幽隱無徵不至實多武林舊事西湖遊覽志所
未載如明遠堂詩次於蘇軾諸作之後而東坡集無之張九成喩彌陀塔銘亦
不見於橫浦集張伯雨天池樓詩與本集互異可以參考遺聞軼事俱足爲談
藝之資正不徒爲伽藍增故實也乾隆四十七年四月恭校上

江城名蹟記

臣等謹案江城名蹟記四卷　國朝陳宏緒撰宏緒字士業新建人明末以薦授晉州知州時劉宇亮以閣臣督師欲移兵入晉州宏緒拒不納坐謫爲湖州府經歷鼎革後終於家是書以江西省會爲南昌新建二縣地因考其名蹟以城之内外爲限凡去城遠者則不及多詳於樓觀祠宇梵刹園亭之類卷上爲考古卷下爲證今嘗自謂古與今不以時代爲斷而一以興廢存亡爲斷蓋事皆目歷非徒按籍而登也宏緒文章淹雅在明末號能復古故作是書敘次頗有條理考證亦多精核惟喜載雜事多近小說且多曼衍旁涉如天寧寺條下載寺僧淫褻之類頗乖大雅亦非地志之體是則義例未嚴不免爲白圭之瑕矣乾隆四十七年五月恭校上

營平二州地名記

臣等謹案營平二州地名記一卷　國朝顧炎武撰炎武有春秋杜解補正已著錄案爾雅營州孫炎註以爲殷制孔穎達尚書疏謂舜十二州有營州殷本

虞制分青州地爲之凡在遼水東者東至朝鮮之境皆古營州地也平州即今永平府在虞時亦爲營州地秦時爲右北平遼西地後漢洎晉皆爲遼西地後漢末公孫度自號平州牧于是平州之名始見于史炎武遊永平時郡人以志屬之炎武未應其求因摭古來營平二州故實纂爲六卷付之題曰營平二州史事今其書不存此本出自惠棟紅豆齋惟載二州古地名至五代而止又僅一卷意其爲六卷之一也其中卑耳之谿一條既引管子最後一葉又載俞兒一事全文當是隨筆雜鈔失于删削不但非其完書並爲未定之稿本矣然炎武嫻于地理所纂述多可依據書雖殘缺要于考證之學不爲無補焉乾隆四十七年九月恭校上

金鼇退食筆記

臣等謹案金鼇退食筆記二卷　國朝高士奇撰士奇有春秋地名考略已著錄是編乃其康熙甲子官侍講學士入侍　内廷時所作前有自序稱自丁巳

賜居太液池之西朝夕策馬過金鼇玉蝀橋望苑中景物七閱寒暑退食之頃偶訪曩時舊制約略得之傳聞又彷彿尋其故址離宮别館廢者多矣脱復十數年老監已盡遺蹟漸湮無以昭我皇上卑宫室約園囿之儉德因率筆記之詳於西而略於東以所居在苑西故也紀其興廢而復雜以時事欲見昭代之盛存爲太平嘉話也又稱衙署監局載在會典者不書訪問未確者不書外人所罕窺者亦不敢書蓋其時距明末僅四十年前朝宦豎存者猶多士奇出入禁廷得以詢訪又久寓其旁朝夕考校故所記往往可據朱彝尊日下舊聞多採掇之今奉詔考定彝尊之書徵據詳明纖悉必備此編亦在包括之中顧其草創記録之功亦不可没故仍録存之以備參稽焉乾隆四十七年九月恭校上

石柱記箋釋

臣等謹案石柱記箋釋五卷國朝鄭元慶撰元慶字芷畦歸安人吳興山水

淸佳自六朝以來稱東南名郡自唐時刻有石柱記樹之杼山載其山川陵墓古蹟古器甚詳迨傳世既久歲月名字遂漫漶不可考歐陽修作集古錄以爲筆畫奇偉非顏眞卿不能書孫覺知湖州聚境内碑碣築墨妙亭貯之凡三十二通石柱埋塡淤泥而石柱記遂淪没不復見康熙辛巳元慶重修府志既成復訪得宋槧石柱記爲世所罕覯惟湖州五縣原本衹載其三秀水朱彝尊乃依仿體例摭德淸武康二縣事蹟輯而補之元慶採掇諸書爲之註釋其徵據詳明考證精核頗爲瞻博可取雖於一郡之勝尚未能包括無遺而軼典遺聞其梗槩已略具於此固亦徵文考獻者所必資也乾隆四十七年五月恭校上

關中勝蹟圖志

臣等謹案關中勝蹟圖志三十二卷乾隆四十一年巡撫陝西兵部侍郎兼都察院右副都御史臣畢沅所撰進也關中爲禹貢雍州舊壤黑水西河古稱神皋陸海漢唐皆建都其地凡夫城郭宫室之鉅麗市井風物之阜繁高山大川

之奇麗而雄偉其遺聞古蹟流傳最多故學士大夫每加裒輯自關中記三輔舊事三輔黃圖以下如宋敏求長安志呂大防長安圖記程大昌雍錄無名氏華山記李好文長安志圖伍福馬理陝西通志何景明雍大記李應祥雍略南軒關中文獻志之類幾及數十家體例不同未免純駁互見我 國家醲化覃敷漸被西土雨暘時若慶告屢豐華嶽之祠太白之湫俱仰荷 宸翰褒題光燭霄宇其秦漢涇渠故道亦俱次第興修勝蹟留貽倍加生色是編舉陝西所屬諸州縣各分地理名山大川古蹟四目考據本末薈萃諸書系之以圖敬陳

乙覽臣等謹爲錄副藏在祕閣亦庸以備一統志之採擇焉乾隆四十七年

十月恭校上

南方草木狀

臣等謹案南方草木狀三卷晉嵇含撰其書隋唐志俱未著錄自宋左圭刻入百川學海其後遂析出單行考諸本皆但題譙國嵇含惟宋麻沙舊板前題曰

永興元年十一月丙子振威將軍襄陽太守嵇含撰云云其年月仕履頗爲詳具蓋舊本如是明人始刋削之然案晉書惠帝本紀永寧二年正月改元永安七月改建武十一月復爲永安十二月丁亥立豫章王熾爲太弟始改永興是永興元年不得有十一月又永興二年正月甲午朔以干支推之丙子當在元年十二月中旬十一月亦不得有丙子日此必後人不學者因其爲晉人舊帙妄加標識以重其書而不知其與史齟齬不合也書中所載凡草木果竹四類共八十種敘述典雅確出晉代手筆非後來誌物產者所及古書之存於今者此最完整蓋以諸書注釋援引者多可以互校故獨無所闕略云乾隆四十七年三月恭校上

荆楚歲時記

臣等謹案荆楚歲時記一卷舊本題晉宗懍撰書錄解題作梁人考梁書元帝本紀載承聖三年秋七月甲辰以都官尚書宗懍爲吏部尚書又南史元帝本

紀載武陵之平議者欲因其舟艦遷都建業宗懍黃羅漢皆楚人不願移此書皆記楚俗當即其人舊本題晉人誤也唐宋志皆作一卷與今本合而通考乃作四卷考書錄解題載懍自序曰傅元之朝會杜篤之上巳安仁秋興之敘君道娛蜡之述其屬辭則已洽其比事則未宏率爲小記以錄荊楚歲時風物故事自元日至除日凡二十餘事然則必無四卷知通考爲傳寫之訛又檢今本實有三十六事併知陳振孫所記懍序亦以三字訛爲二然周密癸辛雜識引張騫乘槎之天河見織女得支機石事云出荊楚歲時記今本無之則三十六事尚非完本也其註相傳爲隋杜公瞻作故多引開皇中杜臺卿玉燭寶典然唐志宗懍荊楚歲時記一卷下文出杜公瞻荊楚歲時記二卷豈原書一卷公瞻所註分二卷後人又合之歟乾隆四十七年四月恭校上

北戶錄

臣等謹案北戶錄三卷唐段公路撰學海類編作公璐蓋字之訛新唐書藝文

志稱爲宰相文昌之孫則當爲臨淄人學海類編作東牟人亦未詳所本其歷仕始末不可考惟據書首結銜知官京兆萬年縣尉據書中稱咸通十年知爲懿宗時人而已是書載嶺南風土頗爲賅備而于物爲尤詳其徵引亦極賅洽如淮南萬畢術廣志南越志南裔異物志會要靈枝圖記陳藏器本草唐韻郭緣生述征記臨海異物志陶朱公養魚經名苑毛詩義船神記字林廣州記扶南傳諸書今皆散佚藉此略見一二即所引張華博物志多今本所無亦藉此以考證眞僞條下註文頗爲典贍題登仕郎前參軍龜圖撰不題其姓似爲公路之族然唐書宰相世系表不載其名莫知其審矣唐書藝文志作北戸雜錄疑傳寫誤衍一雜字其作三卷則與此本合學海類編所載惟存一卷凡物産五十一條不爲完本曹溶所錄古書往往如是不足深詰也乾隆四十七年五月恭校上

桂林風土記

臣等謹案桂林風土記一卷唐莫休符撰桂林自秦時置郡歷漢至唐昭宗光化二年休符以檢校散騎常侍守融州刺史撰爲此記新唐書藝文志作三卷今存者一卷卷中目錄四十六條今缺火山採木二條蓋非完書矣朱彝尊曝書亭集有此書跋云閩謝在杭小草齋所錄舊藏徐惟起家跋稱獲自錢塘沈氏是洪武十五年鈔傳此本小草亭題識及洪武年月與彝尊所言合蓋即所見本也彝尊又言中載張固盧順之張叢元晦路單韋瓘歐陽璨李渤諸人詩向未著於錄亟當發其幽光云云今觀諸詩外尚有楊尚書陸宏休二首亦唐代軼篇爲他書之所未載今全唐詩採錄諸篇即據此本則其可資考證者又不止於譜民風記土產矣乾隆四十七年四月恭校上

嶺表錄異

臣等謹案嶺表錄異三卷唐書藝文志稱劉恂撰宋僧贊寧筍譜稱恂於唐昭宗朝出爲廣州司馬官滿上京擾攘遂居南海作嶺表錄馬端臨文獻通考亦

云昭宗時人溯粤東輿地之書如郭義恭廣志沈懷遠南越志皆已不傳諸家所援據者以恂是編爲最古而百川學海及說郛所載寥寥數頁首尾不完蓋僅從類書鈔撮以備一種而恂之原本久佚矣宋代太平寰宇記太平廣記太平御覽諸書徵引頗夥仍多挂漏惟散見永樂大典者條理較詳尚可逐卷裒輯雖所缺數函未經徧檢或不免有遺而證以旁見諸書者似已十得其八九恂之體例不可考今不敢强爲分門謹排比其文使各以類聚仍爲三卷以符唐志唐人著述傳世者稀斷簡殘編已足珍惜此更於放失之餘復成完帙使三四百年博物君子所未覩者一旦頓還其舊觀彌足寶矣其中記載博贍而文章古雅於蟲魚草木所錄尤繁訓詁名義率多精核葉廷珪海錄碎事釋爾雅魁陸引此書瓦隴以證之張世南游宦紀聞引郭璞爾雅注犀有三角之文據此書稱犀二角以辨之歷來考據之家皆資引證蓋不特圖經之圭臬抑亦蒼雅之支流有裨多識非淺尠也諸書所引或稱嶺表錄或稱嶺表記或稱嶺

表異録或稱嶺表録異記或稱嶺南録異核其文句實皆此書殆以舊本不存轉相稗販故流傳訛異致有數名惟永樂大典所題與唐志合今特從之以存其眞焉乾隆四十七年八月恭校上

益部方物略記

臣等謹案益部方物略記一卷宋宋祁撰祁字子京雍邱人天聖二年進士官至翰林學士承旨謚景文事迹具宋史本傳是編乃嘉祐二年祁由端明殿學士吏部侍郎知益州時所作因東陽沈立所撰劍南方物二十八種補其缺遺凡草木之屬四十一藥之屬九鳥獸之屬八蟲魚之屬七共六十五種列而圖之各繫以贊而附註其形狀於題下贊居前題列後古書體例大抵如斯今本爾雅猶此式也其圖已佚贊皆古雅蓋力摹郭璞山海經圖贊往往近之注則頗傷蹇澀亦每似所作新唐書蓋祁撰述之文類如是也胡震亨跋引范成大聖瑞花詩證是花開於春夏間祁注稱悉以秋開爲非殆由氣候不齊各據所

見又引薛濤鴛鴦草詩但娛春日長不管秋風早句證祁注是草春葉晚生之非則横生枝節夫春日已長非春晚而何歟至虞美人草自屬借人以名物如菊號西施之類必改爲娛美人草曲生訓釋是則支離無所取耳乾隆四十七年九月恭校上

岳陽風土記

臣等謹案岳陽風土記一卷宋范致明撰致明字晦叔建安人元符中登進士是編乃其謫居岳州以宣德郎監商税時所作不分門目隨事載記書雖一卷而於郡縣沿革山川改易古蹟存亡考證特詳如樂史太平寰宇記謂大江流入洞庭致明則謂洞庭會江江不入洞庭惟荆江夏秋暴漲乃逆返而入之五日即還名曰翻流水圖經以鄭王廟爲鄭德鄰致明則謂爲隋末鄭文秀與董景珍同立蕭銑者故其北又有董王廟沈亞之湘中怨記岳陽樓聞汜人之歌致明則核以地形謂舟中之歌樓上不辨杜佑通典謂巴邱湖中有曹洲即曹

公爲吳所敗燒船處在今縣南四十里致明則謂今縣西但有曹公渡考之地理與周瑜曹操相遇處絕不相干漢陽圖經謂赤壁即烏林致明則謂曹操已至巴邱則孫劉宜拒之於巴陵江夏間所謂烏林即烏黎口本不當在漢陽界世傳華容爲章華臺致明則謂舊臺在景陵界華容隋縣乃取古容城名之鄙道元水經注謂澧水會沅然後入湖致明則謂澧沅雖相通而各自入湖澧所入處名澧口沅所入處名鼎江口皆確有引據異他地志之附會其他軼聞逸事亦頗資採掇敘述尤爲雅潔在宋人風土書中亦可謂佳本矣乾隆四十七年四月恭校上

東京夢華錄

臣等謹案東京夢華錄十卷宋孟元老撰通考謂元老不知何許人此書自都城坊市風俗及當時典禮儀衞靡不核載所紀與宋志頗有異同如宋志南郊儀注郊前三日但云齋於大慶殿太廟青城齋宮而是書載車駕宿大慶殿儀

駕宿太廟奉神出室儀駕詣靑城齋宮儀委曲詳盡又如郊畢解嚴宋志但云御宣德門肆赦而是書載下赦儀亦極周至惟行禮儀注宋志有皇帝初登壇上香奠玉幣儀既降盥洗再登壇然後初獻而是書奏請駕登壇即初獻無上香獻玉帛儀又太祝讀册宋志列在初獻時是書初獻之後再登壇始稱讀祝則不及宋志之密然參互考核固不可謂無裨史學也乾隆四十七年四月恭校上

六朝事迹編類

臣等謹案六朝事迹編類二卷宋張敦頤撰敦頤字養正婺源人紹興八年進士與朱松友善由南劒州教授歷官知舒衡二州致仕所著有韓柳文音辨編年諸書尙傳于世是編前有紹興庚辰自序結銜稱左奉議郎充江南東路安撫司幹辦公事乃登第後之二十二年也其書蓋補金陵圖經而作首總敘次形勢次城闕次樓臺次江河次山岡次宅舍次讖記次靈異次神仙次寺院次

廟宇次墳陵次碑刻凡十四門徵引頗爲詳博而碑刻一門尤有資于考據惟書以六朝爲名而古蹟之中自南唐以逮北宋如丁謂王安石所建亦具載之殊失斷限至總敘門内六朝保守一篇歷數自吳以來南朝不可北伐北伐必敗即倖勝亦不能守蓋亦南渡之初力主和議者其識見未免卑懦然考諸事勢其説亦不爲無因視江東十鑑之虚誇形勝者較爲切實矣乾隆四十七年四月恭校上

會稽三賦

臣等謹案會稽三賦三卷宋王十朋撰十朋字龜齡樂清人紹興二十七年進士第一官至龍圖閣學士謚忠文事蹟具宋史本傳所著有梅溪集此賦三篇又於集外别行一曰會稽風俗賦仿三都賦之體歷敘其地山川物產人物古蹟一曰民事堂賦民事堂者紹興中添差簽判廳之公堂也元借寓小能仁寺歲久圮廢十朋始重建於車水坊一曰蓬萊閣賦其閣以元稹詩謫居猶得住

蓬萊句得名皆在會稽故統名曰會稽三賦初嵊縣周世則嘗爲註會稽風俗賦郡人史鑄病其不詳又爲增註併註後二賦末有嘉定丁丑鑄自跋十朋文章典雅足以標舉兹邦之勝鑄以當時之人註當時之作耳聞目見言必有徵視後人想像考索者亦特爲詳贍且所引無非宋以前書尤非近時地志杜撰故實牽合名勝者可比與十朋之賦相輔而行亦劉逵張載分註三都之亞也

乾隆四十七年十月恭校上

中吳紀聞

臣等謹案中吳紀聞六卷宋龔明之撰明之字希仲號五休居士崑山人紹興間以鄉貢廷試授高州文學淳熙初舉經明行修授宣教郎致仕是書採吳中故老嘉言懿行及其風土人文爲新舊圖經范成大吳郡志所不載者仿范純仁東齋紀事蘇軾志林之體編次成帙本末該貫足裨風教書成于淳熙九年明之年已九十有二亦可謂耄而好學者矣宋末書已罕傳元至正間武寧盧

熊修蘇州志訪求而校定之明末常熟毛晉始授諸梓亦多舛謬其子扆後得葉盛菉竹堂藏本相校第六卷多翟超一條其餘頗有異同何焯假以勘定極爲精審然盧熊跋稱其子昱所撰行實附後今兩本皆無之則葉本亦不免于脫佚也乾隆四十七年九月恭校上

桂海虞衡志

臣等謹案桂海虞衡志一卷宋范成大撰乾道二年成大由中書舍人出知靜江府淳熙二年除敷文閣待制四川制置使是編乃由廣右入蜀之時道中追憶而作自序謂凡所登臨之處與風物土宜方志所未載者萃爲一書蠻陬絕徼見聞可紀者亦附著之共十三篇皆序述簡雅無夸飾土風附會古事之習其論辰砂宜砂地脈不殊均生白石牀上訂本草分別之訛邕州出砂融州實不出砂證圖經同音之誤零陵香產宜融諸州非永州之零陵唐書稱林邑出結遼鳥即邕州之秦吉了佛書稱象有四牙六牙其說不實桂嶺在賀州不在

廣州亦頗有考證文獻通考四裔考中引桂海虞衡志幾盈一卷皆志蠻之文而此本悉不載其餘諸門檢永樂大典所引亦多在此本之外蓋原書本三卷而此本併爲一卷已刊削其大半矣乾隆四十七年五月恭校上

嶺外代答

臣等謹案嶺外代答十卷宋周去非撰去非字直夫永嘉人隆興癸未進士淳熙中官桂林通判是書即作於桂林代歸之後自序謂本范成大桂海虞衡志而益以耳目所見聞錄存二百九十四條蓋因有問嶺外事者倦於應酬書此示之故曰代答原本分二十門今有標題者凡十九門一門存其子目而佚其總綱所言則軍制戶籍之事也其書條分縷晰視嵇含劉恂段公路諸書敘述爲詳所紀西南諸夷多據當時譯者之詞音字未免舛訛而邊帥法制財計諸門實足補正史所未備不但紀土風物產徒爲談助已也書錄解題及宋史藝文志並作十卷永樂大典所載併爲二卷蓋非其舊今從原目仍析爲十卷云

乾隆四十五年九月恭校上

都城紀勝

臣等謹案都城紀勝一卷不著撰人名氏但自署曰耐得翁其書成於端平二年皆記杭州瑣事分十四門曰市井曰諸行曰酒肆曰食店曰茶坊曰四司六局曰瓦舍衆伎曰社會曰園苑曰舟船曰鋪席曰坊苑曰閒人曰三教外地敘述頗詳可以見南渡以後土俗民風之大略考高宗駐蹕臨安謂之行在雖湖山宴樂已無志於中原而其名未改故乾道中周淙修臨安志內宮苑及百官曹署尚著舊稱潛說友志亦因之此書直題曰都城蓋官司不過案牘流傳僅存故事民間則耳目濡染久若定居矣又史載端平元年孟珙會元師滅金是時舊敵已去新釁未形相與燕雀處堂無復遠慮是書作於端平二年正文武恬嬉苟且宴樂之日故競趨靡麗以至於斯作是書者既欲以富盛相誇又自知苟安可愧故諱而自匿不著其名伏讀御題仰見聖鑒精深洞其微曖

起作者而問之當亦無所置詞以其中舊迹遺聞尚足以資考核而宴安鴆毒亦足以垂戒千秋故糾正其失以示昭鑑而書則仍錄存之焉乾隆四十七年五月恭校上

夢粱錄

臣等謹案夢粱錄二十卷宋吳自牧撰自牧錢塘人是書全用東京夢華錄之體以紀南宋郊廟宫殿下至百工雜戲之事周密武林舊事序云欲如孟元老夢華而近雅固謂夢華錄不足於雅馴矣而自牧是書之俚俗殆有甚於夢華錄者然其言得自見聞頗爲質實典章文物於是可徵與武林舊事詳略互見實可資以稽考故事首有自序云緬懷往事殆猶夢也故名夢粱錄末署甲戌歲中秋日書考甲戌爲宋度宗咸淳十年其時宋未亡也意甲戌字傳寫舛訛歟新城王士禎集載是書跋云夢粱錄二十卷不著名氏蓋士禎所見鈔本又脱此序故不知爲自牧所撰今檢永樂大典所引亦題自牧之名自屬無誤特

其仕履則已不可考耳乾隆四十七年二月恭校上

武林舊事

臣等謹案武林舊事十卷宋周密撰密字公謹號草窗先世濟南人其曾祖隨高宗南渡因家湖州淳祐中嘗官義烏令宋亡不仕終於家是書記宋南渡都城雜事蓋密雖居弁山實流寓杭州之癸辛街故目覩耳聞最爲眞確於乾道淳熙間三朝授受兩宮奉養之事敘述尤詳自序稱欲如呂滎陽雜記而加詳如孟元老夢華而近雅今考所載體例雖仿孟書而詞華典贍南宋人遺篇賸句頗賴以存近雅之言不謬呂希哲歲時雜記今雖不傳然周必大平園集尚載其序稱上元一門多至五十餘條不爲不富而密猶以爲未詳則是書之賅備可知矣明人所刻往往隨意刊除或僅六卷或不足六卷惟故都宮殿教坊樂部諸門殊失著書之本旨此十卷之本乃從毛氏汲古閣元板傳鈔首尾完具其間遺文軼事皆可以備參稽而湖山歌舞靡麗紛華著其盛正著其所以

衰遺老故臣惻惻興亡之隱實曲寄於言外不僅作風俗記都邑簿也第十卷末綦待詔以下以是書體例推之當在六卷之末疑傳寫或亂其舊第然無可考證今亦姑仍之焉乾隆四十七年十一月恭校上

歲華紀麗譜

臣等謹案歲華紀麗譜一卷附牋紙譜一卷蜀錦譜一卷元費著撰著華陽人嘗舉進士授國子監助教官至重慶府總管成都自唐代號爲繁庶甲于西南其時爲之帥者大抵以宰臣出鎮富貴優閒歲時燕集寖相沿習故張周封作華陽風俗錄盧求作成都記以誇述其勝遨頭行樂之說今尚傳之迨及宋初其風未息前後太守如張詠之剛方趙抃之清介亦皆因其士俗不廢娛遊其侈麗繁華雖不可訓而民物殷阜歌詠風流亦往往傳爲佳話爲世所艷稱南宋季年蜀中兵燹井閭凋敝乃無復舊觀因追述舊事集爲此書自元旦迄冬至無不備載其體頗近荆楚歲時記而盛衰俯仰追溯陳迹亦不無東京夢華

之思焉唐韓鄂有歲華紀麗爲類事之書此譜蓋偶同其名實則地志也末附
牋紙蜀錦二譜蓋漢唐以來二物爲蜀中所擅而未有專述其源委者著因風
俗而及土產稽求名品臚列頗詳是亦足資考證者矣乾隆四十七年十月恭
校上

吳中舊事

臣等謹案吳中舊事一卷元陸友仁撰友仁字輔之平江人此書紀其鄉之軼
聞舊迹以補地志之闕其體例則小說家流也其中如辨吳會吳下之名及陸
贄墓張翰宅和令坊高彪碑之類皆足資考證紀陳長方潘兌事紀朱勔事亦
足以資法戒其他如范純佑慕容嵓卿事頗爲不經李璋事亦頗猥瑣蓋雜記
之書誌神怪資諧笑自唐已然不足爲友仁訾也惟所載鹿苑臺銘記云永和
七年陸機建碑王羲之書則二人時代邈不相及殊失之於不考耳此書刊本
頗訛脫今以永樂大典所載互校補正備元人說部之一種雖篇帙無多要與

妄誕之談異也乾隆四十五年十月恭校上

平江紀事

臣等謹案平江紀事一卷元高德基撰德基平江人嘗官建德路總管其書中有記干文傳修遼金宋史事則當成於至正中矣所載皆吳郡古蹟而亦兼及神仙鬼怪詼諧謠諺之事可裨圖志佚聞其間不免踈謬者如引圖經虞山者巫咸所居而不知其語出越絕書引吳越春秋稻蟹不遺種而不知其語出春秋外傳又胥蘇二字古人本通用故國語史記皆作姑蘇而以爲後人之訛字凡此皆失於考證然其序次詳贍條理秩然足供採擷者甚多亦襲明之中吳紀聞之流亞也乾隆四十七年三月恭校上

江漢叢談

臣等謹案江漢叢談二卷不著撰人名氏惟卷首題曰陳士元著案士元字心叔應城人嘉靖甲辰進士其歷官始末無考所撰有易象鉤解已別著錄是書

於楚地故實設爲問答加以考證若童士疇沔志以楚之風姓非伏羲後士元則引路史伏羲之後封國者十有九而風國居其首不得謂伏羲之後無風國又山海經舊稱伯益作士元則摭其中長沙零陵乃秦漢郡名知其爲後人附益後漢書載南方諸夷爲槃瓠犬種士元則以爲人名非犬名如斯之類持論皆極精確惟隋侯得珠孟宗得筍之類舊籍相傳事涉神怪正可存之不論士元乃輾轉徵引以實之未免失之附會蓋誇飾土風標榜鄉賢乃明人地志之結習士元亦未免俗耳要其引據賅洽論斷明晰固非明人地志所及也觀所注周易多發明漢儒之學知其留心古籍非空談無根者比矣乾隆四十七年八月恭校上

閩中海錯疏

臣等謹案閩中海錯疏三卷明屠本畯撰本畯字田叔鄞縣人以門蔭入仕官至福建鹽運司同知是書詳誌閩海水族凡鱗部二卷共一百六十七種介部

一卷共九十種又附非閩產而閩所常有者海粉燕窩二種後有自跋稱將入閩中時太常少卿余公君房曰狀海錯來吾徵閩越而通之因疏以復云云君房者余寅之子與本畯同里爲前輩書中本畯所附案語多引四明土產以爲證蓋即徵閩越而通之之意中間又有注補疏二字者則徐𤊹所續也其書頗與黃衷海語相近而敘述較備文亦簡核惟其詞過略故徵引不能博贍舛漏亦所未免如鯊魚一條海語謂鯊有二種而此書列至十二種固可稱賅具然海語所謂海鯊虎頭鯊常以春晦陟於海山旬日化而爲虎者此書反遺之又海鰌一條海語謂其魚長百里牡蠣聚族其背曠歲之積崇十許丈鰌負以遊崷屼水面如山其形容最爲曲盡而此但以移若山嶽一語概之殊未明晰然其辨別名類一覽了然頗有益於多識要亦考地產者所不廢也乾隆四十七年十月恭校上

臣等謹案益部談資三卷明夔州通判何宇度撰所紀皆四川山川物產及古今軼事分爲上中下三卷以體例不似圖經故署曰談資蓋自居于說部也輿地之籍原所以記州郡封略道里阨塞土田戶口之數以便考核而先賢風俗等傳前人往往著爲成書則博採遺聞亦未嘗不可以資談助蜀中地志以揚雄蜀王本紀譙周三巴記李克益州記爲最古其書雖不盡傳而大要亦多雜載事蹟取備掌故自唐以後見於列史藝文志者如杜光庭續成都記趙抃成都古今雜記及宋代所修潼川臨邛忠州墊江夔州諸圖志今俱散佚無存則掇拾蒐羅正考訂者所不廢是書旁採羣籍雖未能精核無遺然尚不至於蕪蔓其後曹學佺作蜀中名勝記徵摭較博而稍涉氾濫轉不若此本之雅潔在明著述中猶可稱簡而有要者原本有李維楨跋亦極推爲善本云乾隆四十七年四月恭校上

蜀中廣記

臣等謹案蜀中廣記一百八卷明曹學佺撰學佺字能始侯官人萬歷乙未進士官至廣西副使家居二十年唐王聿鍵稱號閩中召爲禮部尚書　大兵入福州學佺走山中投繯死乾隆四十一年　賜謚忠節所輯石倉歷代詩選已別著錄學佺嘗爲四川右參政按察使是書蓋成于其時目凡十二曰名勝曰邊防曰通釋曰人物曰方物曰仙曰釋曰遊宦曰風俗曰著作曰詩話曰畫苑蒐採宏富考證審核蜀中輿記之特出者也其中間有與史異者如敘州府之高州明地理志云洪武五年由州改縣正德十三年復爲州珙及筠連二縣隸焉此書乃仍稱高州爲縣二縣亦不爲之屬又成都府之資陽縣明地理志屬簡州此書不屬簡州而列于仁壽井研二縣後皆未詳何故蓋亦學佺記載偶疎然全體之精博則固不以是相掩云乾隆四十七年三月恭校上

增補武林舊事

臣等謹案增補武林舊事八卷明朱廷煥輯宋周密嘗錄南渡後百二十年典

故及風俗遊宴諸事勒成一書名爲武林舊事廷焕因密舊本復採西湖志鶴林玉露容齋隨筆輟耕録及密所著癸辛雜識諸書續加增訂釐爲八卷自序謂增補數十則今按書中共補一百五十四則與原序之數不符殆序中脱去一百二十字也其書義例稍涉泛濫雖不及周密原本之精雅有法而于宋代臨安軼事搜括靡遺亦頗足資考古者見聞之助蓋密爲宋遺民主于感念盛衰多仿孟元老東京夢華録之體而廷焕則專取蒐羅故實拾遺補闕以爲地志之外篇與李濂汴京遺蹟志約略相近雖名爲增輯而用意有殊今故並著之於録以備參證焉廷焕字中白單縣人崇禎甲戌進士其爲此書時方以工部主事司榷杭州云乾隆四十七年十月恭校上

顔山雜記

臣等謹案顔山雜記四卷　國朝孫廷銓撰廷銓字伯度又字枚先號沚亭益都人前明崇禎庚辰進士入　國朝以薦授河間府推官擢吏部主事歷官内

祕書院大學士謚文定益都有顔神鎮形勢險阨明代嘗建城郭設官以治之廷銓世居其地康熙丙午廷銓以大學士予告在籍因蒐輯舊聞作爲此書分山谷水泉城市官署鄉校逸民孝義風土歲時長城考靈泉廟災祥物變物產物異遺文諸目敍次簡核而造語務求雋異王士禎居易錄稱田雯黔書七十六篇有似爾雅者有似考工記者有似公穀檀弓者有似越絕書者故相孫文定公廷銓作顔山雜記記山蠶琉璃窰器煤井鐵冶等文筆奇峭亦如此云云今考琉璃窰器煤井鐵冶俱此書所載其山蠶一條則在廷銓南征記略中士禎蓋偶然誤記又士禎香祖筆記引此書所載鳳皇嶺玉皇宫石刻宋太祖太宗眞宗御押與周密癸辛雜識所載不同云並載以備參考案癸辛雜識爲明代重刊此石爲宋代原刻木板易訛當以碑本爲據士禎兩存亦非也惟香祖筆記又據黄瓚雪洲集議礦盗一疏謂顔神設官之議起於瓚而駁此書正德十二年巡按黄某奏請之說爲非是則誠廷銓考核之疎矣乾隆四十七年九

月恭校上

嶺南風物記

臣等謹案嶺南風物記一卷　國朝吳綺撰宋俊增補江闓删訂綺本文士故是書所敘述率簡雅不支與范成大桂海虞衡志可相伯仲首二條敘氣候次十條敘石次六十條敘草木花竹次十七條敘鳥次五條敘獸次六條敘蟲次十七條敘鱗介次三條敘香次二條敘酒次四條敘蔬穀次十五條以雜事附敘於末其敘硯敘香特詳核惟碣石衞品字石一條宜入卷末雜事中殆分段編次偶失序耳俊所增補凡七條皆別識之其論米芾所賞之石本出浛洭縣地秋深水涸之時於沙坑中取之謂之脫沙後浛洭併入英德遂以英德石當之實皆贋物亦前人所未發惟闓所删者今不復見其刊除當否遂不可考矣綺有林蕙堂集別著錄俊字長白山陰人闓字辰六貴陽人也乾隆四十七年四月恭校上

臺海使槎錄

臣等謹案臺海使槎錄八卷　國朝黄叔璥撰叔璥號玉圃大興人康熙己丑進士官至常鎭揚通道茲編乃康熙壬寅叔璥爲御史時巡視臺灣所作故以使槎爲名卷一至四卷爲赤嵌筆談卷五至卷七爲番俗六考卷八爲番俗雜記臺灣自康熙癸亥始入版圖諸書記載或遺或略或傳聞失真叔璥裒輯諸書參以目見以成此書於山川風土民俗物產言之頗詳而於山川險隘控制機宜及海道風信亦皆一一究悉於形勢尤爲該備雖所記止於一隅而亙古以來輿記之所不詳者蒐羅編綴源委燦然固非無資於考證者矣乾隆四十七年五月恭校上

龍沙紀略

臣等謹案龍沙紀略一卷　國朝方式濟撰式濟字屋源號沃園桐城人康熙己丑進士官内閣中書舍人是編乃式濟之父登嶧謫居黑龍江時式濟往省

因據所見聞考核古蹟勒爲九門一曰方隅二曰山川三曰經制四曰時令五曰風俗六曰飲食七曰貢賦八曰物產九曰屋宇總名曰龍沙紀略考後漢書班超傳曰坦步葱雪咫尺龍沙章懷太子李賢註曰葱嶺雪山龍堆沙漠也漢書匈奴傳曰康居烏孫豈能踰白龍堆而寇西邊孟康註曰堆形如土龍在西域中又酈道元水經注曰鄯善國東垂當白龍堆則龍堆在西而不在東又李陵別歌稱經萬里兮渡沙漠則沙漠在北而迤西亦不在東自劉孝綽詩有戰士臥龍沙之句始誤以龍沙爲一地而詩家遂沿爲塞外之通稱式濟記東北之事而以龍沙爲書名蓋沿用舊文之故不知自唐以來渤海大氏奄有斯土已久爲城郭宮室之國豈可以龍沙爲目哉然白山黑水之間古來輿記大抵得諸傳聞即近時修志乘者秉筆之人亦未必親至其地式濟久客於斯又閒居多暇得以遊覽詢訪究其詳悉如辨混同江源出長白山土人呼爲松阿里江松阿里江北與諸尼江合流東北受黑龍江又南受烏蘇里江匯注於海因

其納三江之大故名混同蓋松阿里自南而北黑龍江自北而南歷二千五百里之遙兩江不得混稱其上游未會時仍當稱松阿里江云云此足證金史混同江一名黑龍江之誤又辨金志松阿之訛宋瓦訛松花等類又搜討黑龍江源與塞外入江諸小水及精奇尼江諾尼江諸派亦多盛京通志所未載固志輿圖者所必考也舊附述本堂詩文集後以行今以所載悉屬地理故析而錄諸史部焉乾隆四十七年五月恭校上

東城雜記

臣等謹案東城雜記二卷國朝厲鶚撰鶚有遼史拾遺已著錄杭城東有地曰東園者宋故園也其名見於宋史鶚家於此爲考里中舊聞遺事輿記所不及者八十五條釐爲上下二卷大抵略於古而詳於今然所載九宮貴神壇紅亭醋庫諸條考據頗爲典核又紀高雲閣蘭菊草堂竹深亭及金石中之慈雲寺宋刻劍石銘諸舊蹟俱浙江通志及武林各舊志所未詳他如灌園生以下

諸人皆系以小傳使後之修志乘者有所徵引其用力亦可謂勤矣鶚素博覽並工於詩詞故是書雖偏隅小記而敘述典雅彬彬乎有古風焉乾隆四十七年五月恭校上

欽定四庫全書提要卷四十一

欽定四庫全書提要卷四十二

史部十六

地理類四

遊城南記

臣等謹案遊城南記一卷宋張禮撰禮字茂中浙江人元祐元年與其友楚人陳徵明遊長安城南訪唐代都邑舊址因作此記而自爲之注凡門坊寺觀園囿村墟及前賢遺蹟見於載籍者敘錄甚備如嘉話錄載慈恩寺題名始於張莒禮則引唐登科記謂進士中有大中十三年及第之張台而無張莒又長安志載章敬寺本魚朝恩莊後爲章敬皇后立寺故以爲名禮則以宋代寺基與志所載地理不同而疑其已非故址皆能據所目見而考辨之其徵據頗爲典核所列金石碑刻名目亦可與集古錄諸書互相參證每條下間有續注不知何人所增中有金代年號其薦福寺一條又有辛卯遷徙之語案辛卯爲金哀

宗正大八年史載是年四月元兵克鳳翔兩行省棄京兆遷居民於河南所云遷徙當即此事蓋金末元初時人也乾隆四十七年四月恭校上

河朔訪古記

臣等謹案河朔訪古記二卷不著撰人名氏明焦竑國史經籍志著錄亦不云誰作考元劉仁本羽庭集有是書序曰今翰林國史院編修官博囉洛氏納新易之自其先世徙居鄞至正五年挈行李出浙渡淮溯大河而濟歷齊魯陳蔡晉魏燕趙之墟弔古山川城郭丘陵宮室王霸人物衣冠文獻陳迹故事暨近代金宋戰爭疆埸更變者或得於圖經地志或聞諸故老舊家流風遺俗一皆考訂夜還旅邸筆之於書又以其感觸興懷慷慨激烈成詩歌者繼之總而名曰河朔訪古記凡一十六卷云云則此書實爲納新作焦氏考之未審序稱十六卷焦氏作十二卷亦誤也納新字易之系出西北博囉洛因以爲氏博囉洛者以欽定西域圖志考之即今塔爾巴哈台也元時色目諸人散處天下故

納新寓居南陽後移於鄞縣初辟爲浙東東湖書院山長以薦授翰林編修官所著金臺集尚有刊本惟此書久佚今散見永樂大典中者惟一百三十四條所紀皆在眞定河南境内而其餘不存又仁本所稱繼以詩歌者亦不復可見然據今所存諸條其山川古蹟多向來地志所未詳而金石遺文言之尤悉皆可以爲考證之助謹彙而編之核其道里疆界各以類從眞定路爲一卷河南路爲一卷仍錄劉仁本原序冠之雖殘缺之餘十存一二而崖略宛在條理可尋講輿地之學者猶可多所取資焉乾隆四十五年八月恭校上

徐霞客遊記

臣等謹案徐霞客遊記十二卷明徐宏祖撰宏祖江陰人霞客其字也少負奇氣年三十即出遊攜一襆被遍歷東南佳山水自吳越之閩之楚北至齊魯燕冀嵩雒登華山而歸旋復由閩之粤又由終南背走峨眉訪恒山又南過大渡河至黎雅尋金沙江從瀾滄北尋盤江復出石門關數千里窮星宿海而還所

至輒爲文以志遊蹟沒後手稿散逸其友季夢良求得之而中多闕失宜興史氏亦有鈔本而譌異尤甚此則楊名時所重加編訂者凡十二卷卷各分上下第一卷自天台鴈蕩以及五臺恒華各爲一篇第二卷以下皆西南遊記凡二十五篇首浙江江西一篇次湖廣一篇次廣西六篇次貴州一篇次雲南十有六篇其所缺者一篇而已自古名山大澤秩祀所先但以表望封圻未聞品題名勝逮典午而後遊迹始盛六朝文士無不托興煙巒於是範水模山支筇蠟屐人稱泉石之癖家有吟賞之章史册所載若謝靈運居名山志遊名山志戴祚西征記郭緣生述征記姚最述行記之類雖權輿有自而簡册無多尚未有累牘連篇都爲一集者宏祖耽奇嗜僻刻意遠遊足迹既銳於搜尋毫素尤勤於摹寫遊記之夥遂莫過於斯編雖足迹所經排日記載未嘗有意於爲文然以耳目所親見聞較確且黔滇荒遠輿志多疎此書於山川脈絡剖晰詳明尤爲有資證據洵山經之別乘而地記之外篇存茲一體固亦有足備考校者焉

乾隆四十七年四月恭校上

佛國記

臣等謹案佛國記一卷宋釋法顯撰杜佑通典引此書又作法明蓋中宗諱顯

唐人以明字代之故原註有國諱改焉四字也法顯晉義熙中自長安遊天竺

經三十餘國還到京與天竺禪師參互辨定以成是書以天竺爲中國以中國

爲邊地蓋釋氏自尊其教其誕謬不足與爭又于闐即今和闐自古以來崇回

回教法欽定西域圖志考證甚明而此書載其有十四僧伽藍衆僧數萬人

則所記亦不必盡實然六朝舊笈流傳頗久其敘述古雅亦非後來行記所及

存廣異聞亦無不可也書中稱宏始二年歲在己亥案晉書姚萇宏始二年爲

晉隆安四年當稱庚子所紀較前差一年蓋其時諸國分爭或踰年改元或不

踰年改元漫無定制又南北隔絶傳聞異詞未可斷史之必是此之必非今仍

其舊文以從闕疑之義焉乾隆四十七年五月恭校上

大唐西域記

臣等謹案大唐西域記十二卷唐沙門元奘譯僧辯機撰案唐書西域列傳唐貞觀中元奘西遊天竺諸國晁公武讀書志載是書作元奘撰鄭氏藝文略則作大唐西域記十二卷元奘撰西域記十二卷辯機撰分爲兩書明焦竑經籍志亦仍其誤惟陳振孫書錄解題作大唐三藏法師元奘譯大總持寺僧辯機撰與今本合考是書後有辯機序略稱元奘法師以貞觀三年褰裳遵路杖錫遐征薄言旋軔謁帝洛陽肅承明詔載令宣譯辯機爲大總持寺弟子撰斯方志則是書爲元奘所譯而辯機撰次成書可無疑矣昔宋法顯作佛國記其文頗略唐書西域列傳較爲詳賅此書所序諸國皆唐書所不載則史所錄者朝貢之邦此所記者經行之地也辯機記贊句下間有註文或曰唐言某某或曰某印度境疑爲原註又有校正譯語云舊作某某訛者及每卷之末附有音釋疑爲後人所加第十一卷僧伽羅國條中有明永樂三年太監鄭和見國王阿

列苦柰兒事是今錫蘭山即古之僧伽羅國也至祈福民庶作無量功德共三百七十字亦註者附記之語吳氏刋本誤連入正文也所列凡一百三十八國中摩揭陀一國釐爲八九卷記載獨詳所述多佛典因果之事而舉其地以實之晁公武讀書志稱元奘至天竺求佛書因記其所歷諸國凡風俗之宜衣服之制幅員之廣隘物產之豐嗇悉舉其梗槩蓋未詳檢是書姑據名爲說也我

皇上開闢天西咸歸版籍　欽定西域圖志徵實傳信凡前代傳聞之說一一釐正至於西方譯語亦無不爲之辨訂舛訛足以昭示奕禩此書音譯既多乖互而侈陳靈怪尤屬誕漫無稽然山川道里頗有足備參考者姑錄存之以廣異聞焉乾隆四十七年五月恭校上

宣和奉使高麗圖經

臣等謹案宣和奉使高麗圖經四十卷宋徐兢撰兢字明叔號自信居士和州歷陽人官至朝散大夫宣和六年高麗入貢遣給事中路允迪報聘兢以奉議

郎爲國信所提轄詔給札上之召對便殿賜同進士出身擢知大宗正丞事兼掌書學其書分二十八門凡其國之山川風俗典章制度以及接待之儀文往來之道路無不詳載而其自序尤拳拳于所繪之圖此本但有書而無圖已非完本然前有其姪藏題詞一首稱書上御府其副藏家靖康丁未兵亂失之後從醫者得其本惟海道二卷無恙又述兢之言謂世傳其書往往圖亡而經存欲追畫之不果就乃以所存者刻之澂江郡齋是乾道初已僅見海道圖二卷後來輾轉傳錄遂盡佚之耳故永樂大典全載此書而亦無一圖則其佚當在明以前也張世南遊宦紀聞曰高麗是年有請於上願得能書者至國中於是以徐兢爲國信使禮物官則兢之行特以工書遣今兢之字畫不槩見而是編獨尙傳於世云乾隆四十七年四月恭校上

諸蕃志

臣等謹案諸蕃志二卷宋趙汝适撰汝适始末無考惟據宋史宗室世系表知

其爲岐王仲忽之元孫安康郡王士說之曾孫銀青光禄大夫不柔之孫善待之子出於簡王元份房上距太宗八世耳此書乃其提舉福建路市舶時所作於時宋已南渡諸蕃惟市舶僅通故所言皆海國之事宋史外國列傳實引用之核其敘次事類歲月皆合但宋史詳事蹟而略于風土物產此則詳風土物產而略于事蹟蓋一則史傳一則雜志體各有宜不以偏舉爲病也所列諸國賓瞳龍史作賓同隴登流眉史作丹流眉阿婆羅拔史作阿蒲羅拔麻逸史作摩逸蓋譯語對音本無定字龍隴三聲之通登丹蒲婆麻摩雙聲之轉呼有輕重故文有異同無由核其是非今亦各仍其舊惟南宋僻處臨安海道所通東南爲近志中乃兼載大秦天竺諸國似乎隔越西域未必親覩其人然考册府元龜載唐時祆教稱大秦寺桯史所記廣州海獠即其種類又法顯佛國記載陸行至天竺附商船還晉知二國皆轉海可通故汝适得于福州見其市易然則是書所記皆得諸見聞親爲詢訪宜其敘述詳核爲史家之所依據矣乾隆

四十五年十月恭校上

溪蠻叢笑

臣等謹案溪蠻叢笑一卷宋朱輔撰輔字季公桐鄉人不詳其仕履惟虎邱志載所作詠虎邱詩一首知爲南宋末人耳溪蠻者即後漢書所謂五溪蠻章懷太子註稱武陵有雄溪樠溪酉溪潕溪辰溪悉是蠻夷所居故謂五溪蠻在今辰州界者是也輔蓋嘗服官其地故據所聞見作爲是書所記諸蠻風土物產頗備如闌干布之傳於漢代三脊茅之出於包茅山數典亦爲詳贍至其俗尙之異種類之別曲折纖悉臚列明晰事雖鄙而詞頗雅可謂工於敘述用資考證多益見聞固不容以瑣屑廢焉乾隆四十七年四月恭校上

眞臘風土記

臣等謹案眞臘風土記一卷元周達觀撰達觀溫州人眞臘本南海中小國爲扶南之屬其後漸以强盛自隋書始見於外國傳唐宋二史並皆紀錄而朝貢

不常至故載風土方物往往疎略不備元成宗元貞元年乙未遣使招諭其國達觀隨行至大德丁酉乃歸首尾三年諳悉其俗因記所聞見爲此書凡四十則文義頗爲賅贍惟第三十六則內記神譴一事不以爲天道之常而歸功於佛則所見殊陋考朱應扶南異物志已載隋書經籍志中他如林邑國記突厥風事諸書前史亦往往著錄以備職方之外紀此書實仿其例元史不立眞臘傳得此而本末詳具猶可以補其闕佚焉達觀作是書既成嘗以示吾邱衍衍爲題詩稱譽甚至別見衍所作竹素山房詩集中蓋亦好奇之士也乾隆四十七年五月恭校上

島夷志略

臣等謹案島夷志略一卷汪大淵撰大淵字煥章南昌人至正中嘗附賈舶泛海越數十國紀所聞見成此書今以明馬觀瀛涯勝覽互勘如觀所稱占城之人項三山金花冠衣皆縈綵帨產伽南香觀音竹降眞香之屬瓜哇之廝村沽

灘新村蘇馬魯隘港口諸處風土各異又其國人有三等其土產有白芝厤綠豆蘇木金剛子白檀肉荳蔻玳瑁龜筒紅綠鸚鵡之屬舊港有火鷄神鹿之屬皆爲此書所未載又所載眞臘物產較周達觀眞臘風土記亦僅十之四五蓋殊方絕域偶一維舟斷不能周覽無遺所見各殊則所記各別不足異也至云瓜哇即古闍婆考明史明太祖時瓜哇闍婆二國並來貢其二國國王之名亦不同大淵併而爲一則傳聞之誤矣然諸史外國列傳秉筆之人皆未嘗身歷其地即趙汝适諸蕃志之類亦多得於市舶之口傳大淵此書皆親歷而手記之究非空談無徵者比故所記羅衞羅斛針路諸國大半爲史所不載又於諸國山川險要方域疆里一一記述即載於史者亦不及所言之詳錄之亦足資考證也乾隆四十七年四月恭校上

朝鮮賦

臣等謹案朝鮮賦一卷明董越撰越字尚矩寧都人成化己丑進士官至南京

工部尚書諡文信孝宗即位越以右春坊右庶子兼翰林院侍講同刑科給事中王敞使朝鮮因述所見聞以作此賦又用謝靈運山居賦例自爲之註所言與明史朝鮮傳皆合知其信而有徵非鑿空也考越自正月出使五月還朝留其地者僅一月有餘而凡其土地之沿革風俗之變易以及山川亭館人物畜產無不詳錄自云所謂得於傳聞周覽與彼國所具風俗帖者恐不能如是之周帀其亦奉使之始預訪圖經還朝以後更徵典籍參以耳目所經成是書乎越有文信集四十二卷今未見其本又別有使東日錄一卷亦其往返所作詩文然不及此賦之典核別本孤行此一卷固已足矣乾隆四十七年五月恭校

上

海語

臣等謹案海語三卷明黄衷撰衷字子和南海人弘治丙辰進士官至兵部右侍郎是書乃其晚年致政家居就海洋番舶詢悉其山川風土裒錄成編時人

稱鐵橋病叟者其別號也廣東通志載是書作一卷此本實三卷分爲四類曰風俗凡二目曰物產凡二十九目曰畏途凡五目曰物怪凡八目所述海中荒忽奇譎之狀極爲詳備然皆出舟師舵卒所親見非山海經神異經等純搆虛詞誕幻不經者比每條下間附論斷詞致高簡時寓勸戒亦頗有可觀書中別有附註乃其族子學準增加原本所載今併存焉案明史滿剌加傳稱正嘉間爲佛郎機所滅而此書則稱佛郎機破其國王退依陂隄里佛郎機整衆而去王乃復所云云與史稍有不同此書成於嘉靖初海賈所傳見聞較近似當不失其實是尤可訂史傳之異不僅博物之資矣乾隆四十七年四月恭校上

東西洋考

臣等謹案東西洋考十二卷明張燮撰燮字紹和龍溪人自署海濱逸史萬歷舉人是書成於萬歷丁巳仿宋趙汝适諸蕃志例惟載海國之通互市者首西洋考凡十五國又附錄者四次東洋考凡七國又附錄者十二次外紀考爲日

本及紅毛番不通貢市故別著之次稅餉考分水編陸編職官公署四子目次舟師考分內港水程二洋針路祭祀占驗水醒水忌定日惡風潮汐七子目次稅璫考紀神宗時內官高寀通番蠹國刦官擾民始末最詳次藝文考次逸事考其例於交阯占城暹羅彭亨呂宋蘇祿名與古同者仍用古名他若瓜哇之爲下港柬埔塞之爲眞臘大泥之爲勃泥舊港之爲三佛齊麻六甲之爲滿剌加啞齊之爲蘇門答剌思吉港之爲蘇吉丹遲悶之爲吉里地悶文萊之爲婆羅猫里務之爲合猫里則並從今名使通俗易檢每國先列沿革事蹟多與諸史相出入如占城即古臨邑而五代史以爲自古未通之類亦頗有改正大致與明一統志略同而稍益以諸書如閩部疏之誤記燕窩菜及小葛羅誤稱吉蘭丹之類咸附辨之次列海船交易之例則皆采自海師賈客之口爲傳記之所未詳其稅璫一篇言利弊最悉水程針路諸篇尤切於實用惟明代控制外蕃至爲無術無事則百計以漁利有變則委曲以苟安事事可爲炯戒而篇末

諸論乃稱功頌德曲筆實多蓋當時臣子之詞置而不論可矣乾隆四十七年

五月恭校上

職方外紀

臣等謹案職方外紀六卷明西洋人艾儒略撰其書成於天啓癸亥自序謂利氏齎進萬國圖誌龐氏奉命翻譯儒略更增補以成之蓋因利瑪竇龐我迪舊本潤色之不盡儒略自作也所紀皆絶域風土爲自古輿圖所不載故曰職方外紀其説分天下爲五大州一曰亞細亞州其地西起那多理亞離福島六十二度東至亞尼俺峽離福島一百八十度南起瓜哇在赤道南十二度北至冰海在赤道北七十二度二曰歐邏巴州其地南起地中海北極出地三十五度北至冰海北極出地八十餘度徑一萬一千二百五十里西起西海福島初度東至阿北河距福島九十二度徑二萬三千里三曰利未亞州西南皆至利未亞海東至西紅海北至地中海極南南極出地三十五度極北北極出地三十

五度東西廣七十八度四日亞墨利加地分南北中通一峽峽南之地南起墨瓦蠟泥海峽南極出地五十二度北至加納達北極出地十度半西起福島二百八十六度東至三百五十五度峽北之地南起加納達南極出地十度半北至冰海其北極出地度數則未之測量西起福島一百八十度東至三百六十度五曰墨瓦蠟泥加則彼國與之初通疆域道里尙莫得詳焉前冠以萬國全圖後附以四海總說所述多奇異不可究詰似不免多所夸飾然天地之大何所不有錄而存之亦足以廣異聞也乾隆四十七年十月恭校上

赤雅

臣等謹案赤雅三卷明鄺露撰露字湛若南海人鈕琇觚賸載其爲諸生應歲試時題爲文行忠信乃四比立格以眞草隸篆四體書之坐是被斥蓋亦放誕之士王士禎池北偶談又載其少遊金陵客阮大鋮之門嘗爲大鋮作集序大鋮亦爲露作集序其人殊不足重迨 國朝順治初 王師入粤露義不改節

竟抱所寶古琴不食而死士禎詩所謂南海崎人死抱琴者即爲露作其志節乃爲世所稱然露託契閹兒所作嶠雅屢稱大鋮爲石巢夫子實貽譏於名教後雖晚蓋僅足自贖固不能與黃淳耀等皦然日月爭光也是書乃露遊廣西之時徧歷岑藍胡侯槃五姓土司因爲猺女雲嚲孃留掌書記歸而述所見聞所記山川物產皆詞藻簡雅序次典核不在范成大桂海虞衡志下可稱佳本惟中間敘岑氏猺女被服名目溪峒中必無此綺麗露蓋摭古事以文飾之又敘猩猩一條大不近情敘木客一條既稱爲秦時採木之人何以能作律詩所稱細雨詩劒閣鈴逾動長門燭更深一聯何以能用漢唐故事是則附會塗飾不免文士之積習存而不論可矣乾隆四十七年四月恭校上

朝鮮國志

臣等謹案朝鮮國志二卷不著撰人名氏書中稱大明一統志則成于明代也卷首略敘疆域沿革而不標其目以下分六大綱爲經曰京都曰風俗曰古都

曰古迹曰山川曰樓臺以所屬八道爲緯中曰京畿西南曰忠淸東南曰慶尙南曰全羅西曰黄海東曰江源西北曰平安東北曰咸鏡皆略如中國地志惟京都但載宫殿曹署而不及城市風俗多載其國典制與故事混而爲一又諸道皆無四至八到古迹多雜以神怪頗同小説於體例皆爲未協然遺聞瑣事爲中國史書所未詳者往往而在頗足以資考證其敍述亦皆雅潔較諸州郡輿圖冗漫無緒者轉爲勝之宋王雲嘗撰雞林志其書不傳徐兢高麗圖經於山川古迹亦略此書出其國人所述當不失眞我國家威德覃敷八紘砥屬朝鮮一國道里既近歸化尤先雖號藩封實同郡縣其山川疆域皆宜隸籍於職方錄而存之亦足備輿記之一種也乾隆四十七年九月恭校上

坤輿圖説

臣等謹案坤輿圖説二卷國朝南懷仁撰懷仁西洋人康熙中官欽天監監正是書上卷自坤輿至人物分十五門皆言地之所生下卷載海外諸國道里

山川民風物產分爲五大州而終之以西洋七奇圖說大致與艾儒略職方外紀互相出入而亦時有詳略異同案東方朔神異經曰東南大荒之中有樸父焉夫婦並高千里腹圍案此下當有腹圍之里數原本脫佚今姑仍之自輔天初立時使其夫婦導開百川嬾不用意謫之並立東南不飲不食不畏寒暑須黃河清當復使其夫婦導護百川云云此書所載有銅人跨海而立巨船往來出其胯下者似影附此語而作又神異經曰北方層冰萬里厚百丈有磎鼠在冰下土中焉形如鼠肉重千斤可以作脯食之已熱云云此書記此物全與相合又周密癸辛雜識曰西域有沙海正據要津其水熱如湯不可迫近此天之所以限華夷也終古未嘗通中國忽一夕有巨獸浮水窒其骨長數十里橫於兩涘如津梁然骨中有髓竅可容並馬於是西域之地始通中國其國謀往來者每以膏油塗其骨懼其枯朽而折則無復可通故耳云云此書記此事亦全與相合疑其東來以後得見中國古書因依仿而變幻其說不必皆有實迹然核以諸書所記賈船之

所傳聞亦有歷歷不誣者蓋雖有所粉飾而不盡虛構存廣異聞固亦無不可也乾隆四十七年十一月恭校上

異域録

臣等謹案異域録二卷國朝圖理琛撰圖理琛姓阿顔覺羅氏先世葉赫人由考取内閣中書官至兵部職方司郎中是編乃康熙五十一年五月圖理琛以原任内閣侍讀奉命出使土爾扈特由喀爾喀越俄羅斯國至其地五十四年三月回京師復命因述其道里山川民風物産以及應對禮儀恭呈御覽冠以輿圖次隨日紀載見聞其體例略如宋人行記但宋人行記以日月爲綱而地理附見此則以地理爲綱而日月附見所載大聚落皆爲自古輿記所不載亦自古使節所未經如史記述匈奴北海頗作疑詞故儒者類言無北海今據圖理琛所記知伊聶謝柏興距北海大洋一月餘程又唐書稱薛延陀夜不甚暗猶可博奕僅得之於傳聞圖理琛以五月至其地知夏至前後確有

是事皆我　聖祖仁皇帝德化覃敷　威棱震疊故輶車所至莫不具郵傳供芻糒涉越三四萬里如行闈闥故得以從容遊覽見所未見聞所未聞纂述成編以補亙古黃圖所未悉今備錄其文使天下萬世知　聖化彌綸迴出於章亥所步之外且所載俄羅斯土爾扈特畏懷恭順之忱尤足見　堯天丕冒秪屬無垠凡在方趾圓顱無不鱗集仰流效誠恐後爲三五以來所未有今土爾扈特已全部內附而所記俄羅斯南路十四國乾隆乙亥以後又已盡入版圖併以見　武烈　文謨顯承啟佑所由拓億禩之丕基者非偶然也乾隆四十六年十二月恭校上

海國聞見錄

臣等謹案海國聞見錄二卷　國朝陳倫炯撰倫炯字資齋同安人父昂康熙二十一年從靖海侯施烺平定臺灣烺又使搜捕餘黨出入東西洋五年敘功授職官至廣東副都統（案副都統爲滿洲額缺陳昂得授是職蓋出特典）倫炯少從其父熟聞海道形

勢及襲父蔭復由侍衞歷任澎湖副將臺灣鎮總兵官移廣東高雷廉江南崇明狼山諸鎮又爲浙江寧波水師提督皆濱海地也故以平生聞見著爲此書上卷記八篇曰天下沿海形勢錄曰東洋記曰東南洋記曰南洋記曰小西洋記曰大西洋記曰崑屯記曰南澳氣記下卷圖六幅曰四海總圖曰沿海全圖曰臺灣圖曰臺灣後山圖曰澎湖圖曰瓊州圖凡山川之扼塞道里之遠近沙礁島嶼之夷險風雲氣候之測驗以及外蕃民風物產一一備書雖卷帙無多然積父子兩世之閱歷參稽考驗言必有徵視勦傳聞而述新奇據故籍而談形勢者其事固區以別矣其南澳氣記中稱萬里長沙者即列子所謂歸墟莊子所謂尾閭抱朴子所謂沃焦宋史琉球傳所謂落漈但諸書皆言注之不盈倫炯則推以潮長而此溜落潮落而此溜長知水自上入仍自下出其言確切近理足以決千古耳食之疑又史稱舟落漈者一去不返倫炯則謂乘潮長之時求出則外高内下反不得出如潮落乘風駛棹船尚可出雍正丙午有閩船

落漈者果如其說得還此語亦前人所未發惟所記七洲洋帶箭鳥謂由鄭和呼鳥插箭爲記以導海船又記暹羅鬼與鄭和鬬法夜建寺塔今尙在焉則蕃俗信鬼有此附會之談倫炯不爲辨正是亦少疎然是書主於記海道不主於考故實彼國既有此說據而錄之固亦無害宏旨爾乾隆四十七年十一月恭校上

欽定四庫全書提要卷四十三

史部十七

職官類

唐六典

臣等謹案唐六典三十卷舊本題開元御撰李林甫奉勅注其書以三師三公三省九寺五監十二衛列其職司官佐敘其品秩以擬周禮書錄解題引韋述集賢記注曰開元十年起居舍人陸堅被旨修是書帝手寫白麻紙六條曰理教禮政刑事令以類相從撰錄以進張說以其事委徐堅思之經歲莫能定又委毋煚徐欽韋述始以令式入六司其沿革並入注中後張九齡又委苑咸二十六年奏草上迄今在直院亦不行用范祖禹唐鑑亦曰既有太尉司徒司空又有尚書省是政出於二也既有尚書省又有九寺是政出於三也蓋自唐虞至周有六官而無寺監自秦迄陳有寺監而無六官獨此書兼之故官多重複

今考是書如林甫注中以諸州祥瑞預立條格以待奏報之類誠爲可嗤然一代典章釐然具備觀王溥會要所載請事者往往援據韋述謂不施行未必實錄祖禹之論則疑以元豐官制全用是書有激而言亦非定論也又會要載開元二十三年九齡等撰是書而唐書載九齡以開元二十四年罷知政事則書成時九齡猶在位後至二十七年林甫乃注成獨上之宋陳騤館閣録載書局有經修經進經修不經進經進不經修三格說與九齡蓋所謂經修不經進者卷首獨著林甫未爲至公也乾隆四十七年四月恭校上

翰林志

臣等謹案翰林志一卷唐李肇撰案肇所作國史補結銜題尚書左司郎中此書結銜則題翰林學士左補闕王定保摭言又稱肇爲元和中中書舍人新唐書藝文志亦云肇爲翰林學士坐薦柏耆自中書舍人左遷將作少監以唐官制考之蓋自左司改補闕入翰林後爲中書舍人坐事左遷國史補及此書各

題其作書時官也唐時翰林院在銀臺門内麟德殿西重廊之後爲待詔之所新唐書百官志謂乘輿所在必有文詞經學之士下至卜醫伎術之流皆直于別院以備燕見者是也韋執誼翰林院故事亦謂其地乃天下以藝能伎術見召者之所處葢其始本以延引雜流原非爲文學侍從而設至明皇置翰林待詔供奉與集院學士分掌制誥其職始重後又改爲學士別置學士院謂之東翰林院于是舊翰林院雖尚有以伎能入直如德宗時術士桑道茂之類而翰林之名實盡歸于學士院歷代相沿遂爲儒臣定職肇此書成于元和十四年唐宋藝文志皆著于錄其記載賅備本末粲然于一代詞臣職掌最爲詳晰宋洪遵輯翰苑羣書已經收入今以言翰林典故者莫古于是書故仍錄專本以存其朔焉乾隆四十七年九月恭校上

麟臺故事

臣等謹案麟臺故事五卷宋程俱撰俱字致道衢州開化人舉進士試南宮第

一廷試中甲科歷官徽猷閣待制封新安縣伯累贈少師玉海載宋元祐中宋匪躬作館閣錄紹興元年程俱上麟臺故事淳熙四年陳騤續爲館閣錄蓋一代翰林故實具是三書宋錄已亡陳錄僅存而亦稍譌闕是書則自明以來自說郛所載數條外別無傳本惟永樂大典所載頗爲繁夥排比條貫猶可成書所記皆宋初館閣之事典章文物燦然可觀蓋紹興元年初復祕書省以俱爲少監故俱作是書皆得諸官府舊章最爲詳備如東都事略邢昺傳載由侍講學士遷工部侍郎不著加中散大夫宋綬傳載召試中書不著遷大理評事宋史韓琦傳載由通判淄州入直集賢院不著爲太常寺丞及太子中允王陶傳載爲太子中允不著編校昭文館書籍孫洙傳亦不著洙嘗爲於潛令及編校祕閣書籍而皆見于是書又如玉海引謝泌傳泌上言請分四庫書籍人掌一庫事在端拱初而其一百六十八卷又載此事于天聖五年前後自相剌謬據此書所載則在咸平之初又續通鑑長編載咸平二年七月甲寅幸國子監還

辛崇文院而此日之後又有癸丑則是月之内不容先有甲寅顯然舛誤據是書乃是七月甲辰如此之類凡百餘條皆足以考證異同補綴疎漏于掌故深爲有裨原本文獻通考作五卷俱奏進是書又稱凡十有二篇今篇名散見于永樂大典中者曰沿革曰省舍曰儲藏曰修纂曰職掌曰選任曰官聯曰恩榮曰廩祿祇存其九謹依類裒輯仍爲五卷至陳騤館閣錄所載曝書會餞會及大宴學士院三條俱云出麟臺故事然引其事而不載其詞殆廣孝等排纂之時刊除重複誤削前而存後當時編輯無緒即此可見一端今亦無從補入惟俱北山集中載有後序一篇並附錄之以存其舊焉乾隆四十七年五月恭校上

翰苑羣書

臣等謹案翰苑羣書十二卷宋學士承旨洪遵編後有乾道九年遵題記陳振孫書錄解題曰自李肇而下十一家及年表中興後題名共爲一書此本所載

爲李肇翰林志元稹承旨學士院記韋處厚翰林學士記韋執誼翰林院故事楊鉅翰林學士院舊規丁居晦重修承旨學士壁記李昉禁林宴會集蘇易簡續翰林志蘇耆次續翰林志學士年表翰苑題名翰苑遺事凡十二種其遺事爲遵所續年表題名之外所收不過九家與振孫所記不合案文獻通考所載尚有唐張著翰林盛事宋李宗諤翰苑雜記若合此二家正足十一家之數殆原本有之而今佚也其書於歷代翰林典故頗爲詳贍足資考覈錄之以備職官類之一種焉乾隆四十七年五月恭校上

南宋館閣錄

臣等謹案南宋館閣錄十卷宋陳騤撰續錄十卷無撰人名氏騤字叔進台州臨海人紹興二十四年進士第一慶元初官至知樞密院事兼參知政事忤韓侂胄提舉洞霄宫卒謚文簡事迹具宋史本傳陳氏書錄解題謂淳熙中騤長蓬山與同僚錄建炎以來事爲此書李燾爲序續錄者後人因舊文而增附之

今考是錄所載自建炎元年至淳熙四年續錄所載自淳熙五年至咸淳五年皆分沿革省舍儲藏修纂撰述故實官秩廩祿職掌九門典故條格纖悉畢備亦一代文獻之藪也世所傳本訛闕殆不可讀惟永樂大典所載差爲完具今互相考訂補其脱漏者三十一條正其舛錯者一十六條而其紀載諸人爵里有與宋史互異者並爲臚注以資參考惟前錄中沿革一門續錄中廩祿一門永樂大典所載亦全卷皆佚無從補葺蓋是書殘缺已在明以前矣今亦姑仍其舊焉乾隆四十六年九月恭校上

淳熙玉堂雜記

臣等謹案玉堂雜記三卷宋周必大撰必大字子充一字洪道廬陵人紹興二十一年進士中宏詞科權中書舍人孝宗朝歷右丞相拜少傅進益國公寧宗朝以少傅致仕卒諡文忠事蹟具宋史本傳此書皆記翰林故事後編入必大文集中此乃其别行之本也宋代掌制最號重職往往由此致位二府必大受

知孝宗兩入翰苑自權直院至學士承旨皆徧爲之凡鑾坡制度沿革及一時
宣召奏對之事隨筆紀録集爲此編所紀如奉表德壽署名賜安南國王嗣子
詔書之類皆能援引古義合于典禮其他瑣聞遺事亦多可資談柄洪遵翰苑
羣書所録皆唐代及汴都故帙程俱麟臺故事亦成于紹興間其隆興以後翰
林故實惟稍見于館閣續録及洪邁容齋隨筆中得必大此書互相稽考南渡
後玉堂舊典亦庶幾乎釐然具矣乾隆四十七年八月恭校上

宋宰輔編年録

臣等謹案宋宰輔編年録二十卷宋徐自明撰自明字誠甫號慥堂永嘉人嘗
官太常博士終零陵郡守始神宗命陳繹爲拜罷録元豐間司馬光復作百官
公卿拜罷年表上之其後曾鞏譚世勣蔡幼學李燾各有撰述而缺略未備自
明因作此書以宋世官制中書樞密爲二府俱宰輔之職故自平章事參知政
事樞密使知樞密院事及同知簽書樞密院事皆著其名位而詳其除罷黜陟

之由編年系日起建隆戊午迄嘉定乙亥大都本之通鑑長編繫年要錄丁未錄東都事略而又旁採他書以附益之本末賅具最爲簡晰又據宋朝大詔令玉堂制草備錄其鎖院制詞更有裨于文獻宋史宰輔年表其紀述皆以此書爲準而亦頗有錯互如建隆元年趙普拜樞副此錄在八月甲申而年表在戊子太平興國四年石熙載拜簽樞此錄在正月庚寅而年表在癸巳太平興國八年宋琪拜參政此錄在三月庚申而年表在癸亥雍熙三年辛仲甫拜參政此錄在六月戊戌而年表在甲辰此類極多足爲讀史者考異之助至宋世所降麻制例載某人所行之詞此錄間存姓名亦可備掌故特其中如端拱元年呂蒙正拜相制爲李沆詞治平二年文彥博除樞密使制熙寧二年陳升之拜相制爲王珪詞元符三年曾布拜相制爲曾肇詞並見于宋文鑑而此反闕註撰人其他似此者甚多又熙寧四年陳升之起復入相以力辭不拜而制命已行其詞出元絳手亦見宋文鑑中乃并其文佚而不載俱不免有所挂漏然二

百五十年間宰執之賢否進退畢具是編于以考國是而備官箴洵無愧淹通之目矣其書在寶祐間自明子居誼宰永福嘗刻之縣學後漸亡佚明嘉靖間大興呂邦燿始得鈔本于焦竑家而缺其兩卷後周藩宗室勤美以所藏殘本補足因復梓而傳之焉乾隆四十七年四月恭校上

祕書監志

臣等謹案祕書監志十一卷元王士點商企翁同撰士點有禁扁已著錄企翁字繼伯曹州人官著作佐郎其書成於順帝至正中凡至元以來建置沿革典章故事無不具載司天監亦附錄焉蓋元制司天監隸祕書省猶漢制以太史令兼職天官之義也後列職官題名與南宋館閣錄例同其兼及直長令史皆纖悉詳錄則以金源以後以掾吏爲士人登進之階往往由此起家洊至卿相其職重於前代耳其所紀錄多可以資考核朱彝尊嘗據以辨吴郯郎張應珍以大德九年改名歷仕祕書少監非宋遺民證吉安府志之誤則于史學亦多

所裨矣乾隆五十四年四月恭校上

翰林記

臣等謹案翰林記二十卷原本不著撰人名氏專載有明一代翰林掌故始自洪武迄于正德嘉靖間每事各有標目凡二百二十六條本末賅具首尾貫穿敍次頗爲詳悉如所紀殿閣卿寺轉銜與明會典諸書互有同異又會議繕寫諸條制度甚詳均足以備考核其十七十八兩卷具列館閣題名尤足以見一代人材升降之槪案明史藝文志載黃佐有翰林記二十卷而廖道南殿閣詞林記序有與泰泉黃佐纂翰林雜記之語則是書爲出佐手無疑蓋道南與佐同年進士又同在詞垣故九卷以後多採佐書以足成之而以此本互相檢核則其文不盡相合蓋道南又有所點竄惟此爲佐原本較爲完贍以繼李肇程俱陳騤王士點諸人所作而唐宋以來詞林故事乃略備矣佐字才伯香山人正德辛巳進士改庶吉士授編修歷官詹事府少詹事謚文裕事蹟具明史文

苑傳所著有樂典諸書俱別著錄云乾隆四十七年五月恭校上

禮部志稿

臣等謹案禮部志稿一百卷爲明泰昌元年官修首聖訓六卷爲洪武至隆慶詔諭次建官建署一卷次總職掌一卷次儀司職掌十六卷次祠司職掌十卷次客司職掌四卷次膳司職掌及司務職掌共二卷次歷官表四卷次奏疏五卷次列傳八卷次儀司事例二十一卷次祠司事例九卷次客司事例三卷次膳司事例一卷次總事例七卷前列凡例三則其溯初制一則稱研討典故要在尋流溯源其理條貫一則稱典故之編不急於薈萃而急於貫通其愼稽考一則稱網羅舊聞非獨挂漏是懼而考正謬誤亦編摩第一義其言皆深得纂輯要領故其書敍述詳贍首尾該貫頗有可觀如釋菜薦舉諸詔爲明實錄所不載祈雪建宮諸訓爲嘉靖祀典所未錄王妃冠服百官常服及大宴樂章較明史禮樂志爲詳貢舉起送之額誥勑表章之式較明會典爲備經筵侍班員

額拾明集禮之所遺朝覲賞賚諸制補星槎勝覽西域行程之所闕雖案牘之文稍傷冗雜而取備掌故體例與著書稍殊固不能以是病之也乾隆四十七年三月恭校上

太常續考

臣等謹案太常續考八卷不著撰人名氏考書中所錄蓋明崇禎時太常寺官屬所輯也凡祭祀典禮皆詳悉具載雖不免爲案牘簿籍之文而沿革損益之由名物度數之細條分縷晰多明史禮志明會典明集禮及嘉靖祀典之所未載蓋總括一代之掌故則體貴簡要專錄一官之職守則義取博賅言各有當故詳略迥不同也況集禮作於洪武會典作於成化嘉靖祀典惟載一時更張之事自世宗以後百餘年之典制記載闕如此書職官題名終於崇禎十六年則一代儀章始末尤爲完具固數典者所不可廢矣乾隆四十七年十月恭校上

土官底簿

臣等謹案土官底簿二卷原本不題撰人姓名朱彝尊跋但云鈔之海鹽鄭氏亦不言作者爲何人凡明正德以前雲貴諸省土司爵氏因襲皆載焉觀其命名與繕寫之式疑當時案牘之文而好事者錄存之也所載雲南百五十一家廣西百六十七家四川二十四家貴州一十五家湖廣五家廣東一家共三百六十三家其官雖世及而請襲之時必以並無世襲之文上請所奉進止亦必以姑准任事仍不世襲爲詞欲以是示駕馭之權蓋其相沿體式如此明自中葉而後撫綏失宜威柄日弛諸土司叛服不常僅能羈縻勿絕我國家聲靈赫濯蠻服向風逆命者必誅奉職者蒙賞舊籍所載大半皆已改土歸流其存者亦無不革心順化比於郡縣書中所列乃前代一時苟且之制本不足道然明史土司列傳祇記其征伐刑政之大端而於支派本末未能具晰是編詞雖俚淺而建置源委一一可徵存之亦有足資考證者焉乾隆四十七年八月恭

校上

詞林典故

臣等謹案詞林典故八卷乾隆九年重修翰林院落成　聖駕臨幸　賜宴賦詩因　命掌院學士鄂爾泰張廷玉等纂是書乾隆十二年告成奏進　御製序文刊行凡八門一曰　臨幸盛典二曰官制三曰職掌四曰恩遇五曰藝文六曰儀式七曰廨署八曰題名　臨幸盛典即述乾隆甲子燕飲賡歌諸禮以爲是書所緣起故弁冕于前官制職掌皆由西漢以至　國朝以待詔之選寫書之官皆自漢肇其端也恩遇則斷自唐代以專官自唐始也於　列聖及我　皇上寵渥之典別分優眷選擢侍宴賚予詞科考試議敘贈卹八子目著　聖代右文遠逾前古也藝文惟收唐以來御製及應制諸作而詞館倡和不與焉美不勝收也儀式廨署亦皆斷自唐代與恩遇門同例題名則惟載　國朝近有徵而遠難詳也考翰林有志自唐李肇始洪遵輯而錄之凡十一家然皆

雜記之類也其分條列目彙爲一編者自程俱麟臺故事始陳騤以下作者相仍然皆僅記一代之事朱彝尊作瀛洲道古錄又於　今制弗詳故張廷玉等進書表稱槐廳芸署不少前聞劉井柯亭獨饒故事但紀載非無散見而薈萃罕有全書今仰禀　聖裁始成巨帙元元本本上下二千載始末釐然稽古崇儒之盛洵前代之所未有矣乾隆四十七年十月恭校上

欽定國子監志

臣等謹案　欽定國子監志六十二卷乾隆四十三年戶部尚書臣梁國治等奉　敕修纂先是監臣輯有太學志而援據唐宋以前故實殊失限斷乃　詔重爲改定所誌緣起斷自元明蓋　本朝國子監及　文廟皆因前代遺址其締構實始于元初也是編所載　聖諭二卷以紀　褒崇先聖　訓示儒林之大法　御製詩文七卷備錄　列朝聖文　皇上宸翰　詣學二卷紀　親祀臨雍之禮廟制二卷前列圖說後誌建葺年月規制祀位二卷詳載殿廡及

崇聖祠諸位號禮七卷分記釋奠釋菜釋褐獻功告祭諸儀及祭器圖說樂六卷分記樂志樂章律呂舞節二表及禮樂諸器圖說監制一卷子目與廟制同官師五卷載設官典守儀制銓除題名表生徒七卷貟額考校甄用及外藩入學者具見焉經費四卷　恩賚歲支俸給備載焉金石五卷首以　欽頒彝器圖說　御碑次及每科題名古今碑刻而殿以石鼓圖說經籍二卷具載　賜書及板刻之目藝文二卷則列諸臣章奏應　制詩文及諸論著詩賦識餘二卷曰紀事曰綴聞於是識大識小罔不備賅而我　朝重道崇文作人訓俗之盛臚實誌美足以彪炳萬古矣乾隆四十七年四月恭校上

欽定歷代職官表

臣等謹案　欽定歷代職官表七十二卷乾隆四十五年奉　勑撰粤自龍鳥水火肇建官名然夏商以前書缺有間遺制不傳可考者惟周禮爲最詳迨秦漢內設九卿外置列郡而官制一變東京以後事歸臺閣雖分置尙書六部而

政在中書其權獨重漢魏之制至唐宋而又一變明太祖廢中書省罷丞相盡
歸其職於六部永樂間復設內閣而參以七卿唐宋之制至是而又一變矣其
間名號品數改革紛繁大抵勢足以相維則乾綱不失權有所偏屬則魁柄必
移故官政之得失可以知朝政之盛衰也我　國家稽古建官循名核實因革
損益時措咸宜我　皇上朗照無私　權衡獨柄舉直錯枉宮府肅清尤從來
史冊所未有復念歷朝官制典籍俱存宜備溯源流明其利弊庶前規可鑑法
戒益昭乃　特命四庫全書館總纂官內閣學士今陞兵部右侍郎臣紀昀光
祿寺卿今陞大理寺卿臣陸錫熊翰林院編修今陞山東布政使臣孫士毅總
校官詹事府少詹事今陞內閣學士臣陸費墀等考證排次輯綴是編分目悉
準　今制凡長貳僚屬具列焉明綱紀也其兼官無正員而所掌綦重如戶部
三庫之類亦別有專表崇職守也八旗及新疆爵秩前所未有者並詳加臚考
著　聖代之剏建遠邁邃古也或古有而今無或先置而後廢並爲採掇別附

於篇備參訂也每門各冠以表表後詳敘建置首列　國朝略如唐六典之例次以歷代則節引諸書各附案語以疏證其異同上下數千年分職率屬之制元元本本罔弗具焉考將相及百官公卿之有表始自班馬二史後如唐書之宰相表宋史之宰輔表明史之內閣七卿表俱沿其例然所紀僅拜罷年月與官制無關且斷代爲書不相通貫尋檢頗難至鈔撮故實如孫逢吉職官分紀之類又但供詞藻於實政無裨是書發凡起例悉禀　睿裁包括古今貫串始末旁行斜上援古證今經緯分明參稽詳密不獨昭垂奕禩爲董正之鴻模即百爾臣工各居厥職用以顧名而思義亦益當知所儆勗矣乾隆五十四年四月恭校上

州縣提綱

臣等謹案州縣提綱四卷不著撰人名氏楊士奇文淵閣書目題陳古靈撰古靈者宋陳襄別號也襄字述古侯官人慶曆二年進士解褐授浦城尉官至右

司郎中樞密直學士事迹具宋史本傳史稱其莅官所至必講求民間利病歿後友人劉彝視其篋得手書數十幅皆言民事則此書似當出於襄然襄所著古靈集尙傳於世無一字及此書又所著易講義郊廟奉祀禮文校定夢書等見宋史藝文志福建通志說郛中不言更有此書晁陳二家書目亦皆不著錄書内有紹興二十八年語又有昔呂惠卿昔劉公安世語考襄卒於元豐三年距南渡尙遠不應載及紹興且劉呂皆其後進不應稱昔其非襄撰明甚今永樂大典所載本蓋據元初所刻前有吳澄序止言前修所撰不著其名氏蓋澄亦疑而未定知文淵閣書目所題當出譌傳不足據矣其書論州縣莅民之方極爲詳備雖古今事勢未必盡同然於防姦釐弊之道抉摘最明而首卷推本正己省身凡數十事尤爲知要亦可爲司牧之指南雖不出於襄手要非究心吏事洞悉民情者不能作也乾隆四十五年九月恭校上

臣等謹案官箴一卷宋呂本中撰本中有春秋集解已著録此乃其所著居官格言凡三十三則宋史本中列傳備列其著作之目不載是書然藝文志雜家類中乃著録一卷此本載左圭百川學海中後有寶祐丁亥永嘉陳昉跋蓋即昉所刊行或當日偶然題記如歐陽修試筆之類本非有意於著書後人得其手稿傳寫鐫刻始加標目故本傳不載歟本中以工詩名家然所作童蒙訓於修己治人之道具有條理蓋亦留心經世者故此書多閱歷有得之言可以見諸實事書首即揭清慎勤三字以爲當官之法其言千古不可易王士禎古夫于亭雜録曰　上嘗　御書清慎勤三大字刻石　賜内外諸臣案此三字呂本中官箴中語也是數百年後尚蒙　聖天子採擇其説　訓示百官則所言中理可知矣至其論不欺之道明白深切亦足以資儆戒雖篇帙無多而詞簡義精固有官者之龜鑑也乾隆四十七年十一月恭校上

百官箴

臣等謹案百官箴六卷宋許月卿撰月卿字太空後更字宋士婺源人始以軍功補校尉後換文資就舉以易魁江東廷對賜進士及第官至浙西運幹是書仿揚雄官箴而爲之分列衆職各申規戒考宋代官制自元豐變更以後職名最爲淆雜南渡後雖漸有改置而分合併析建置猥煩何異百官題名其見於永樂大典者雖已殘闕不完而所標官署名目往往與此相出入乃當時之制如此書中或已列本職而復及其兼官如翰苑經筵之類或本爲一司而別出其所轄如工部文思院之類蓋因事區分各舉所重也書前有進表稱百官箴并發凡言例共七帙而今止六卷校以次第實無遺漏蓋傳錄者合併之耳虞人之箴見於左傳揚雄又加推衍至數十篇繩闕匡違厥風尚古月卿從而效法其體雖詞旨馴雅不能上及前人而具列官邪儆於有位其用意亦頗有可取者焉乾隆四十七年四月恭校上

臣等謹案晝簾緒論一卷宋胡太初撰太初天台人端平乙未其外舅陶某出宰香溪太初因論次縣令居官之道凡十五篇以貽之後十七年爲淳祐壬子太初出守處州越明年復得是稿于其戚陶雲翔遂鋟諸木以授屬縣其目首曰盡己次曰臨民曰事上曰寮寀曰御吏曰聽訟曰治獄曰催科曰理財曰差役曰賑恤曰行刑曰期限曰勢利而終之以遠嫌條目詳盡區畫分明蓋亦州縣提綱之類也書中臚列事宜雖多涉宋代條格與後來職制不盡相合然其大旨以潔己淸心愛民勤政爲急務言之似乎平近而反覆推闡實無不切中事情世說新語載傅氏有理縣譜其書不傳牧民者能得是編之意而變通之則此一卷書亦足以補其缺矣乾隆四十七年四月恭校上

三事忠告

臣等謹案三事忠告四卷元張養浩撰養浩字希孟號雲莊濟南人官至禮部尚書參議中書省事天歷中拜陝西行臺中丞卒謚文忠事迹具元史本傳養

浩爲縣令時著牧民忠告二卷凡十綱七十二子目爲御史時著風憲忠告一卷凡十篇入中書時著廟堂忠告一卷亦十篇其言皆切實近理而不涉於迂闊蓋養浩留心實政舉所閱歷者著之非講學家務爲高論可坐言而不可起行者也明張綸林泉隨筆曰張文忠公三事忠告誠有位者之良規觀其在守令則有守令之式居臺憲則有臺憲之箴爲宰相則有宰相之謨醇深明粹眞有德者之言也考其爲人能竭忠徇國正大光明無一行不踐其言云云其推挹可謂至矣三書非一時所著本各自爲編明洪武二十二年廣西按察司僉事揚州黃士宏合爲一卷刻之總題曰爲政忠告陳璉爲之序案此本序文中稱爲政忠告而其標題亦稱三事忠告序蓋重刻所追改宣德六年河南府知府李驥重刻改名三事忠告考書稱任人準夫牧作三事詩稱三事大夫皆在王左右之尊階施於廟堂忠告猶爲近之御史縣尹不在是列如曰以三職所治爲三事則自我作古轉不及爲政之名爲該括一切矣蓋明人書帕之本好立新名而不計其合於古義否也相

沿已數百年不可復正今姑以通行之名著錄而附訂其乖舛如右乾隆四十七年五月恭校上

御定人臣儆心錄

臣等謹案人臣儆心錄一卷順治十二年大學士王永吉恭纂仰邀欽定凡八篇一曰植黨二曰好名三曰營私四曰徇利五曰驕志六曰作僞七曰附勢八曰曠官前有御製序蓋因勳臣譚泰石漢大學士陳名夏等先後以驕怙伏法因推論古來姦臣惡迹訓誡羣臣俾共知炯鑑也夫一氣流行化生萬品鸞梟並育穀稗同滋實理數之不得不然故有君子必有小人雖唐虞盛時四凶亦廁名于朝列無論秦漢以下也不幸而遇昏亂之世則匪人得志其禍遂中於國家前明諸權倖是也幸而遇綱紀修明之時則翔陽所照物無匿形雖百計彌縫終歸敗露則陳名夏諸人是也在我世祖章皇帝聖裁果斷睿鑒英明足以駕馭羣材照臨萬象雷霆一震鬼蜮潛蹤雖有僉壬諒不敢復

蹈舊轍而　聖人慮周先事杜漸防微恐小人惟利是營多昏其智于陳名夏

等不以爲積慾已稔自取誅夷反以爲操術未工別圖揜蓋因　特頒宸翰普

示班聯曲推其未發之謀明繪其欲施之策俾共知所聚黨而私議者已畢在

洞照之中如九金鑄鼎先圖魑魅之形儻逢不若皆可以指而目之名而呼

之山鬼之伎倆自窮而無所逞也　國家重熙累洽百有餘年　列聖相承並

乾綱獨斷從無如前代姦臣得以盜竊魁柄者豈非　祖宗貽謀有以垂萬

年之　家法哉乾隆四十七年十月恭校上

欽定四庫全書提要卷四十四

史部十八

政書類一

通典

臣等謹案通典二百卷唐杜佑撰佑字君卿京兆萬年人以父蔭補濟南參軍事歷官司徒同中書門下平章事封岐國公守太保致仕卒贈太傅謚安簡事蹟詳唐書本傳佑天性嗜學雖貴猶夜分讀書先是劉秩仿周禮六官法爲政典三十五篇採摭經史始自黃帝迄於天寶時論重之佑以爲未盡參以新禮廣爲二百篇篇各有序歷三十六年而後成書該洽精粹實爲事類之祖自後宋白有續通典魏了翁有宋通典重複率略無能爲役矣乾隆四十七年三月恭校上

唐會要

臣等謹案唐會要一百卷宋王溥撰溥字齊物并州祁人漢乾佑中登進士第一周廣順初拜端明殿學士恭帝嗣位官右僕射入宋仍故官進司空同平章事監修國史加太子太師封祁國公卒謚康定事迹具宋史本傳初唐蘇冕嘗次高祖至德宗九朝之事爲會要四十卷宣宗大中七年又詔楊紹復等次德宗以來事爲續會要四十卷以崔鉉監修段公路北戸錄所稱會要即冕等之書也惟宣宗以後記載尚缺溥因復採宣宗至唐末事續之爲新編唐會要一百卷建隆二年正月奉御詔藏史館書凡分目五百十有四于唐代沿革損益之制極其詳核官號內有識量忠諫舉賢委任崇奬諸條亦頗載事蹟其細瑣典故不能概以定目者則別爲雜錄附于各條之後又間載蘇冕駁議義例該備有裨考證今僅傳鈔本脫誤頗多八卷題曰郊儀而所載南唐事九卷題曰雜郊儀而所載乃唐初奏疏皆與目錄不相應七卷十卷亦多錯入他文蓋原書殘缺而後人妄摭竄入以盈卷帙又一別本所缺四卷亦同而有補亡四卷

採摭諸書所載唐事依原目編類雖未必合溥之舊本而宏綱細目約略粗具猶可以見其大凡今據以錄入仍各注補字于標目之下以示區別焉乾隆四十七年五月恭校上

五代會要

臣等謹案五代會要三十卷宋王溥撰五代干戈俶擾百度淩夷故府遺規多未暇修舉然五十年間法制典章尚略具于累朝實錄溥因檢尋舊史條分件繫類輯成編於建隆二年與唐會要並進詔藏史館後歐陽修作五代史僅列司天職方二考其他均未之及如晉段顒劉昫等之議廟制周王朴之議樂皆事關鉅典亦略而不詳又如經籍鏤板昉自長興千古官書肇端于是崇文善政豈宜削而不書乃一概刊除尤爲漏略賴溥是編得以收放失之舊聞厥功甚偉至于租稅類中載周世宗讀長慶集見元微之所上均田表因令製素成圖頒賜諸道而歐史乃云世宗見元微之均田圖是直以圖爲元微之作乖舛

尤甚徵溥是編亦無由訂歐史之謬也蓋歐史務談褒貶爲春秋之遺法是編務核典章爲周官之舊例各明一義相輔而行讀五代史者又何可無此一書哉乾隆四十七年八月恭校上

宋朝事實

臣等謹案宋朝事實宋李攸撰文獻通考作李攸傳寫誤也攸字好德陳振孫書錄解題稱其官爲承議郎而不詳其里貫惟永樂大典所載江陽譜稱攸于政和初編輯西山圖經九域志等書瀘帥孫羲叟招之書上轉一官張浚入朝約與俱以家事辭考江陽即瀘州屬潼川路則攸當爲瀘州人其曰張浚入朝蓋紹興四年浚自川陝宣撫使召還時也其書據江陽譜蓋上起建隆下迄宣和凡六十卷前三十卷先聞于時後以餘三十卷上之以語觸秦檜寢其書不報故晁公武讀書志陳振孫書錄解題但作三十卷與譜相合而趙希弁讀書附志宋史藝文志乃俱作三十五卷今書中有紹興乾道間州縣升降淳熙紹

與聞館職員額及光寧理度四朝神御殿名殆爲後人所附益歟攸熟于掌故經靖康兵燹之後圖籍散佚獨汲汲搜輯舊聞使一代典章燦然具備其用力頗爲勤摯所載歷朝登極南郊大赦詔令太宗親製趙普碑銘西京崇福宮記景靈西宮記大晟樂記往往爲宋文鑑名臣碑傳琬琰集播芳大全文粹諸書所闕漏至其事蹟之異同年月之先後紀載之詳略尤多可與東都事略文獻通考續通鑑長編及宋史互相參訂又如石晉賂契丹十六州分代北山前山後足訂薛歐二家五代史稱山後十六州之誤周世宗兵下三關並載淤口關亦足補薛歐二史祇載瓦橋益津二關之闕當時如江少虞事實類苑錦繡萬花谷多引之宋史亦多採用其文今各書俱存猶可考見第原本久佚惟散見于永樂大典各韻下者尚存梗概而割裂煩碎莫由考見其體例惟趙希弁讀書附志具載門目今以所存者考之惟爵邑一門原本全佚餘皆可以一一分類編次謹依舊目釐爲二十卷雖未能悉復原書而綱舉目從威歸條貫亦得

其十之七八矣攸別有通今集二十卷宋史藝文志入故事類今佚不傳又嘗

上書秦檜戒以居寵思危尤爲侃侃不阿則其人亦足重不獨以博洽見長矣

乾隆四十七年十一月恭校上

建炎朝野雜記

臣等謹案建炎朝野雜記四十卷宋李心傳撰心傳有建炎以來繫年要錄已著錄心傳長于史學凡朝章國典多所諳悉是書取南渡以後事迹分門編類甲集二十卷分上德郊廟典禮制作朝事時事故事雜事官制取士財賦兵馬邊防十三門乙集二十卷少郊廟一門而末卷別出邊事亦十三門每門各分子目雖以雜記爲名其體例實同會要蓋與建炎以來繫年要錄互相經緯者也周密齊東野語嘗論所載趙師羼犬吠乃鄭斗所造以報撻武學生之憤許及之屈膝費士寅狗竇亦皆不得志報私讐者撰造醜詆韓侂胄僭逆之類悉無其實云云蓋掇拾羣言失眞者固亦不免然于高孝光寧四朝禮樂刑政之

大以及職官科舉兵農食貨無不該具首尾完贍多有馬端臨文獻通考章俊卿山堂考索及宋史諸志所未載故通考稱爲南渡以來野史之最詳者王士禎居易錄亦稱其大綱細目粲然悉備爲史家之巨擘言宋事者當必于是有徵焉其書在宋有成都辛氏刊本并冠以國史本傳暨宣取繫年要錄指揮數通今惟寫本僅存案張端義貴耳三集序稱心傳告以朝野雜記丁戊二集將成則是書尚不止于甲乙二集而書錄解題及宋史本傳均未之及殆以晚年所輯書雖成而未出故世不得見歟乾隆四十七年九月恭校上

西漢會要

臣等謹案西漢會要七十卷宋徐天麟撰天麟字仲祥臨江人開禧元年進士調撫州教授歷武學博士通判惠潭二州權知英德府事蹟附見宋史徐夢莘傳傳稱天麟爲通直郎得之之子夢莘之從子晁公武讀書志則稱爲夢莘之子考樓鑰攻媿集有西漢會要序曰徐思叔爲左氏國記其兄祕閣商老爲北

盟錄已而思叔之子孟堅著漢官考次子仲祥又作漢會要商老夢莘之字思
叔得之之字也然則史不誤而晁氏誤矣其書仿唐會要之體取漢書所載制
度典章見於紀志表傳者以類相從分門編載其無可隸者亦依蘇冕舊例以
雜錄附之分十有五門共三百六十七事嘉定四年具表進之於朝有旨付尚
書省藏之祕閣班固書最稱博贍於一代禮樂刑政悉綜括其大端而理密文
繁驟難得其體要天麟爲之區分別白經緯本末一一犂然其詮次極爲精審
惟所採祇據本史故於漢制之見於他書者概不採掇未免失之於隘又如與
服門中於司馬相如揚雄諸賦鋪張揚厲之語一概摘入殊非事實亦爲有乖
義例然其貫串詳洽實未有能過之者昔人稱顏師古爲漢書功臣若天麟者
固亦無愧斯目矣乾隆四十七年四月恭校上

東漢會要

臣等謹案東漢會要四十卷宋徐天麟撰天麟官撫州教授時旣奏進西漢會

要後官武學博士時續成此書於寶慶二年復奏進之其體例皆與前書相合所列亦十五門分三百八十四事惟西漢會要不加論斷而此書則間附以案語及雜引他人論説蓋亦用蘇冕駁議之例也東漢自光武中興明章嗣軌皆汲汲以修舉廢墜爲事典章文物視西京爲盛而當時載筆之士如東觀記及華嶠司馬彪袁宏之類遺篇斷簡亦間有流傳他若漢官儀漢雜事漢舊儀諸書爲傳註所徵引者亦頗犂然可考故東漢一代故事較西漢差爲詳備天麟據范書爲本而旁貫諸家悉加裒次其分門區目排比整齊實深有裨於考證中間如獻帝子濟陰王熙山陽王懿濟北王邈東海王敦雖爲曹氏所置旋即降爲列侯然既已封建立國自當著之帝系皇子條下以表其實乃因范書無傳遂削而不書未免闕漏又天麟自序中稱劉昭因范氏遺緒註補八志而不知其爲司馬彪續漢書志實非范書晁公武已譏之則亦偶然失檢然其大體詳密即稍有踳駁固不足以爲累也其書世所傳者皆據宋本傳鈔第三十七

三十八兩卷全缺三十六三十九兩卷亦各缺佚其半無可考補今亦並仍之焉乾隆四十七年五月恭校上

漢制考

臣等謹案漢制考四卷宋王應麟撰應麟字伯厚晚年自號深寧叟其先浚儀人南渡後遂家於鄞縣淳祐元年進士寶祐四年又中博學宏詞科度宗時官至禮部尚書是編因兩漢書諸志於當時制度多詳於大端略於細目因摭采漢儒經注及說文諸書所載鉤稽排纂以補其遺頗足以資考證又以唐時賈孔諸疏去古已遠方言土俗時異名殊所謂某物如今某物某事如今某事者往往循文箋釋於舊文不必悉符如周禮疏不知步搖假紒及五夜儀禮疏不知假領之類不一而足應麟皆爲一一訂辨旁引證明又周禮太史職注云太史抱式疏謂占文謂之式應麟則別引藝文志羨門式法以解之考式者候時之儀器史記日者傳旋式正棊漢書王莽傳天文郎按式於前日時加某皆指

此器所引亦較舊義爲長非但鈔撮舊文無所別擇其中偶失考定者如周禮士師職注云三公出城郡督郵盜賊道蓋漢時郡掾分部屬縣爲督郵其分治各曹者亦名督郵故朱博傳云爲督郵書掾此督郵盜賊蓋掾主捕盜賊者其不加掾字猶巴郡太守張納碑陰書督盜賊枳李街耳以此職又主爲三公導行故云督郵盜賊道蓋道與導古字通也賈公彥疏乃謂使舊爲盜賊之人督察郵行往來於義爲誤應麟沿用其說未免千慮之一失要其大致精核具有依據較南宋末年侈空談而鮮實徵者其分量相去遠矣乾隆四十七年四月恭校上

文獻通考

臣等謹案文獻通考三百四十八卷宋馬端臨繼杜佑通典而作通典于歷代因革之故粲然詳備端臨病其節目去取猶有未盡因上本經史參之歷代會要百家傳記以及臣僚奏疏諸儒評論名流之燕談稗官之紀錄門分類別或

續或補可謂廣博矣端臨爲宰相廷鸞子隱居著書宋元史皆不爲立傳他著述亦無聞而是書特足千古我　皇上命與杜佑通典鄭樵通志並開雕于武英殿視舊刻尤爲精審若明王圻之續通考繁猥不稱幾于足貂之誚矣乾隆四十七年五月恭校上

明會典

臣等謹案明會典一百八十卷明弘治十年奉勅撰十五年書成正德四年重校刊行故卷端有孝宗武宗兩序其總裁官爲大學士李東陽焦芳楊廷和副總裁官爲吏部尚書梁儲纂修官爲翰林院學士毛紀侍講學士傅珪侍讀毛澄朱希周編修潘辰並列銜卷首然皆武宗時重校諸臣其原修之大學士徐溥等竟不列名未詳當日何意也其體例以六部爲綱吏禮兵工四部諸司各有事例者則以司分戶刑二部諸司但分省而治共一事例者則以科分故一百八十卷中宗人府自爲一卷弁首外餘第二卷至一百六十三卷皆六部之

掌故一百六十四卷至一百七十八卷爲諸文職末二卷爲諸武職特附見其職守沿革而已南京諸曹則分附北京諸曹末不別立條目惟體例與北京異者乃別出焉其官制前後不同者如太常司改爲太常寺之類則書其舊名而注曰後改爲某官其別開公署者如鴻臚寺本爲儀禮司之類則書其新名而注曰本爲某官其戸口貢賦之盈縮制度科條之改異亦相連併載以見變通損益之由大抵以洪武二十六年諸司職掌爲主而參以祖訓大誥大明令大明集禮洪武禮制禮儀定式稽古定制孝慈錄教民榜文大明律軍法定律憲綱十二書于一代典章最爲賅備凡史志之所未詳此皆具有始末足以備後來之考證其後嘉靖八年復命閣臣續修會典五十三卷萬歷四年又續修會典二百二十八卷今皆未見其本莫知存佚殆以嘉靖時祀典太濫萬歷時秕政孔多不足爲訓故世不甚傳與乾隆四十七年四月恭校上

七國考

臣等謹案七國考十四卷明董說撰說字雨若烏程人所著有易發吳興備志諸書別著錄是編載秦齊楚趙韓魏燕七國制度分職官食貨都邑宮室國名羣禮音樂器服雜記喪制兵制刑法災異瑣徵等十四門皆採掇諸書以相佐證略如西漢會要之體大致以戰國策史記爲本而以諸子雜史補其遺缺其所援引如劉向列仙傳張華感應類從志子華子符子王嘉拾遺記之類或文士之寓言或小說之雜記皆據爲典要而月令所載太尉大酋之屬者明曰秦官乃反遺漏未免去取不倫又既以七國爲名自應始自分晉以後而秦之寺人上引車轔楚之兩廣遠徵左傳則於斷限有乖新序載魏王欲爲中天之臺許綰諫止未必實有其事即有之亦議而未行而魏宮室門中乃出一中天臺莊子所載麗譙乃城闕之通名非魏所獨有乃於魏宮室中標一目麗譙琴操載韓殺聶政之父乃古來之常刑非韓所剏乃於韓刑法中標一目回殺亦嫌於隨意捃撦苟盈卷帙至於秦水心劒事本見續齊諧記乃云白帖秦舍晉侯

於靈臺本見左傳乃云列女傳亦往往不得其出典觀其前後無序跋而齊職官門注封君后妃附乃祇有封君而無后妃殆説未成之稿偶爲後人傳録歟然春秋以前之制度有經傳可稽秦漢以下之故事有史志可考惟七雄雲擾策士縱横中間一二百年典章制作實蕩然不可復徵説能參考諸書排比鉤貫尙一一各得其崖略俾考古者有徵焉雖間傷蕪漫固不妨過而存之矣乾隆四十七年四月恭校上

欽定大淸會典

臣等謹案　大淸會典一百卷乾隆二十九年　欽定卷首恭載　御製序文幷編纂凡例及進表蓋朝廷所頒官司所守大經大法悉備於會典我　朝自康熙三十三年始　詔釐定越雍正五年重修至是而三經考訂法制悉備條目彌詳又區典與例爲二部分之則各自成編合之則詳略條貫洵乎制作之大備矣乾隆四十七年十一月恭校上

欽定大清會典則例

臣等謹案　大清會典則例一百八十卷乾隆二十九年與會典同時編纂告成其書亦與會典相輔而行卷首恭載節次所頒　諭旨及諸臣奏議并所定義例伏考　本朝會典于康熙雍正年間兩經釐定並以例附典連類並載至是乃　詔分會典與則例各爲之部蓋典爲萬世不易之經例有隨時損益之用考之于典則宏綱鉅制固已釐然畢具至于事例條目因時制宜遠則三五年近則一二年其間斟酌變通或奉　聖諭裁定或經臣下條列部議覆准精益求精以適于至當非徧考則例莫能詳也讀是編者于明備之中彌見畫一之規而我　國家法制周詳之模　皇上求治精一之意亦具見于此矣乾隆四十七年三月恭校上

欽定續文獻通考

臣等謹案　欽定續文獻通考二百五十卷乾隆十二年奉　敕撰馬端臨文

獻通考斷自宋寧宗嘉定以前採摭浩博綱領宏該元以來未有纂述明王圻

起而續之體例糅雜舛錯叢生遂使數典之書變爲兔園之策論者病焉然終

明之世亦無能改修豈非以包括歷朝委曲繁重難于蒐羅而條貫之哉我

皇上化洽觀文道隆稽古　特命博徵舊籍綜述斯編黜上海之野文補鄱陽

之巨帙合宋遼金元明五朝事迹議論彙爲是書大抵事迹先徵正史而參以

說部雜編議論博取文集而佐以史評語錄其采取王圻舊本者十分不及其

一至於考證異同辨訂疑似王書固爲疎陋即馬書亦略而未詳茲皆本本元

元各附案語一折衷于　聖裁典核精密纖悉不遺尤二書所不逮初議于馬

氏原目外增朔閏河渠氏族六書四門嗣奉　敕續修通志以天文略可該朔

閏地理略原首河渠氏族六書吏鄭樵之舊部三通既一時並輯兩筴即無庸

複陳茲惟於郊社宗廟內析出羣祀羣廟廣爲二十六門此則仍馬氏之舊例

變通而匡正之者也乾隆四十九年十二月恭校上

皇朝文獻通考

臣等謹案　皇朝通考三百卷乾隆十二年奉　勅撰初與續文獻通考共爲一編乾隆二十六年以前朝舊事例用平書而述　昭代之典章錄　列朝之詔諭　尊稱　鴻號禮應敬謹擡行體例迥殊難于畫一遂　命自　開國以後自爲一書其續通典續通志皆古今分帙即用此書之例也其二十四門初亦仍馬氏之目嗣以　宗廟考中用馬氏舊例附錄羣廟因而載入　勅建諸祠仰蒙　睿鑒周詳　綸音訓示申明禮制釐定典章載筆諸臣始共知尊卑有分名實難淆恍然于踵謬沿訛之失乃恪遵　諭旨分立羣廟一門又推廣義例於郊社門內分立羣祀一門增爲二十六門其子目於田賦增八旗田制錢幣增銀色銀直及回部普爾戶口增八旗壯丁土貢增外藩學校增八旗官學　宗廟增安奉　聖容之禮封建增蒙古王公皆遵今制所有而加於市糴刪均輸和買和糴選舉刪童子科兵考刪車戰皆以今制所無而省考馬氏

所敘宋事雖以世家遺蔭多識舊聞然計其編摩實在入元以後故典章放失疎略不詳今則聖聖相承功成文煥實錄記注具錄于史官公牘奏章全掌于籍氏每事皆尋源竟委賅括無遺故卷帙繁富與馬氏原本相埒夫尙書兼陳四代而周書爲多禮記亦兼述三王而周禮尤備蓋監殷監夏百度修明文獻足徵蒐羅自廣有不必求博而自博者矣乾隆五十三年九月恭校上

欽定續通典

臣等謹案欽定續通典一百五十卷乾隆三十二年奉勅撰考杜佑通典終於天寶之末是書所續自唐肅宗至德元年訖明崇禎末年凡食貨十六卷選舉六卷職官二十二卷禮四十卷樂七卷兵十五卷刑十四卷州郡二十六卷邊防四卷篇目一仍杜氏之舊惟杜氏以兵制附刑後今則兵刑各爲一篇稍有不同古者虞廷九官有士而無司馬魯語臧文仲稱大刑用甲兵其次用

斧鉞則兵刑可以爲一又左傳紀少昊以祝鳩爲司馬爽鳩爲司寇而秋官夏官周禮以分兩職則兵刑亦可爲二以事迹多寡卷帙繁簡酌爲門目之分合其旨歸仍不異也至於編纂之例唐代年祀稍遠舊典多亡五代及遼文獻靡徵史書太略則旁搜圖籍以求詳明代見聞最近雜記實繁宋金及元著作本多遺編亦夥則嚴核異同以傳信總期於既精既博不濫不遺案宋史藝文志有宋白續通典二百卷今其書已亡陳振孫書錄解題載其咸平三年奉詔四年九月書成起唐至德初迄周顯德末又謂杜典上下數千載爲二百卷而宋書所載二百餘年亦如前書卷數時論非其重複則其大概可想見矣茲編仰稟聖裁酌乎繁簡之中而九百七十八年內典制之源流政治之得失條分件繫綱舉目張誠所謂紀事撮要纂言鉤元較諸杜氏原書實有過之無不及宋白所續更不足道矣乾隆四十八年十二月恭校上

臣等謹案　皇朝通典百卷乾隆三十二年奉　勅撰分門隸事一如杜佑之舊其中條例或革或因於理相通於義有取者今亦無所更易至於古今異宜不可強同如食貨典之榷酤算緡禮典之封禪前朝弊法久已爲　聖代所除即一例從刪不復更存虛目若兵典首登八旗地理典分省臚列謹遵今制況乎　威弧震疊式廓眅章東西南朔職貢所圖　皇輿所表更非九州舊域所能包舉而八旗創建古所未聞尤宜專門紀述以昭世守不必拘之於大刑用甲兵之一語也至杜氏述唐朝掌故與歷代共爲一書故皆分綴篇終其文簡略亦體裁所限不得不然今則專勒成編式昭　國典當法制修明之世鴻猷善政史不勝書故卷目加繁溢於舊笈且杜氏所採者惟開元禮爲詳今則謨烈昭垂各成完帙禮有　大清通禮　皇朝禮器圖式樂有　聖祖御製律呂正義　皇上御製律呂正義後編刑有　大清律例兵有中樞政考地理有　皇輿表　大清一統志　欽定日下舊聞考　盛京通志熱河志　皇輿

西域圖志又有　大清會典及則例總其綱領八旗及六部則例具其條目故
縷分件繫端委詳明用以昭示萬年又豈杜氏之掇拾殘文合裒成帙者所可
同日語哉乾隆五十三年正月恭校上
皇朝通志
臣等謹案　皇朝通志一百二十六卷乾隆三十二年奉　勅撰二十略之目
亦與鄭樵原本同而紀傳年譜則從省蓋　實錄　國史尊藏金匱與考求前
代刪述舊文義例固不侔也至二十略中有原本繁而今汰者三都邑略中樵
兼載四裔所居非但約略傳聞地方無據且外邦與帝京並列義亦未安今惟
恭錄　興京　盛京　京師城闕之制以統于尊謚略中樵分三等二百十品
多所臆定今惟恭錄　尊謚賜謚以昭其愼金石略中樵所採頗雜今惟恭錄
列聖寶墨　皇上奎章兼及　御定三希堂帖淳化軒帖蘭亭八柱帖並諸
臣奉　勅上石諸墨刻有原本疎而今補者二天文略中樵惟載步天歌今則

敬遵　聖祖仁皇帝御製儀象考成靈臺儀象志　皇上御製儀象考成後編會通中西之法以究象緯之運行地理略中樵以四瀆統諸水而州縣郡道以水爲別今則於其不入四瀆者大河以北如　盛京　京畿諸水大江以南如浙閩甌粤諸水以及滇南漠北諸水自入南北海者並一一補載而河有重源今經　聖製考訂恭錄以示來兹有原本冗瑣而今刪併者三藝文略中樵所列既多舛訛校讐略中樵所舉亦未精確圖譜略中樵分記有記無二類而記無多至二十門如繫桐試馬鬬羊對雉諸圖尤猥雜無取今並以　欽定四庫全書總目爲斷以折其衷有原本之所未聞者三六書略中以　國書十二字頭清篆三十二體括形聲之變化究波磔之源流併以　欽定西域同文志臚列蒙古西番托忒回部諸字絲牽珠貫音義畢該非樵之穿鑿偏旁所知也七音略中以　國書合聲之法爲翻切之總鑰而兩合三合之中有上下連書有左右並書有重聲大書有輕聲細書以　欽定同文韻統爲華梵之通津以天

竺五十字母配合成一千二百十二音又以西番三十字母別配合成四百三十四音而各釋以漢音漢音不具則取以合聲非樵株守等韻所知也昆蟲草木略中樵分八類五朝續通志已爲補漏訂訛至于中國所無而產于遐方前代所無而出于今日如金蓮花夜亮木之類見于 欽定廣羣芳譜普盤櫻額堪達罕秦達罕之類見于 聖祖仁皇帝幾暇格物編北天竺鳥沙爾齊火雞箬漢鮮知時草之類見于 御製詩集如奇石蜜食鶩鷥爾之類見于 欽定西域圖志尤非樵之抱殘守匱所知矣蓋創始之作考校易疎論定之餘體裁益密皆緣遭遇 昌期仰承 聖訓得以蒐羅宏富辨證精詳以成一代巨觀則樵之暱乎莫逮亦良有由也乾隆五十四年十月恭校上

元朝典故編年考

臣等謹案元朝典故編年考十卷 國朝孫承澤撰原本不著名氏今知爲承澤作者大興志載承澤所著有元朝典故編年考與此本合也其書取元代朝

廷事實分代編緝正史以外更采元人文集以附益之共爲八卷元史冗複漏略殊乏體裁此雖不能詳悉釐正而刪繁增簡具有首尾差易省覽其第九卷爲元朝祕史第十卷附遼金遺事小序謂元有祕史十卷續祕史二卷前卷載沙漠始起之事續卷載下燕京滅金之事蓋其國人所編記書藏禁中不傳偶從故家見之錄續卷末以補史所不載云云考其所引並載永樂大典元字韻中互相檢勘一一相同疑本元時祕册明初修書者或嘗錄副以出流傳在外故承澤得而見之耳所記大都瑣屑細事且間涉荒誕蓋亦傳聞之辭輾轉失眞未足盡以爲據然究屬元代舊文世所罕覯自永樂大典以外惟見於此書與正史頗有異同存之亦足以資參訂也乾隆四十七年五月恭校上

欽定四庫全書提要卷四十四

欽定四庫全書提要卷四十五

史部十九

政書類二

漢官舊儀

臣等謹案漢議郎東海衛宏敬仲作漢舊儀四篇以載西京雜事見於范書本傳隋唐經籍藝文志漢舊儀四卷宋史藝文志三卷俱著於錄馬端臨經籍考卷目與宋志同而別題作漢官舊儀陳振孫書錄解題遂以其有漢官之目疑非衛宏本書或又以爲胡廣所作後亦佚不復傳世所見者獨前後漢書注及唐宋諸書所引而已今永樂大典所載此本亦題漢官舊儀不著撰人名氏其間述西京舊事典章儀式甚備且與諸書所引漢舊儀之文參校無弗同者自屬衛宏本書其稱漢官舊儀者或後人因其所載官制爲多妄加之耳至漢書注中頗有稱胡廣曰者與漢舊儀互引其文亦絕不相合惟廣傳載廣著詩賦

銘頌及解詁二十二篇而史注所引别有漢官解詁之名蓋即廣所作而舊儀之當出衞宏手益無疑也此本舊時失於讐正首尾序次錯糅文字至脱誤不可乙今據史文覈勘且旁徵舊書參析同異疏於各句下方其原有注者略仿劉昭注續漢志例通爲大書稱本注以别之釐爲上下二卷又前後漢書紀志注及唐宋類書内所引佚文頗多蓋此書遞更顯晦已非完本謹爲蒐擇甄録别爲補遺一卷附於其後以略還宋志篇目之舊云乾隆四十七年五月恭校

上

大唐開元禮

臣等謹案大唐開元禮一百五十卷唐太子太師同中書門下三品兼中書令蕭嵩等奉勅撰杜佑通典及新舊唐書禮志稱唐初禮司無定制遇有大事輒制一儀臨時專定開元中通事舍人王巖上疏請删削禮記舊文益以今事集賢學士張說奏禮記不刊之書難以改易請取貞觀顯慶禮書折衷異同以爲

唐禮乃詔右散騎常侍徐堅左拾遺李銳太常博士施敬本撰述歷年未就至蕭嵩爲學士復奏起居舍人王仲邱等撰次成書由是唐之五禮始備即此本也其書卷一至卷三爲序例卷四至七十八爲吉禮卷七十九八十爲賓禮卷八十一至九十爲軍禮九十一至一百三十爲嘉禮卷一百三十一至一百五十爲凶禮凶禮古居第二而退居第五者用貞觀顯慶舊制也貞元中詔以其書設科取士習者先授太常官以備講討則唐時已列之學官矣新舊唐書禮志皆取材是書而所存僅十之三四杜佑撰通典別載開元禮纂類三十五卷比唐志差詳而節目亦多未備其討論古今斟酌損益首末完具粲然勒一代典制終不及原書之賅洽故周必大序稱朝廷有大疑稽是書而可定國家有盛舉即是書而可行誠考禮者之圭臬矣新唐書藝文志載修開元禮者尚有張烜陸善經洪孝昌諸人名而通典纂類中所載五嶽四瀆名號及衣服一門間有與此書相牴牾者蓋傳寫異文今不復竄改庶幾不失闕疑之義焉乾隆

四十七年四月恭校上

諡法

臣等謹案諡法四卷宋蘇洵撰洵字明允眉山人官祕書省校書郎以霸州文安縣主簿修太常因革禮書成而卒事迹具宋史本傳自周公諡法以後歷代言諡者有劉熙來奧沈約賀琛王彥威蘇冕扈蒙之書然皆雜糅附益不爲典要至洵奉詔編定六家諡法乃取周公春秋廣諡及諸家之本删訂考證以成是書凡所取一百六十八諡三百十一條新改者二十三條新補者十七條别有七去八類於舊文所有者刋削甚多其間如堯舜禹湯桀紂乃古帝王之名並非諡號而沿襲前譌概行載入亦不免疎失然較之諸家義例要爲嚴整後鄭樵通志諡略大都因此書而增補之且稱其斷然有所去取善惡有一定之論實前人所不及蓋其斟酌損益審定字義皆確有根據故爲禮家所宗雖其中間收僻字今或不能盡見諸施行而歷代相傳之舊典猶可以備參考焉曾

鞏作洵墓誌載此書作三卷而此本實四卷殆後人所分析歟乾隆四十六年

十一月恭校上

政和五禮新儀

臣等謹案政和五禮新儀二百二十卷宋徽宗時議禮局官知樞密院鄭居中等撰前有徽宗御製序題政和新元三月一日蓋政和改元之年錢曾讀書敏求記誤以新元爲心元遂以爲不知何解謬也次列局官隨時酌議科條及逐事御筆指揮商搉損益如凡例然次列御製冠禮蓋當時頒此十卷爲格式故以冠諸篇首次爲序例二十四卷禮之綱也次爲吉禮一百十一卷次爲賓禮二十一卷次爲軍禮八卷次爲嘉禮四十二卷升婚儀于冠儀前徽宗所定也次爲凶禮十四卷惟官民之制特詳焉是書頗爲朱子所不取自中興禮書既出遂格不行故流傳絶少今本第七十四卷第八十八卷至九十卷第一百八卷至一百十二卷第一百二十八卷至一百三十七卷第二百卷皆已佚第七

十五卷九十一卷九十二卷亦佚其半然北宋一代典章如開寶禮太常因革禮禮閣新儀今俱不傳惟是書僅存亦考掌故所必資也乾隆四十七年四月恭校上

紹熙州縣釋奠儀圖

臣等謹案紹熙州縣釋奠儀圖一卷宋朱子所申定文宣王廟釋奠儀式而後人輯錄以行者也初淳熙中朱子知南康軍以郡縣春秋釋奠禮制苟簡申請檢會政和五禮新儀編次成書頒下四方時尚書省爲奏請施行而其書仍多牴牾不合後朱子守漳州復分條論列申太常寺定議及移知潭州遂以所准尚書禮部符牒學施行黃榦作朱子行狀載其知潭州日以南康漳州所申改正釋奠儀式爲請即是事也其書首載淳熙六年禮部指揮一通尚書省指揮一通次紹熙五年牒潭州州學備准指揮一通皆具錄原文次州縣釋奠文宣王儀次禮器十九圖其所行儀節大抵採自杜氏通典及五禮新儀而折衷之

後來二丁行事雖相沿小有損益而所據率本是書洵能斟酌盡善者惟所列兩廡從祀位次至呂祖謙張栻而止又有咸淳三年改定位次之文檢勘宋史禮志載咸淳詔書其先儒名數及東西次序與此書一一脗合其爲後人續編無疑殆亦官府刊行之本故隨時又有所增益歟乾隆四十七年十月恭校上

大金集禮

臣等謹案大金集禮四十卷原本無編輯年月姓氏考金世宗時嘗命官參校唐宋故典沿革彙次上之至章宗明昌初書成凡四百餘卷名曰金纂修雜錄今其書不傳此書則又在明昌之前惟見于金史張行簡傳而纂輯之詳弗著以其時核之當是大定末年所編次也自尊號册謚以及祠祀朝會燕饗諸儀節燦然悉備金史諸志全本於此而賴是書補闕者尚多若祭方丘儀是書有前祭二日太尉告廟之儀而金史則未之載又金史云設饌幕于內壝東門之外道北南向考之此書則陳設饌幕乃有東門西門二處蓋壇上及神州東方

南方之饌陳于東門外西方北方之饌陳于西門外金史獨載設于東門外者于禮爲舛未若此本之完善也惟第十卷載夏日祭方丘儀而圜丘郊天儀獨闕考金自天德以後並祀南北郊大定明昌其制漸備編書者既載北郊儀注不應反遺南郊當爲脱佚無疑耳又卷十二至十七原本多闕因併爲一卷書之而卷二十六及三十三全文俱佚無可校補今姑仍之乾隆四十七年四月恭校上

大金德運圖説

臣等謹案大金德運圖説一卷金尚書省會官集議德運所存案牘之文也案金史本紀金初色尚白章宗泰和二年十一月更定德運爲土臘月辰詔告中外至宣宗貞祐二年正月命有司復議本朝德運是書所載蓋即其事書前爲尚書省判次爲省劄列集議官二十二人其中獨上議狀者六人合具議狀者八人連署者四人其集議有名而無議狀者太子太傅張行簡太子太保富察

烏葉修撰富珠哩阿拉費摩諳達登四人疑原書尚有所脱佚其所議言應爲土德者四人言應爲金德者十四人如諫議大夫張行信力主金德之議而金史行信本傳稱貞祐四年以參議官王澮言當爲火德詔問有司行信謂當定爲土德而斥澮所言爲狂妄其立説先後自相矛盾殊不可解又書中但有諸臣議狀而尚書省臣無所可否考史載興定元年十二月庚辰臘享太廟是終金之世仍從泰和所定土德而未嘗重改疑是歲即元兵深入宣宗南遷汴梁此議遂罷故尚書省亦未經奏覆也五德之運不見六經惟家語始有之而其書出於王肅僞撰不可據爲典要後代泥於其説多侈陳五行傳序之由而牽合遷就附會支離亦終無一當仰蒙我皇上折衷垂訓斥妄袪疑本宅中圖大之隆規破纖緯休祥之謬論闡發明切立千古不易之定論是編所議識見皆爲偏陋本不足録然此事史文簡略不能具其始末存此一帙尚可以補掌故之遺並恭録聖製弁諸簡首俾天下後世曉然知騶衍以下皆妄生臆解

用以袪曲說之惑焉乾隆四十六年十月恭校上

廟學典禮

臣等謹案廟學典禮六卷不著撰人名氏諸家書目皆不著錄核其所載始于元太宗丁酉而終于成宗大德間蓋元人所錄也其書雜鈔案牘排綴成編未經文士之修飾故詞多椎樸又原序原目散佚無考亦無從得其門類幸其年月先後皆有可稽尚可排比成帙謹釐析其文勒爲六卷雖繁複之失在所未免而一代廟學之制措置規畫梗概具存頗可與元史相參考如至元六年設舉學校官一條稱儒學提舉司秩從六品而百官志作從五品各路儒學校授秩八品而百官志作九品至元十九年郡縣學院官職員數一條稱總管府設教授二員學錄學正各二員散府設教授二員學錄學正各一員而百官志作總管府教授一員學正一員學錄一員散府上中州教授一員俱不相合蓋宋濂等修史之時據其末年之制而大德以前之舊典則未及詳考也又選舉志

稱至元二十八年令江南諸路學及各縣學內設立小學選老成之士教之其他先儒過化之地名賢經行之所與好事之家出錢粟贍學者並立爲書院是明言小學書院設于世祖之時而此書載立小學書塾乃在大德四年以成宗時人記成宗時事不應訛異如是或至元時雖有此議實未及施行至成宗乃補定其規制而史未及詳歟元史一書自開局至告成僅閱八月其間潦草闕略不一而足諸志尤不賅備留此一編猶足以見一朝養士之典固考古者所必稽矣其中有當日文書程式後人不能盡解以致傳寫訛脫者並詳核釐正無可考者則闕之人名地名官名譯語對音尤多舛異今皆一一核定俾不失其眞以糾向來流傳之誤焉乾隆四十六年三月恭校上

明集禮

臣等謹案明集禮五十三卷明徐一夔梁寅劉于周於諒胡行簡劉宗弼董彝蔡琛滕公瑛曾魯同奉勅撰考明典彙載洪武二年八月詔儒臣修纂禮書三

年九月書成名大明集禮明史藝文志及昭代典則均作五十卷今書乃五十三卷考明典彙載嘉靖八年禮部尚書李時請刊大明集禮九年六月梓成禮部言是書舊無善錄故多殘缺臣等以次詮補因爲傳註乞令史臣纂入以成全書云云則所稱五十卷者或洪武原本而今所存五十三卷乃嘉靖中刊本取諸臣傳註及所詮補者纂入原書故多三卷耳序爲世宗御製題爲嘉靖九年六月望日而世宗實錄載九年六月庚午刻大明集禮成上親製序文是月己未朔則庚午乃十二日與實錄小有異同疑十二日進書望日製序記載者併書於進書日也乾隆四十七年十一月恭校上

明臣謚考

臣等謹案明臣謚考二卷明鮑應鰲撰應鰲字山父歙縣人萬歷乙未進士官至禮部祠祭司郎中是書載明代文武諸臣贈謚與　欽定明史各傳俱相符合首載各謚釋義爲當時禮官體例而所列諸謚如某人謚某字皆分註當日

定謚取義之文於下使觀者具知其所以然較他家所記較有根據其前代諸臣如謝枋得之謚文節紀信文天祥之謚忠烈鄧文進之謚忠襄蘇緘之謚忠壯史或不載世所罕知亦頗賴此書以存卷末附萬歷三十一年至三十七年擬謚者二十九人又三十八年至四十年擬謚者四人皆二謚並列蓋神宗荒怠奏章率不批答莫知進止故兩存也最後列考誤一篇凡五十七人皆據官册以正野史文集之訛其中多有無謚而冒稱謚某者亦有字相同異美惡頓殊者或詭詞假借或傳寫舛謬外人無從而知非應鰲身爲禮官親檢故籍不能一一釐正其于一代易名之典可云精核矣乾隆四十七年八月恭校上

頖宫禮樂疏

臣等謹案頖宫禮樂疏十卷明李之藻撰之藻字振之仁和人萬歷戊戌進士官至工部都水郎中是編首列頖宫祀典次列儀注次列名物器數共成八卷第九卷爲啟聖祠及名宦鄉賢祠附以鄉飲酒禮第十卷附以鄉射禮其中如

釋奠儀之散齋演樂滌牲諸禮及時祭儀注皆明會典及南雍志諸書所未載又迎神樂章謂明制本宋舊一成三成相沿不易其樂章諸譜配以六律者唯塤工尺一字頗能得其源流蓋樂律自宋仁宗時始省去坐立二部及堂上堂下之分南宋諸儒又以舊樂加平減之制無高上高尺之律于是所用者惟中和韶樂明代實沿其制之藻所譜又註明時俗之一凡清凡諸調與舊調相合者分毫不爽又于琴瑟操縵之法別成一譜其琴不越松風閣之舊規以數音譜出一字少用鉤剔蓋欲近于和緩以和韶樂瑟譜則以六律爲主行遲其聲以應節又與元熊朋來瑟譜之一聲一字者迥殊蓋律歷皆根于數之藻嫻于算法世所行天學初函即其所刻故因數制律足自爲一家之學其末卷載鄉飲酒禮兼及鄉射禮者明初之制猶行射禮于頖宮迨其中葉此禮遂廢故明會典及南雍志諸書載之不詳之藻稽古證今考辨頗爲賅悉惟褒崇一門僅採史傳不及馬端臨學校考之備又儀器圖內犧尊諸制既不本於三禮圖不

以考古博古諸圖證其異同僅以時俗陳設者爲準未免稍略然禮以時王所制爲定是亦自有其義焉未可盡非也乾隆四十七年十一月恭校上

明謚紀彙編

臣等謹案明謚紀彙編二十五卷明郭良翰撰良翰字道憲莆田人官太僕寺寺丞茲編輯有明一代謚法最爲詳備首曰功令凡子目二曰會典事例曰近日事例次曰謚法無子目次曰尊謚凡子目九曰帝后曰皇妃謚六字曰皇妃謚四字曰皇妃謚二字曰東宮曰公主曰親王曰郡王曰王妃次曰臣謚凡子目九曰文臣曰武臣曰異流曰夫人淑人曰追贈前朝臣曰外夷曰近題准謚諸文臣曰議論曰考誤其近題准謚一條即當代文臣未經散入各類者明至神宗百務廢弛其事在萬歷三十七年尤荒昏之末造故已允禮臣之請准給以謚及擬謚已上而沈閣不報者凡二十九人不予不奪莫知所從故附存名姓別爲一門也其議論一門則採擇明人諸說如李東陽以有黨謚文正彭韶

以孤立諡惠安之類持論頗正其考誤一門以閣籍正野史異同尤爲可據亦考典故者所宜資矣乾隆四十七年九月恭校上

明宮史

臣等謹案明宮史五卷舊本題蘆城赤隱呂毖校次毖始末未詳考明末有呂毖字貞九吳縣人嘗撰事原初略三十四卷序題崇禎甲申姓名時代皆相合疑即其人然草茅之士何由得詳記禁庭事殆不可解毋乃奄人知文義者所私記毖依附其門爲之編錄故不稱撰述而稱校次歟其書敍述當時宮殿樓臺服食宴樂及宮闈諸雜事大抵冗碎猥鄙不足據爲典要至於內監職掌條內稱司禮監掌印秉筆秩尊視元輔權重視總憲云云尤爲悖妄蓋歷代奄寺之權惟明爲最重歷代奄寺之禍亦惟明爲最深二百餘年之中盜持魁柄濁亂朝綱卒至於宗社邱墟生靈塗炭實爲漢唐宋元所未有迨其末造久假不歸視威福自專如其固有遂肆無忌憚筆之於書故迹其致亡之道雖亦多端

要以寵任貂璫爲病本之所在也我　朝自　列聖以來　家法森嚴內豎不
過供灑掃或違律令必正刑章不待於遠引周官委權冢宰而　乾綱獨握
宮掖肅清已足垂法於後世乃猶防微杜漸　慮遠思深　特命纂錄斯編登
諸册府著前代亂亡之所自以昭示無窮伏考尚書有曰殷鑒不遠在夏后之
世詩大雅有曰儀鑒于殷亦越漢之高帝使陸賈作新語亦曰著秦之所以失
與我之所以得蓋時代彌近資考鏡者彌切也　皇上於　內殿叢編檢逢是
帙闢其繆而仍存之　聖人之所見者大矣謹恭錄　諭旨弁冕簡端仰見衡
鑒　親操折衷衆論勒千古未有之鴻編皆義主勸懲言資法戒非徒以雕華
浮艷爲藏𢁉之富也乾隆四十七年十一月恭校上

幸魯盛典

臣等謹案　幸魯盛典四十卷　國朝襲封衍聖公孔毓圻等恭撰表進先是
康熙二十三年　聖祖仁皇帝臨幸闕里　親祀　孔廟行九拜之禮　特命

留曲柄織于廟庭復　親製碑文遣官勒石于　孔廟大成門左周公孟子諸
廟咸蒙　製文刋石並錄聖賢後裔給世官以奉祠祀鉅典裔皇薄海忻舞毓
圻以　聖天子尊師隆軌超邁古今宜勒爲成書乘示來葉二十四年疏請纂
修　幸魯盛典幷舉進士金居敬等八人爲纂修官　上可其奏毓圻等次第
編輯至二十七年成書十八卷上進　上以書中所載臣工詩文尚少宜遴選
增入復　指示應改正者二十八條令毓圻等重加校定會　詔發帑金重修
孔子廟　御製碑文立石廟中尊崇之典有加無已毓圻等乃續事編摩增
輯完備凡修成正文二十卷臣工歌頌詩文二十卷共計四十卷刋刻表　進
洪惟我　聖祖仁皇帝統備君師心源洙泗褒揚　聖學典禮崇隆爲亙古所
未有毓圻等雖以區區管蠡之見敷陳演繹而　大聖人崇儒重道之至意臚
具是編洵足昭億世法程固非史冊所載漢唐諸君崇奉之典所得而比擬萬
一也乾隆四十七年五月恭校上

萬壽盛典初集

臣等謹案　萬壽盛典初集一百二十卷康熙五十二年三月恭逢　聖祖仁皇帝六旬萬壽時　南書房諸臣所纂輯也凡六門曰　宸藻分詔諭爲一卷文賦頌詩爲一卷曰　聖德分孝德謙德保泰敎化四目曰典禮分朝賀鑾儀祭告頒詔養老大酺諸目曰　恩賚分宗室外藩臣僚耆舊蠲賦開科賞兵恤刑諸目曰慶祝則有圖有記以及名山祝釐諸臣朝貢之儀分列焉曰歌頌則首列　皇子次逮大臣詞臣及於生監耆庶靡不採錄焉仰惟我　聖祖仁皇帝德盛道隆福祚悠久實爲從古創見其時臣民涵泳皡熙之化普天率土歡呼忭　闕衢歌巷舞之盛亦爲從古所未有而伏讀　詔諭每以萬姓安天下福爲兢兢是書之成非徒以紀　昇平之鉅典正可以俾萬世臣民仰見　至聖持盈保泰之盛心爲　景祚延洪之大本也書中圖二卷於遐邇臣庶迎鑾呼祝之儀纖悉具備亦自有圖繪以來所罕覯者其稿本初爲宋駿業所創

後王原祁等重加修潤而成一展卷而閭閻殷阜之象耆孺歡躍之忱恍若目

接而身遇者今悉依原本鉤摹故幅度視他卷稍贏焉乾隆四十七年五月恭

校上

欽定大清通禮

臣等謹案大清通禮五十卷乾隆元年奉　詔編輯越二十一年成書五禮之

次悉準周官首紀　朝　廟大典次及　欽頒儀式各禮中仍臚次諸儀依類

相從條分縷析其文當詳者詳可略者略務使明白曉暢智愚共曉以爲化民

成俗之本而所重者專在乎行禮節次因文致情至於輿服器物第舉其色位

名數而不詳載　列聖以來舉行諸禮損益之典歲月之次蓋是書本與會典

禮器圖等相輔而行彼此各具無取複見云乾隆四十七年六月恭校上

皇朝禮器圖式

臣等謹案　皇朝禮器圖式十八卷乾隆二十四年　欽定乾隆三十一年

中詔廷臣重加校勘勒爲成書曰祭器曰儀器曰冠服曰樂器曰鹵簿曰武備凡六門繪圖於右系說於左詳其廣圍尺度方色之制金玉璣貝錦段之質修短小大多寡之等一披覽而聲明文物之盛穆然可仰矣禮圖之作始於鄭康成踵而爲之者若阮諶梁正夏侯伏明聶崇義陸佃陳祥道之屬遞相承述得麤遺精且以後世儒生之見追論古人制作之意臆斷傅會均所不免是書一稟昭代之典章徵之目見損益往古貽謨弈禩與大淸通禮一書相輔並行永昭明備伏讀御製序文於衣冠昭度殷殷垂訓益以裕億萬年勿替之宏謨矣乾隆四十七年十一月恭校上

國朝宮史

臣等謹案國朝宮史三十六卷乾隆七年命內廷翰林等修纂二十四年以原書簡略復命增修迄二十六年書成凡六門首曰訓諭恭載列朝聖訓皇上諭旨以重垂謨也次曰典禮備著內廷儀節規制冠服輿衛之

節其外朝諸大禮詳于會典者則略之次曰宮殿按次方位詳列規模凡御
筆榜書楹帖及諸　篇詠悉載焉次曰經費凡獻賚禮宴服食器用之數纖悉
必載次曰官制具載內臣員品及其所掌與其功罪賞罰之等次曰書籍部分
錄略編目提要皆窮理致治之作而梵文貝筴庋藏淨域者不與焉伏讀　諭
旨申明編輯是書之旨拳拳于立綱陳紀聽聽　明訓爲萬萬世遵循之本蓋
修齊治平之道並具于斯矣乾隆四十七年五月恭校上

欽定滿洲祭神祭天典禮

臣等謹案　欽定滿洲祭神祭天典禮六卷乾隆十二年　特詔編輯我　國
家肇基東土風俗醇茂昭格　天神尊崇祀典敬誠慤著於以壹志迓庥丕昭
儀度爲萬世不刊之令則顧禮節相沿未有載籍而所用祝辭口耳相傳或字
音漸淆轉異其本爰　命王公大臣詳考確證勒爲是編昭垂永久首列諸奏
議及彙記故事次則行禮儀注祝辭贊辭器用數目圖式詳晰臚載每一卷成

即繕本呈　進復　親加㪅改至精至詳俾祈報之義對越之誠永崇萬禩第初纂專以　國書　國語成文乾隆四十二年復　詔依文釋義亦悉禀　睿裁而後成書與　大清通禮相輔而行彌昭美備矣乾隆四十七年十一月恭校上

歷代建元考

臣等謹案歷代建元考十卷　國朝鍾淵暎撰淵暎字廣漢秀水人自來紀元諸書多詳於正統惟　國初吳肅公之改元考同及近時萬光泰之紀元敘韻與淵暎此書則併僞朝霸國以至草竊僭稱皆一一具載其例以年號相同者列前次以年號分韻排編次列歷朝帝王及僭國始末並外藩亦間及之秩然有序雖載籍浩博蒐採難周如蜀王衍宋太祖年號與輔公祏同裘甫有惟平之僭成都爲西夏之稱凡斯之類不免間有缺漏未可云毫髮無遺然較之吳萬二家足稱賅洽矣乾隆四十七年九月恭校上

北郊配位尊西向議

臣等謹案北郊配位尊西向議一卷　國朝毛奇齡撰奇齡有仲氏易已著錄康熙二十四年太常寺卿徐元珙疏奏現行祀典　北郊既改北向而　三祖配位仍首東次西同於南郊請酌改所向奇齡時官檢討因擬是書其斥漢元始儀之誤謂孟春合祀天位在西地位在東皆因惑於曲禮席南向北向以西方爲上之文其實曲禮據常坐言之若禮坐之席則儀禮射禮皆筵賓席于戸西東上自與曲禮異考鄉射禮文乃席賓南面東上賈公彥疏云言東上因主在東故席端在東不得以曲禮席南向北向西方爲上解之奇齡本此以折元始儀實爲有據至於元始儀配位西向南上亦相承曲禮西向東向以南方爲上之文奇齡以後漢改從北上爲正其論甚確然考北上之義亦本儀禮大射儀曰大夫相繼而東上若有東面者則北上此北上之異於南上者今奇齡知南向東上之本於儀禮而獨未知西向北上之亦本於儀禮則未免知一而

不知二奇齡又謂　北郊既改從北向則　配位即統於所向地道尚右　配位當以東爲上東乃北向之右也今考儀禮大射儀曰諸公阼階西北面東上燕禮曰卿大夫皆入門右北面東上則　北郊北向　配位以東爲上與儀禮北面東上義例全通奇齡徒以地道尚右定之亦爲未審然全書考辨精核援引博贍於宋明以來議禮之家要爲特出矣乾隆四十七年十一月恭校上

廟制圖考

臣等謹案廟制圖考一卷　國朝萬斯同撰斯同字季野鄞縣人是書統會經史折衷廟制謂廟不在雉門之外考工記左祖右社據王宮居中而言是廟在寢東蓋本蔡卞朱子易祓之說又謂諸侯五廟太祖居中二昭居東二穆居西平行並列蓋本賈公彦之說又謂自虞夏商周天子皆立七廟惟周增文武二祧爲九廟蓋本劉歆王舜諸家之說又謂大傳小記祭法中庸詩序國語論語所言禘皆據宗廟大祭非圜丘蓋本王肅之說于是上溯秦漢下迄元明凡廟

制沿革悉爲之圖以附于經圖之後而綴以說其用功頗深其義例亦頗明晰

視明季本之書較爲賅備其中所論大旨宗王黜鄭固守一隅然通貫古今有

條有理不可謂非通經之學也王士禎記斯同所著書目有廟制圖考四卷此

本祇一卷殆傳錄者所合併歟乾隆四十七年十一月恭校上

救荒活民書

臣等謹案救荒活民書三卷宋董煟撰煟字季興鄱陽人紹熙五年進士嘗知

瑞安縣事是編上卷考古以證今中卷條陳救荒之策下卷備述本朝名臣賢

士之所議論施行可爲法戒者書中所敘如以常平爲始自隋義倉爲始自唐

太宗皆不能遠考本原然其載常平粟米之數固隋書所未及志也其宋代蠲

免優恤之典載在宋史紀志及文獻通考續通鑑長編者此撮其大要不過得

十之二三而當時利弊言之頗悉實足補宋志之闕勸分亦宋之政令史所失

載而此書有焉他若减租貸種淳熙䘏災令格皆可爲史氏拾遺而宋代名臣

救荒善政亦多堪與本傳相參證猶古書中之有裨實用者也乾隆四十七年

四月恭校上

熬波圖

臣等謹案熬波圖一卷元陳椿撰椿天台人始末未詳此書乃元統中椿爲下砂場鹽司因前提幹舊圖而補成者也自各團竈座至起運散鹽爲圖四十有七圖各有說後繫以詩凡晒灰打滷之方柴薪試運之細纖悉畢具其樓璹耕織圖曾之謹農器譜之流亞也序言地有瞿氏唐氏爲鹽場提幹又稱提幹諱守仁而佚其姓考雲間舊志瞿氏實下砂望族如瞿霆發瞿震發瞿電發瞿時學瞿時懋瞿時佐瞿先知輩或爲提舉或爲監稅幾於世任鹽官其地有瞿家港瞿家路瞿家園諸名皆其舊迹然剏是圖者不知爲誰至唐氏則舊志不載無可考見矣諸譜繪畫頗工永樂大典所載已經傳摹尚存矩度惟原缺五圖世無别本不可復補姚廣孝等編輯之時雖校勘粗疏不應漏落至此蓋原本

已佚脱也乾隆五十四年四月恭校上

錢通

臣等謹案錢通三十二卷明胡我琨撰我琨字自玉四川人其書專紀明代錢法而因及於古制首曰正朔一統次曰原曰制曰象曰用曰才曰行曰操曰節曰分曰異曰弊曰文曰閏凡十三門每門之中各爲小目其載明制起洪永訖萬歷徵引各史紀志列傳以及古今說部各種文集其於明代錢幣沿革條分縷晰多明史食貨志及明會典明典彙諸書所未備者至敘述古制如引桂海虞衡志記右江之銅引宋會要記利州諸監錢數又足補唐宋各史及三通所未詳他如錢象門之黄河錢投河國錢諸品又董遹洪遵李孝美顧烜各家舊譜所未載其採摭可謂詳博中如劉仁恭丸土爲錢之類乃一時謬製亦倣圖其式未免稍雜然義取賅備不得不巨細兼收正未可以叢脞譏也乾隆四十七年五月恭校上

捕蝗考

臣等謹案捕蝗考一卷國朝陳芳生撰芳生字漱六仁和人蝝蝝之害春秋屢見於策書詩大田篇去其螟螣及其蟊賊無害我田穉田祖有神秉畀炎火毛鄭之說以炎火爲盛陽謂田祖不受此害持之付與炎火使自銷亡並非實火是漢時尚未詳除蝗之制也至唐姚崇作相遣使捕蝗引詩此語以爲證朱子本義亦從其說於是捕蝗之法始稍稍見於紀述芳生此書取史册所載事迹議論彙爲一篇首備蝗事宜十條次前代捕蝗法而明末徐光啟奏疏最爲詳核則全錄其文附以陳龍正語及芳生自識二條大旨在先事則預爲消弭臨時則竭力翦除而責成于地方有司之實心經理條分縷晰頗爲詳備雖卷帙寥寥然頗有裨於實用也乾隆四十七年五月恭校上

荒政叢書

臣等謹案荒政叢書十卷附錄二卷國朝俞森撰森號存齋錢塘人由貢生

歷官至湖廣布政司參議是書成於康熙庚午輯古人救荒之法於宋取董煟於明以來取林希元屠隆周孔敎鍾化民劉世敎魏禧凡七家之言又自作常平義倉社倉三考溯其源使知所法復究其弊使知所戒蓋其官河南僉事時所撰也末附鄖襄賑濟事宜及捕蝗集要則其官分守荆南道時所撰也救荒之策古人言之已詳至積儲尤爲救荒之本森既取昔人良規班班具列而於三考尤極詳晰登之棃棗俾司牧者便於簡閱亦可云念切民瘼者矣乾隆四十七年五月恭校上

欽定康濟錄

臣等謹案康濟錄四卷乾隆四年欽定因倪國璉所進救饑譜而成國璉字紫珍浙江仁和人雍正庚戌進士改庶吉士授編修官至江南上江宣諭化導使是書其爲吏科給事中時所進乾隆初年翰詹科道例得輪進經史講義國璉本其同鄉監生陸曾禹所輯之書而錄存其大要凡分四門曰前代救援之

典上溯唐虞下逮元明按代纂錄曰先事之政分子目六曰臨事之政分子目二十曰事後之政分子目六又附錄四事務使平時則水旱有備遇事則存濟有方其纂輯先引古事後爲論斷以發明之大要在乎豐不忘歉而先事豫圖後事加謹實有以仰體宵旰勤民之意我皇上嘉其有濟于民事因命內廷翰林删潤其辭特賜今名刋刻頒行且賜國璉表裏以旌之尤足以見大聖人察邇用中之盛𠪨絶萬古云乾隆四十七年十月恭校上

歷代兵制

臣等謹案歷代兵制八卷宋陳傅良撰傅良字君舉瑞安人乾道中進士官至寶謨閣待制是書上溯成周鄉遂之法及春秋秦漢唐以來歷代兵制之得失於宋代言之尤詳如太祖躬定軍制親衛殿禁戍守更迭京師府畿內外相維發兵轉餉捕盜之制皆能撮舉其大旨其總論之中謂祖宗時兵雖少而至精逮咸平後邊境之兵增至六十萬皇祐初兵已一百四十一萬謂之兵而不知

戰給漕輓服工役繕河防供寢廟養國馬者皆兵也疲老而坐食前世之兵未
有猥多如今日者總戶口歲入之數而以百萬之兵計之無慮十戶而資一廂
兵十萬而給一散卒其兵職衛士之給又浮費數倍何得而不大蹙云云其言
至爲深切蓋傅良當南宋之時目睹主弱兵驕之害故著爲是書追原致弊之
本可謂切于時務者矣乾隆四十七年二月恭校上

補漢兵志

臣等謹案補漢兵志一卷宋錢文子撰文子字文季樂清人紹興三年上舍釋
褐出身由吏部員外郎兼國史院編修官歷宗正少卿後退居白石山下自號
白石山人宋初懲五代之弊收天下甲兵悉萃京師謂之禁軍輾轉增益至於
八十餘萬而虛名冒濫實無可用之兵南渡以後倉皇補苴招聚彌多而冗費
亦彌甚文子以漢承三代之後去古未遠猶有寓兵於農之意而班史無志因
摭其本紀列傳及諸志之中載及兵制者裒而編之附考證論斷以成此書卷

首有其門人陳元粹序述其作書之意甚詳蓋爲宋事立議非爲漢書補亡也朱彝尊跋稱其言近而旨遠詞約而議該非低頭拱手高談性命之學者所能然兵農既分以後其勢不可復合必欲强復古制不約以軍律則兵不足恃必約以軍律則兵未練而農先擾故三代以下但可以屯種之法寓農于兵不能以井田之制寓兵于農文子所論所謂言之則成理而試之則不可行者即以宋事而論數十萬之衆久已仰食於官如一旦汰之歸農勢不能靖如以漸而損之則農不能遽化爲兵倉卒有事何以禦之此又明知其弊而難以驟革者也以所論切中宋制之弊而又可補漢志之闕故仍録之以備參考焉乾隆四十七年四月恭校上

馬政紀

臣等謹案馬政紀十二卷明楊時喬撰時喬字宜遷上饒人嘉靖乙丑進士官至吏部左侍郎是書紀明一代馬政上起洪武元年下至萬歷二十三年分十

有二門一曰戶馬二曰種馬三曰俵馬四曰寄養馬五曰折糧貢布鹽納贖戰
功等馬六曰兌馬七曰擠乳御用上陵出府并附給驛馬八曰庫藏九曰䘏䘏
十曰政例十一曰草場十二曰各邊鎮行太僕寺苑馬寺茶馬司馬於因革損
益各悉原委馬政莫詳於明亦莫弊於明時喬目擊其艱身親其事故雖裒集
案牘之文而所言深中時病足資考核其條理悉具自序中序末自署前太僕
寺卿而明史本傳惟載嘗爲太僕寺丞是書時喬自刊不應乖舛疑史或誤書
也乾隆四十七年九月恭校上

唐律疏義

臣等謹案唐律疏義三十卷唐太尉揚州都督趙國公長孫無忌奉勅撰風俗
通稱皋陶謨虞造律尙書大傳稱夏刑三千五百是爲言律之始其後魏李悝
著法經六篇一盜法二賊法三囚法四捕法五雜法六具法商鞅受之以相秦
漢蕭何益戶興廐三篇爲九篇叔孫通又益旁章十八篇張湯越宮律二十七

篇趙禹朝律六篇合六十篇馬融鄭康成皆嘗爲之章句魏世删爲漢律定增十九篇就故五篇合十八篇晉復增損爲二十篇南北朝互有更改漸近繁密隋文帝開皇三年勅蘇威牛宏等更創新律除死罪以下千餘條定留五百條凡十二卷一名例二衞禁三職制四戶婚五廐庫六擅興七盜賊八鬬訟九作僞十雜律十一捕亡十二斷獄史稱其刑綱簡要疎而不失唐太宗詔房元齡等增損隋律降大辟爲流者九十二流爲徒者七十一而大旨多仍其舊高宗即位又命長孫無忌等偕律學之士撰爲義疏頒行之即是書也論者謂唐律一準乎禮以爲出入得古今之平故宋世多採用之元時斷獄亦每引爲據明洪武初用儒臣同刑官進講唐律後命劉惟謙等詳定明律其篇目亦準于唐至洪武二十二年刑部請編類頒行始分吏戶禮兵刑工六律而以名例冠于篇首　本朝折衷往制垂憲萬年　欽定大清律例明簡公平實永爲協中弼教之盛軌臣等嘗伏讀而紬繹之凡唐律篇目今所沿用者有名例職制賊盜

詐僞雜犯捕亡斷獄諸門其唐律合而今分者如戶婚爲戶役婚姻廐庫爲倉庫廐牧鬭訟爲鬭毆訴訟諸門其名稍異而實同者如衞禁爲宮衞擅興爲軍政諸門其分析類附者如關津留難諸條唐律入衞禁今析入關津乘輿服御物事應奏不奏驛使稽程以財行求諸條唐律俱入職制今分析入禮律之儀制吏律之公式兵律之郵驛刑律之受贓謀殺人諸條唐律入賊盜今析入人命毆詈祖父母父母諸條唐律並入鬭訟今析爲兩條分入鬭毆罵詈又姦罪市司評物價盜決隄防毁大祀丘壇食田園瓜果諸條唐律俱入雜律今分析入刑律之犯姦戶律之市廛田宅工律之河防禮律之祭祀蓋斟酌畫一權衡允當迨今日而集其大成而上稽歷代之制其節目備具足以沿波而討源者要惟唐律爲最善故著之于錄以見監古立法之所自焉其書爲元泰定間江西儒學提舉柳贇所校刊每卷末附以江西行省檢校官王元亮釋文及纂例亦頗可以資參訂也乾隆四十七年四月恭校上

大清律例

臣等謹案 大清律例四十七卷乾隆五年總裁臣三泰等奉 勅修定 御製序文頒行凡律目一卷諸圖一卷服制一卷名例律二卷吏律二卷戶律七卷禮律二卷兵律五卷刑律十五卷工律二卷總類七卷比引律條一卷前列凡例十則及順治初年以來節次奏議而恭錄 世祖章皇帝原序一篇 聖祖仁皇帝諭旨一道 世宗憲皇帝序文一篇 諭旨一道冠於卷首蓋我朝律文自 定鼎之初即 詔刑部尚書吳達海等詳考明律參以 國制勒爲成書頒布中外康熙九年大學士管刑部尚書事對喀納等復奏 詔校正旋又 諭部臣於定律之外所有條例或删或存詳爲考定隨時增改刊附律後逮雍正元年大學士朱軾尚書查郎阿等奉 詔續成我 皇上御極之初即 允尚書臣傅鼐之請 簡命廷臣逐條考正以成是編其纂入定例凡一千餘條嗣是每數年一次修輯悉以新定之例分附律條之後期於損益隨時

永垂法守而我　聖朝明刑弼教規制精詳洵足範圍萬古矣乾隆四十七年

四月恭校上

營造法式

臣等謹案營造法式三十四卷宋通直郎試將作少監李誡撰初熙寧中勅令將作監官編修營造法式至元祐六年成書紹聖四年以所修之本祇是料狀別無變造用材制度難以行用命誡別加撰輯誡乃考究羣書并與人匠講說分立類例以元符三年奏上之崇寧二年復請用小字鏤版頒行誡所作總看詳中稱今編修海行法式總釋總例共二卷制度十五卷功限十卷料例并工作等共三卷圖樣六卷總三十六卷計三百五十七篇內四十九篇係於經史等羣書中檢尋考究其三百八篇係自來工作相傳經久可用之法與諸作諳會工匠詳悉講究蓋其書所言雖止藝事而能考證經傳參會衆說以合古者飭材鳩事之義故陳振孫以爲遠出喻皓木經之上考陸友仁硯北雜志載誡

所著尚有續山海經十卷古篆說文十卷續同姓名錄二卷琵琶錄三卷六博經三卷則誡本博洽之士故所撰述具有條理惟友仁稱誡字明仲而書其名作誠字然范氏天一閣影鈔宋本及宋史藝文志文獻通考俱作誡字疑友仁誤也此本前有誡所奏劄子及進書序各一篇其第三十一卷當爲木作制度圖樣上篇原本已缺而以看詳一卷錯入其中檢永樂大典內亦載有此書其所缺二十餘圖並在今據以補足而仍移看詳於卷首又看詳內稱書總三十六卷而今本制度一門較原目少二卷僅三十四卷永樂大典所載不分卷數無可參較而核其前後篇目又別無脫漏疑爲後人所併省今亦姑存其舊云

乾隆四十七年十月恭校上

欽定武英殿聚珍版程式

臣等謹案　欽定武英殿聚珍版程式一卷首列諸臣奏議次詳取材雕字之次第以及皮置排類之法爲圖凡十有六說凡十有九事詳而辭質可以喻工

匠示法守意至良也蓋聚珍版之制實仿宋時畢昇活板之法而益精之始事於乾隆三十八年十月　皇上既錫以嘉名復　冠以藻詠於是司其事者罔敢不恪行之三年事省而工速侍郎臣金簡乃編類以爲是書視農桑輯要所載寥寥數則其詳略巧拙固不侔矣乾隆四十七年十月恭校上

欽定四庫全書提要卷四十六

史部二十

目錄類一

崇文總目

臣等謹案崇文總目十二卷宋王堯臣等奉勑撰蓋以四館書併合著錄者也宋制以昭文史館集賢爲三館太平興國三年建崇文院謂之三館新修書院端拱元年詔分三館之書萬餘卷別爲書庫名曰祕閣以別貯禁中之籍與三館合稱四館景祐元年閏六月以三館及祕閣所藏或謬濫不全命翰林院學士張觀知制誥李淑宋祁等看詳定其存廢訛謬者删去差漏者補寫因詔翰林學士王堯臣史館檢討王洙館閣校勘歐陽修等校正條目討論撰次定著三萬六百六十九卷分類編目總成六十六卷於慶歷元年十二月乙丑上之賜名曰崇文總目後神宗改崇文院曰祕書省徽宗時因改是書曰祕書總目

然自南宋以來諸書援引仍謂之崇文總目從其朔也李燾續通鑑長編云崇
文總目六十卷麟臺故事亦同中興書目云六十六卷江少虞事實類苑則云
六十七卷文獻通考則云六十四卷宋史藝文志則據中興書目作六十六卷
其說參差不一考原本於每條之下具有論説逮南宋時鄭樵作通志始謂其
文繁無用紹興中遂從而去其序釋晁公武讀書志陳振孫書錄解題著錄皆
云一卷是刊除序釋之後全本已不甚行南宋諸家或不見其原書故所記卷
數各異也宋人官私書目存於今者四家晁氏陳氏二目諸家藉爲考證之資
而尤袤遂初堂目及此書則若存若亡幾希湮滅此本爲范欽天一閣所藏朱
彝尊鈔而傳之始稍見於世王應麟玉海稱當時國史謂總目序錄多所謬誤
黄伯思東觀餘論有校正崇文總目十七條鄭樵通志校讐略則全爲攻擊此
書而作李燾長編亦云總目或有相重亦有可取而誤棄不錄者今觀其書載
籍浩繁牴牾誠所難保然數千年著作之目總匯於斯百世而下藉以驗存佚

辨眞贋核同異固不失爲册府之驪淵藝林之玉圃也乾隆四十七年五月恭

校上

郡齋讀書志

臣等謹案郡齋讀書志四卷後志二卷宋晁公武撰附志一卷則趙希弁所續輯也公武字子止鉅野人沖之之子官至敷文閣直學士臨安少尹岳珂桯史記隆興二年湯思退罷相洪适草制作平語侍御史晁公武擊之則亦骨鯁之士希弁袁州人宋宗室子自題稱江西漕貢進士祕書省校勘以輩行推之蓋太祖之九世孫也始南陽井憲孟爲四川轉運使家多藏書悉舉以贈公武乃躬自讎校疏其大略爲此書以時方守榮州故名郡齋讀書志後書散佚而志獨存淳祐己酉鄱陽黎安朝守袁州因令希弁即其家所藏書目參校删其重複摭所未有益爲附志一卷而重刊之是爲袁本時南充游鈞守衢州亦取公武門人姚應績所編蜀本刊傳是爲衢本當時二書並行于世惟衢本分析至

二十卷增加書目甚多卷首公武自序一篇文亦互有詳略希弁以衢本所增乃公武晚年續裒之書而非所得井氏之舊因別摘出爲後志二卷又以袁衢二本異同別爲考異一卷附之編末蓋原志四卷爲井氏書後志二卷爲晁氏書並至南渡而止附志一卷則希弁家書故兼及於慶元以後也馬端臨作經籍考全以是書及陳氏書錄解題爲據然以本書與經籍考互較往往乖迕不合即如京房易傳此本僅注三十餘字而馬氏所引其文多至數十倍又如宋太祖實錄太宗實錄建康實錄汲冢周書之類今志本僅述其撰人時代及卷數而止而馬氏所引尚有考據議論凡數十言其餘文之多寡詞之增損互異者不可勝數又希弁考異稱袁本毘陵易傳衢本作東坡易傳袁本芸閣先生易解衢本作呂氏章句今經籍考所題並同衢本是馬端臨原據衢本採掇而成然而晉公談錄六祖壇經之類希弁考異稱袁本所載而衢本所遺者今經籍考實並引晁氏之說則當時亦兼用袁本疑此書已經後人删削不特衢本

不可復見即袁本亦非盡舊文故與馬氏所引不能一一符合歟又前志子部敘錄稱九曰小說類十曰天文歷算類十一曰兵家類十二曰類書類十三曰雜藝類十四曰醫家類十五曰神仙類十六曰釋家類而志中所列小說類雜跖集後即爲羣仙會眞記王氏神仙傳葛洪神仙傳三種是天文歷算等五類全佚而神仙類亦脫其標目則其他之殘缺蓋可例推矣然書雖非舊而梗概仍存終爲考證者所取資也乾隆四十七年十月恭校上

遂初堂書目

臣等謹案遂初堂書目一卷宋尤袤撰袤字延之無錫人紹興十八年進士官至禮部尚書謚文簡事迹具宋史本傳陳振孫書錄解題稱其遂初堂藏書爲近世冠楊萬里誠齋集有爲袤作益齋書目序其名與此不同然通考引萬里序列遂初堂書目條下知即一書今此本無此序而有毛幵一序魏了翁陸友仁二跋其書分經爲九門曰經總類周易類尚書類詩類禮類樂類春秋類論

語孝經孟子類小學類分史爲十八門曰正史類編年類雜史類故事類雜傳類僞史類國史類本朝雜史類本朝故事類本朝雜傳類實錄類職官類儀注類刑法類姓氏類史學類目錄類地理類分子爲十二門曰儒家類雜家類道家類釋家類農家類兵家類術數家類小說家類雜藝類譜錄類類書類醫書類分集爲五門曰別集類章奏類總集類文史類樂典類其例略與史志同惟一書而兼載數本以資互考則與史志小異耳諸書皆無解題檢馬氏經籍考無一條引及袁說知原本如是惟不載卷數及撰人則疑傳寫者所删削非其原書耳其子部別立譜錄一門以收香譜石譜蟹錄之屬無類可附者爲例最善間有分類未安者如元經本史而入儒家錦帶本類書而入農家琵琶錄本雜藝而入樂之類亦有一書偶然複見者如大歷浙東聯句一入別集一入總集之類又有姓名訛異者如玉瀾集本朱槔作而稱朱喬年之類然宋人目錄存於今者崇文總目已無完書惟此與晁公武志爲最古固考證家之所必稽

矣乾隆四十七年五月恭校上

子略

臣等謹案子略四卷宋高似孫撰似孫有剡錄等書已著錄是書詳載諸家說部卷一始漢志所載次隋志所載次唐志所載次庾仲容子鈔馬總意林所載次鄭樵通志藝文略所載皆削其門類而存其書名略註撰人卷數于下其一書而有諸家註者則惟列本書而註家細字附錄焉其有題識者凡陰符經握奇經八陣圖鬻子六韜孔叢子曾子魯仲連子晏子老子莊子列子文子戰國策管子尹文子韓非子墨子鄧析子亢桑子鶡冠子孫子吳子范子鬼谷子呂氏春秋素書淮南子賈誼新書鹽鐵論論衡太元經新序說苑抱朴子文中子元子皮子隱書凡三十八家其中說苑新序合一篇而八陣圖附于握奇經實共三十六篇惟陰符經握奇經錄其原書于前餘皆不錄似乎後人删節之本未必完書也馬端臨通考多引之亦頗有所考證發明然似孫能知亢倉子之

僞而於陰符經握奇經三略諸葛亮將苑十六策之類乃皆以爲眞則鑒別亦未爲甚確其盛稱鬼谷子尤爲好奇以其會稡諸家且所見之本猶近古終非焦竑經籍志之輾轉販鬻徒搆虛詞者比故錄而存之備考證也乾隆四十七年九月恭校上

直齋書錄解題

臣等謹案直齋書錄解題宋吳興陳振孫撰以歷代典籍分爲五十三類各詳其卷帙多少撰人名氏且爲品題其得失故曰解題其書不標經史子集之目而核其所列經之類凡十史之類凡十六子之類凡二十集之類凡七仍不外乎四部之說者也考諸前史目錄類皆入史部自劉歆七略以下著錄者指不勝屈其存於今者崇文總目尤袤遂初堂書目晁公武郡齋讀書志及此書而已遂初堂書目本無註崇文總目註已散佚其可考見諸書源流者惟晁志及此書故馬端臨經籍考即據此二書以成編然至今晁志有刻本而此書久佚

惟永樂大典全載之誠希覯之本也第當時編輯草率訛脫頗多今門類一仍其舊而解題則詳加考核各以案語附之定爲二十二卷方今　聖天子稽古右文蒐羅遺籍列於四庫之中者浩如煙海此區區一家之書誠不足以當萬一然古書之不傳於今者得藉是以資徵信而其校核精詳議論醇正於考古亦有助焉固宜存而不廢也原本間於解題之後附以隨齋批注未詳隨齋何許人然補闕拾遺於本書頗有所裨亦仍其舊並存焉乾隆四十七年七月恭校上

漢藝文志考證

臣等謹案漢藝文志考證十卷宋王應麟撰應麟有周易鄭康成註已著錄漢書藝文志因劉歆七略而修凡句下之註不題姓氏者皆班固原文其標某某曰者則顏師古所集諸家之說然師古注班固全書藝文特其八志之一故僅略疏姓名時代所考證者如漢著記即起居注家語非今家語鄧析非鄭子產

所殺莊忽奇嚴助之駁文逢門即逢蒙之類不過三五條而止應麟始捃摭舊文各爲補注不載漢志全文惟以有所辨論者摘錄爲綱略如經典釋文之例其傳記有此書名而漢志不載者亦以類附入易類增連山歸藏子夏易傳詩類增元王傳禮類增大戴禮小戴禮王制漢儀樂類增樂記樂元語春秋類增冥氏春秋道家增老子指歸素王妙論法家增漢律漢令縱横家增鬼谷子天文增夏氏日月傳甘氏歲星經石氏星經巫咸五星占周髀星傳歷譜增九章算術五紀論五行增翼氏風角經方增本草凡二十六部各疏其所註於下而以不著錄字别之其間如子夏易傳鬼谷子皆依託顯然而一槩泛載不能割愛又庾信哀江南賦稱栩陽亭有離别之賦實由誤記藝文志與所用桂華馮馮誤讀郊祀志者相等應麟乃因而附會以栩陽爲漢代亭名亦未免間失之嗜奇然論其該洽究非他家之所及也乾隆四十七年五月恭校上

臣等謹案文淵閣書目四卷明楊士奇編士奇有三朝聖諭錄已著錄是編前有正統六年題本一道稱各書自永樂十九年南京取來一向於左順門北廊收貯未有完整書目近奉旨移貯文淵閣東閣臣等逐一打點淸切編置字號寫完一本總名文淵閣書目請用廣運之寶鈐識備照庶無遺失葢本當時閣中存記册籍故所載書多不著撰人姓氏又有册數而無卷數惟略記若干部爲一櫥若干櫥爲一號而已考明自永樂間取南京藏書送北京又命禮部尚書鄭賜四出購求所謂鏞板十三鈔本十七者正統時尚完善無缺此書以千字文排次自天字至往字凡得二十號五十櫥今以永樂大典對勘其所收之書世無傳本者往往見於此目亦可知其儲庋之富士奇等承詔編錄不能考訂撰次勒爲成書如荀勗之敘中經誠爲有愧然考王肯堂鬱岡齋筆麈書在明代已殘缺不完王士禎古夫于亭雜錄亦載國初曹貞吉爲內閣典籍文淵閣書散失殘盡貞吉檢閱見宋槧歐陽修居士集八部無一完者今閱百載

已放失無餘惟藉此編之存尚得略見一代祕書之名數則亦考古者所不廢也舊本不分卷數黄虞稷千頃堂書目作十四卷不知所據何本殆傳寫者以意分析今約略篇頁釐定四卷云乾隆四十七年五月恭校上

授經圖

臣等謹案授經圖二十卷明朱睦㮮撰睦㮮有易學識疑已著録是編所述經學源流也案崇文總目有授經圖三卷序易詩書禮春秋三傳之學其書不傳宋章俊卿山堂考索嘗溯其宗派各爲之圖亦未能完備且頗有舛訛睦㮮乃因章氏舊圖而增定之首序授經世系次諸儒列傳次諸儒著述及歷代經解名目卷數每經四卷五經共爲二十卷睦㮮自序稱釐爲四卷疑傳寫有脱文也舊無刋板惟黄虞稷家有寫本康熙中虞稷乃同錢塘龔翔麟校而刻之虞稷序稱西亭舊本（案西亭即睦㮮之别號）先後不無參錯余與龔子蘅圃重爲釐正易則以復古爲先書則以今文爲首其他經傳之闕軼者復取歷代史藝文志及通

志通考所載咸爲補入而近代傳注可傳者亦間錄焉視西亭所輯庶幾少備云又睦㮚義例稱周漢而下至金元作者凡一千一百三十二人國朝三十九人經解凡一千七百九十八部二萬一千七十一卷虞稷等附注其下稱新增入古今作者二百五十五人經解凡七百四十一部六千二百一十八卷則虞稷等大有所竄改非復睦㮚之舊矣乾隆四十七年十月恭校上

欽定天祿琳琅書目

臣等謹案欽定天祿琳琅書目十卷乾隆四十年內直諸臣奉勅編校卷首冠以丁卯歲御製題昭仁殿詩及乙未重華宮茶宴用天祿琳琅聯句詩自乾隆甲子年裒集內府儲藏羣籍中善本列架庋藏于昭仁殿賜名天祿琳琅迄今三十餘年珍儲愈廣因重加整比輯爲總目其次序則宋金元明板各從其代仍以經史子集分類其明影宋鈔之精者亦皆選入或一書而兩刻皆工一刻而兩印皆妙者則並登之每種詳其鋟刻年月及收藏家

題跋印記其經　御製題識者則録于鑒藏之首以昭藝林榮遇蓋自來藏書譜録未有美富精詳若斯之盛者也乾隆四十七年十一月恭校上

千頃堂書目

臣等謹案千頃堂書目三十二卷　國朝黄虞稷撰虞稷字俞邰先世泉州人明末流寓上元書首自題曰閩人不忘本也所録皆明一代之書經部分十一門既以四書爲一類又以論語孟子各爲一類又以説大學中庸者入于三禮類中蓋欲略存古例用意頗深然明人所説大學中庸皆爲四書而解非爲禮記而解即論語孟子亦因四書而説非若古人之别爲一經專門授受其分合殊爲不當樂經雖亡而不置此門則律吕諸書無所附其删除亦未允也史部分十八門其簿録一門用尤袤遂初堂書目之例以收錢譜蟹録之屬古來無類可歸者最爲允協至于典故以外又立食貨刑政二門則贅設矣子部分十二門其墨家名家法家縱横家併爲一類總名雜家雖亦簡括然名家墨家縱

橫家傳述者稀遺編無幾併之可也併法家刪之不太簡乎集部分八門其別集以朝代科分爲先後無科分者則酌附于各朝之末視唐宋二志之糅亂特爲清析體例可云最善惟制舉一門可以不立明以八比取士工是技者隸首不能窮其數即一日之中伸紙搦管而作者不知其幾億萬篇其不久而化爲故紙敗燼者又不知其幾億萬篇其生其滅始如煙雲之變現泡沫之聚散虞稷乃據所見而列之不亦傎耶每類之末各附以宋金元人之書既不賅備又不及于五代以前其體例特異亦不可解然焦竑國史經籍志既誕妄不足爲憑傅維鱗明書經籍志尤侗明史藝文志稿尤冗雜無緒考明一代著作者終以是書爲可據所以　欽定明史藝文志頗採錄之略其舛駁而取其賅贍可也乾隆四十七年五月恭校上

經義考

臣等謹案經義考三百卷　國朝朱彝尊撰彝尊字錫鬯號竹垞秀水人康熙

己未薦舉博學鴻詞　召試授檢討入直　內廷彝尊文章淹雅初在布衣之內已與王士禎聲價相齊博識多聞學有根柢復與顧炎武閻若璩頡頏上下凡所撰述具有本原是編統考歷朝經義之目初名經義存亡考惟列存亡二例後分例曰存曰闕曰佚曰未見因改今名凡　御注　勅撰書共一卷易七十卷書二十六卷詩二十二卷周禮十卷儀禮八卷禮記二十五卷通禮四卷樂一卷春秋四十三卷論語十一卷孝經九卷孟子六卷爾雅二卷羣經十三卷四書八卷逸經三卷毖緯五卷擬經十三卷承師五卷宣講立學共一卷刊石五卷書壁鏤版著錄各一卷通說四卷家學自述各一卷其宣講立學家學自述三卷皆有錄無書蓋撰輯未竟也每一書前列撰人姓氏書名卷數其卷數有異同者次列某書作幾卷次列存佚闕未見字次列原書序跋諸儒論說及其人之爵里彝尊有所考正者即附列案語於末惟於專說一篇者別附全經之末遂令時代參錯例亦未善而源委實多詳明至所註佚闕未見者今以

四庫所錄校之往往其書具存彝尊所言不盡可據然册府儲藏之祕非人間所得盡窺又恭逢我皇上稽古右文蒐羅遺逸嫏嬛異笈宛委珍函莫不乘時畢集圖書之富曠古所無儒生株守殘編目營掌錄窮一生之力不能測學流之津涯其勢然也是不足爲彝尊病矣乾隆四十七年二月恭校上

欽定四庫全書提要卷四十六

欽定四庫全書提要卷四十七

史部二十一

目錄類二

集古錄

臣等謹案集古錄十卷宋歐陽修撰修有詩本義已著錄古人法書惟重眞蹟自梁元帝始集錄碑刻之文爲碑英一百二十卷見所撰金樓子是爲裒輯金石之祖今其書不傳曾鞏欲作金石錄而未就僅製一序存元豐類稿中修始採摭佚逸積至千卷撮其大要各爲之說至嘉祐治平閒修在政府又各書其卷尾於是文或小異蓋隨時有所竄定也修自書其後題嘉祐癸卯至熙寧二年己酉修季子棐復摭其略別爲目錄上距癸卯蓋六年而棐記稱錄既成之八年則是錄之成當在嘉祐六年辛丑爲眞蹟跋尾則多係治平初年所書亦閒有在熙寧初者知棐之目錄固承修之命而爲之也諸碑跋今皆具修集中

其跋自爲書則自宋方崧卿裒聚眞蹟刻於廬陵曾宏父石刻鋪敘稱有二百四十六跋陳振孫書錄解題稱有三百五十跋修子棐所記則曰二百九十六跋修又自云四百餘篇有跋近日刻集古錄者爲之說曰世傳集古跋四百餘篇而棐乃謂二百九十六雖是時修尚無恙然續跋不應多逾百篇因疑寫本誤以三百爲二百以今考之則通此十卷乃正符四百餘跋之數蓋以集本與眞蹟合編與專據集本者不同宋時廬陵之刻本今已不傳無從核定不必以棐記爲疑矣乾隆四十七年十月恭校上

金石錄

臣等謹案金石錄三十卷宋趙明誠撰明誠字德父諸城人歷官知湖州軍州事以所藏三代彝器及漢唐以來石刻仿歐陽修集古錄例編爲此書紹興中其妻李清照表上之有明誠自序并清照後序前十卷爲目錄凡二千卷皆以時代爲次詳標第一至第二千之數每題下註時代年月及撰書人名後二十

卷爲辨證凡跋尾五百二篇其中邢義李㦬義興茶舍般舟和尚四碑目錄中不列其名葢當日編次偶有疎舛或所續得之本未及編於二千卷中也是書初鋟板於龍舒郡齋至開禧元年浚儀趙不譾又重刻之二本今已罕傳故歸有光朱彝尊所見皆傳鈔之本或遂指爲未完之書其實當日有所考證乃爲題識故止跋五百二卷原非卷卷有跋未足爲疑自明以來轉相鈔錄各以意爲更移或删除其目中之次第或竄亂其日下之年月第十一卷以下或併削每卷之細目或竟佚卷末之後序沿譌踵謬彌失其眞近日所傳惟焦竑從祕府鈔出本文嘉從宋刻影鈔本崑山葉氏本閩中徐氏本濟南謝氏重刻本又有長洲何焯錢塘丁敬諸校本差爲完善今揚州刻本皆爲採錄又於注中以隸釋隸續諸書增附案語較爲詳核别有范氏天一閣惠氏紅豆山房諸校本皆稍不及故今從揚州所刊著於錄焉乾隆四十七年三月恭校上

法帖刊誤

臣等謹案法帖刊誤二卷宋黄伯思撰伯思有東觀餘論已著録初米芾取淳化閣帖一一評其眞僞多以意斷制罕所考證伯思復取芾之所定重爲訂正以成此書前有大觀戊子自序稱芾疎略甚多或僞蹟甚著而不覺者若李懷琳所作衞夫人書逸少闊別稍久帖之類有審其僞而譏評未當者若知伯英大令諸草帖爲唐人書而不知乃書晉人帖語之類有譏評雖當主名昭然而不能辨者若以田疇字爲非李斯書而不知乃李陽冰明州碑中字之類有誤著其主名者若以晉人章草諸葛亮傳中語遂以爲亮書之類其論多確其他亦指摘眞僞率有依據末有政和中王珍許翰二跋據珍跋乃伯思官洛中時觀珍家所藏閣帖作也其書本自爲一編故至今有别行之本諸家書目亦别著録後其子訒乃編入東觀餘論中耳湯垕畫鑒曰宋人賞鑒精妙無如米元章然此公天資極高立論時有過處後有黄伯思長睿者出作法帖刊誤專攻米公之失僕從而辨析其詳作法帖正誤專指長睿之過今未見垕書不知所

正者何誤然屋亦空談鑒别而不以考證爲事者恐所正未必確也乾隆四十七年九月恭校上

法帖釋文

臣等謹案法帖釋文十卷宋劉次莊撰次莊字中叟長沙人崇寧中嘗官御史曹士冕法帖譜系云臨江戲魚堂帖元祐間劉次莊以家藏淳化閣帖十卷摹刻堂上除去卷尾篆題而增釋文曾敏行獨醒雜志曰劉殿院次莊自幼喜書嘗寓於新淦所居民屋窗牖牆壁題寫殆徧臨江郡庫有法帖十卷釋以小楷他法帖之所無也觀二書所記則次莊之作法帖釋文本附注石刻之中未嘗别爲一集此本殆後人於戲魚堂帖中鈔合成帙而仍以閣本原題編之者也陳振孫書錄解題又稱武岡人嘗傳刻絳州潘氏帖嘉定中汪立中又取劉本分入二十卷中官帖所無者增附之蓋絳帖本閣帖而廣之故立中釋文亦因次莊釋文而廣之焉此又别一書矣乾隆四十七年九月恭校上

籀史

臣等謹案籀史一卷宋翟耆年撰耆年字伯壽參政公巽之子別號黄鶴山人是書首載宣和博古圖有紹興十有二年二月帝命臣耆年云云蓋南宋初所作本上下二卷歲久散佚惟嘉興曹溶家尚有鈔本然已僅存上卷今藏弆家所著録皆自曹本傳寫者也王士禎嘗載其目于居易録欲以訪求其下卷卒未之獲知無完本久矣其以籀名史特因所載多金石款識篆隸之體爲多實非專述籀文所録各種之後皆附論説括其梗概于岐陽石鼓不深信爲史籀之作與唐代所傳特異亦各存所見然未至如金馬定國定爲宇文周所作也所録不及薛尚功鐘鼎彝器款識備載篆文而所述源委則較薛爲詳二書相輔而行固未可以偏廢其中所云趙明誠古器物銘碑十五卷稱商器三卷周器十卷秦漢器二卷據其所説則十五卷皆古器物銘而無石刻當于金石録之外別爲一書王士禎以爲即金石録者其説殊誤豈士禎偶未檢金石録歟

乾隆四十七年五月恭校上

隸釋

臣等謹案隸釋二十七卷宋洪适撰适字景伯饒州鄱陽人紹興壬戌中博學宏詞科官至尚書左僕射同中書門下平章事謚文惠是書成於乾道二年丙戌适以觀文殿學士知紹興府安撫浙東時明年正月序而刻之周必大誌其墓道云耽嗜隸古爲纂釋二十七卷者即此書也其弟邁序婁機漢隸字原云吾兄文惠公區別漢隸爲五種書曰釋曰纘曰韻曰圖曰續四者備矣惟韻書不成又适自跋隸續云隸釋有續凡漢隸碑碣二百五十有八又跋淳熙隸釋後云淳熙隸釋目錄五十卷乾道中書始萌芽十餘年間拾遺補闕一再添刻凡碑版二百八十五然乾道三年洪邁跋云所藏碑一百八十九譯其文又述其所以然爲二十七卷又淳熙六年喻良能跋云公頃帥越嘗薈稡漢隸一百八十九爲二十七卷是二跋皆與是書符合則其自題曰淳熙隸釋者乃兼後

所續得合爲一編今其本不傳傳者仍隸釋隸續各自爲書此本爲萬歷戊子
王雲鷺所刻凡漢魏碑十九卷水經注碑目一卷歐陽修集古錄二卷歐陽棐
集古目錄一卷趙明誠金石錄三卷無名氏天下碑錄一卷與二十七卷之數
合每碑標目之下具載酈歐趙三書之有無歐趙之書第撮其目不錄其文而
是書爲考隸而作故每篇皆依其文字寫之其以某字爲某字則具疏其下兼
核其關切史事者爲之論證自有碑刻以來推是書爲最精博其小有紕繆者
如鄭固碑逡遁退讓适引秦紀逡巡遁逃釋之案管子桓子蹴然逡遁漢書平
當傳贊逡遁有恥蓋巡與循同而循轉爲遁集古錄云遁當爲循其說最協适
訓爲遁逃殊誤武梁祠堂畫像武氏本不著名字适因武梁碑有後建祠堂雕
文刻畫之語遂定爲武梁祠堂案梁卒於桓帝元嘉元年而畫像文中有魯莊
公字不諱改嚴則當是明帝以前所作金石錄作武氏石室畫像較爲詳審适
未免牽合其詞至唐扶頌分郟之治語案公羊傳自陝而東者周公主之陸德

明釋文曰陜一云當作郟古洽反王城郟鄏則古有以分陜爲郟者适以爲用字之異非也李翊夫人碑三五朿兮衰左姬據山海經剛山多桼木水經注漆水下有桼縣桼水柒渠字皆作柒隸從桼省去水爲朿适以爲即朿字亦非也然百醇一駁究不害其宏旨他如楊君石門頌楊慎譏其不識遾字考之碑文作鑿石別無遾字是則愼杜撰之文又不足以爲适病矣乾隆四十七年三月恭校上

隸續

臣等謹案隸續二十一卷宋洪适撰适既爲隸釋又輯録續得諸碑依前例釋之以成此編乾道戊子始刻十卷于越淳熙丁酉范成大又爲刻四卷于蜀其後二年己亥德清李彦穎又爲增刻五卷明年庚子尤袤又爲刻二卷于江東倉臺輂其板歸之越前後合爲二十一卷越明年辛丑适復合前隸釋爲一書屬越帥刊行然辛丑所刻世無傳本隸釋尚有明萬歷戊子所刻隸續遂幾希

散佚朱彝尊曝書亭集有是書跋曰范氏天一閣曹氏古林徐氏傳是樓含經堂所藏皆止七卷近客吳訪得琴川毛氏舊鈔本雖殘闕過半而七卷之外增多一百一十七翻蓋自彝尊始合兩家之殘帙參校成編後刊本于揚州即此本也計其書當亦如隸釋之體專載碑文此本乃第五卷六卷忽載碑圖第七卷載碑式第八卷又爲碑圖第九卷十卷闕第十一卷至二十卷又皆載碑文第二十一卷殘闕不完而适自跋乃在第二十卷首蓋前後參錯已非當日原書之舊矣考彝尊所云七卷之本乃元泰定乙丑寧國路儒學所刻較今所行揚州本訛誤差少然殘闕太甚今仍錄揚州之本而以泰定本詳校異同其殘闕者無可考補則姑仍之焉乾隆四十七年十月恭校上

絳帖平

臣等謹案絳帖平六卷宋姜夔撰夔字堯章鄱陽人工書法通考載絳帖平二十卷今止六卷案曹士冕法帖譜系云絳本舊帖尚書郎潘師旦以官帖私摹

刻者世稱潘駙馬帖又稱絳帖潘氏析居法帖石分而爲二其後絳州公庫乃得其一於是補刻餘帖是名東庫本逐卷各分字號以日月光天德山河壯帝居太平何以報願上登封書爲别今夔所論每卷字號尚存然則夔所得者所謂東庫本也宋之論法帖自黄長睿以下蓋有數家夔欲折衷其論故取漢官廷尉平之義而名其書考夔平日自謂工書法帖雖小技而上下千載關涉史傳爲多此言最善夔所考據精博可謂不負其言矣惜此書舊止鈔本相傳未及雕刻所載字號止於山字其河字以下亡佚十四卷竟不可復得又其第五卷内論智果書梁武帝評書語云武帝藏鍾張二王書嘗使虞龢陶隱居訂正案虞龢宋人其上法書表在宋孝武帝之世去梁武帝甚遠斯則夔考論之偶疎也乾隆四十七年五月恭校上

石刻鋪叙

臣等謹案石刻鋪叙二卷宋曾宏父撰宏父字幼卿自稱鳳墅逸客是書雖遠

引石經及祕閣諸本而自述其所集鳳墅帖特詳凡所徵摭皆有典則而藏書家見者頗稀　國朝初年朱彝尊得射瀆鈔本自爲之跋有珊瑚木難之喻此本末有此跋及彝尊名字二印蓋猶其手迹然跋中謂宏父名惇以字行則未免舛誤考宋有兩曾宏父其一名惇字宏父爲曾布之孫曾紆之子後人避寧宗諱多以字行遂與此宏父混而爲一實則與作此書者各一人也跋又謂陳思寶刻叢編援據頗廣顧不及此考鳳墅帖刻於嘉熙淳祐間鋪敍諸石刻斷手於戊申仲春亦在淳祐八年若叢編則成於紹定辛卯實理宗即位之七年相距凡十七八年何由預見曾刻彝尊亦偶誤記也近厲鶚等刻南宋雜事詩直題此書爲曾惇撰是承彝尊之譌而失之矣乾隆四十七年五月恭校上

法帖譜系

臣等謹案法帖譜系二卷宋曹士冕撰考書史會要士冕字端可號陶齋昌谷之後昌谷爲曹彦約別號則都昌人也其仕履無考惟三山木板帖條下自稱

三山帥司庫有歷代帖板本嘉熙庚子備員帥幕尙及見之之語絳本舊帖條
下有淳祐甲辰雲川官滿之語蓋由幕僚而仕州郡者耳其書序宋代法帖源
流首爲譜系圖上卷淳化法帖以下爲二王府帖紹興國子監本淳熙修內司
本大觀太清樓帖臨江戲魚堂帖利州帖慶歷長沙帖劉丞相私第本長沙碑
匠家本長沙新刻本三山木板黔江帖北方印成本烏鎭本福淸本澧陽帖鼎
帖不知處本長沙別本蜀本廬陵蕭氏本凡二十二種下卷絳本舊帖以下爲
東庫本亮字不全本新絳本北本又一本武岡舊本武岡新本福淸本烏鎭本
彭州本資州本木本前十卷又木本前十卷凡十四種蓋以淳化閣帖爲大宗
而絳帖爲別子諸本皆其支派也每條敘述摹刻始末兼訂其異同工拙頗足
以資考證書史會要稱士冕博參書法服習蘭亭宜其鑒別不苟矣古今法帖
皆搨本惟此書載有印本法帖亦廣異聞書成于淳祐乙巳前有自序以書中
自記考之蓋雲川官滿之第二年也乾隆四十七年十月恭校上

蘭亭考

臣等謹案蘭亭考十二卷宋桑世昌編輯世昌字澤卿淮海人世居天台陸游之甥也博雅能詩著有回文類聚慕菴詩集此書始名博議原十五卷高文虎序之後文虎之子似孫又爲删改去其集字附見二篇集字者後人集蘭亭帖字以爲文附見者羲之各種書蹟也似孫削之論者或以爲非是然著作之體自有斷限集字無與於羲之附見無與於蘭亭似孫所削其識過世昌遠矣乾隆四十七年四月恭校上

蘭亭續考

臣等謹案蘭亭續考二卷宋俞松撰松字壽翁錢塘人以桑世昌先有蘭亭考故此曰續考前一卷合松所藏與他人所藏者後一卷則皆松所藏者有蜀人李心傳跋考史載心傳爲工部侍郎以言去奉祠淳祐二年罷祠三年致仕卒是編所載跋皆淳祐元年至三年所題蓋心傳罷居錢塘與松往還故得盡題

其所藏松歷官無考惟心傳跋高宗臨本內稱爲承議郎臣松又朱彝尊嘗謂考中跋語條暢不類董逌輩之晦澀蓋亦精於辨覈者固鑒賞家所當考也乾隆四十七年九月恭校上

寶刻叢編

臣等謹案寶刻叢編二十卷宋陳思撰思臨安人所著小字錄前有結銜稱成忠郎緝熙殿國史實錄院祕書省蒐訪又有海棠譜自序題開慶元年則理宗時人也是書蒐錄古碑以元豐九域志京府州縣爲綱其石刻地理之可考者按各路編纂未詳所在者附于卷末兼採諸家辨證審定之語具著于下今以元豐九域志及宋史地理志互相參核其中改併地名往往未能畫一即卷內所載與目錄所題亦不盡相合如目稱鎮江而卷內稱潤州目稱建康而卷內稱昇州之類不一而足蓋諸家著錄多據古碑之舊額思所編次又皆仍諸家之舊文故有是訛異至于所引諸說不稱某書某集但稱其字如蔡君謨王厚

之之類又有但稱别號如碧岫野人養浩書室之類茫不知爲何人者尤宋元坊肆之陋習然當南北隔絶之日不得如歐趙諸家多見拓本而能紬繹前聞博考方志于徵文考獻之中寓補葺圖經之意其用力良勤且宋時因志地而兼志碑刻者莫詳于王象之輿地碑目而河淮以北槩屬闕如惟是書於諸道郡邑綱分目析沿革釐然較象之特爲賅備朱彝尊欲取所引隸續諸條以補原書二十一卷之闕今考所引如曾南豐集古録施氏大觀帖總釋序集古後録諸道石刻録復齋碑録京兆金石録訪碑録元豐碑目資古紹志録諸種今皆散佚不傳猶藉是以見崖略又汝帖十二卷慈恩雁塔唐人題名十卷以及越州石氏帖目則他書所不載而亦藉是書以覘其大凡亦可云有資考證者矣鈔本流傳第四卷京東北路第九卷京兆府下十一卷秦鳳路河東路十二卷淮南東路西路十六卷荆湖南路北路十七卷成都路並已闕佚十五卷江南東路饒州以下至江南西路亦佚其半十八卷梓州利州路惟有渠巴文三

州而錯入京東西路京西北路淮南路諸碑其餘亦多錯簡如魏三體石經遺字條下文義未竟忽接石藏高紳家紳死其子弟以石質錢云云乃是王羲之書樂毅論跋語傳寫者竄置于是朱彝尊經義考于刋石門內魏石經條下引歐陽棐趙明誠藏高紳家云云蓋未詳究原書故沿其誤今一一釐正其闕卷則無考補姑仍其舊焉乾隆四十七年十月恭校上

輿地碑記目

臣等謹案輿地碑記目四卷宋王象之撰象之金華人嘗知江寧縣其書乃以天下碑刻地志之目分郡編次而各注其年月姓氏大略于下起臨安訖龍州皆南渡後疆域其中頗有考訂精確者如鎭江府丹徒梁太祖文皇帝神道碑辨其爲梁武帝父成都府殿柱記作于漢興平初年知其非鍾會書嘉定府移水記有嘉州二字知其非郭璞書台州臨海慶恩院定光院明智院明恩院婺州義烏眞如院諸碑福州烏石宣威感應王廟碑並書會同則知吳越實曾用

契丹年號皆見證據然亦有前後複出並承訛襲謬者如上霄峯夏禹石刻南康軍已載之又載之江州且安知所云隱起百餘言者非即水經注秦始皇所記乎孔子延陵十字碑鎭江府既兩載之又載之江陰軍又載之昌州且烏知所云嗚呼有吳延陵季子之墓者古法帖所錄乃止有六字乎至於徽州則載歙州折絹本末一事澧州則載柿木成文太平字皆於碑志無涉頗屬不倫又思州下獨載夏總幹墓誌略一篇大書附入體例更爲參錯疑是當時隨筆雜記編纂未成之書特所採金石文字與他書互有出入皆可以備參考而圖經輿記古無著錄書家流傳頗少此本蒐輯頗詳尤能補歷代史志所遺缺也乾隆四十七年五月恭校上

寶刻類編

臣等謹案寶刻類編八卷不著撰人名氏宋史藝文志不載其名諸家書目亦未著錄惟文淵閣書目有之然世無傳本僅見於永樂大典中核其編著次第

斷自周秦迄於五季並記及宣和靖康年號知爲南宋人所撰又宋理宗寶慶初始改筠州爲瑞州而是編多以瑞州標目則理宗以後人矣其書爲類者八曰帝王曰太子諸王曰國主曰名臣曰釋氏曰道士曰婦人曰姓名殘缺每類以人名爲綱而載所書碑目其下各系以年月地名且於名臣類取歷官先後之見於石刻者臚載姓氏下方以備參考詮次具有條理其間如書碑篆額之出自二手者即兩系其人近於重複又如歐陽詢終於唐而系之隋郭忠恕終於宋而系之五季祇就所書最初一碑爲定時代歲月前後未免混淆於體例皆爲未密然金石目錄自歐陽修趙明誠洪适三家以外惟陳思寶刻叢編頗爲該洽而又多殘佚不完獨此書蒐採贍博敘述詳明視鄭樵金石略王象之輿地碑目增廣殆至數倍前代金石著錄之富未有過於此者深足爲考據審定之資固嗜古者之所取證也原本屢經傳寫譌脫頗多謹詳加訂證釐次如左其名臣類十三之三永樂大典原闕故自唐天寶迄肅代兩朝碑目未全今

亦仍其舊焉乾隆四十五年九月恭校上

古刻叢鈔

臣等謹案古刻叢鈔一卷元陶宗儀編宗儀有國風尊經已著録是編前後無序跋所鈔碑刻凡七十一種漢一後漢二晉一宋三梁三隋二唐四十九南唐一北宋二南宋一無年月者六皆全録其文以原額爲題無所考辨亦無先後次序葢隨得隨鈔非著書也然所載諸碑傳於世者甚罕惟漢建平郫縣刻石見於隸續漢隸字原唐薛王府典軍李無慮墓誌見於金石録其餘如宋之臨澧侯劉襲墓誌梁之永陽敬太妃王氏墓誌唐之汝南公主墓誌尉州刺史馬紓墓誌多與史傳相發明又載唐人曹汾等别東林寺徐浩題寶林寺及謁禹廟釋元孚與王䇓遊天台詩共七首亦自來録唐詩者所未及古人著作託金石以垂于後然金石有時而銷泐其幸而存者不貴存目貴録其文而後可傳於無窮故洪适隸釋隸續較金石集古諸録更爲有資於考證是書摭拾佚文

首尾完具非惟補金石家之缺漏即讀史談藝亦均爲有所裨矣乾隆四十七年十一月恭校上

名蹟錄

臣等謹案名蹟錄六卷明朱珪編珪字伯盛崑山人舊本或題曰元人觀其首列洪武二年崑山城隍神誥升于元代璽書之上即徐堅作初學記以唐太宗詩冠前代諸詩之例其爲明人確矣稱元人者誤也珪善篆籀工於刻印楊維楨爲作方寸鐵志鄭元祐李孝光張翥陸友仁謝應芳倪瓚張雨顧阿瑛諸人亦多作詩歌贈之又工于摹勒石刻因裒其生平所鐫編爲此集題曰名蹟者取穆天子傳爲名蹟于弇兹石上義也漢代諸碑多不著撰人書人刻工尤不顯名氏自魏受禪碑邯鄲淳撰文梁鵠書鍾繇刻字是爲士大夫自鐫之始歐陽修趙明誠等輯錄金石僅標題跋尾而已自洪适隸續備列碑文是爲全錄刻詞之始若自鐫其字而自輯其文爲一書則古無此例自珪是編始也張晏

注史記儒林傳據伏生碑知其名勝晉灼注漢書地理志據山上碑知黎陽縣在黎山之陰其名陽者兼取河水在其陽之義司馬貞注史記高祖本紀據班固泗上亭長碑知母媪當爲母溫宋方崧卿作韓文舉正亦皆以石本爲據而歐陽趙洪諸家以碑證史傳舛誤者尤不一而足是編所録皆珪手鐫固愈于年祀綿邈搜求于磨滅之餘者亦金石家所宜考證矣乾隆四十七年九月恭校上

吳中金石新編

臣等謹案吳中金石新編八卷明陳暐撰暐字耀卿河南人弘治間官蘇州通判與吳縣令鄺璠鄉貢進士浦應祥祝允明等采郡中石刻彙而録之自學校官宇倉驛水利橋梁以及祠廟寺觀諸碑碣分類編輯區爲七目凡一百餘篇皆具載全文不加評論金石著録之例原主於搜剔幽隱考核舊聞故歐趙諸家無不略於今而詳於古是編獨取明初諸刻而於唐宋遺蹟一槩闕如未免

不能賅備之病然其所錄如濟農永豐倉諸記則備陳積貯之經許浦湖川塘諸記亦具列疏濬之要皆取其有關郡中利弊者而於頌德之文諛墓之作並削而不登其用意原各有在且中間諸碑記亦多有爲志乘文集所未載而獨賴此以傳者故所存頗足爲守土者考鏡之資以是作輿記外篇固未嘗無所裨益也乾隆四十七年五月恭校上

金薤琳琅

臣等謹案金薤琳琅二十卷明都穆撰穆字元敬長洲人弘治己未進士歷官太僕寺少卿是書仿集古錄之例取金石文字蒐輯編次各爲辨證凡周刻二秦刻六漢刻二十三隋刻五唐刻二十七蓋據所家藏者錄之故未爲賅備其中若石鼓文第七石鼓內旃夏字石鼓作𩫖薛尚功作憂此乃作夏會稽石刻無辠之辠即罪字此作辜字書體頗誤又泰山石刻既天下句秦篆譜既字下有平字與史合而此碑於既字下不註闕文此類亦多疎略然其登摭遺文有

與隸續諸書相校正者未嘗不可以備考核穆別有南濠文略六卷其後二卷即此書所載之諸碑跋也乾隆四十七年五月恭校上

法帖釋文考異

臣等謹案法帖釋文考異十卷明顧從義撰從義字汝和上海人嘉靖中詔選善書者入直授中書舍人直文華殿隆慶初以預修國史成擢大理寺評事此乃所作淳化閣帖釋文於前人音釋辨其訛謬析其同異依帖本原次勒爲十卷手自繕寫而刋行之閣帖自米芾黄長睿而後爲考訂者寥寥無幾從義始參彙羣說輯成一編評書者每以爲據然於考證頗疎又不得善本校勘故搜羅雖廣而精審未臻今者恭逢我皇上幾暇臨池折衷藝苑特取內府所儲閣帖遴其淳化四年賜畢士安者爲初搨最佳之本命內廷諸臣詳加校定選工摹勒復還舊觀其間蒐輯諸家釋文全爲賅備凡是非得失之故仰荷睿鑒勘核精詳凡在從義之說其是者已悉資採取其誤者亦已駁正無遺

是書原不過白茅之藉特行世既久其用心勤至亦頗有可取者故仍録而存之以不沒其薈稡之功焉乾隆四十七年十月恭校上

金石林時地考

臣等謹案金石林時地考二卷明趙均撰均字靈均吳縣人從其父宧光傳六書之學亦喜蒐求金石是編取東觀餘論宣和書譜金石略墨池編集古録隸釋金石總要菉竹堂碑目王世貞金石跋以及各家書目所載與近代續出耳目所及者仿陳思寶刻叢編之例編次郡省分別時代以便訪求其中如南直隸唐碑以他本較之失載岑君德政碑以下五碑及福建玉枕蘭亭作褚遂良書之類俱不免失于考核然亦有足訂他書之訛者明代去今未遠較陳思所記固多可依據也乾隆四十七年五月恭校上

石墨鐫華

臣等謹案石墨鐫華六卷附録二卷明趙崡撰崡字子函盩厔人萬歷乙酉舉

人岡家近漢唐故都多古石刻性復好事時挾楮墨訪搨並乞于朋友之宦遊四方者積三十餘年故所蓄舊碑最富自序稱所收過於都穆楊慎而視歐陽修才三之一視趙明誠才十之一然宋元以上多歐趙所未收者欲刊其全文而力不足以供匠氏故但刻其跋尾凡二百五十三種其曰石墨鐫華者取劉勰文心雕龍誄碑篇句以所收石刻居多故也每碑目錄之下各注其地兼仿陳思寶刻叢編之例金元國書世不多見亦仿集古錄摹載鐘鼎之例收之頗為詳備惟所跋詳于筆法而略於考證故岣嶁碑比干墓銘之類皆持兩端而所論筆法于柳公權夢英蘇軾黄庭堅皆有不滿亦僻于一家之言然一時題識語有出入自集古錄以下皆所不免不能獨爲岡咎也至所載古碑頗多未備則由岡本貧士其力止於如斯觀附錄二卷所載三記及詩其求索之勞亦云備至不必以掛漏爲譏矣乾隆四十七年十一月恭校上

臣等謹案金石史二卷明郭宗昌撰宗昌字允伯華州人平生喜談金石之文所居沚園在白厓湖上常構一亭柱礎墄碣皆有款識銘贊手書自刻之凡三十年而迄不成蓋迂僻好異之士也與同時盩厔趙崡皆以搜剔古刻爲事崡著石墨鐫華宗昌亦著此書而所載止五十種僅及趙書五分之一上卷起周迄隋唐下卷唐碑二十餘而以宋絳州夫子廟記一篇間雜其中殆仿原本集古目錄不敘時代之例歟其論石鼓文主董逌廣川書跋之說據左傳定爲成王所作已爲好異又謂以石爲鼓無所取義石又不類鼓形改爲岐陽石古文則乖僻更甚矣其論嶧山碑一條引唐封演說謂其石爲曹操所排倒而云拓跋燾又排倒之何一石而兩遭踣云云考封演聞見記云秦始皇刻石李斯小篆後魏太武帝登山使人排仆之無曹操排倒之語殆宗昌所見之本或偶脫太字因誤讀爲魏武帝遂謬云兩次排倒其援引疎舛亦不足據然宗昌與趙崡均以論書爲主不甚考究史事無足爲怪觀其論衡岳碑比干墓銅盤銘季

札碑天發神讖碑碧落碑諸條皆灼指其僞頗爲近理其論懷仁集聖教序勝於定武蘭亭蓋出於鄉曲之私自矜其關中之所有不爲定論故後來孫承澤深不滿之然承澤作庚子銷夏記其論列諸碑實多取此書之語則固不盡廢宗昌說也惟其好爲大言冀以駭俗則明季山人譎誕取名之慣技置之不問可矣乾隆四十七年五月恭校上

欽定淳化閣帖釋文

臣等謹案　欽定重刻淳化閣帖釋文十卷首冠以恭摹　御筆題石刻　寓名藴古四大字及　御製淳化軒記並　論旨末載原帖舊跋及諸臣書後其次第一依石刻蓋自乾隆三十四年春取　內府舊藏宋畢士安所得賜本命內直諸臣詳加訂正於標名編卷悉衷於史法而進退之又參考黃伯思姜夔劉次莊施宿顧從義王澍諸家之說輔以大觀太淸諸刻別其異同析疑辨似舍短從長於篆籀行草諸體各加釋文於行間每卷復加以　御筆論斷及

釋文訂異鐫石　禁中而四方承學之士多未得仰窺崖略侍郎臣金簡乃請以　武英殿聚珍版印行其正書諸帖釋文所不及者亦附錄之而是帖之全文展卷可悉矣乾隆四十七年十一月恭校上

求古錄

臣等謹案求古錄一卷　國朝顧炎武撰炎武周游天下搜金石之文手自鈔纂凡已見方志者不錄現有拓本者不錄近代文集尚存者不錄上自漢曹全碑下至明建文霍山碑共五十五事每刻必載全文蓋用洪适隸釋之例仍皆誌其地理考其建立之由古字篆隸一一註釋其中官職年月多可與正史相參加荼荼准準張弡等字亦可以補正字書之訛炎武集中別有金石文字記不若此編之詳明也惟曹全碑中平二年十月丙辰干支與後漢書不合炎武未及考論亦千慮之一失耳乾隆四十七年五月恭校上

金石文字記

臣等謹案金石文字記六卷　國朝顧炎武撰炎武有左傳杜解補正已別著錄是編前有炎武自序謂抉剔史傳發揮經典頗有歐陽趙氏二錄之所未具者考金石之學自歐陽修集古錄趙明誠金石錄外惟洪适隸釋最爲精核而所載止漢魏分隸不及其他此外諸家之書則大率評論書法者多考證經史者少炎武是書以時代年月爲次每條下綴以自跋其無跋者亦具其立石年月撰書人姓名蓋參合歐趙書例而爲之其證據今古辨正訛誤較諸家特爲精核自序謂竊比于右尹誦詩載記著錄蓋非妄語所錄凡三百餘種後又有炎武門人吳江潘耒補遺二十餘種其碑字間有異文者又別爲摘出附錄于末亦倣洪适隸釋每碑之後摘出以某字爲某之遺意其本末源流燦然明白在近時著錄金石家固未能或之先也乾隆四十七年九月恭校上

石經考

臣等謹案石經考一卷　國朝顧炎武撰考石經七種裴頠所書者無傳開元

以下所刻亦無異議惟漢魏二種以後漢書儒林傳之訛遂使一字三字爭如聚訟歐陽修作集古録疑不能明趙明誠作金石録洪适作隸釋始詳爲核定以一字爲漢三字爲魏然考證雖精而引據未廣論者尚有所疑炎武此書博列衆説互相參校其中據衛恒書勢以爲三字石經非邯鄲淳所書又據周書宣帝紀隋書劉焯傳以正經籍志自鄴載入於長安之誤尤爲發前人所未發至於洪适隸續尚有漢儀禮一碑魏三體石經數碑又開封石經雖已汩於河水然世傳拓本尚有二碑炎武偶然未考竟置不言是亦千慮一失耳乾隆四十七年十一月恭校上

石經考

臣等謹案石經考一卷　國朝萬斯同撰斯同有廟制圖考已著録石經之沿革異同唐宋以來論者齟齬不一崑山顧炎武始輯諸家之説爲石經考實有搠始之功斯同是編悉采炎武之説又益以吴任成席益范成大吾衍董逌諸

家之論並及炎武所作金石文字記亦間附以己見雖不若杭世駿石經考異之詳辨而視顧氏之書已爲較備且炎武詳於漢魏而略於唐宋斯同則於唐宋石經引據特詳又斯同雖在世駿前而世駿作考異時未見此書故此書之所詳者考異或轉未之及要之合三家之書參互考證其事乃備固未可偏廢其一也乾隆四十七年十月恭校上

來齋金石刻考略

臣等謹案來齋金石刻考略三卷　國朝林侗撰侗字同人侯官貢生中書舍人佶之兄也侗少好金石文字嘗游長安求得漢甘泉宮瓦於淳化山中又攜拓工歷唐昭陵陪葬地得英公李勣以下十有六碑當時稱其好事是編乃總錄古今碑刻凡夏商周六秦漢十九魏一吴一晉五梁一後魏三北齊一後周二隋八唐一百七十三皆據目見者書之中間辨證大抵取之顧炎武金石文字記而頗以己意爲折衷多所考據又錄唐諸帝御書碑十四種獨斥武后不

與亦深合排抑僭僞之義惟首列夏禹岣嶁碑載其友劉鰲石說謂當在祝融峰頂未免失之好奇又於各碑後載入賦詠詩篇亦非歐趙以來題跋之體特其搜羅廣博鑒別尚頗詳審故考金石者亦有取焉乾隆四十七年五月恭校

上

嵩陽石刻集記

臣等謹案嵩陽石刻集記二卷　國朝葉封撰封字井叔黃州人順治己亥進士官至工部虞衡司主事是編乃康熙癸丑封官登封知縣時作也登封地在嵩山南故其所錄碑刻以嵩陽爲名考此書初出之時顧炎武潘耒皆嘗議之炎武之言曰開母廟石闕銘重曰二字出楚辭遠遊篇所謂言之不足而長言之也井叔誤以爲重日而言是年月一行案此一行今存六字二年之下重曰之上空石未鐫益明其非紀日矣耒之言曰太安二年後魏中嶽廟碑今在登封縣天寶十四載少林寺還天王師子記今在少林寺井叔石刻集記不知何

以遺之此其說誠然然炎武金石文字記采此記者不一而足而景日昣說嵩

金石類亦全用此記古今金石之書其備載全文者在宋惟洪适之隸釋隸續

在明惟都穆之金薤琳琅餘不過題跋而已此書錄取碑文便於參考漢嵩山

太室神闕銘開母廟石闕銘少室神道石闕銘以及唐之則天封祀壇碑夏日

遊石淙詩歐陽趙洪皆失載而此記能收之洪書但載漢魏歐趙二錄僅迄五

代此書載及宋金元明東魏嵩陽寺碑文東譌柬矩譌短馴譌巡苑譌菀洋譌

庠此書能是正之王士禎蠶尾集有封墓誌稱其精爾雅說文訓詁工於篆隸

又稱其手輯嵩志二十一卷復旁搜漢唐以來碑版文字別爲石刻集記二卷

辨證精博人比劉原父薛尙功則當時亦重其書矣乾隆四十七年五月恭校

上

金石文考略

臣等謹案金石文考略十六卷　國朝李光暎撰李光暎字子中嘉興人嘉興

之收藏金石者前有曹溶古林金石表後有朱彝尊吉金貞石志彝尊所藏金石刻又歸於光暎光暎遂裒輯所得集諸家之論而爲此書前有雍正七年金介復序稱其不減曹氏古林之富然古林金石表間有參差矛盾且無論說不及此書之有條理至吉金貞石志未見傳帙疑彝尊當日本未成書而此書內乃有吉金貞石志一條則或存其殘稿之什一未可知也所採諸家集錄金石之書凡四十種文集地志說部之書又六十種可云勤且博矣惟於濟寧諸碑不引張弨釋文於天發神讖碑不引周在浚釋文於蘭亭序不引俞松續考是爲漏略耳自昔著錄金石之書皆自據見聞爲之評說惟宋陳思寶刻叢編一書則雜取諸道金石錄復齋碑錄諸書薈稡而爲之是書亦同此式每條下各注所出之書間有光暎自識者什一而已金石著錄之富無過歐陽趙洪三家而是書於隸釋所引不及什之一於集古金石二錄所引亦不甚詳至隸續暨婁機漢隸字原則皆未之及蓋諸書以考證史事爲長而是書則以品評書蹟

爲主故於漢隸則宗鄭簠之評於唐碑則取趙崡之論雖同一著錄金石而著書之宗旨則固區以别矣乾隆四十七年五月恭校上

分隸偶存

臣等謹案分隸偶存二卷　國朝萬經撰經字授一號九沙鄞縣人康熙癸未進士官翰林院編修是編上卷首作書法次作分隸書法次論分隸次論漢唐分隸同異次漢魏碑考下卷爲古今分隸人姓氏始于程邈終于明末馬如玉自鄺露以前皆引據諸書惟如玉不著載何書則經所自增矣集錄金石之書梁元帝所輯不可見歐趙以下罕有論及分隸筆法者經所錄頗詳辨别門徑具爲淸晰所列漢魏諸碑雖止二十一種而考證剔抉比諸家務多者亦較精核至云唐以前隸楷合爲一唐以後隸與八分分爲二隸即今楷書八分即古隸書歐陽以八分爲隸趙明誠已譏之　國朝顧炎武金石文字記幷漢碑無不名八分而以楷爲正書正恐仍蹈歐陽之失其說亦明白可據也乾隆四十

七年九月恭校上

淳化祕閣法帖考正

臣等謹案淳化祕閣法帖考正十二卷　國朝王澍撰澍有竹雲題跋已著錄是編專考正淳化閣帖之誤初宋元祐中米芾作法帖題跋以辨別眞僞然芾精於賞鑒特據其筆迹以意斷之而已雖錙銖不爽究未能確指其所以然也大觀中黃伯思作法帖刊誤始援據史籍訂其舛迕徵實有據昭昭然白黑分矣明嘉靖中上海顧汝和更細勘其字畫曲折如姜夔校蘭亭序之例　國朝何焯更摭姜夔絳帖平增註其上而徐葆光又雜採諸書附益之於是閣帖之得失異同漸以明備澍作是編復研究諸說衡其當否兼米黃顧三家之意而用之以史傳正訛誤以筆迹辨依託而行款標目以及釋文之類亦一一考核仍依法帖原目分爲十卷又別爲古今法帖考一卷溯閣帖之緣起及諸帖之沿流而作者又自敘所得著爲筆法一卷併附其後淳化初刻爲法書淵藪自

我　皇上以畢士安家賜本　詔詞臣重爲釐正勒石考訂鑒別悉禀　睿裁析疑辨訛足以昭垂千古其餘管窺之說原可不必更存特以諸家討論研求其心力之勤亦未可盡沒夫大輅之造肇自椎輪泰山之高不辭土壤如是編者固亦不妨旁資參證爾乾隆四十七年十月恭校上

竹雲題跋

臣等謹案竹雲題跋四卷　國朝王澍撰澍字若霖亦自書爲篛林金壇人康熙壬辰進士官至吏科給事中是書乃其古帖題跋裒合成編澍本工書故精於鑒別而於源流同異考證尤詳如論西岳華山廟碑郭香察書爲校勘勒石鍾繇薦季直表祝希哲誤作焦季直及繇結銜與史異蘭亭序派別聖教序始末王羲之裹鮓帖釋文誤作十九字瘞鶴銘非顧況亦非陶宏景同州聖教序稱龍朔三年時褚遂良卒已五年魏栖梧善才寺碑僞題遂良名遂良高士贊誤題永徽二年爲甲寅岳珂跋寶章集誤以寶泉爲竇泉朱巨川誥非徐浩書

李陽冰縉雲城隍廟碑文訛字靈飛經非鍾紹京書裴耀卿等奏狀非耀卿書唐明皇批荅中桓山之頌乃用王獻之事顔眞卿宋廣平碑考異乞米帖所稱太保是李光弼非光顔爭坐位帖年月顧炎武金石文字記未考祭姪文告伯父文結銜與史異江淮帖爲集字僞作李紳告身與史異葉慧明碑非韓擇木書撰皆引據有根柢惟謂褚遂良書出于曹全碑則殊臆度此碑近代始出明以前未有言之者也又排鄭簠蔣衡而自稱腕有元章鬼亦未免文人相輕之習焉乾隆四十七年二月恭校上

金石經眼録

臣等謹案金石經眼録一卷　國朝褚峻摹圖牛運震補説運震有空山堂易解已著録峻字千峯郃陽人工於鐫字以販鬻碑刻爲業每裹糧走深山窮谷敗墟廢址之間搜求金石之文凡前人所未及録與雖録而非所目擊未能詳悉言之者皆據所親見繪其形狀摹其字畫併其剝蝕刓缺之處一一手自鉤

勅作爲縮本鐫於棗版纖悉逼眞自太學石鼓以下迄於曲阜顏氏所藏漢無名碑陰爲數四十有七運震各系以說詳其高卑廣狹及所在之處其假借通用之字亦略爲訓釋所收頗狹而較嚮來金石之書或僅見拓本或僅據傳聞者特爲精核書成於乾隆元年峻自爲之序後運震又即峻此書增以巴里坤新出裴岑紀功碑改名金石圖運震未至西域僅得模糊拓本所摹頗失其眞又仿岳珂寶眞齋法書贊之例於說後各綴以贊亦爲蛇足峻復自益以唐碑別爲下卷每碑割取數十字體例迥然各別尤病糅雜今仍以此本著錄而續刻之本則別存目焉乾隆四十七年十月恭校上

石經考異

臣等謹案石經考異二卷　國朝杭世駿撰世駿字大宗號堇浦仁和人乾隆丙辰　召試博學鴻詞授翰林院編修是編因顧炎武石經考有採摭未備辨正未明者乃爲糾譌補缺勒爲二卷上卷標十五目曰延熹五經曰書碑姓氏

曰書丹不止蔡邕曰三字一字曰正始石經非邯鄲淳書曰魏文帝典論曰漢魏碑目曰隋書經籍志正誤曰鴻都學非太學曰魏太武無刻石經事曰顧考脫落北齊二條曰唐藝文志所載石經與隋志不同曰唐石臺孝經曰唐石經曰張參五經文字下卷標三目曰蜀石經曰宋開封石經曰宋高宗御書石經考證皆極精核前有厲鶚全祖望符元嘉三序鶚序稱其五經六經七經之核其實一字三字之定其歸二十五碑四十八碑之析其數堂東堂西之殊其列自洛入鄴自汴入秦之分其地駁鴻都門學非太學魏石經非邯鄲淳書直發千古之蒙滯而又引何休公羊傳註證漢石經爲一字引孔穎達左傳疏證魏石經爲三字以補世駿所未及祖望序亦引魏略晉書隋志證邯鄲淳非無功於石經引魏書崔浩高允傳證魏太武時未嘗無立石經事與世駿之說互存參考而汪祚趙信符曾諸人復各抒所見互相訂正今並列於書中蓋集數人之力參合成編非但據一人之聞見其較顧炎武之所考較爲完密亦有由也

然尤袤遂初堂書目所載成都石刻稱論語九經孟子爾雅較晁公武曾惇所記少一經是亦當爲辨正世駿乃偶遺不載是則失之眉睫之前者亦足見考證之難矣乾隆四十七年五月恭校上

欽定四庫全書提要卷四十七

欽定四庫全書提要卷四十八

史部二十二

史評類

史通

臣等謹案史通二十卷唐劉知幾撰知幾字子玄避玄宗嫌名以字行彭城人擢進士第官至左散騎常侍領史職幾三十年此書乃其爲祕書監時與蕭至忠宗楚客等爭論史事而作也書成於景龍四年凡内篇十卷三十九篇外篇十卷十三篇其内篇體統紕繆弛張三篇已佚考唐書子玄本傳已稱著史通四十九篇則三篇之亡在宋以前矣内篇皆述史家體例是非外篇則述史籍源流及雜評古人得失文或與内篇重出又或牴牾觀開卷六家篇首稱自古帝王文籍外篇言之備矣是先有外篇乃撷其精華以成内篇也是書初成徐堅見之歎服謂爲史官者宜置座右今觀其條析得失洞見癥結一經抉摘雖

馬遷班固幾無詞以自解免誠千古載筆之龜鑑惟其發憤著書或往往失之過激又其外篇疑古惑經之類至于詆訶六籍幾同王充之問孔實爲狂誕雖瑕瑜不掩未可以此遽廢其書亦不必執浦起龍之說一一曲爲之詞也此書初行郭延年本後行王維儉本後行黄叔琳本近多行浦起龍本雖訛字闕文各有校正而竄亂者亦復不少浦本改字尤甚此本爲　內府所藏舊刻未有注文視諸家猶爲近古因據以繕録焉乾隆四十七年五月恭校上

史通通釋

臣等謹案史通通釋二十卷　國朝浦起龍撰起龍字二田無錫人史通註本舊有郭延年王維儉黄叔琳三家遞相增損互有短長起龍是注較三家爲晚出雖亦仍有疎漏如秦人不死事不知出洛陽伽藍記蜀老猶存事不知出魏書毛修之傳闞單失力字不知出清異録之類然大致引據詳明足稱該洽惟輕於改竄古書往往失其本旨如六家篇內尙書條中語無可述四字之下若

此二字之上乃有脱句而改此字爲止又爲增一有字又如列傳篇内項王立傳而以本紀爲名句立字不誤而乃臆改爲宜此類至多皆失詳慎又句解章評參差夾註如選刻制藝之例于註書之體亦乖惜其不一評一註釐爲二書使離之雙美也顧其大致精核於知幾本意多能闡發不可謂之無功焉乾隆四十七年三月恭校上

唐鑑

臣等謹案唐鑑二十四卷宋范祖禹撰祖禹字純甫華陽人嘉祐八年進士歴官龍圖閣學士出知陝州治平中司馬光奉詔編輯通鑑祖禹爲編修官分掌唐史以其所自得者著成此書上自高祖下迄昭宣撮取大綱繫以論斷爲卷十二元祐初爲著作佐郎表上之後呂祖謙注之分爲二十四卷是書極爲伊川程子所稱謂三代以後無此議論朱子則謂其議論弱又有不相應處然其取武后臨朝二十一年繫之中宗自謂此春秋公在乾侯之義且曰雖得罪君

子亦所不辭蓋指司馬光通鑑言之朱子作綱目書帝在房州實仍其例又如論白馬之禍謂裴樞本附朱全忠以爲相非忠於唐室不主歐陽修樞等不死必不以國與人之論朱子亦以爲非歐公所及則朱子非不取之也其他持議類皆探本尋源以明治亂之由雖或闊於事情而大旨嚴正固可與孫甫唐史論斷並傳焉乾隆四十七年八月恭校上

唐史論斷

臣等謹案唐史論斷三卷宋孫甫撰甫字之翰陽翟人舉天聖八年進士歷右正言遷天章閣待制河北轉運使兼侍讀甫以劉昫唐書猥雜失體改用編年法著唐史記七十五卷其間善惡分明可爲龜鑑者復著論以明焉甫沒後唐記宣取留禁中世遂不得見惟論斷獨傳於後紹興二十七年嘗鋟板於南劍州端平間舊板不存復刻於東陽郡甫生平自重此書至於盥手啟笥曾鞏歐陽修所作墓誌行狀及司馬光題跋蘇軾答李廌書亦皆推許甚至朱子語類

嘗稱唐論精練說利害如身處親歷之但理不及唐鑑又稱呂伯恭晚年謂唐論勝唐鑑要之也是切於事情只是大綱卻不正了云云則極重其議論之精切而惜其不能盡衷於醇正蓋甫生平以氣節自負故所論或不免稍失之偏激然於治亂得失之故指陳鑿鑿實足爲考鏡之資讀史者所當與范祖禹唐鑑參觀而互證者也乾隆四十七年五月恭校上

唐書直筆

臣等謹案唐書直筆宋祕書丞溫陵呂夏卿撰夏卿與歐陽修宋祁共修新史見於曾公亮進唐書表宋史列傳稱其貫穿唐事博採傳記折衷整比於新唐書最爲有功今案此書與新唐書所載頗多未符晁公武讀書志謂其在書局時所建明歐宋間有取焉所有未符乃歐宋所未取者也其標題讀書志與陳振孫書錄解題馬端臨經籍考宋史藝文志焦竑經籍志俱稱爲唐書直筆新例惟永樂大典與楊士奇文淵閣書目稱爲唐書直筆案書中先論紀傳志次

摘舊史繁闕最後始附以新例須知是書當名爲直筆不必兼舉新例其卷帙

藝文志經籍志止稱一卷餘則俱稱四卷今釐爲帝紀一卷列傳志一卷摘舊

史繁文闕誤一卷以新例須知一卷附焉合於四卷之數夏卿字緡叔泉州晉

江人泉即溫陵地也乾隆三十八年四月恭校上

通鑑問疑

臣等謹案通鑑問疑一卷宋劉羲仲記其父恕與司馬光答問之語也光修資

治通鑑時自請恕爲局僚遇史事紛錯難治者輒以委恕其後通鑑成恕已先

沒羲仲恐後人不知當日往來論說之詳故作此書後又附羲仲與范祖禹問

難通鑑八條然不載祖禹答詞豈羲仲之意猶以爲未然耶觀其所記云道原

在書局止類事蹟是非予奪之際一出君實不備知凡例蓋隱謂其父所論之

例與光不合然恕所著通鑑外紀多採上古久遠難信之事恕之學誠博矣其

識終不逮光固未可爲定論也乾隆四十七年五月恭校上

三國雜事

臣等謹案三國雜事二卷宋唐庚撰庚字子西眉州丹稜人紹聖中登進士第調利州治獄掾遷閬中令入爲宗學博士張商英薦除提舉京畿常平後坐爲商英賦内前行謫居惠州大觀五年赦歸道卒是書雜論三國之事凡三十六條併自序一篇後人皆編入庚文集考宋志載庚集二十二卷與今本同似此書原在集内然晁氏陳氏書目皆載庚集十卷知今本析其一卷爲兩卷又益以此書二卷爲二十二卷實非原本故永樂大典所載此書亦别爲一編不著文集之目今仍别爲二卷以還其舊陳振孫書錄解題稱庚之文長於議論今觀其論諸葛亮寬待法正及不踰年改元事謂荀彧爭曹操九錫事皆故與前人相反至亮之和吳本爲權計而以爲王道之正亮拔西縣千餘家本以招安而以爲擾累無辜皆不中理又謂商無建丑之説謂張掖石圖即河洛之文而惜無伏羲神農以識之尤爲紕繆然其他議論可采者頗多醇駁並存瑕瑜不

掩固亦尚論者之所節取爾乾隆四十六年四月恭校上

經幄管見

臣等謹案經幄管見四卷宋曹彦約撰彦約字簡甫都昌人淳熙八年進士薛叔似宣撫京湖辟爲主管機宜文字累官寶謨閣待制知成都府寶慶元年擢兵部侍郎遷禮部旋授兵部尚書力辭不拜以華文閣學士致仕卒謚文簡事迹具宋史本傳是書蓋彦約侍講筵時所輯皆取三朝寶訓反覆闡明以示效法蓋即范祖禹帝學多陳祖宗舊事之義考仁宗天聖五年允監修王曾之請采太祖太宗眞宗事蹟不入正史者命李敬等别爲三朝寶訓三十卷寶元二年十二月詔以進讀嗣是講幄相沿遂爲故事彦約是書於進讀符瑞諸篇雖不免有所迴護要亦當時臣子之詞不得不爾其餘諸篇則皆能旁證經史而歸之於法誡亦可謂不失啟沃之職者矣舊刻散佚久無傳本惟永樂大典尚載其全文今詳爲校讐釐成四卷間有辨證各依文附著焉乾隆四十五年八

月恭校上

涉史隨筆

臣等謹案涉史隨筆一卷宋葛洪撰洪字容父自號蟠室老人婺州東陽人從呂祖謙學登淳熙十一年進士第歷官資政殿學士提舉洞霄宮進大學士諡端獻事蹟具宋史本傳洪立朝謇諤頗著聲望杜範稱其侃侃守正有大臣風是編嘗自稱於諸史中擇其有裨廟論者作爲二十六篇蓋各爲時事而發亦胡寅讀史管見之類其中論田歆一條謂歆果介然自立人自不敢干之以私貴戚請託乃歆之罪論韋澳一條謂是非雖當順乎人情亦當斷以己見皆具有卓識不可謂之深文餘則儒者之常談然大旨平正通達與胡寅之說以迂闊佐其谿刻者固不可同年而語也乾隆四十七年四月恭校上

六朝通鑑博議

臣等謹案六朝通鑑博議十卷宋李燾撰燾字仁甫眉州丹稜人登紹興八年

進士官至敷文閣學士提舉佑神觀贈光祿大夫謚文簡事蹟具宋史本傳燾
博極載籍慨然以史學自任宋代典故尤悉力研覈所撰續通鑑長編卷帙浩
繁最稱贍博精審今已別著於錄此書詳載三國六朝勝負攻守之迹而繫以
斷論案燾本傳載所著述無此書之名而有南北攻守錄三十卷其同異無可
考見核其義例蓋亦江東十鑑之類專爲南宋立言者然十鑑徒侈地形飾虛
詞以厲戰氣可謂夸張無實此則得失兼陳法戒具備主于修人事以自强視
李舜臣所論較爲切實史稱燾嘗奏孝宗以即位二十餘年志在富强而兵弱
財匱與教民七年可以即戎者異又孝宗有功業不足之歎燾復言功業見于
變通人事既修天應乃至蓋其納規進誨惟拳拳以立國根本爲先而不侈陳
恢復之計是書之作用意頗同其忠藎亦殊足尚也乾隆四十七年三月恭校
上

宋大事記講義

臣等謹案宋大事記講義二十三卷宋呂中撰中字時可晉江人淳祐中進士官國子監丞兼崇政殿說書徙肇慶教授其書卷一論三篇卷二卷三記宋太祖事卷四卷五記太宗事而卷五今缺卷六至卷七記眞宗事卷八至卷十二記仁宗事卷十三記英宗事卷十四至卷十七記神宗事卷十八至卷二十記哲宗事卷二十一至二十二記徽宗事卷二十三記欽宗事事以類敘間加論斷凡政事制度及百官賢否俱載於編論中所議選舉資格及茶鹽改制諸條頗切宋時稗政又所載銓選之罷常參任子之多裁汰三司之有二司稅茶之易芻糧皆宋史各志及馬端臨文獻通考所未備者至朋黨諸人事實及議新法諸人辨論亦與宋史列傳多有異同故今所著錄亦足資史學之參證云乾隆四十七年五月恭校上

兩漢筆記

臣等謹案兩漢筆記十二卷宋錢時撰時字子是淳安人從慈谿楊簡遊以喬

行簡薦授祕閣校勘出佐浙東倉幕召入爲史館檢閲授江東帥屬歸此書皆評論漢史中多迂闊之論而措意頗正不失儒者之言嘉熙二年嘗經奏進此本爲天一閣鈔本首尾完整葉盛水東日記以爲不完之本非也又館閣續錄載時所著有國史宏綱一書於嘉熙二年下本州取錄繳進然考宋史本傳時於是年十一月添差浙東提舉常平司幹辦公事後以李心傳奏復召入旋以國史宏綱未畢求去則安得與兩漢筆記同繕寫繳進續錄蓋誤記也嚴陵志又載其所著有嘉定講書稿英烈廟實錄錦江雜著諸書今並未見云乾隆四十七年十一月恭校上

舊聞證誤

臣等謹案舊聞證誤四卷宋李心傳撰心傳有建炎以來繫年要錄已著錄要錄於諸書訛異多隨事辨正故此書所論北宋之事爲多不復出也或及於南宋之事則要錄之所未及此補其遺也凡所見私史小說上自朝廷制度沿革

下及歲月之參差名姓之錯互皆一一詳徵博引以折衷其是非大致如司馬光之通鑑考異而先列舊文次爲駁正條分縷析其體例則如孔叢子詰墨其間決疑訂舛於史學深爲有裨非淹通一代掌故者不能爲也宋史藝文志載此書作十五卷自明代已無傳本故薛應旂王宗沐等續修通鑑商輅續修綱目皆未見其書今從永樂大典中所載蒐羅裒輯尚得一百四十餘條謹略依時代先後編次排纂析爲四卷雖非心傳之全帙然就所存者觀之其資考證者已不少矣原書於所辨諸條各註書名永樂大典傳寫脫漏僅存其十之三四謹旁加搜討凡有可考者悉爲補註無可考者則仍其舊心傳所辨間有脫文今無別本可校亦不敢意爲增損焉乾隆四十六年四月恭校上

通鑑答問

臣等謹案通鑑答問五卷宋王應麟撰應麟有周易鄭康成註已著錄此玉海之末附刊十三種之一始自周威烈王終於漢元帝蓋未成之本也其書以通

鑑答問爲名而多涉於朱子綱目蓋綱目本因通鑑而作故應麟所論出入於二書之間其所評隲惟漢高白帝子事以爲二家偶失刊削孔臧元朔三年免太常一條疑誤採孔叢子其餘則尊崇新例似尹起莘之發明刻覈古人似胡寅之管見如漢高帝過魯祀孔子本無可貶乃反譏漢無眞儒文帝除盜鑄之令本不可訓乃反稱仁及天下與應麟所著他書殊不相類其眞贋蓋不可知或伯厚孫刻玉海時僞作此編以附其祖於道學歟然別無顯證無由確驗其非姑取其大旨之不詭於正可矣乾隆四十七年十一月恭校上

歷代名賢確論

臣等謹案歷代名賢確論一百卷不著撰人名氏前有明吳寬序稱皆唐宋人所著其說散見文集中或病其不歸於一輯成此編以便觀覽錫山錢孟濬因其書不能家有因刊以傳世云云而亦不詳作者爲誰近世所行刊本或有題爲華亭錢福所輯者然福以弘治三年庚戌登第寬序作於弘治十七年甲子

二人同時不應不知爲福書殆後來重刻者託福名以行殊不足信案諸家論著皆至北宋而止其書葨宏作葨洪猶避宣祖廟諱則理宗以前人所作考宋史藝文志有名賢十七史確論一百四卷蓋即此書惟此本較少四卷稍爲不合或史衍四字或刋本併爲百卷以取成數均未可知觀其評隲人物自三皇以迄五季按代分系各標列主名其總論一代者則稱通論以別之雖不標十七史之名而核其始末恰應十七史之數其爲宋志之所載益足證矣所引唐人之文如羅隱論子高梅子眞盧藏用論紀信張謂論劉宋代晉諸篇皆唐文粹諸書所未錄蓋宋時場屋有試論之制故輯此書以爲舉業標準雖亦揣摩程試之學然去取較有翦裁視陳繼儒古論大觀之龐雜叢脞者固不可同年而語爾乾隆四十七年四月恭校上

歷代通略

臣等謹案歷代通略四卷元陳櫟撰是編舉歷代興廢得失各爲論斷每一代

爲一篇自伏羲至五代爲二卷北宋南宋則各占一卷蓋詳近略遠之意也南宋止於寧宗卷末櫟自跋謂理度二朝無史可據也舊本題增廣通略而不言因誰氏之書千頃堂書目有通略句解五卷亦不言作者櫟自跋謂金事廷方雖略述亦以未見其史不敢輕筆然則廷方其原撰是書之名字歟其時代姓氏爵里則無考矣書成於至大庚戌明正統壬戌櫟孫盤之壻漢陽知府王靜得舊本於鄉人方勉始刊行之此本則袁應兆所刻題乙亥歲不著年號後附櫟蒙求一篇其蒙求末四韻兼及明初句下註曰此八句爲朱楓林所增然原文迄於厓山句下註宋爲元逼云云殊不類當時之語殆亦有所改竄矣是書雖撮敘大綱不免簡略而持論醇正以資考證則不足以論是非則讀史者固有取焉乾隆四十七年十月恭校上

史纂通要

臣等謹案史纂通要十七卷元胡一桂撰一桂有易本義附錄纂疏已著錄是

書自三皇以迄五代裒集史事附以論斷錢曾讀書敏求記曰宋以來論史家
汗牛充棟率多龐雜可議以其不討論之過也此書議論頗精允絕非宋儒隅
見者可比一覽令人古於今興亡理治了然胷次朱子稱稽古錄其言如桑麻
菽粟小兒六經了好令讀去余於此書亦云其推許是書甚至至議其當從資
治通鑑帝魏不當從朱子綱目帝蜀則以久經論定之事務持異議以駭聽不
足爲一桂病也熊禾勿軒集有胡庭芳史纂通要序即爲此書而作庭芳一桂
字也此本不載禾序殆偶佚歟乾隆四十七年十月恭校上

學史

臣等謹案學史十三卷明邵寶撰寶字國賢無錫人成化二十年進士官至南
京禮部尚書謚文莊事蹟具明史儒林傳寶所著有左觽容春堂集諸書俱別
著錄此書乃其爲江西提學副使時所作爲卷十有二以象月又餘其一以象
閏每卷或三十條或二十九條以象月之有大小盡取程子今日格一物明日

格一物之義名之曰日格子巡撫吳廷舉嘗以上之於朝書中取自周迄元史事分條論列詞簡意該筆力頗爲遒健其間如記後漢書譙玄用弟服去官戴封用伯父喪去官事以爲辟世與人不知後漢人情淳樸其以期功喪解官持喪者見於史册不一而足蓋其風俗使然寳疑爲託故而逃未免失之不考又論荀彧以爲志似管仲心似召忽非揚雄之比其評隲亦爲過當然寳平生湛深經術持論平正究非胡寅之刻深尹起莘之膚淺者所可相擬固不失爲儒者之言也乾隆四十七年五月恭校上

史糾

臣等謹案史糾六卷明朱明鎬撰明鎬字豐芑太倉人是編考訂諸史書法之謬及其事迹之牴牾上起三國志下迄元史每史各爲一編元史不甚置可否自言仿鄭樵通志不敢删削唐書之例其晉書五代史亦闕而不論則未審爲傳寫所佚或點勘未竟觀篇末别附書史異同一篇新舊唐書異同一卷與全

書體例截然不同知爲後人掇拾殘稾編次成帙也明代史論至多大抵皆八比餘功偶檢綱鑑數紙即妄以臆說翻案徒侈游談明鎬名不甚著而於諸史皆鉤稽參貫得其條理實一一從勘驗本書而來較他家爲有根據其書三國志以及八史多論書法之誤而兼核事實唐書宋史則大抵考證同異指摘複漏中頗沿襲裴松之三國志註劉知幾史通吳縝唐書糾謬司馬光通鑑考異之文又如隋書蘭陵公主忍恥再醮而身殉後夫取冠列女顯然乖謬之類亦未能抉別無遺至徐夢莘三朝北盟會編本雜採諸書案而不斷以備史家之採擇故義取全收例無去取夢莘實未旁置一詞而明鎬誤以紀述之文爲夢莘論斷之語大加排詆尤考之未詳要其參互考證多中肯綮精核可取者十之六七亦可謂留心史學者矣乾隆四十七年四月恭校上

御批通鑑綱目

臣等謹案御批通鑑綱目五十九卷宋朱子撰因司馬光資治通鑑胡安國

通鑑舉要補遺而折衷之大書爲綱分注爲目其義例詳於自序又有凡例一卷以闡明褒貶進退之旨然分注之目實屬天台趙師淵成之其間商榷論定見於手書不一而足詳愼精密可謂至矣自後宋遂昌尹起莘有發明永新劉友益有書法元祁門汪克寬有考異望江王幼學有集覽上虞徐昭文有考證明武進陳濟糾幼學之失有集覽正誤建安馮智舒有質實或以撰筆削之旨或以詳援引之實皆爲有功於朱子之書者弘治中莆田黄仲昭徧取諸家之言附載本條之下以備稽考陳仁錫因之並爲評刻而未能有所論斷我聖祖仁皇帝默契春秋謹嚴之旨於事之可法可戒或傅會失實不衷於理者詳加批論凡百有餘條所以考古鑒今析疑徵信用垂奕禩者洵非往代儒生拘文牽義蠡測管窺之流所能擬議矣乾隆四十七年十月恭校上

御批通鑑綱目

臣等謹案御批通鑑綱目前編外紀一卷前編十八卷舉要三卷宋金履祥

撰履祥字吉父婺之蘭谿人從學于同郡王柏何基得朱子之傳當宋末造嘗上書獻海道擣虛之策不用德祐初以迪功郎史館編校起之弗就閉戸著書居仁山之下學者稱爲仁山先生大德初卒至正中追諡文安其學務爲有用凡天文地形禮樂田乘兵謀陰陽律算之書罔不切究所著大學章句疏義尚書表注諸書已別著錄是編用皇極經世皇王大紀之例凡綱目所未載者編年紀事一以尚書爲主下及詩禮春秋經傳旁及舊史諸子采摭條繫凡所引書多加訓釋以裁正其義有出于前儒所未發者蓋朱子綱目本於資治通鑑斷自三晉分封迄於五代之季是編則上遡帝堯下迨威烈準劉恕外紀以記前事而舉要三卷爲其標目亦猶通鑑之有目錄也又取上古之事爲外紀一卷以冠其首每條悉標出處以示傳信書成以授其門人許謙而曰微言懿行後王所當法苛法亂政後王所當戒可謂得著書之要矣明陳仁錫始與綱目合刻我　聖祖仁皇帝既取綱目之書加以　御批乃並此刊布以爲考古之

助洵可以昭示無窮矣乾隆四十七年十月恭校上

評鑑闡要

臣等謹案評鑑闡要十二卷大學士劉統勳等彙錄通鑑輯覽中御批凡八百餘則冠以御筆通鑑輯覽原序蓋輯覽一書悉稟聖裁特筆評論發幽闡微多至數千條茲則專錄親御毫翰所成及館臣撰擬而仰承改定者按代臚列其間如正統系則隋戊寅大書大業十四年而義寧爲附注元戊申大書至正二十八年而閏七月以後始書洪武至於明末甲申之大書崇禎十七年乙酉之附注福王年號尤爲聖主大公至正之道非臣下所敢擬議者正書法則於賈充褚淵沈約書死狄仁傑之遷拜及卒書周足爲千古臣節之大防若夫破拘牽之論訂傅會之説權衡是非糾正訛舛多或累百言少則一二語莫不抉奥致精永垂法戒臣等校錄之餘既深悦服亦尤幸萬古史家得奉爲指南云乾隆四十七年九月恭校上

欽定古今儲貳金鑑

臣等謹案 欽定古今儲貳金鑑六卷乾隆四十八年 特命 諸皇子同軍機大臣及 上書房總師傅等取歷代冊立太子事蹟有關鑑誡者按代纂輯自周訖於前明得三十有三事又附見五事而自春秋以後諸侯王建立世子事非儲貳可比者間敘其概於案語中而不入正條其他偏據竊位無關統緒之正並略而不論若宋之太弟明之太孫尤足爲萬世炯鑑則備論之紀事取之正史論斷衷諸資治通鑑綱目 御批及通鑑輯覽 御批卷首恭載節奉諭旨如羣書之有綱要焉伏見我 國家萬年垂統 睿慮深長 家法相承不事建儲冊立 皇上準今酌古備覽前代覆轍灼知建儲一事斷不可行屢頒 宸諭深切著明伏讀 御製職官表聯句詩注於詹事府條下云自古書生拘迂之見動以建儲爲國本其實皆自爲日後身家之計無裨國是誠以立儲之後宵小乘間伺釁釀爲亂階其弊有不可勝言者朕於此往復熟籌知

之甚審我子孫當敬凜此訓奉爲萬年法守　聖訓煌煌日星昭揭證以是編所載往蹟既曉然於前事之當懲益以知　聖朝貽謨宏遠實爲綿䆞祚而基萬年之要道也乾隆四十九年十月恭校上